国家青年科学基金项目资助
“层楼式石碹窑洞聚落形态及其保护利用研究”
编号：51108294

Study on the Diantou Village

店头古村研究

王崇恩　著

中国建筑工业出版社

图书在版编目（CIP）数据

店头古村研究 / 王崇恩著．—北京：中国建筑工业出版社，2015.9
ISBN 978-7-112-17737-0

Ⅰ．①店… Ⅱ．①王… Ⅲ．①村史—研究—太原市 Ⅳ．①K292.55

中国版本图书馆CIP数据核字（2015）第027100号

坐落于山西省太原市风峪沟内的店头村，是古晋阳城陆路驿道通往西部城市的第一个村落。该村依山而建，凝重质朴；村落周边山水相拥，村内建筑独特，具有极高的研究价值。2010年，该村被评为中国历史文化名村，这也是太原市迄今为止申报成功的唯一一个中国历史文化名村。2012年被住房和城乡建设部、文化部、财政部公布为第一批中国传统村落。《店头古村研究》一书即是国家青年科学基金项目研究结题成果。该书在开篇中较为详细地从历史环境、军事战争等几个方面论述了店头村的历史脉络发展，并从店头古村的村落布局、空间特点、营造技术、村落环境和景观、装饰艺术和民俗文化等方面进行了比较深入的分析研究。全书内容丰富，图文并茂，对我国珍贵历史文化遗产的研究有很好的借鉴意义。

责任编辑：张　磊
责任校对：姜小莲　刘　钰

店头古村研究
王崇恩　著
*
中国建筑工业出版社出版、发行（北京西郊百万庄）
各地新华书店、建筑书店经销
霸州市顺浩图文科技发展有限公司制版
廊坊市海涛印刷有限公司印刷
*
开本：880×1230毫米　1/16　印张：$19\frac{3}{4}$　字数：600千字
2014年12月第一版　2014年12月第一次印刷
定价：**58.00**元
ISBN 978-7-112-17737-0
(27067)

前　　言

2012年住房和城乡建设部、文化部、财政部公布了第一批中国传统村落名单。

传统村落是指拥有物质形态和非物质形态文化遗产，具有较高的历史、文化、科学、艺术、社会、经济价值的村落。传统村落承载着中华传统文化的精华，是农耕文明不可再生的文化遗产。传统村落凝聚着中华民族精神，是维系华夏子孙文化认同的纽带。传统村落保留着民族文化的多样性，是繁荣发展民族文化的根基。但随着工业化、城镇化的快速发展，传统村落衰落、消失的现象日益加剧，加强传统村落保护发展刻不容缓。首批646处中国传统村落名单中，山西总共有48处入选，店头村再次成为太原市唯一的入选村落。

山西省太原市店头村作为一个具有悠久历史渊源和独特文化形态的原始村落，位于晋阳古城遗址西侧的风峪沟内，是古晋阳城通往西部驿路上的第一个村子。据史料和研究成果证明，店头村的始建年代应在唐代之前。从该村现存的石碹窑洞建筑材料和施工技艺等方面分析，店头村的营建活动也应不晚于宋代。位于晋阳古城唯一的陆路驿道上店头村原始的层楼式石碹窑洞随着时间的推移，也已从最初的军事功能转变为商业功能，并进一步转换为居住功能。古人杰出的规划布局，建筑空间形态和建筑营造技术等都值得深入研究。

2011年，依托店头村建筑特点而申报的“层楼式石碹窑洞聚落形态及其保护利用研究”国家青年科学基金项目获得国家自然科学基金委的批准，正式立项（项目编号：51108294；起止时间：2012-2014年）。《店头古村研究》一书即是近3年时间项目组针对店头古村科学研究工作的结题总结，是项目研究成果的重要组成部分。

本书从建筑三要素方面对店头村进行论证，全书共分为5章，主要内容如下：

第一章“店头村的历史脉络研究”，在本章中主要是从历史环境、古代战争、陆路驿道、建筑功能、建筑营造技术、煤炭开采等方面论证了店头村历史发展脉络。

第二章“店头村的空间形态研究”，在本章中主要是从村落选址与布局、建筑空间构成、院落空间特征和单体院落空间特征等方面进行论述，并就店头村典型院落及建筑空间进行了深入分析。

第三章“店头村的营造技术研究”，在本章中主要是从建筑材料、建筑结构、构造技术和物理环境等方面进行分析。

第四章“店头村的环境景观研究”，在本章中主要是从地质、村落本体环境和周边环境对店头村进行了分析，并提出了环境整治和景观设计的一些具体措施。

第五章“店头村的装饰艺术与民俗文化研究”，在本章中主要是从店头村的建筑三雕技术、地方特色节庆、民居传说和历史名人等方面进行论述。

《店头古村研究》一书能使读者更为全面和深入地了解店头村这个中国传统村落的悠久历史和独具魅力的建筑景观特色。该书内容丰富，论述全面，图文并茂，对我国珍贵历史文化遗产的研究有着较好的借鉴作用。

目　录

第一章 店头村的历史脉络研究
Studies in History of Diantou Village

店头村的起源一直都是个未解之谜，由于没有史料记载店头村形成的准确时间，我们只能通过各方面收集的零散资料来分析店头村形成与发展的轨迹，探明村落的演变过程，并借此推断店头村历史变迁的脉络。

店头村位于山西省太原市西部山区的风峪沟内。西山地区地形沟壑纵横，形成大致呈东西走向线性排列的九条山峪，分为北五峪南四峪。北五峪自南向北依次为风峪、开化峪、冶峪、九院峪、虎峪，南四峪自北向南依次为明仙峪、马房峪、柳子峪、阎家峪，其中风峪沟最宽最深，是该区域内唯一的一条可连通西侧古交、娄烦的西出通道。南侧的明仙峪、马房峪、柳子峪内的行人也是要通过峪内岔道北上，经此处岔道口进入风峪，然后到达西部区域（见图 1-1-1）。店头村位于风峪沟岔道口东（见图 1-1-2）。两侧由蒙山、龙山夹峙。村西口是风峪沟最狭窄的位置。太古公路修起之前，沟体南侧有一块巨石阻塞，使得峪西口比现在还要狭窄，是风峪沟绝对的咽喉要塞之处（见图 1-1-3）。据太原县志记载“风峪沟在县正西五里许，路入古交、娄烦，唐北都西门至驿道。”店头村在驿路的最东处，又是风峪八村第一个村庄，也是沿驿路东入晋阳城的最后一个村庄，村中人口和店铺也都是风峪沟内最多的，因此才取名为“店头”。我们首先可以从风

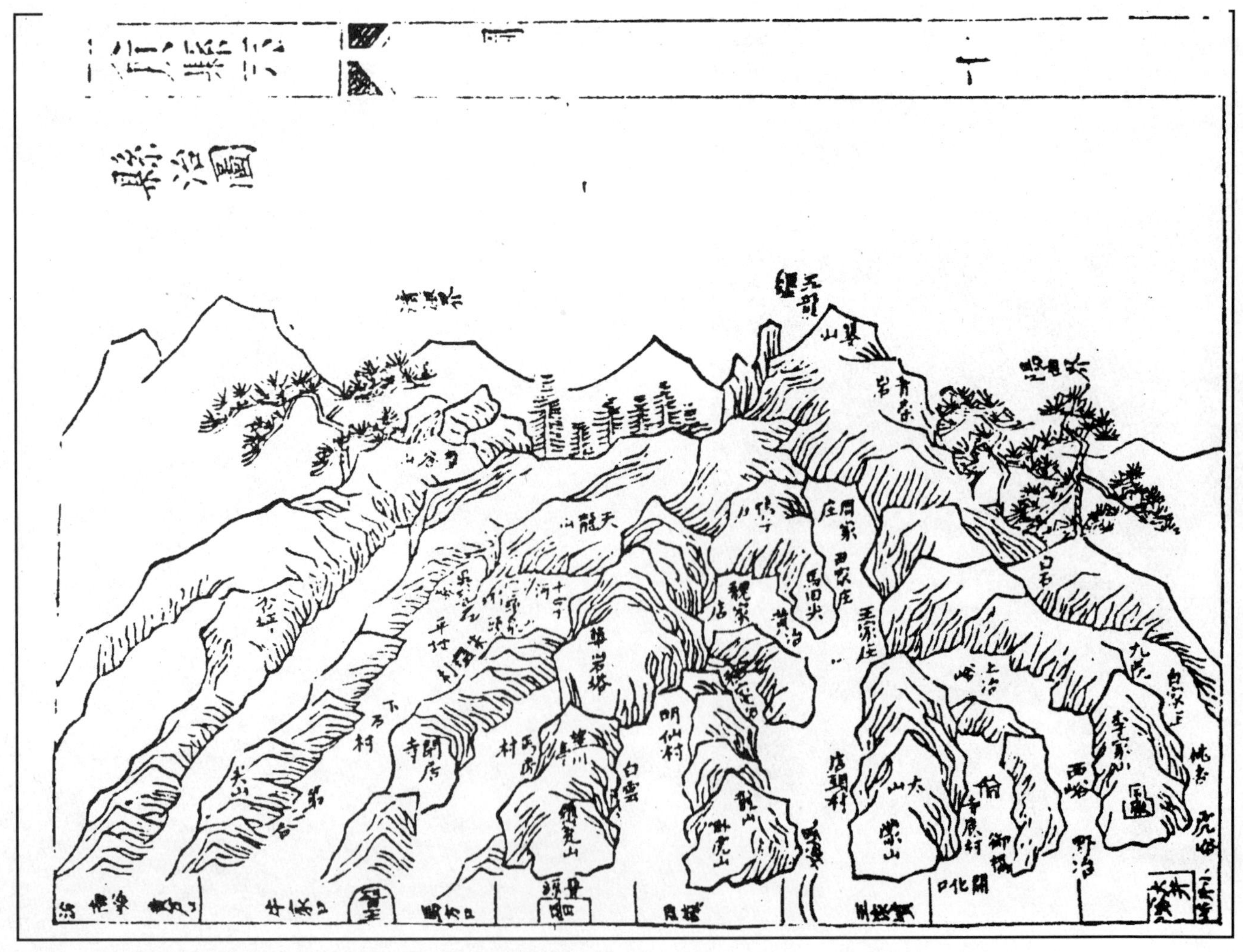

图 1-1-1　店头村周边沟峪
（图片来自清乾隆《太原府志》）

峪沟的历史资料中寻找线索，推测有关历史上店头村的形成与发展的情况。

一、历史环境对店头村的起源与发展的影响

据风峪沟内考古遗址推测，风峪沟内在1万年以前就有了人类活动。周边古交、石千峰一带的旧石器遗址和小店区狄村、东太堡、许坦的夏商遗址，尖草坪区光社夏文化遗存，阳曲镇商代遗址推演，风峪沟地处晋中新生代断陷盆地北端，基本属于中世纪晚期晋中平原边缘，经断裂隆起的河谷地貌，地质构造以石炭、二叠纪的基岩为主体，河谷两侧上分别叠盖着第三纪晚期的上新统和第四纪的更新统、全新统的土壤，形成不同的5级阶地。所以在1万年以前风峪沟内就有了人类活动。风峪曾发现旧石器晚期遗址，1980年6月考古调查中，在地表共采集石制品10件、石核6件、石片64件、圆头刮削器10件和尖壮器3件等均为旧石器晚期遗物。山沟北部山梁上还有原古生殖器崇拜的岩画和雕塑的遗迹。

据相关的文献资料记载，太原地区在三皇五帝时期就曾作为国都，有较大规模的人口聚集。到春秋时期晋阳城建立时，这里已是大都市的规模。晋阳城始建于春秋周敬王三十二年（公元前497年），毁于北宋太平兴国四年（公元979年），这期间晋阳城在北方地区一直都是占有极重要位置的城池，是北方经济、政治、文化及军事中心。晋阳城三面环水，仅西面为陆地。而风峪沟位于晋阳城的正西方，是晋阳城与西部山区的西行通道，地理位置特殊，应该在晋阳城时期就经常有人类的活动，史料中对此地的记载也颇多。

图1-1-2　风峪沟岔道口

图1-1-3　风峪沟咽喉要塞

图 1-1-4　走柏树（汉）

《太原府志》中记载有一则传说，据传太原县风谷山岩石上曾有巉字云："立一箭，卧一箭，金锅耳子露一半。沟之南，道之北，一辆金车露枝辐。"不知所谓。年久漫漶，字不可辨，但说明当地早有人类活动。范文澜先生所著的《中国通史》曾言，在山石上刻字始于秦朝，刻石碑兴于汉朝，风峪沟或许在秦汉时期就有人类活动或居住。店头村在晋阳近郊，人类居住时间或许更早。上述刻于岩石的文字则似出现于秦汉时期的谶语，属隐语，后人不知所谓。

汉代，汉文帝刘恒"龙潜"晋阳十五年，他即位后对晋阳十分重视，晋阳的手工业发展到相当水平，促进了当地经济与贸易的发展，作为晋阳城西出通道的风峪应该已经是商贸人员常走的道路。而店头村山头上现存的汉代"走柏树"也可以作为这一时期店头村有人类生产活动的依据之一（见图 1-1-4），说明此时店头村的特殊位置已经被人们关注。

魏晋时期，晋阳之地经历了一百多年的战乱，破败不堪，人民流离失所。晋末，并州刺史刘琨至晋阳，招抚百姓，重整晋阳城。鉴于店头村独特的地理位置，极有可能在此处设置军事堡垒，以阻挡从西面而来的敌人接近晋阳城。

北魏高欢掌权后入晋阳，到高洋建立北齐，晋阳被称为"别都"，晋阳开始进入历史上空前发展时期。北齐统治者在晋阳大兴土木，起造宫殿，先后建了晋阳宫、十二院，寺庙建筑延伸到西山风峪沟周边的晋祠、天龙山、龙山、蒙山、太山等处，并在晋祠和西山修筑离宫别墅，凿建石窟寺庙、镌刻石佛，天龙山石窟、蒙山大佛就是这一时期开凿而成，规模宏大。这一时期在晋阳城周围尤以西山地区最繁荣兴旺，也是当地原住民增长较快的时期。或许此时西山各峪已有村庄存在，大批匠人也许会就近住在附近村庄或聚落，而店头村南侧可通天龙山，北侧可上蒙山，东连太山，不论是作为统治者管理周边建设的中心所在，还是作为匠人的临时居住点，店头村都是最佳的选择。鉴于店头村军事堡垒（见图1-1-5）的推测结论，可能这时已经有了废弃的军事构筑物，人们为了便于劳作而就近居住在这些废弃的建筑物内，这种方式也是这一时期个别村落的起因。这一次兴盛必然促使当地经济、贸易、手工业、冶金诸业的发展，晋阳外出驿道及驿道途经的店、站、村非常兴旺，这一时期店头村很可能已经形成了一个小型聚落。

根据相关文献记载，历史上“村”的明确出现是在汉末，三国时“村落”代表一种新的聚落大量产生，而之前基本是“没有城郭的小聚落还是有很多的”[1]。南北朝时期正是村落大量形成与发展的时期。

宫川尚志在1950年发表的《六朝时代的村》里曾对六朝时代的“村”做过系统的研究，他认为东汉末动荡的背景下，乡亭里制随着国家的瓦解消失了，出现了拥有防卫设施的坞、堡、壁，它们演变成“村”，也有从汉代的“聚”发展而来的，并且强调村分布在山间河谷

注：[1] 宫崎市定．关于中国聚落形体的变迁［A］刘俊文．日本学者研究中国史论著选择：第四卷［C］．中华书局，1992．

图 1-1-5　晋阳古城周边环境示意图

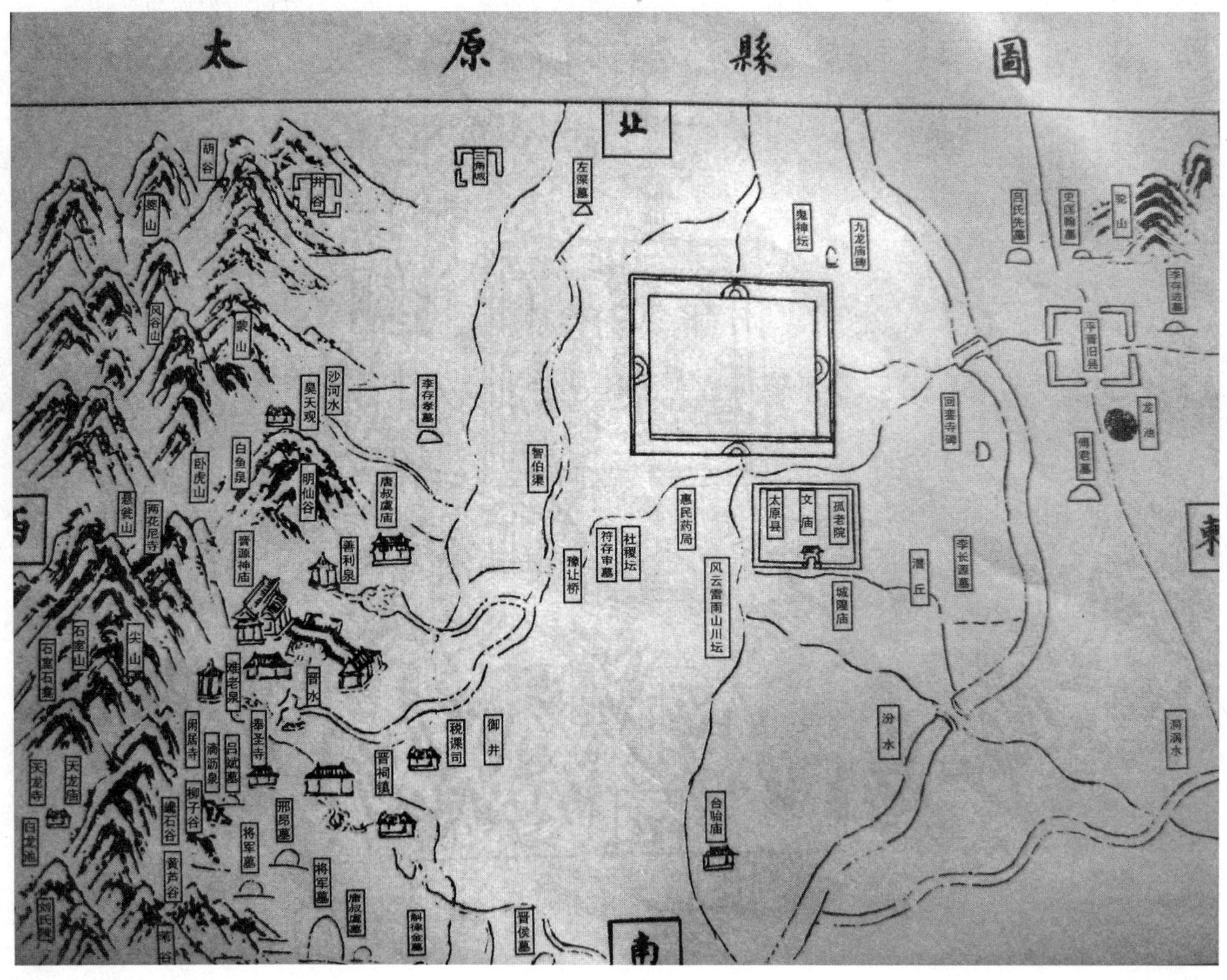

地带以及一般远离城市地区的实例较多。

侯旭东的《北朝村民的生活世界》中提到，百姓生活的村落不仅见于偏僻之地，城镇周围同样广泛存在，重要交通路线附近亦广泛分布。店头村位于风峪沟内的交通线上，距晋阳古城极近，又处于峪内的岔道口上，同时是南部明仙峪、马房峪、柳子峪西出的必经交叉口，因此在此形成人流的聚集也是很有可能的，但这种聚集还不足以产生商业点。

早期的商品经济并不繁荣的情况下，“市”是不可能会出现在这种城外小聚落的，这种不受官府控制的“草市”最早是在南北朝时期南方出现，北方未见。北魏时仅偶见商户，道旁也有零星商贩；隋初汴州民居向街开门，或许在经营商业；亦有所谓“临道店舍”买卖兴利，但尚不普遍，且几乎被列为铲除对象。这一时期商业活动主要在城镇所设的“市”内进行。也就是说店头村在这一时期有可能已经有人流的聚集，但还没有形成规模，也没有开始商业的经营。

现存于店头村紫竹林寺内的嘉庆碑记载：“风峪古称灵邱峪，唐以后始易今名，缘峪外风洞起义，店头居峪之前……”另有清乾隆《太原府志》卷七关隘载：“风谷山，西一十里。高七十八丈，盘踞二十里有奇。北至孔道，西隶交城县入娄烦道，乃唐北都西门之驿也。后唐申王李存渥与刘皇后同奔于太原，行至风谷，为部下所杀。”卷二十二驿站载：“风峪山达交城，古孔道，今小径也。蒙山达平阳，古今胥小径，实要地也。”由此，我们可知风峪沟自古为西出孔道，在唐朝之前名叫灵邱峪，唐朝以后因

图 1-1-6　古树分布图

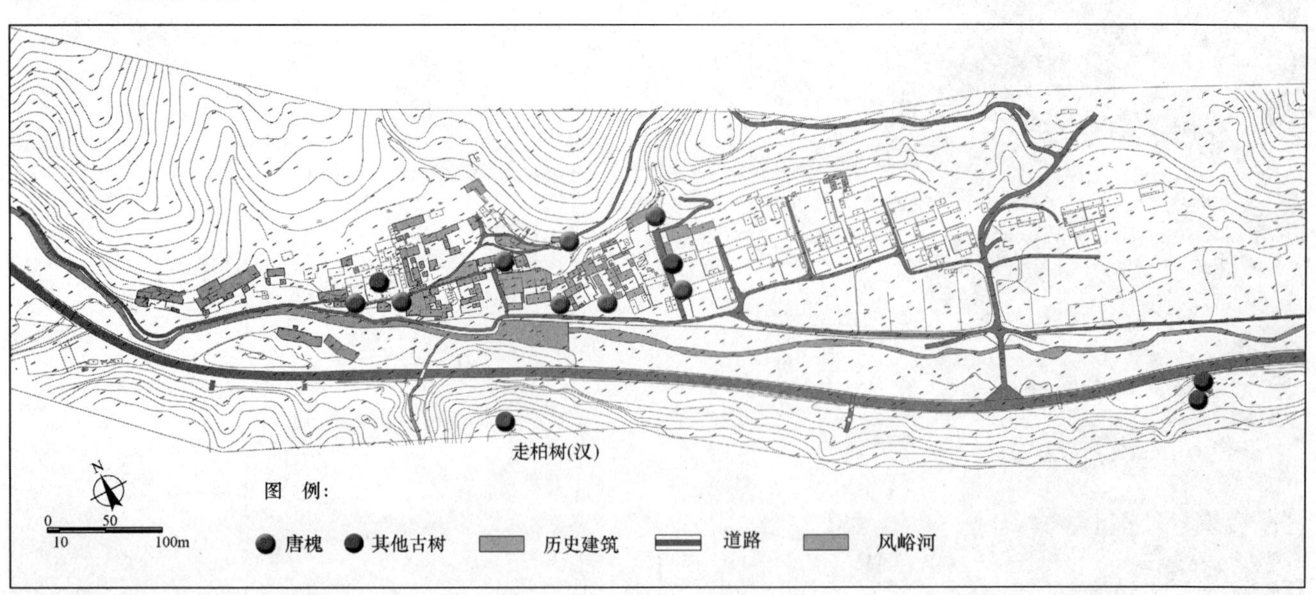

峪口的风洞而更名为风峪，是唐代时期晋阳城西门外通往交城和娄烦的驿路。风峪古驿道在这一时期已经很是繁华了，通行商人众多，而店头村为风峪第一个村落，占据优越的地理位置。同时，店头村内还遗存有8棵唐槐（见图1-1-6），古树代表着人类生活的印记，不管是从分布位置还是数量上分析都足以证明，店头村最晚在唐代时已经是一个具有一定规模的商业人流聚居地，已经具备一定的村落特征。

宋毁晋阳城后，晋阳城区域一直处于混乱期，店头村也随之衰败，直到明朝在古晋阳城基础上重建太原县城，才进入稳定期，这时店头村已经是一个完整的商业村落，历史文献也多有记载。明清经济的迅猛发展，使得店头村的优势再一次得以体现，这个时期也是店头村发展最迅速、最繁荣的时期。

店头村原为风峪沟内最大的村子，据说原有500余户，有近2000人口，明朝初期因瘟疫减少了大半。后因其便捷的交通和丰富的资源使其成为驿路沿途的商业之所，明清时期晋祠地区大米等粮食向西部的外销都经此地岔道口西出。店头村生意兴隆，商贾云集，店头村人以开车马店、驿店、绸缎店、商铺、金银首饰店、当铺等为生，经济繁荣。村中郭氏是这一时期村内经营店铺规模最大的家族，现在遗存的最具价值的院落就是郭家在这一时期修建的。明清时期，店头村周边的西山区域开始大量开采矿产，村内李氏和王氏家族掌握着店头村周边多处煤矿，以采煤为生，村落人口就逐渐增长起来，恢复到了明初的规模，人口、店铺都居风峪之首。到了清光绪三年后，由于瘟疫和生活所迫，死亡一部分，逃荒一部分，到20世纪90年代，该村有110户，420人，耕地面积203亩，从2001年开始，村民已陆续搬迁至风峪新村居住。如今店头村已无人居住，仅留下大量土石老窑洞，映照着村落昔日的繁华。

二、古代战争对店头村的起源与发展的影响

晋阳城的历史演变和地理条件使这座古城成了历代统治阶级及各族统治集团竞相角逐和争夺的战略重地，因此，晋阳历代多战事，所谓“城门失火，殃及池鱼”，成为著称天下之古战场。而风峪作为晋阳的西大门自然与战争脱不开关系。

店头村位于晋阳古城西面的风峪沟口，该区域在宋代以前是古晋阳城的近郊，后为明清太原县城的城郊，区域的历史背景与晋阳城及后来的太原县城有着紧密的联系。由于地理位置特殊，历史上发生在

此处的重要战事达50次以上。

古地理与军事专家靳生禾、谢鸿喜发表的《晋阳古战场考察报告》一文中分析证实，西晋末年时，《十六国春秋·前赵录》记载的“刘曜及宾六须战于汾东，曜堕马，……曜入晋阳，夜与刘粲等掠晋阳百姓，逾蒙山遁归。猗卢率骑追之，战于蓝谷，粲败绩。”[1] 中所逃的路线应该就是指风峪沟。这一研究再一次证明了风峪沟的军事功用。位于风峪咽喉要塞之处的店头村自然也与军事脱不开关系。村内大量的防御空间及特殊的地理位置都是其军事起源说的依据。

太原市社科院“晋阳古堡研究”课题组首席专家马剑东著《风峪晋阳古堡的年代及其性质》则指出，店头现有的石窑洞建筑群是一组有机组合的古代军事古堡建筑群。约始建于春秋末、战国初，是由赵襄子（赵无恤）在守卫晋阳城之时肇建的，是晋阳城西大门上的一处军事关隘、屯兵之地，是战国古晋阳城的外围屏障。而后北齐、唐朝均有增益。在历史上的名称谓之“风峪关隘”，迄今已有2000余年的历史。直到公元979年（北宋太平兴国四年）晋阳城遭火焚、水灌被毁之后，其“风峪关隘”的军事功能才渐渐消失，随后逐渐演变成为一个民居村落。

注：[1] 崔鸿［北魏］. 十六国春秋辑补 [M]. ［清］汤球辑补. 丛书集成初编本. 上海：商务印书馆，1936.

三、陆路驿道对店头村的起源与发展的影响

驿道，是古代地方政府联络中央政府的专用官方通道。驿道上设有驿站，驿站主要为长途跋涉的客人提供食宿。许多驿道上的古村落依靠其便利的交通环境和络绎不绝的各方客流，繁荣了当地经济，也造就了村落的兴盛。

店头村位于风峪沟中，风峪古作风谷，是晋阳古城的西出口。据《洪武太原志·山川》(《永乐大典》五千二百二卷）记载：“风谷山，在本县西十里，西属交城入娄烦路，唐北都西门之驿也。”风峪不仅在唐朝是晋阳古城的西行通衢，在更早的北朝时期也是著名的官道。《北齐书》卷十六《段荣（子韶）传》：“周武帝遣将羌夷与突厥合众逼晋阳，世祖自邺倍道兼行，赴就突厥。从北结阵而行，东距汾河，西被风谷。……时大雪之后，周人以步卒为前锋，从西山而下，去城二里。诸将咸欲逆击之。诏曰：‘步人气势自有限，今积雪既厚，不如阵以待之。彼劳我逸，破之必矣。’既而交战，大破之。敌前锋尽殪，无复孑遗，自余通宵奔遁。乃令韶率骑追之，出塞不及而还。”从这一段记载中我们可以得知，当时在

风峪之中有骑兵驰骋的大道，因而从西山上下来的“步卒”气势有限，尽管敌人已离晋阳城二里地了，经过了今店头村，北齐军仍然按兵不动，至敌疲我盈之时，“出塞”、“追之”，又可知在北齐时，风峪之中有军寨、骑军之设。

众所周知，晋阳城肇建于春秋战国之际，其后此地战事频繁，因晋阳城东南两面均有汾河为天然屏障，所以入犯晋阳之敌多从西来。如智氏遏晋水漫灌晋阳，也是从西进犯，因而风峪大道在战国之初亦已形成。据北魏·郦道元《水经注·汾水》引《魏上地记》记载：“城东有汾水难留，水东有‘晋使持节都督并州诸军镇北将军太原成王之碑’，水上旧有梁，青荓殒于梁下，豫让死于津则，亦襄子解衣之所在也。汾水西迳晋阳城南，旧有介子推祠。”可见在战国之际，晋阳城的城址交通格局受天然条件所限与其后的历朝历代直至宋朝毁晋阳之前，都是一脉相承的。从晋阳城建立之初风峪古道既已形成。后人甚至还在风谷发现过古人留下的石刻文字。据宋·乐史《太平寰宇记》卷之四十《并州》所记：“蒙山在县西北十里，《十六国春秋》云：前赵刘聪征刘琨，不剋，略晋阳之人踰蒙山而归。即谓此也。今山上有杨忠碑。忠为周将，讨齐战胜。隋开皇二年追记功烈，始建此碑。忠即文帝之考，谥曰武元皇帝。石室山，后魏《兴国土地记》云：太原郡，山有石室，方一丈四尺四，壁有篆字，人莫之识。”这些壁间古文字充分说明这里曾是战国以来人们活动的重要场所。

前赵氏此战亦记载《通鉴》中，《资治通鉴·晋纪十》：“（刘）曜入晋阳，夜与大将军粲、镇北大将军丰掠晋阳之民，踰蒙山而归。（永嘉六年［312］年）十一月，猗卢追之，战于蓝谷。”胡注：“蓝谷，在蒙山西南。”此蓝谷系“岚谷”之误，而岚谷实为风谷。胡三省不省晋阳舆地，乃有此误（参《通鉴·后唐纪四》）此读史之一得也。此战刘曜战败逃亡之路应是过店头北踰蒙山而去。

在隋朝时风峪古道被认为是有“天子气”的地方，因为这里通娄烦“地当东都西北”，因而隋炀帝行幸于此，试图“压胜”。据唐工部尚书太原祁县人温大雅《大唐创业起居注》所言：“（大业）十三年岁在丁亥正月丙字夜，晋阳宫西北有光夜明，自地属天若大烧火，飞焰炎赫，正当城西龙山上，直指西南。极望竟天，俄而山上当童子寺有紫气如虹，横绝火中，上冲北斗。自一更至三更而灭。城上守更人咸见而莫能辨之，皆不敢道。大业初，帝为娄烦郡守，时有望气者云：‘西北乾门有天子气连太原，甚盛。’故隋主于娄烦置宫，以其地当东都西北，因过太原取龙山风谷道行幸。”这条史料进一步表明：风峪道是古时晋阳城的西出大道，皇帝行幸也须经此。

其后直至后唐，风峪仍是外界通向晋阳城的主要通道。《资治通鉴》卷二七五《后唐纪·明宗天成元年》：“刘皇后与申王存渥奔晋阳，在道与存渥私通。存渥至晋阳，李彦超不纳，走至风谷，为其下所杀。”此事亦见于《新五代史·庄宗五子》：“渥与刘皇后同奔于太原，行至风谷，为部下所杀。”

后唐战乱之时，王子纷奔晋阳避难，皆经行风谷，则又可知这条大道一直沿用至晋阳城被毁灭之前。

2009年4月在店头村地道内发现了一块字砖。砖长45厘米、宽24厘米、厚9厘米。上刻“延年武曲”4个隶字（见图1-3-1）。字体为典型秦汉之际工匠书风，其中“曲”字写法见于《居延汉简甲编》二四四三（科学出版社，1959）。书体独特，富有时代特征。

图 1-3-1 “延年武曲”字砖

按武曲之说，始见于《礼记·祭统郑注》，宋王禹偁《受节度使左金吾卫士将军制》：“具官某，将门袭庆，武曲储精。”宋扬无咎《柳梢青》：“霁天欲晓，武曲增明。元是今朝，会生名将。”武风掌武功之事，与文曲相对，各司其事。砖刻文“延年武曲”意为武运长久，是当时筑城时所用的吉语砖铭，犹汉砖之“长生无极”、“长乐未央”之属。

“延年武曲”字砖的发现，为我们对店头村的年代、性质分析提供了实物证据。

四、建筑功能对店头村的起源与发展的影响

晋阳古城系“四塞之地”，东南有汾河天堑，北有蒙山群峰环抱，出入晋阳最便捷的通道就是走谷中。风峪是西山九峪中最宽阔的山谷，自然成了战国、秦汉魏晋隋唐五代以来晋阳城的主要陆路干道。

风峪沟宽150～300米左右，在沟中第一大村店头村至今保留

着460间石窑，这些窑洞南倚蒙山而建，最下一排石窑在临河的石崖上，没有院落，只有一条狭窄的通道。其上的排排石窑倚山势递高。据调查，此间原有石窑3000余间，现存的有二进式窑院8个，二层式窑楼35座，三层、四层式窑楼各1座。有31处窑院群组的窑洞内均设有暗道通向上层，有3处里外窑洞互通。已发现有3处窑洞有通往后山100多米的地道。绝大部分的窑洞院落有门互通，形成了层层窑洞有阶梯、院落之间有通路、窑洞内外有暗道的建筑格局。每个窑洞辟有拱形石窗，高层窑楼均辟有瞭望方孔。店头村的石窑群落背阴面阳而建，处在风峪最窄的沟颈之处，俯瞰着风峪沟官道。

那么这洞洞相通，上下相连，暗道重重的石碹窑洞聚落是何种功能？

居住者有几种可能：一是刑徒；二是僧道；三是宦官；四是军人；五是百姓。

据明·万历《太原府志·古迹》记载，赵襄子曾筑“徒人城”以处刑徒。但店头石窑群处处有通道，显然不宜作囚禁之所。

风峪中寺院、道观众多，自北齐天保年间于西山凿大佛、起十二院以来，有很多僧众在此间活动。据《旧五代史·太祖子》记载：“在战乱中李存霸乃剪发，衣僧衣。日：‘愿为山僧，冀允庇护。’”据《资治通鉴·后唐纪四》：“刘皇后为尼于晋阳。”在战乱年代风峪的众多寺院确实纳过很多山僧、尼姑。但僧尼们并不需要在窑内设瞭望孔和地道，显然这里也不是僧众之道场。

后唐丧乱之时，皇室成员纷奔晋阳，大都被杀，有宦官数百人逃窜至晋阳附近的山林之中。据《资治通鉴·明宗天成元年》：“宦官数百人窜匿山林，或落发为僧，至晋阳者七十余人。”但如果说店头堡为宦者所居，则瞭望台、院落成连闼洞房之制也是讲不通的。

店头村石碹窑洞群应是用于军事的堡垒。这些窑洞傍山而建，面临风峪隘口，在这个咽喉要道驻军屯守，正如北齐文宣帝高洋所言：“此是金城汤池”。在这里以石窑堡为城，风峪河为池，据高耸为城，临不测之渊，以为关隘。“良将劲弩守要害之处，信臣精卒陈利兵而谁何”，正是战国之际军事要塞的典型模式。

据《洪武太原志·古迹》（《永乐大典》五二〇四卷）转引《晋阳志》，战国之际，赵襄子曾筑一城名三角城，该城“内置却敌，外安龙尾”，这种军事建筑设施在店头石窑中依然存在，这些古堡中，尚

图 1-4-1　刘继元避暑行宫遗址

存有三层、四层却敌楼各一处，却敌顾名思义是使敌望而生畏、能使敌人退却的具有攻击性的建筑，其作用并不仅仅是用作持更。店头村现存的这两座却敌楼，瞭望台、射击窗设置全面，居高临下，可有效掌控风峪中道路通行状况。

战国时期的龙尾大抵如胡三省所描述，《资治通鉴・陈宣帝太建十二年注》："筑道陂陀以上城，其道下附于地，若龙垂尾然，故曰龙尾。"在店头石窑院阶下有这样的设置，即阶梯次第为反抛物线形，整个梯道中间下凹，吐陂陀状，若有来犯这敌，龙尾上方之守军可占据高点，击溃来敌。这里的龙尾道台阶细密、结屈有致，与上言却敌均应为战国时军事建筑。风峪晋阳古堡建筑中有宽敞的开间、有偏狭的斗室，或聚或散，错落有致。从其建筑格局来看，完全符合先秦军队部曲制的规定，有屯、什、伍之分。当时军校们的居住略依《墨子・号令》中所述："城中吏卒养，皆为舍道内，各当其隔部"。古代的军队部曲制度规定，步卒平日养居于舍道之中，住舍之间有道互通，但各什伍之间又各司其负责的工事隔断。部曲中有少量的车兵和骑兵。这一兵制，在风峪店头村中可得到实物的印证。

店头村的建筑风格符合先秦时代的规制，《诗经・豳风・七月》中有"塞向户"之记载，石窑的拱形石窗正是"向"的形制。因此，店头村石碹窑洞形制类似战国之际的军事设施。

在唐景元年间，店头村域范围内修建龙泉寺，工程宏大，用人极多，居住在店头村的匠人一定非常多。

另外，北汉刘继元避暑行宫位于店头村后蒙山寨之上（见图1-4-1）。店头村是上避暑行宫的唯一通道。建造避暑行宫的匠人极有可能居住在山上或山下的店头村内。居住空间最简单的和最廉价的即是就地取材，搭建窑洞，而且刘继元的避暑行宫保护卫队也不会全部入住蒙山寨。为了保证行宫安全，店头村必须有军队驻扎。因此，北汉时期店头村居住人不在少数。由于石碹窑洞取材方便，不用加工，省时省力，墙厚堆砌结实，容易成形，适合匠人快速建造。所以在风峪沟许多村内都有大量的石碹窑洞存在。

综上所述，店头村极有可能为始建于战国之际的军事设施，或者不晚于北汉时期的军事辅助设施。

五、建筑营造技术对店头村的起源与发展的影响

石材建筑由于工程量与施工难度都比较大，需要相应的技术与工具支持。另外，由于石材分布的不均匀和人们对建筑用材的认知等原因，所以石材早期的应用范围不是很广。店头村层楼式石碹窑洞建筑群的营造则是一个特例。虽然其用材原始，但空间结构复杂，构筑技术成熟，是非常罕见的建造技术，这种建造离不开相关技术的发展与使用。我们可以从相关技术的历史发展信息上探寻店头村石窑洞的起建时间。

1. 穴居的起源与发展

“穴居”是最原始的居住形式，也是窑洞建筑的前身。20 世纪 30 年代龙庆忠发表的《穴居杂考》中有三段话：

“上古穴居之遗风，应随数千年文化演进而消灭，其得已与后世较高之文化具存者，必自有其特殊之环境与其特别的历史性在焉。”也就是说“穴居”是最早的居住形式，随着社会的进步和发展应该已经消失了，但后世文化程度高的时候又有很多“穴居”建筑的出现，一定是因为有特殊的环境或者有历史状况发生。人们不会随意的建造“穴居”形制的建筑，除非是受环境的影响或者特殊状况的需要。这也就能够解释为何店头村窑洞使用的石材如此特别，与其他地区的石质建筑都不相同，这完全是受环境的影响。风峪沟自古洪水频发，河底堆积了大量的水流冲击而成的圆润的碎石块，称为“河刨石”，人们就地取材建造房屋，才形成了如今的风貌。

“我国上古穴居之风俗，经殷周二代千余年文化之陶冶，随生活改进而日就式微，殆无疑问，故秦汉以来典籍，言穴居者甚少。然汉魏六朝之史籍，每载文化落后之邻

接民族，向保存穴居野处之原始生活，略似我国史前情况，足资吾辈研究此问题之借镜。”这段话是说秦汉时这种原始的“穴居”方式已经很少，但到汉魏六朝时的记载每到朝代更替文化落后之时，“穴居”野外的情况就会增多。魏晋南北朝时期，是我国多民族分裂时间最长的一段时期，多战乱，而在战争频发、生活不安定的情况下，民众就会“穴居”在野外，躲避战乱。那处于山野间的店头村会不会也是在这一时期有人挖窑而居，就不得而知了。

“而今之土窑，皆具户牖，大者且有天井院落之设其平面配置，显然导源于四合式之住宅。则其产生之时期，必在一般建筑发达之后，即最早亦不能先于周代也。”窑洞建筑中的四合院形制必定是在一般建筑发达之后，也就是砖木建筑四合院形制出现并流传开以后才被用于窑洞建筑中。因此店头村二层上的四合院形制应该是比较晚期的。

2. 石作技术的起源与发展

（1）拱券技术

秦汉时期出现砖瓦，建筑技术和建筑材料的发展有了很大的进步，这一时期拱券技术主要用于陵墓中，由半圆形筒拱结构发展为砖穹隆顶。用多层券或一券一伏砌筑，为后期土坯券拱、砖石券拱在窑洞民居中的使用奠定了基础。

在东汉时期已经出现了全部石造的建筑物，如石祠、石阙和完全石结构的石墓。东汉年间盛行拱券技术。当时用筒拱（拱券连续砌筑就形成筒拱，用在墓室顶部）建墓室，用券建墓门。最初的筒拱由多道券并列构成，一般称并列筒拱。其优点是施工简便，缺点是整体性差。以后发展为各道券间砖石互相交错，连成一体，称纵联筒拱。它与并列筒拱不同之处是通过咬合，使各道拱之间产生纵向联系，把筒拱变成一个整体。纵联筒拱的坚固性和承载力都大于并列筒拱。

店头村石窑洞大部分是直接用不规则层状砌的方式来券拱形顶，石砌墙体上券拱形门洞，有时用规格基本一致的圆环状石块起券，有时用规格不一的不规则长条石块起一个弧度较大的券，顶部先三七灰土后覆土即可。

魏晋南北朝时期，凿窑造石窟之风遍及各地，石材料的施工建造技术达到很高的水平，云冈石窟、天龙山石窟、龙门石窟都是此时凿建的。石拱技术也开始用于地下窟室和洞穴及窑洞的建造上。明代，砖的生产大量增长，民居中普遍使用砖瓦，从元代起已有半圆形拱券的门和全部用砖券的窑洞了。

（2）石雕技术

图 1-5-1　店头村石砌建筑

石雕是在石材上用刀刻的方式进行的装饰。南北朝时期石工们不但以极其准确而细致的手法雕造了模仿木结构的建筑形式，而且体现了当时木结构的艺术特点。店头村紫竹林寺钟鼓楼、龙洞的柱廊都采用了石仿木榫卯结构。而龙洞还有石瓦、石椽甚至石匾等。在店头村石碹窑洞群内用沙石凿就的门框、窗框院落有 3 处，其中店头村石佛洞建筑门框完全是砂岩石，并制成半圆形拱券，上雕刻卷草纹。紫竹林寺龙洞上的砂石匾额“南海”、龙洞东侧卷草纹样的砂石门券，其上方的石瓦当、石梁、石栏杆等都雕刻精美，但由于年代久远，石刻风化剥落严重，字迹不清。店头村现存还有不少的砂石臼、石马槽、石磨等，上面均有精美的雕刻。

北齐至唐的这段时期，店头村所在的区域内有大量的石窟、石刻。成熟先进的石拱技术是最有可能在这一时期传到店头村的，否则很难解释如此成熟的营造技术为何会出现在一个山村里。

（3）砌筑技术

店头村的石碹窑洞与其他地区的石质建筑在石材选取及构筑方式上也有很大不同。它选择的石质材料都是未经加工的河刨石，而不是开采并切割的整整齐齐的大石块，这些石材都是由风峪沟洪水暴发时周边山体冲击而下的碎石，经过长时间水流的冲击光滑圆润，大小不一。店头村石碹窑洞的建造者们并没有精心挑选这些石头，而是将这些规格不一的石头全部拿来进行砌筑，这种情况下依旧能将建筑砌筑的如此坚固，工艺虽然原始粗犷，但仍将空间构筑的如此精巧、细微，其技术可见一斑（见图1-5-1）。

常见石材的砌筑形式主要有毛石干砌、自由砌、规则层状砌、不规则层状砌、琢石砌、人字砌、叠涩等种类。店头村古石窑洞的砌筑方式则变化较多，有自由砌、不规则层状砌、规则层状砌、人字砌等多种形式。石材的砌筑工艺有2种方式：干砌和浆砌。浆砌即用石灰砂浆加糯米汁灌注。据清道光太原县志记载，风峪“出石炭石灰”，因此店头村的石砌工艺与历史记载是相吻合的。

（4）防盗技术

店头村现有保存完好的2个门闩，一个位于紫竹林寺范姑姑三层阁楼一层，另一个在村上街古民居的一层石碹窑洞中。

这两个门闩有一个共同特点，门闩孔与置闩棍的墙孔在建筑时已留设，并置闩棍于其中，门闩孔与置闩棍孔平行相对布置在同一水平线上，置闩棍的孔深大致为，门框两侧间距与一边门框边到门框墙的距离之和，闩棍长为置闩棍孔深再加上一边门框边到门框墙的距离，闩棍孔直径10厘米，闩棍直径略小于闩棍孔并且闩棍在其中能活动自如。这两个门闩的门框均是采用砂石凿成的构件砌垒，关门后房中之人用手轻轻抽拉闩棍并将闩棍至于另一门框墙留设的闩棍孔中形成横插状，即可起到门闩的作用。尽管事过境迁，但由梨树、枣树等硬杂木制成的门闩仍未腐朽，材质尚好，活动自如，功能亦如从前。

3. 胶凝材料的起源与发展

据清道光《太原县志》记载：“风峪在县正西五里许，……，内出石炭、石灰。”风峪沟内石灰石矿区仅店头村南北山就占到60%以上，矿体从峪口至店头分布于南山（龙山）、北山（蒙山、太山）临风峪河谷两侧山脉之上，东高西低，东西单斜倾向构造，石灰石矿床之上依次覆硫铁矿、铝矾土矿、砂岩、页岩等，其上覆矿床岩体上灌木、杂草、树木茂盛，植被甚好。店头村周边山脉拥有大量的石灰、石膏矿产资源，石窑洞建筑的石材都是用胶凝材料胶结而成，多数都采用浆砌。在推测为最早年代的大门院，其西厢房石窑洞采用纯石灰，另外还有部分窑洞采用混合的石灰胶凝材料。

我国关于石灰的记载，最早可以追溯到公元前7世纪的周朝。从目前考古发掘的材料分析，最迟在我国的汉朝（公元2世纪）人工烧制石灰已经达到比较高的水平。东汉灵帝光和五年的河北省望都二号墓，其砖的砌筑即用石灰胶结，砖拱券也用了石灰浆灌缝。胶凝材料是伴随着砌筑技术的不断提高而发展的，秦、汉时期砖石结构的建筑增多，汉代已有多层楼阁的出现，所以那时选取石灰石来烧制石灰便应运而生了。而目前关于混合石灰的记载最早是在北魏时期。根据实验测试结果，店头村大门院西窑洞按照胶凝材料推断早于北朝。采用混合型材料的石碹窑洞，在胶凝材料内除石灰和石膏外还有其他添加物，这说明这处建筑建造的年代晚于北朝时期。

六、煤炭开采对店头村的起源与发展的影响

“府西山，金银山，山里到处有煤炭，东西南北无尽头，千年万载挖不完！”西山，因位于太原市城西而得名。自北而南，绵亘百里，气势磅礴，景色秀美。然而，西山之所以闻名于世，主要还是因为这里是山西省六大煤田之一，蕴藏着丰富的煤炭资源。

煤炭是西山众多村落赖以生存的资源，同时也影响着村落的发展与变化，店头村也不例外。据清道光《太原县志》记载：“风峪在县正西五里许，……，内出石炭、石灰。”历史上煤炭是店头村除驿站、商铺外的第二大经济来源，村前的古驿道又称“柴煤大道”，运送大量的煤炭。来往的煤炭运送使这一区域布满煤灰、煤渣，在村民建造房屋时，免不了会掺进煤屑等杂质。

经过对店头村内多处建筑粘结材料的取样调查发现，粘结材料中都或多或少有煤屑掺杂，但仅有一处石碹窑洞的粘结材料中没有发现煤屑，其成分是纯净的石灰膏。这有可能说明这处建筑建造时，这一地区还没有进行大规模的煤炭开采，而其他信息的分析也同样证实该处院落应该是村内建造年代最早的，那么我们可以通过对这一地区煤炭开采的历史来推断建筑的年代。

西山煤炭资源开采历史悠久，始于何时，文献无征，殊难详考。在《山海注·北山经》曾有记载，山西太行山盛产涅石。我们可以得知，从发现之初煤炭就被用作燃料了，后来人们发现了煤炭的赋存，从而引发了当地的煤炭开采活动。太原自古为冶铸工业发达的城市，为了适应炼铁的需要，石炭被利用，应当不会太迟，但由于文献无考，很难考证出确切的时代。春秋战国时，煤炭叫做“石涅”、“石墨”。两汉以后石炭便逐渐成为百姓日用的燃料。

隋唐时期，煤炭的开采规模和使用量日益扩大。据《隋书》载，隋代煤炭已经成为宫廷中的重要燃料。《隋书·王劭传》记载，曾任朝

廷史官的王劭，在呈给隋文帝的奏表中就提到："今温酒及炙肉，用石炭、柴火、竹火、草火、麻荄火，气味各不同。"其中的"石炭"，即指煤炭。王劭老家在晋阳，这段话是就其家乡生活而言，可以证明最迟在公元6世纪中，晋阳城一带百姓已将煤炭作为日常生活的燃料之一而普遍使用起来。虽然没有直接提到西山，但隋代晋阳城就建在西山山麓，是当时的军事重镇，因而可以推断当地老百姓日常所用的"石炭"就是取之于近在咫尺的西山。

唐代，一位日本僧人圆仁（公元794—864年）笔下记载了西山的煤业情况。他于唐文宗开成三年（公元838年）以请益僧身份入唐，于开成五年（公元840年）朝拜五台山后，经太原沿汾河南行赴长安途中，曾目睹了西山煤炭广为开发和利用的盛况，并将其写入《入唐求法巡礼行记》一书。书中有这样一段记载："太原府……出城西门，向西行三四里，到石山，名为晋山，遍山有石炭，近远诸州人尽来取烧。料理饭食，极有火势。见乃岩石炼化为炭，人云天火所烧也。"晋山，即今西山风峪沟一带。这段记载成为中国古代煤炭开发史上的珍贵资料。又据山西地质资料载："本煤田（暗指西山煤田）远在唐宋年间，即有土窑开采。"后经地质工作者调查，西山虎峪的神底窑，官地附近的段村沟窑以及晋祠、清源一带的一些古窑，就是唐宋年间开凿的。这也足以作为圆仁书中记载的佐证。那么之前我们所说的不含煤屑的粘结材料就有可能出现于唐代以前。

宋代时期煤炭已广泛进入商品市场，当地百姓不仅自采自用煤炭，而且不少人靠卖煤维持生计，煤炭成为流通领域的重要组成部分。另外，宋代已开始使用炼焦技术，焦炭的出现和炼焦技术的发明，说明不但采煤业有所发展，而且已经对煤炭进行加工利用。西山矿区盛产炼焦煤，自然首当其冲。

明代，西山矿区民间开办小煤窑已成风气，包括店头村在内的周边大多村庄基本都是以开采煤炭为生，煤炭开采成为了店头村除驿站、商铺外的第二大经济来源。据洪武《太原志》记载，当时西山一带农民开办的小煤窑就达57座。其中柳子峪与风峪为太原西山九大峪产煤之最，据万历年间修纂的《太原府志・卷之十・物产》记载："货之属石炭各属俱有。"说明当时太原府属地包括西山在内均产煤炭，且已列为商品（货）出售。此时，煤炭不仅成为一般百姓日常生活中不可缺少的燃料，而且已用于炼铁和烧制石灰。

清代，可以说是古代采煤业发展的鼎盛时期，无论是煤窑数量和煤炭产量，还是煤炭生产技术，都达到了前所未有的水平。店头村的李氏和王氏家族掌握着店头村周边多处煤矿，以采煤为生。煤矿的开采带来可观的收入，使得村民逐渐放弃了驿馆和店铺的贸易经营，转而投入到采煤的行列，店头村的商业也就逐渐没落下来，以至后来的完全丧失。这一时期风峪煤窑有：石柜窑（光绪九年）、大成窑（同治二年）、老西窑（同治三年）、和尚窑（同治二年）、玉成窑（宣统二年）、文太窑（光绪十七年）。

民国初期晋祠镇赤桥村名士刘大鹏在其《柳子峪志》中详述峪中所见各处煤窑，对其开拓年代、矿主、工人、规模、质量、交通、存废等均予著录。如“十字河沟”条云“沟前半截煤窑多”，“煤厂煤房纡盘布列”。“届冬出煤，人烟稠密，车马辐辏。喧呶杂毕之声，通宵不歇；灯火辉煌之焰，彻夜发扬。采煤工人夜作而昼息者多。”1920 年（民国 9 年）刊印的《山西矿务志略》一书收录民国 5 年和 7 年由山西省实业厅提供的调查报告，记载民国初年西山地区开办注册的小煤窑达 120 余座之多，其中规模较大的就有 20 余座。当时，西山矿区的所谓九峪十八沟，窑坑如星斗，大小千条路，条条车马稠。

大量的开采挖掘对此区域的环境造成了严重的破坏，到民国时期时，该区域的植被、水文和土地已经破坏的相当严重，到 20 世纪 50 年代的时候已经开始出现地面塌陷的现象，对村庄造成极大威胁，20 世纪七八十年代，采矿技术的发展更是加大了该区域内煤矿的开采量，大小煤窑随处可见，矿产的开采基本已使得该区域的生存环境遭到彻底的毁灭，地下水缺乏，人畜难以生存，开始有村庄陆续的向外搬迁。如今，虽然已关闭了大小煤窑，但该区域内的原有村庄基本都已荒废，村民都已迁至生存环境良好的新村，店头村也已全部搬迁。

店头村是中国建筑史上的奇观，它凝聚着中国古代人民的辛劳和智慧，体现着中国古代战争的军事思想，它是中国仅存的先秦时期的地面军事集群建筑，是世界人类历史文化之林中的奇葩。

第二章 店头村的空间形态研究
Study on the Spatial Form of Diantou Village

目前，店头村虽然已被评为中国历史文化名村和中国传统村落，保护工作也在逐步进行中，虽然店头村极具特色的层楼式石碹窑洞的建造原因尚未获知，但店头村从村落选址到建筑空间布局无处不在展示着其独特魅力。

一、村落选址与布局

（一）村落选址

“选址”在中国传统建筑文化中占有非常重要的地位。古人在考虑自己的聚居地时会综合考虑自然、人文等多种因素，从而选择最为有利的聚居环境。主要分为以下4个方面：聚落选址的环境意向、风水意向、生态意向和军事意向。

1. 聚落选址的环境意向

此种聚落选址的意向是指聚落的人工环境与其周围的自然环境达到和谐统一的意向。中国历史上的许多著作中都有相关的记载，如《阳宅十书》是一部关于住宅选址及建设的重要著作，在其中对住宅所处的环境做了规定：“人之居处，宜以大地山河为主”[1]。由此可见，古人在选择居住环境之时，优先考虑的因素是住宅与自然环境的融合。将住宅建于自然的山水之间，不仅可获得生活所需的物质资源，还可享受自然带来的优美环境。另外一部史书中也有关于古人聚居环境的记载。在《后汉书·仲长统传》中记载了东汉末年政治家仲长统的观点“使居有良田广宅，背山临流，沟池环匝，场圃筑前，果园树后”[2]。这种观点阐明了中国传统聚落选址的核心思想，即背山面水，有河流围绕以作为生活和生产的水源，有山体可作为种植的场所，在宅前还有广阔的良田以提供粮食。这种充分利用自然环境，并将其纳入聚落这种人工环境的做法充分体现了古人在聚落选址时的环境意向。

店头村的选址符合这种聚落选址的环境意向。它四周群山环绕，北依蒙山，南面龙山，西望妙前

注：[1]《古今图书集成》堪舆部汇考二十五.

[2] 刘沛林. 传统村落选址的意象研究 [J]. 中国历史地理论丛，1995（1）:119-128.

图 2-1-1　店头村所处地形环境

山，东邻太山；季节性河流的风峪河自西向东从村南流过，最后汇入汾河。村落与自然山水相契合，周围的山体及风峪河中的自然资源为店头村中生活的人们提供了衣食住行必须的物质条件，使人们可以世世代代在这里生活繁衍下去，这种因借自然，契合山水的选址观念充分反映了古人在聚落规划选址方面的聪明才智（见图 2-1-1）。

2. 聚落选址的风水意向

风水意向是影响聚落选址的又一重要因素。古人对客观自然环境的认识水平是有限的，无法从根本上理清人与自然的关系，但他们通过长期的生活经验的积累，总结出一系列对人类生活有利或有弊的自然因素，由此形成一整套关于聚落选址及房屋建设的经验理论，即风水观。风水观包含了人文、地质、水文、生态、小气候及环境景观因素[1]。在这种风水观念之中，古人将聚落或住宅周围四个方位的自然要素用四种神兽的名称命名，即朱雀、玄武、青龙及白虎。《阳宅十书·宅外形第一》中记载："凡宅左有流水谓之青龙，右有长道谓之白虎，前有污池谓之朱雀，后有丘陵谓之玄武，为最贵地"[2]。其意思是有利的住宅选址需符合 4 个条件：在住宅的左侧有流水经过，称之为"青龙"；在住宅的右侧有可与外界相通的道路，称之为"白虎"；在住宅之前有水池，称之为"朱雀"；在住宅后部有丘陵山体的遮挡，称之为"玄武"。相应的店头村前的风峪河和古驿道以及店头村后的蒙山正好印证了这样的风水观念。可见，店头村的选址是经过精心设计的。

3. 聚落选址的生态意向

传统聚落选址的意向中还包含有生态的观念。古人在长期与自然共处的过程中发现，只有达到一种人与自然在生态上的平衡才能营造良好的聚居环境。将人工环境纳入自然环境之中，利用自然环境中有利的方面来满足人类的需求，反过来人工环境又不能影响到自然的发展，这样的生态意向才是最利于人类生存和发展的。传统的"背山面水"的聚落选址原则就渗透着这种生态意向。由于中国的大部分地区都处于北半球，因此大多数的房屋都选择坐北朝南的布局方式，建于山体的南坡，面朝河流或湖泊。房屋建于山体的南坡并坐北朝南，从一方面来讲可获得充足的日照和温度，并由背后的山体遮挡冬季来自北方的寒风，由此营造良好的气候条件。另一方面可获得南侧良好的景观和开阔的视野。山体南坡生长的树木和其他植物可为人们的生活提供食物来源和薪柴，或建房的原

注：[1] 杜林霄．碛口古镇聚落与民居形态分析 [D]．太原：太原理工大学，2007.

[2] 刘沛林．传统村落选址的意象研究 [J]．中国历史地理论丛，1995（1）:119-128.

图 2-1-2　店头村周边自然环境

料。房屋面对河流或湖泊布局，一方面可获得人类生存和灌溉必须的水源，另一方面还可在其中养殖渔业或进行水运。这样多方面的因素综合起来便造就了一个和谐的生态环境。

店头村的选址也充分体现了这种生态意向。店头村位于晋中地区，山西地处中国北方，冬季主导风向为西北风，店头村的北侧因有蒙山的遮挡，使在村落中生活的人们免受冬季寒风的侵袭。店头村因在蒙山的南坡修建，使民居建筑可获得充足的日照及良好的视野。村落南侧季节性的河流——风峪河，为人们提供了生活及生产灌溉必须的水源，同时还可以作为渔业养殖的必要的条件。蒙山南坡在夏季时由于日照充足、雨量充沛，故山上植被茂盛，村落周边环境优美，气候宜人（见图 2-1-2）。

4. 聚落选址的军事意向

防御性聚落是设防的，以生产生活为主的聚落形态[1]。对于传统防御性聚落而言，军事意向是其选址的诸多意向中最为重要的一个方面。

店头村背靠的蒙山顶上曾建有北汉刘继元的避暑行宫，从山下仅有一条道路可通向山顶，而店头村就建于这条重要道路的一侧。这样的选址充分体现了防御性聚落的军事意义，有“一夫当关，万夫莫开”的态势。

作为防御性聚落的店头村，其选址于两山夹峙的风峪沟中也具有重要意义。一方面，这样的位置隐蔽性较强，不易被敌军发现；另

注：[1] 王绚．传统堡寨聚落研究[D]．天津：天津大学，2004．

一方面，起伏的山势和复杂的地形有效的阻挡了外敌的进攻，在作战时，也避免了四面受敌，便于埋伏和撤退。

店头村西口为风峪沟岔道口，是风峪沟最狭窄的位置，太古公路修起之前，沟体南侧有一块巨石，是风峪沟绝对的咽喉要塞之处。同时风峪沟是西山该区域内唯一的西出通道，南侧的明仙峪、马房峪、柳子峪内的行人西行也是要通过岔道北上，经此处岔道口进入风峪，所以从战略眼光来看，此处是布置军事设施的最佳位置。

（二）村落布局

1. 村落布局原则

（1）以“风水理论”为基础，以军事防御为目的的选址原则

古人总结出了以天、地、人相协调为准则的择地标准和理论，即“风水理论”[1]。店头村的营造者按照传统的风水理论，选择采光、通风、地形等自然条件良好的基址建村，以利于村民的生活和生产。村落背靠蒙山而建，南侧为一条季节性的河流——风峪河，符合背山面水的风水理论，形成藏风聚气的小气候。

对于防御性聚落而言，选址不仅要有利于村民的生产生活，更为重要的是便于军事防御。店头村的选址就充分实践了这一原则。首先，店头村紧靠通向蒙山寨的唯一道路而建，有效地守护了刘继元避暑行宫之下的关口。村子梳咽喉而建，有效地阻止了从西沿驿路而来对晋阳城的威胁。其次，店头村所在的两山夹峙的地理位置，隐蔽性强，易守难攻。再次，即使店头村的军事意义减弱后，这种以防御为目的的选址也有利于后期村落商业活动的开展，或许这种沿驿道进行的商业贸易进行的时间更久。

（2）尊重自然，因地制宜的建设原则

像店头村这样的古代聚落在建设及发展的时候都会给予自然环境足够的尊重，在利用自然资源的同时，也会留给自然充分的发展空间。店头村的营造，就地取材，选用当地的河刨石作为建筑材料，并且不会刻意的将石块进行加工，而是将其看似随意、实则巧妙的堆叠起来，形成层楼式的石碹窑洞。村落的布局顺应山形地势，而非人为的将自然环境进行重塑和改造，村落在东西向沿风峪河及古驿道带状展开，在南北向，则顺应山势逐渐升高，竖向空间变化丰富，形成了山地聚落特有的层楼式布局特色。

（3）融于自然美学特征的原则

建筑是人对于自然的一种改造。而窑洞民居更是人类以自然为素材进行的一种对自然的升华。店

注：[1] 余翰武，吴越．浅析传统聚落住居及其潜意识——以怀化高椅村为例 [J]．吉林建筑工程学院学报，2007，24（1）：9-12.

头村与其所处的自然环境之间丝毫没有对立的倾向，存在的只有融合的美感。这样一个山地窑洞聚落，顺应山势而建，当地特有的建筑材料使整个村落像是从山中生长出来一样，古村还拥有窑洞聚落特有的强烈的光影效果，在幽静中体现出粗犷豪放的感觉。店头村是古代的建造者将自然之美通过人为的加工后再次编织到自然中去的一次优秀的建筑创作。

2. 村落整体布局特征

（1）村落布局形态特征

村落的布局因其所处环境的自然条件、村落的特定功能性质以及村落规模的大小等不同而呈现出不同的形态特征。大致可分为 5 种类型，分别是：

集中型——即村落围绕一个或多个中心呈现向心的布局形式，这里的中心一般为村落中的重要公共空间。

放射型——放射型与集中型正好相反，它是指村落中的建筑从一个或多个中心向外扩散，形成放射状的布局形态。

组团型——即由于某种原因集合在一起的多个组团之间由道路相互联系的一种村落布局形态。

带型——即村落随地势、道路、河流方向延伸成线型布局的带型空间[1]。

象征型——是指为了使村落具有某种象征意义，用某种物体的形态作为村落的整体布局形态。

根据以上对村落布局形态的分类可知，店头村的村落布局形态呈现带型及象征型的特点。

1）带型

带型村落是指以一个线状的联系纽带组织起来的呈带状的村落形态[2]。这一线状的联系纽带是形成带型村落的核心要素，它可以是一个具象的要素，如村落附近的一条河流、道路或山脉等，也可以使一个抽象的要素，如当地发生的一个重要历史事件、当地一个名人的活动轨迹等。

历史上典型的带型村落多位于重要的关口之上，村落主要顺应地势沿驿道生长形成，或沿河道两侧延伸分布，有些村落则是在形成早期沿驿道生长，在驿道失去作用后则沿河道形成，店头村就是这种村落类型的典型实例。故店头村的线状联系纽带是驿道及河道。

店头村的建筑沿驿道及河道南北两侧分布，在东西方向绵延 1 千米。驿道为晋阳古城通往西侧的古交县和娄烦县的交通要道，河流为驿道南侧、风峪沟之中的风峪河，风峪河为店头村中的村民提供了生活必须的物质条件，而驿道为村落与外界的互通以及村民开设店铺经

注：[1] 余凌云．壶瓶山镇山地乡村聚落空间构建研究 [D]．长沙：湖南农业大学，2010.

[2] 周绍文．云南传统聚落类型学研究 [D]．昆明：昆明理工大学，2007.

营商业提供了便利。由于店头村所在的风峪沟由北侧的蒙山、太山以及南侧的龙山、天龙山夹峙而成，限制了村落向南北两侧的扩张，故村落的发展无论在历史上的哪个时期都是沿着驿道及河流这两种线状的元素向东西两侧生长延伸的（见图 2-1-3）。

店头村的整体形态除沿河道和驿道呈东西方向线形展开外，由于其地处山地之上，因此村落的建筑还顺应山势，逐层上升，呈现层楼式布局的特点。

2）象征型

象征型是“形胜”的环境观，“形胜”即谓“得形势之胜便也”[1]。从店头村南侧的龙山山腰处观看，整个村落仿佛行驶于风峪河之上的一艘大船，寓意一帆风顺。大船的中心建有一座寺庙——紫竹林寺，围绕紫竹林寺的是村落中的民居建筑。为了使这艘大船永远立于潮头，不致倾覆，需在船头和船尾处各建一处寺庙以镇住此船。除此之外，村民还在龙山北坡的山腰处修建了一座七级宝塔，宝塔的四个角下各压有一只活的蛤蟆，以供震慑辟邪之用。此塔随着 20 世纪 80 年代的开山采石活动，已消失无存。

（2）村落布局中的“点”、“线”、“面”

1）村落布局中的“点”

村落布局中的“点”即“节点”。节点是从村落其他空间中凸显出来的点状空间，是最容易在人的意识中留有深刻印象的地点。

节点不仅包括建筑、道路、广场等具象的物质形态，它还包括这些物质形态所承载的特定功能以及人们在这些场所中所进行的社会生活等抽象的方面，因此决定了节点的构成要素必须是综合性的。节点的构成要素主要包括：

① 物质要素：如围合广场或道路的人工建构筑物和自然环境要素等。

注：[1] 林源．中国建筑遗产保护基础理论研究 [D]．西安：西安建筑科技大学，2007．

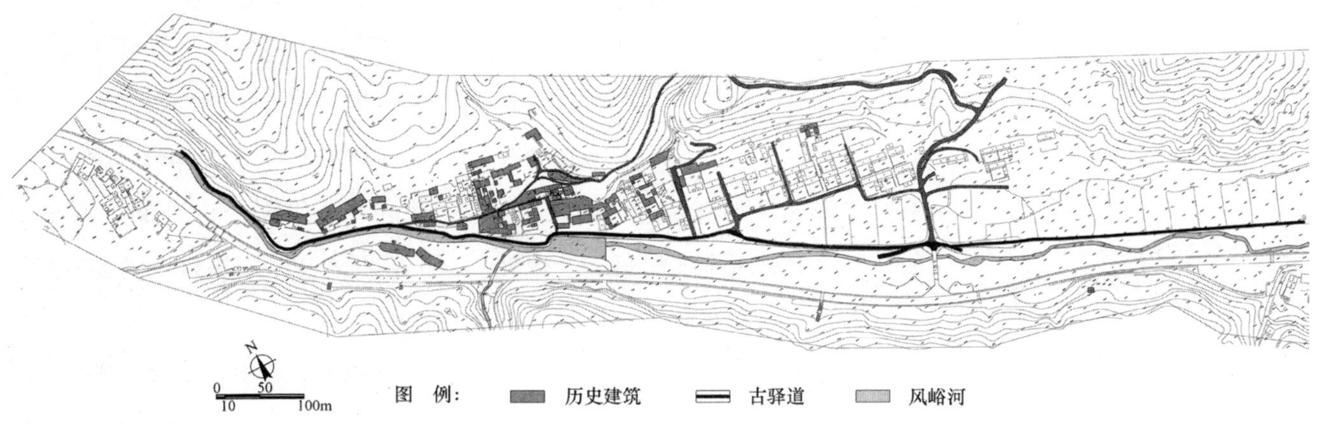

图 2-1-3　店头村沿驿道及河道发展现状

② 非物质要素：节点处各项城市功能与人的社会活动及行为，以及引发的人流、车流、信息流等各类流动[1]。它相对于构成节点的物质要素而言，是不可见的、易变的要素，但其对于节点空间的活力却起着决定性的作用。

以上两方面物质及非物质的要素共同构成了村落的节点。它们相互作用，相互影响。一个村落的节点空间必须由一些可见的物质要素围合而成，然而人在这样的节点空间之中开展的社会生活才是节点空间最重要的功能，也是赋予其生机和活力的关键要素。

店头村节点的分类如下：

① 村口节点

村口节点是村落整体空间的开端，具有重要的标志性。店头村由于历史悠久，村落格局发生了一定的变化，但仍可通过其现状格局结合其他山地村落的实例推测出其村口节点的位置。

店头村属于山地带型村落，且村落周边无堡墙，空间较为开放。这种类型村落的村口节点没有明显的“门”的形式，而是采用庙宇等重要建筑标识出村落的入口空间。如平顺奥治村就是在村落的两端分别设置关帝庙和崔府君庙作为入口节点的标志性建筑；碛口古镇东市街东侧的西云寺也起到了同样的作用。

店头村的村口节点主要有 2 个（见图 2-1-4）。节点 1 位于村落的西侧，真武庙的西端（见图 2-1-5）。它是自西向东的村落空间序列的开端，真武庙标识出它的位置。节点 2 位于村落东侧，文昌宫西侧，其北侧为通向蒙山寨的唯一道路。该节点是自东向西的村落空间序列的开端，也是蒙山寨下重要的入口空间（见图 2-1-6），文昌宫作为其标志性建筑而存在。另外，节点 2 还是目前店头村的主要入口空间。

店头村中的寺庙除了标识出入口空间之外，还具有重要的风水意义。这些寺庙周边并无较大的可举办祭祀活动的场所，但却是店头村中不可或缺的重要部分。店头村在修建之初形似一艘大船，出于风水的观念，需在船头和船尾处各建一处寺庙——文昌宫（见图 2-1-7）、真武庙（见图 2-1-8），并在真武庙南侧建一座宝塔以稳住大船，使之不致倾覆。另外，出于祭祀的需求，还需在店头村南侧山坡上修建一座山神庙和一座河神庙，以保佑古村世代平安。如此，文昌宫、真武庙、宝塔、山神庙、河神庙又共同承担了店头村中风水节点的作用。

② 道路交叉口节点

街道的交叉口是街道空间转

注：[1] 张建荣. 丽江古城节点空间研究 [D]. 昆明：昆明理工大学，2008.

折、停顿的地方[1]。通过实地调研，店头村中主要的道路交叉口节点共13个（见图2-1-9），其节点形式可归纳为3种类型："Y"字形道路交叉口、"丁"字形道路交叉口、"十"字形道路交叉口。其中1、2、5、6、7、8、11、13为"Y"字形道路交叉口，数量最多，3、4、12为"丁"字形道路交叉口，数量次之，9、10为"十"字形道路交叉口，数量最少（见表2-1-1）。

道路交叉口节点的形式主要取决于道路所处地形以及道路周边建构筑物的排列方式，"Y"字形道路交叉口是由两条成锐角的道路合并为一条道路，或者可以说是由一条道路分出两条成锐角的道路，并且相交的两条道路通常具有显著的高差。这种道路交叉口的特点是具有较为明显的视觉选择性，从交叉口的不同方向观察道路的另一侧，会产生不同的空间感受，可开放、可封闭（见图2-1-10）。"丁"字形道路交叉口主要出现在主要道路与辅助道路的交汇处，由于在传统的风水观念中，住宅位于"丁"字道路交叉口的一侧是较为不利的，因此，此类道路交叉口基本上不在主要的住宅区中出现（见图2-1-11）。另外，"丁"字形道路交叉口是一种迷惑性较强的空间形态，可使进入其中的敌军迷失方向，也便于对敌人的夹击攻打，这种道路交叉口的存在体现了店头村作为军事村落的防御性需求。"十"字形道路交叉口中，十字相交的两条道路使得不同方向上人流、车流都有较为通透的视线，便于保证交通的通畅，因此主要出现在人流、车流集中的交通节点之上（见图2-1-12）。

不同形式的道路交叉口节点在村落中所处的位置也不同。经归纳，店头村"Y"字形道路交叉口节点所在地形主要为高差较大的山坡地带，周边为排列紧密且不规则的建筑；"丁"字形道路交叉口节点所在地形基本上较为平坦，无太大高差，周边主要为开阔地带或排列整齐的建筑；"十"字形道路交叉口节点所在地形也较为平坦，它一般处于村落重要的交通枢纽地带，周边环境较为开阔。由于店头村位于山地之上，村落中大部分地区地形有一定的起伏，故村落中的道路交叉口节点以"Y"字形道路交叉口为主。

注：[1] 陈晓东．黟县西递村外部空间构成与解析 [D]．南京：东南大学，2004．

道路交叉口形式统计表　　表2-1-1

道路交叉口形式	数量	百分比	编号
"Y"字形	8	61.5%	1、2、5、6、7、8、11、13
"丁"字形	3	23.1%	3、4、12
"十"字形	2	15.4%	9、10

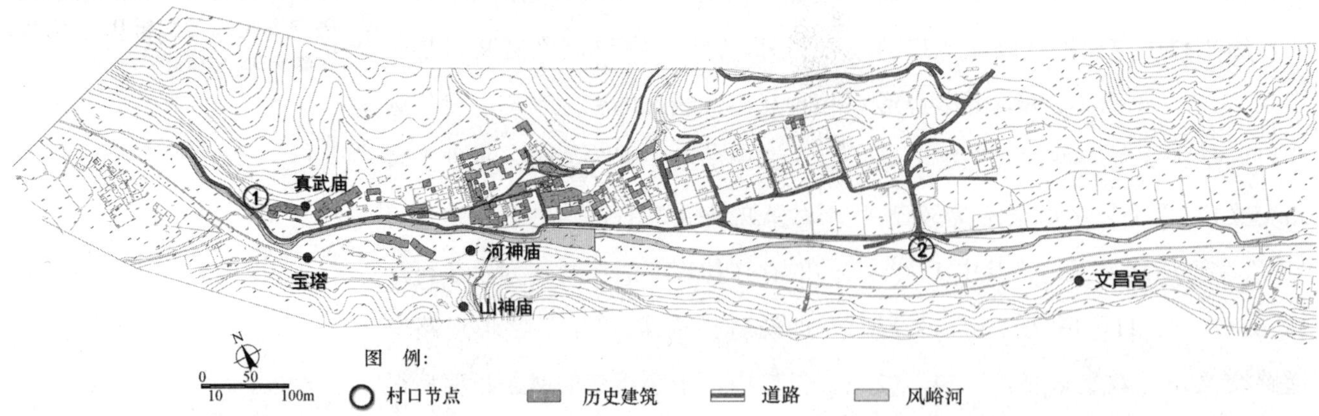

图 2-1-4 店头村村口节点

图 2-1-5 村口节点 1

图 2-1-6 村口节点 2

图 2-1-7　文昌宫

图 2-1-8　真武庙

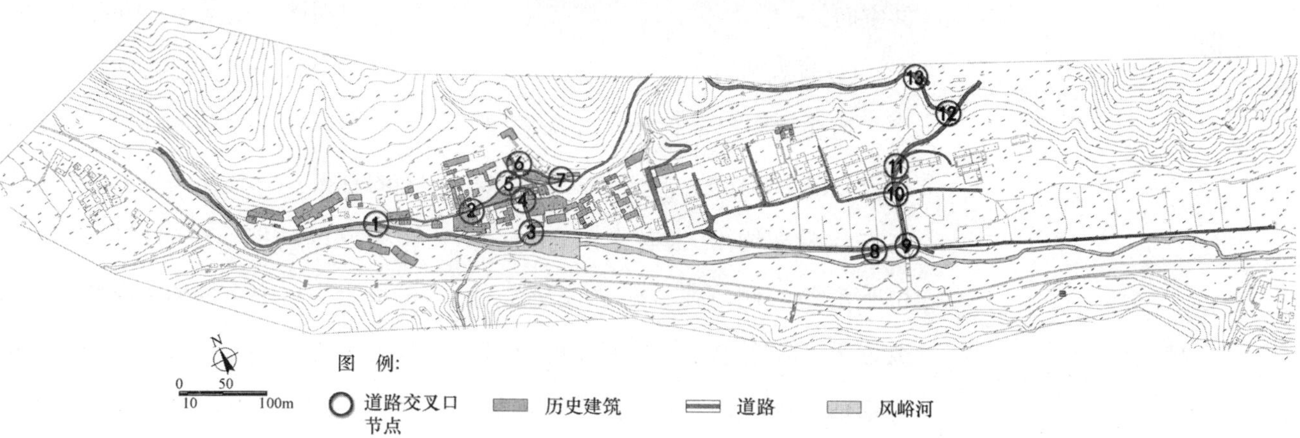

图 2-1-9　店头村道路交叉口节点

③ 广场式节点

这里所说的广场式节点主要指具有明确功能和主题的广场空间以及村落中某些局部放大的，有明确意义的空间。店头村中这样的广场式节点主要有 2 处（见图 2-1-13）。第一处广场式节点位于店头村灯山戏台及对面的看台之间（见图 2-1-14），每年的正月初三至二月初二期间，村中主事都会请戏班在戏台处唱戏助兴，村民则聚集于戏台对面的看台看戏，同时还会在该节点空间中举行盛大的祭祀活动，因此，该节点处具有明确的功能，即祭祀和娱乐，是店头村中重要的公共活动场所。第二处广场式节点位于村中最大的寺庙——紫竹林之前（见图 2-1-15），该节点与第一处节点位于同一轴线之上，功能主要是用于村民举行祭祀活动，同样是店头村中举行重要公共活动的场所。此两处广场式节点虽空间不甚开阔，但其明确的空间功能使之成为重要的公共空间。

④ 景观节点

店头村中目前保留了 8 株古槐树（见图 2-1-16），树径大多有 1 米左右，树高约 10 米有余，它们或位于道路一侧，或位于山崖之上，或位于庭院之中，每到春夏时节树冠郁郁葱葱，为人们遮蔽荫凉，树下成为人们聚集的场所，也成为街道一侧和院落之前的对景，是古村落中重要的景观节点（见图 2-1-17）。

⑤ 其他节点

其他节点主要指村落中一些功能及意义不明，但明显放大的空间。在店头村这样建筑密度相对较高的村落中，这些节点的存在成为人们空间意象的中断点，虽然无法明确它们的功能和主题，但这种空间意象的中断和转换，使之不得不成为游览者关注的对象。在店头村中，这样的节点为数不多，共有 4 处（见图 2-1-18），在四个节点中，节点 1、2 位于建筑及院落之前，节点 3、4 位于建筑及院落之后，且四个节点由店头村中一条重要的东西向横街串联在一起，这些节点的功能可能用于村中人们的小型集会，可能便于商业往来、货物集散，甚至有可能是无意中偶然为之的结果，但这些节点的存在丰富了游览者在村落中行走的空间体验，使街道在这些节点处具有明显的可识别性（见图 2-1-19）。

2）村落布局中的“线”

村落布局中的“线”主要指村落的骨架——道路与街巷。根据道路街巷的功能、空间尺度等因素，可将店头村中主要的道路街巷大致分为①号、②号、③号、④号、⑤号（见图 2-1-20），以下具体针对村落中道路街巷的功能特征、平面形

图 2-1-10　Y 字形道路交叉口

图 2-1-11　丁字形道路交叉口

图 2-1-12　十字形道路交叉口

图 2-1-13　店头村广场式节点

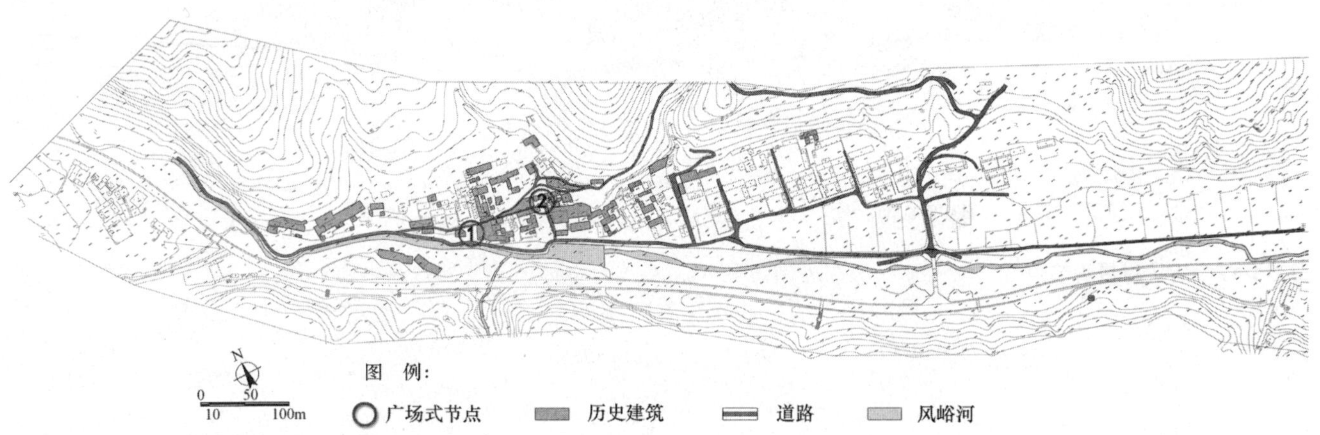

图 2-1-14　广场式节点 1

图 2-1-15　广场式节点 2

图 2-1-16　古槐树

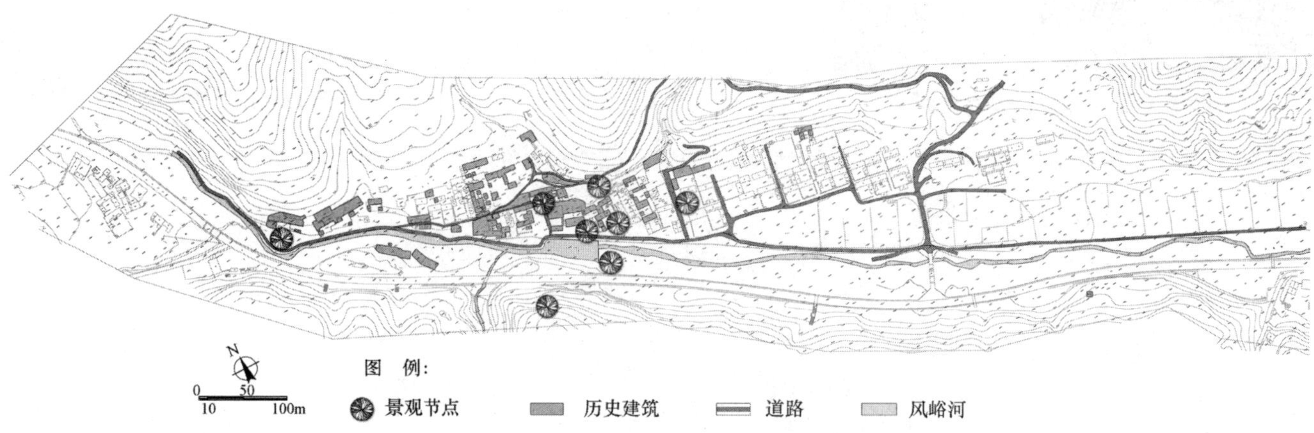

图 2-1-17　店头村景观节点

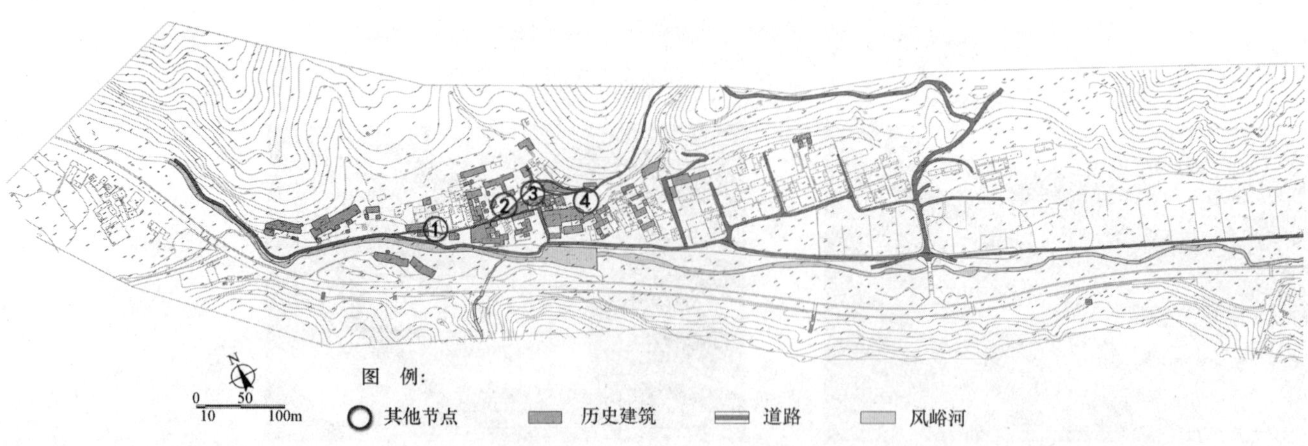

图 2-1-18　店头村其他节点

图 2-1-19　其他节点

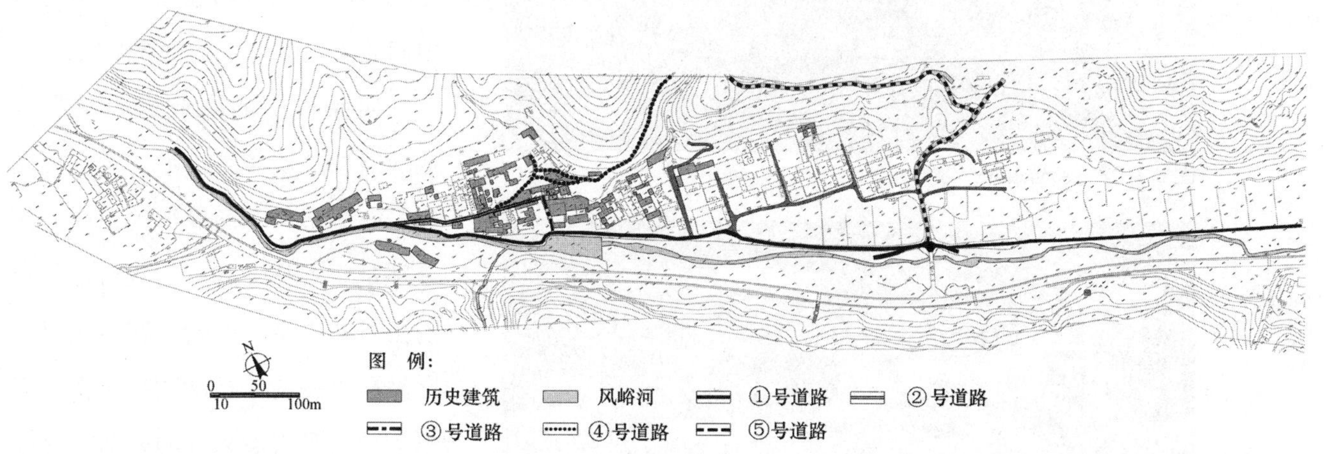

图 2-1-20　店头村道路街巷

式、节点空间、界面特征等方面进行分析。

① 道路街巷的功能特征

作为建造于交通要塞——风峪古道边上的山地村落来说，店头村中的道路街巷主要具有以下几方面的功能：

道路街巷所具有的基本功能即联系交通，所有道路都具有此项功能，但在店头村中，主要功能为联系交通的街巷共有 3 条，分别是①号道路、④号道路和⑤号道路，其中①号道路为店头村南侧的古驿道（见图 2-1-21），它自东向西贯穿于风峪沟中，是风峪沟中自古以来最重要的交通要道，是太原通向古交县和娄烦县的重要驿道之一。④号道路始于店头村中，直接通向后山，是其间重要的交通联系（见图 2-1-22）。⑤号道路位于店头村东

图 2-1-21　①号道路

图 2-1-22　④号道路

图 2-1-23　⑤号道路

图 2-1-24　③号道路

侧，是风峪沟中直接通向蒙山寨的唯一一条山路（见图 2-1-23）。蒙山寨曾是北汉刘继元的避暑行宫，由此推测，店头村在北汉时应具有极其重要的军事防御功能。

店头村中东西向的道路除①号道路——古驿道外，还有另外一条重要的道路——商业街（②号道路），二者都具有重要的商业功能，古驿道位于村落之外，是往来客商停留贸易的主要空间，而商业街位于店头村中，与古驿道间仅隔了一处院落，二者可相互连通，是村落中商业贸易的另一处重要空间。

店头村中的商业街除具有商业功能外，还兼具了另一项重要功能——祭祀，在商业街的东西两侧分别是紫竹林寺和灯山戏台，每年的正月初三至二月初二在店头村中会举办重要的祭祀活动，这样的祭祀活动也吸引着来往的客商来此聚集，更促进了此处商业的繁荣，由此街道的商业功能和祭祀功能得到了完美的融合。

由于店头村位于山地之上，因此店头村中垂直于山体等高线的道路必然会兼具有排泄山洪的功能，在此方面表现最为显著的是③号道路（见图 2-1-24），其位于紫竹林寺山门的南侧，为了便于泄洪，紫竹林寺山门之下有一架空的空间，每当山洪暴发时，洪水便从紫竹林寺之后的山体之上泻下，通过山门之下流入③号道路，之后汇入风峪河中，这种巧妙的排水设计显示了店头村建造者卓越的规划与设计才能。

② 道路街巷的平面形式

道路街巷的平面形式和走向要受到两方面因素的影响。首先，道路街巷所处的自然环境和山形地势等自然要素对其有重要的影响；其次，道路街巷是根据人们的需要而开辟的，因此，人的意志对其有决定性的作用。

首先，店头村的道路街巷采取树枝状的格局。村落地处山地之上，由于受到地势高差的影响，因此无法像位于平原的村落那样采取格网状和环状的道路布局，而是因地就势地采用树枝状的道路布局，这种布局方式适应性强，具有高度的灵活性，也适于营造山地村落特有的幽深宁静的空间氛围。

其次，店头村中道路街巷的平面形式分为3种，直线形、折线形和曲线形。直线形道路有一条——③号道路；折线形道路有一条——②号道路；曲线形道路有三条——①号道路、④号道路、⑤号道路。直线形道路规整严谨，交通性强，空间给人一种秩序美，但难免显得乏味，适用于地处平原的村落，店头村中的③号道路由于主要用于排水，因此采用直线形的道路可以更加快捷地将山洪排泄到风峪河中。折线形的道路继承了直线形道路形状规整的特点，但打破了直线形道路空间的乏味感，容易给人以柳暗花明又一村的空间感受，店头村中的②号道路是村落中重要的商业街，采用此种形式，更加符合街巷的商业氛围。曲线形道路空间变化丰富，对地形的适应性也较强，多见于山地村落之中，店头村中的道路主要为此种形式。

③ 道路街巷的节点空间

店头村中道路街巷交叉口的节点形式主要有3种，分别是“Y”字形道路交叉口、“丁”字形道路交叉口和“十”字形道路交叉口，三者的特点在之前已进行过详细描述，故在此处不再赘述。

④ 道路街巷的界面特征

道路街巷是由各个方向的界面围合而成的，界面的属性是空间形态最根本的内容[1]。店头村中的道路街巷界面主要分为侧界面和底界面两种类型，道路及街巷即由两边的侧界面以及下部的底界面构成“U”形的空间（见图2-1-25）。

道路街巷的底界面即地面。由于人在视平线以下的视野大于视平线以上的视野，因此底界面在人的视野中具有非常鲜明的形象。不同肌理和尺度的底界面会给人以不同

注：[1] 王金平．山右匠作辑录[M]．北京：中国建筑工业出版社，2005:144

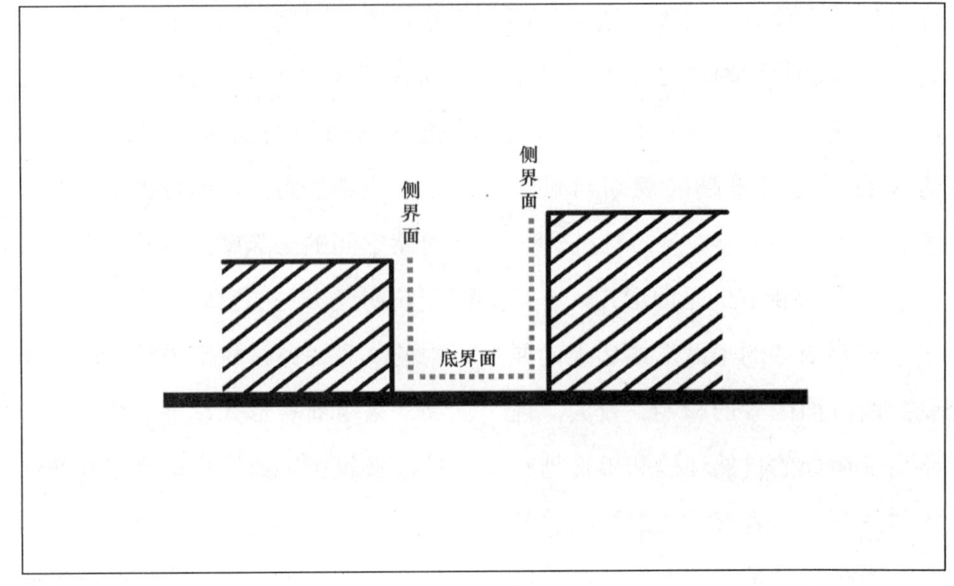

图 2-1-25　道路街巷界面示意图

图 2-1-26　店头村道路街巷界面

的空间感受。店头村道路和街巷底界面的铺装现在大多已毁，从现存的部分铺装判断，村落的道路和街巷多以风峪河中的河刨石作为铺装材料（见图 2-1-26），而较少采用加工过的材料进行铺装，这种未经加工的材质更易与周围的自然环境融为一体，使人们对于空间的印象更具有延伸感。在店头村的道路街巷中，除村外的①号道路和⑤号道路较宽（3～4 米）外，其余村中的道路和街巷均较窄（1～3 米），符合小型古村落的空间尺度。

道路街巷的侧界面即其两侧的建构筑物和自然要素在面向道路街巷的立面沿线形展开后形成的界面，侧界面限定了道路街巷向两侧的扩展，同时，侧界面的材质、虚实、高度等都会对道路街巷的空间及景观基调有较大的影响。店头村中的建筑高度从一层到三四层不等，建筑的立面较实，几乎都以河刨石作为建筑材料，这样道路街巷的侧界面及底界面形成了统一的风格和质感，更加具有明确的方向感，奠定了村落古朴的景观基调。

⑤ 商业街（②号街巷）空间特征

在宋代之前，店头村曾是一座屯兵的古堡，商业街在当时是一条用于士兵巡逻的道路。北宋太平兴国四年，晋阳古城被毁后，店头村的军事作用逐渐消失，这条街巷也就逐渐演变成一条繁华的商业街。商业街所处的位置为店头村的核心地带，商业街东起紫竹林寺，西侧与古驿道交汇，整条街道由灯山戏台分为两部分，灯山戏台西侧的部分为上商业街，灯山戏台东侧的部分为下商业街（见图 2-1-27）。

商业街在空间尺度上较为狭窄，但其给人的空间感受却丝毫不显得乏味。在上、下商业街中尤其以下商业街的空间变化最为丰富。下商业街长度约 70 余米，宽度在 1.5 ～ 2 米之间，但空间的收放处理使得身处其中的人们能够获得丰富的空间感受。下商业街自东向西有 3 处道路结构变化或空间放大的节点——A、B、C（见图 2-1-28）。节点 A 是下商业街东侧的起点，紧邻紫竹林寺，它是由于一幢建筑后退约 1 米而形成的放大空间，这样的节点可称之为“微节点”，它在尺度上并不大，但在商业街这样的小尺度下，任何微小的变化都足以引起人们的关注。节点 A 处的放大空间提示了人们此处为商业街的入口，并且由于其东侧为公共建筑——紫竹林寺，故该节点处也形成了人流集散的空间。节点 B 为道路结构的变化处，在此处有一条上山的道路与商业街交汇，商业街在此处的北侧界面有一段距离的间断，也使空间在此处有一定程度的放大。节点 C 为戏台东侧的一片空地，是商业街的又一处放大空间。由此可见，下商业街在空间上有 3 处放大空间，三者之间间隔有收缩空间，即由东向西的空间变化为：放—收—放—收—放。在长度仅为 70 米的街巷上有如此丰富的变化，显示了店头村街巷空间的独特魅力。

（3）村落布局中的“面”

店头村村落布局中的“面”主要指村落的功能分区。店头村目前虽已废弃，但根据现存的建筑形式结合对当地长者的走访，仍可大致推测村落的功能分区。村落主要分为商业区、居住区、祭祀区三大片区（见图 2-1-29）。商业区主要临近古驿道设置，并且向北延伸到村中的商业街，在这一区域人流量大，有利于货物及人员的集散。居住区占整个村落的大部分面积，主要分布于风峪河北侧的山地之上，居住区所在的这一区域是蒙山的南坡，日照条件良好，在北侧又有山体阻挡冬季寒风，非常适于居住。同时，在风峪河南侧，龙山的北坡也分布有少量的居住建筑。店头村中的祭祀建筑零星的分布于村落的内部及东西两侧，现存的主要有文昌阁、真武庙、紫竹林寺和灯山戏

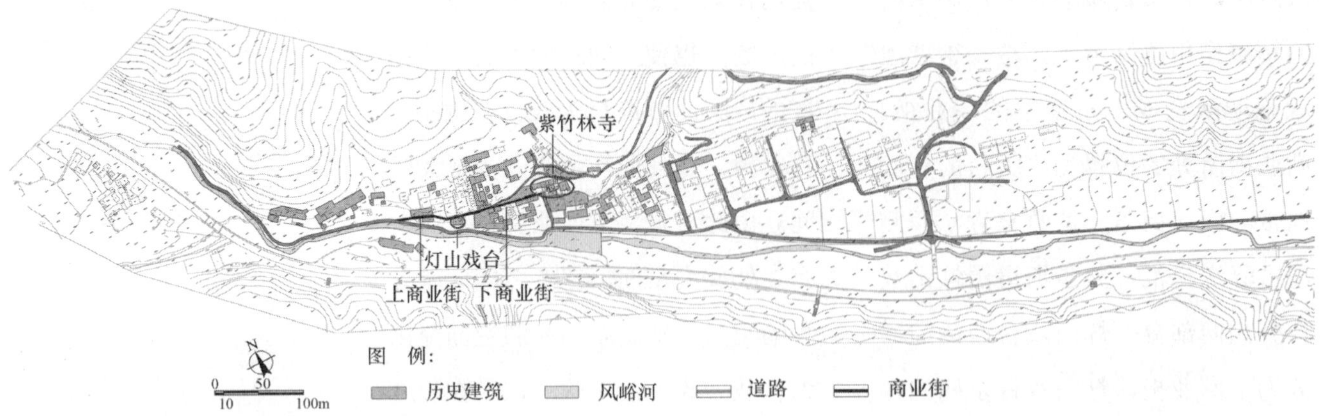

图 2-1-27 商业街区位图

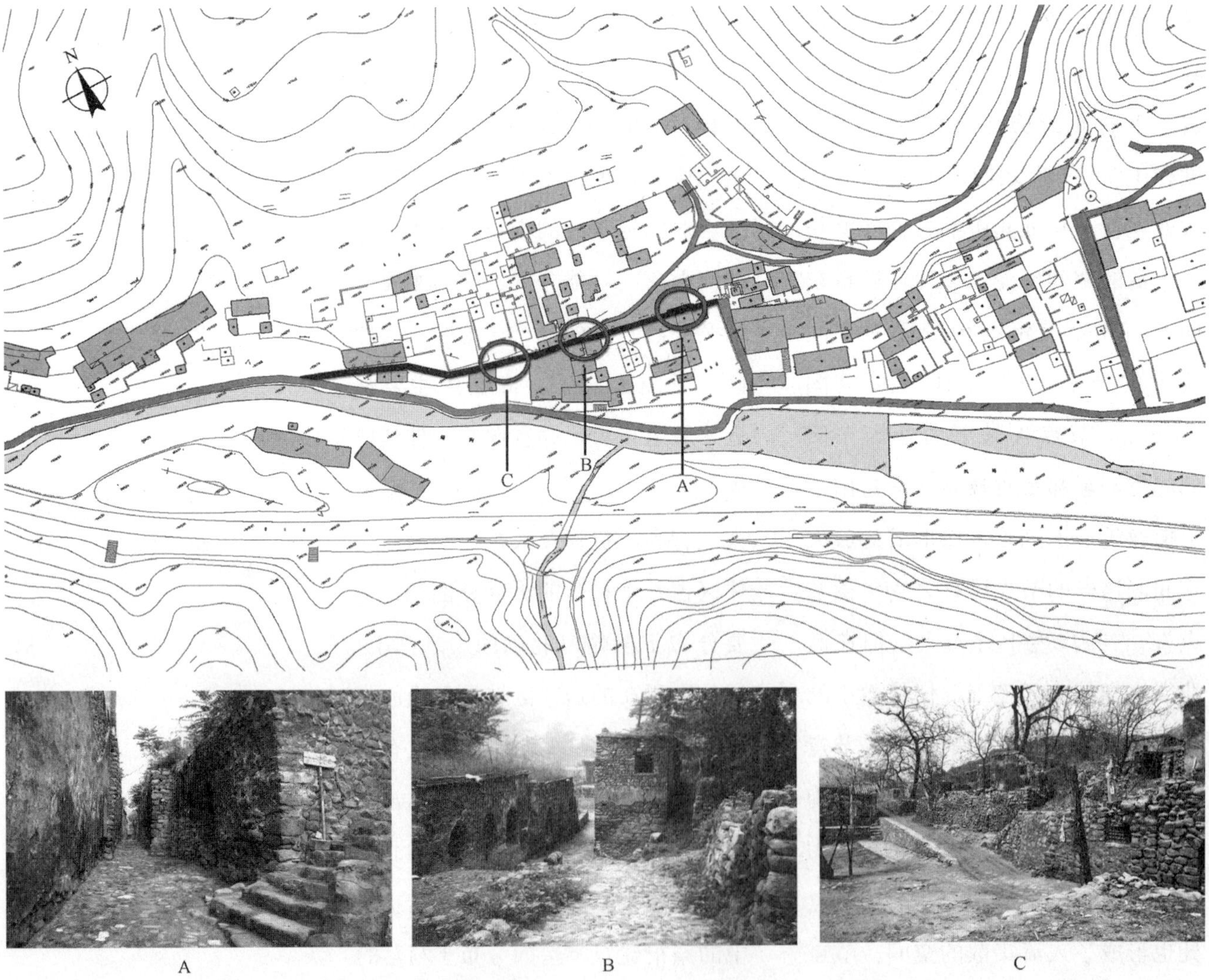

A B C

图 2-1-28 下商业街空间变化节点

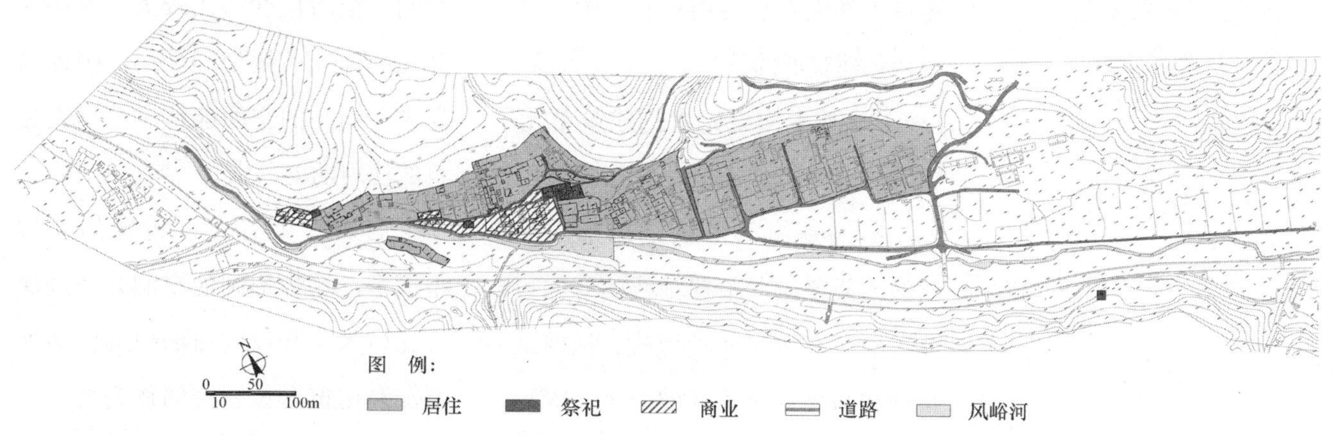

图 2-1-29 村落功能分区

台。另外，戏台还兼具有文化和娱乐的功能。

总之，店头村的建造者具有优秀的聚落规划才能，使之有别于传统聚落而独具特色。传统防御性聚落的构建层次由外向内可分为三级：外围防御—街巷通道—建筑单元[1]。外围防御主要包括堡墙、瓮城、敌楼等设施。街巷通道主要包括丁字形道路交叉口、尽端式道路、过街楼等处理方式。店头村在以上两方面与传统的防御性聚落有所区别，由于村落位于山地之上，平面呈现带状分布，无法形成向心的封闭式布局，因此没有堡墙、敌楼等外围防御设施，村落整体呈现较为开放的格局。另外，店头村中没有发现尽端式道路和过街楼的形式，这也与其所处地形密不可分。但是，其巧妙的聚落选址和丰富的院落和建筑空间已充分证明了村落军事防御的目的，看似没有戒备、相对开放的村落格局也恰巧形成了对外界的迷惑，即看似普通的聚居村落，但是内部暗藏玄机，可起到出其不意攻其不备的制敌效果。这或许是村落发展的结果，战争是阶段性的，但交通要道是永恒的，开放有利于交通、贸易，发展的高级阶段不是处处是战场，而是有备无患。店头村营建史上处处能体现出来，做到战时防敌，平时防蟊贼。

二、建筑空间构成

村落空间形态构成的影响因素除经济、地理环境、政治、选址、技术、姓氏文化等主导因素外，还存在具体的物质形态的自组织因素，这个因素是指民居建筑从空间基本单位—建筑整体空间—院落组团—村落内部空间—村落整体空间的形成过程，对这一过程的分析有利于我们系统地归纳店头村石碹窑洞建筑群所携带的价值信息，也更

注：[1] 黄强．山西堡寨式聚落的防御体系探析 [D]．武汉：华中科技大学，2006.

有益于参观者对层楼式石碹窑洞这一特色建筑群的认知。

（一）从基本构成元素到建筑单元

1. 基本构成元素—单孔窑洞

窑洞是由筒形拱结构形成空间的一类建筑，根据轴线的方向可分为横窑和纵窑两种形式。横窑是指轴线与外立面平行的一种窑洞形式，一般在拱券侧墙处开门、开窗，这种形式在窑洞建筑中使用较少。纵窑是指轴线与外立面垂直的一种窑洞形式，在窑掌一侧开门、开窗，为窑洞中最常用形式。

（1）横窑

横窑又称“枕头窑”，因其内部如同“枕头”形制的空间而得名的。店头村内郭家院、紫竹林寺等处出现横窑形制石窑洞，全村这种形制的建筑只有 10 多处。由于横窑侧墙对外，拥有的长立面使得门窗洞口的面积相对于纵窑要大很多，宽敞明亮的空间为会客、劳作等功能提供了合适的场所。店头村中的横窑多出现在有商业功能或礼教功能的建筑中，通常用于首层的空间，空间尺度都比较大，多作为曾经的商业店铺空间使用，因为其高大、明亮的空间能够满足这类建筑的使用功能需求。

店头村中有一种特殊的连炕型横窑，这种形制的窑洞开间进深都比较大，开设门窗洞口的侧墙很厚，利用窗台位置空间作为炕台使用。村内多处实例表明，这一类窑洞直接将正立面窗台处设为炕台，炕高即为窗台高，0.6 ～ 1.2 米不等，宽度为外墙厚度，1.5 ～ 2.7 米不等（见图 2-2-1 和见图 2-2-2）。

（2）纵窑

纵窑为窑洞建筑中最常使用的形式，其结构稳定，以“数”的概念扩大面积，是最容易使用的窑洞构筑方式。其大多是由 3 孔或 3 孔以上并列成多开间的形式，可以通过增加窑洞的孔数来扩大建筑的规模，通常以“三孔并联式”为一个基本单位。店头村内最多的有 7 孔纵窑并列的形制，这些纵窑大小、高低相近，内部通过小券门相通。

由于纵窑形制石窑洞具有鲜明

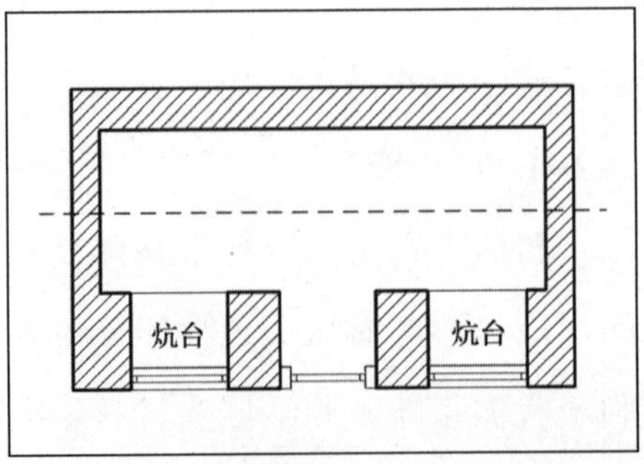

图 2-2-1 连炕窑实例一

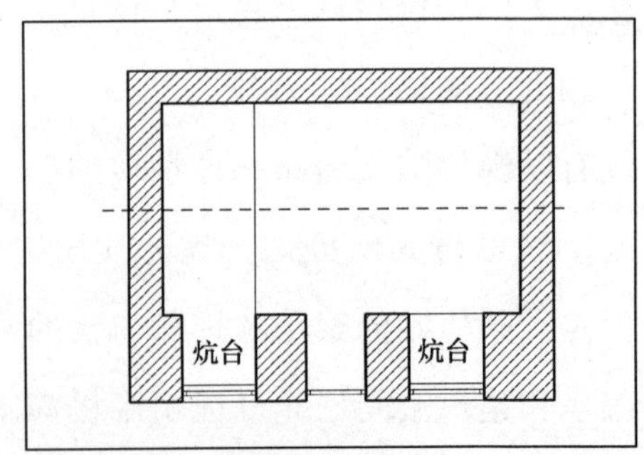

图 2-2-2 连炕窑实例二

的分区功能，适合作为以家庭为单位的居住使用，这类窑洞是居住型石窑洞首选的空间形制。同其他区域土窑的空间形式基本类似，是窑洞类建筑最常采用的空间形式。但这类窑洞也存在着传统窑洞的弊病，空间狭小，当进深较大时，通风采光差，室内往往昏暗潮湿（见图 2-2-3）。

2. 建筑单元的平面组合模式

店头村内建筑单元的平面是由单孔窑洞组合而成，呈现窑洞串套窑洞、大窑洞套小窑洞的特点，有的窑洞内还筑有地道通外，其具体组合方式由建筑营造工艺、场地实际情况、具体使用要求等多方因素而定。通过对店头村测绘民居的比较分析，可发现横窑、纵窑可转换为三种基本的建筑单元：

（1）“丁”字形

即纵窑与横窑“丁”字相接，这样排列的窑洞组合有两种形式，一种是简单的纵横窑并列连接，另一种空间呈“π”形，“π”形组合一般横窑空间比较开阔，纵窑空间较小，有良好的功能分区特点，适合作为商业建筑的窑洞形式，横窑部分构成整体前厅，作为开敞商铺，纵窑组成分室，用于物品存放（见图 2-2-4 和图 2-2-5）。

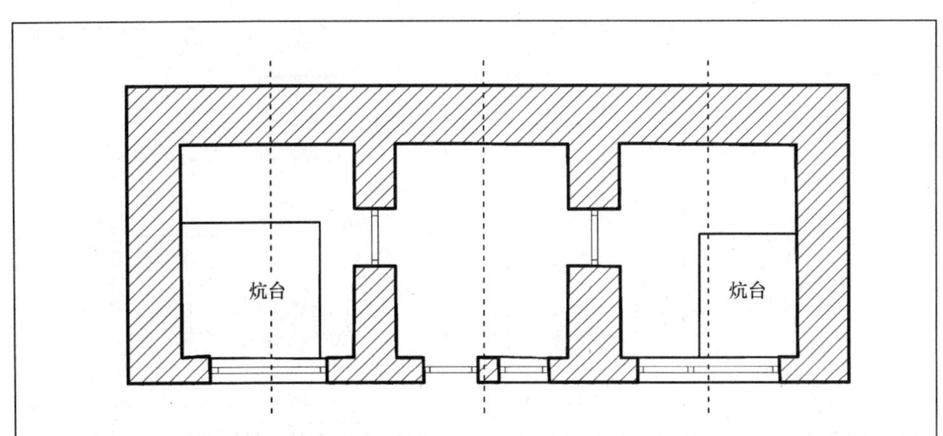

图 2-2-3 “三孔并联式”实例

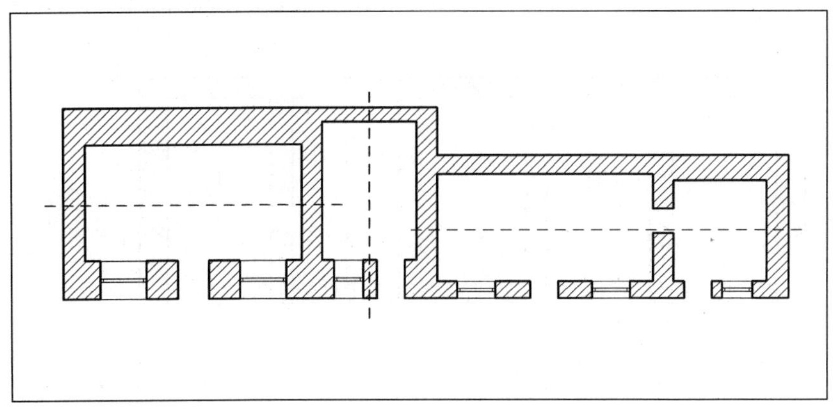

图 2-2-4 “丁”字形组合实例

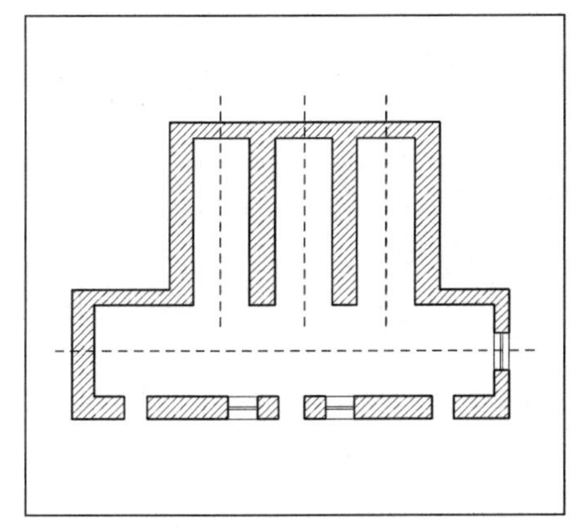

图 2-2-5 “π”形实例

（2）“二”字形

即横窑平行排列，这种形式下外间作为居住生活空间，里间作为储藏的隐蔽空间，具有一定的防御、躲避灾难的性质（见图 2-2-6 和图 2-2-7）。

（3）“川”字形

即多孔纵窑并列布置，这种形式是中国土窑洞中最常使用的形式，是最简单直接的窑洞建筑平面形式。这种组合方式下，每孔窑洞通风采光皆是最佳，是最适宜居住，也是最适宜建造的形式，面积的大小由并列的窑洞孔数决定。在店头村的窑洞中有时也会采用纵窑的串联式，就形成了“川”的变体，这种形式主要是为了加大窑洞的进深，增加内部隐蔽空间。

这几种组合方式是店头村民居建筑的主要组合方式，面积较小的住宅一般采用“川”字模式，而面积较大的住宅通常采用其他几种组合方式，或者是多种连接方式复合使用，以满足较大的空间面积。当多种方式复合使用时，内部的连接通道错综复杂，曲折迂回，空间大小不一（见图 2-2-8 ～图 2-2-11）。

3. 建筑单元的立体构成模式

“层楼式”是店头村窑洞建筑的最大特点，保留下来的窑洞群组

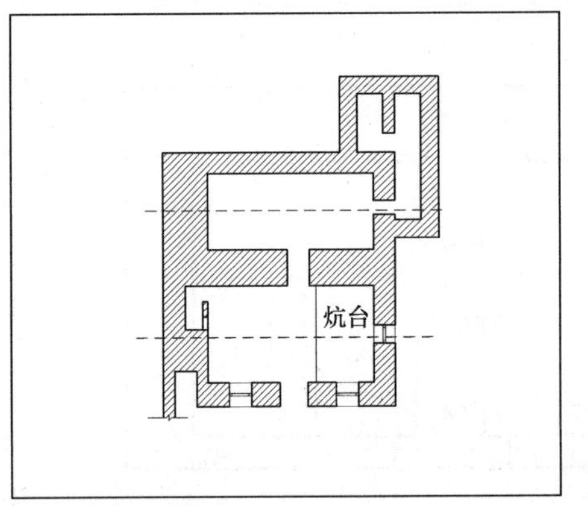

图 2-2-6 “二”字形实例一

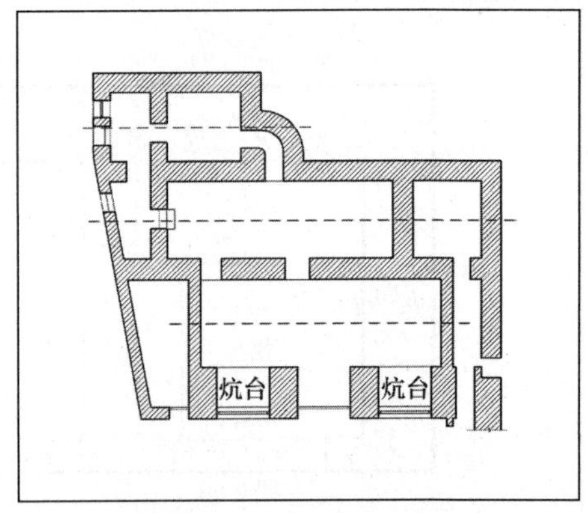

图 2-2-7 “二”字形实例二

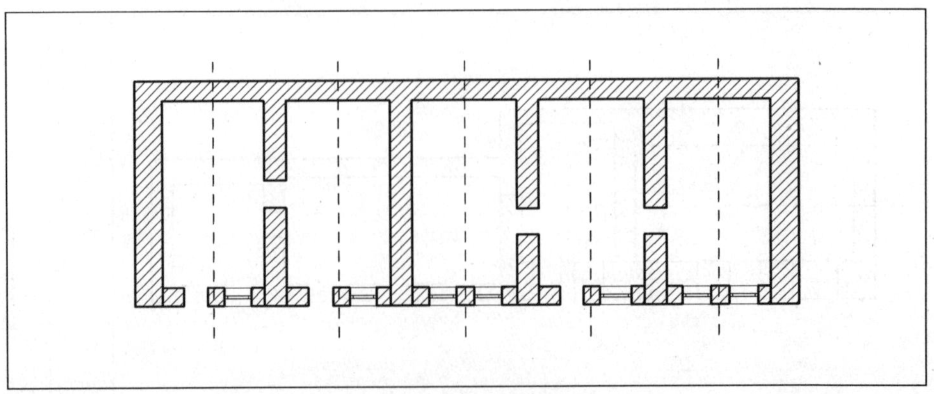

图 2-2-8 “川”字形实例一

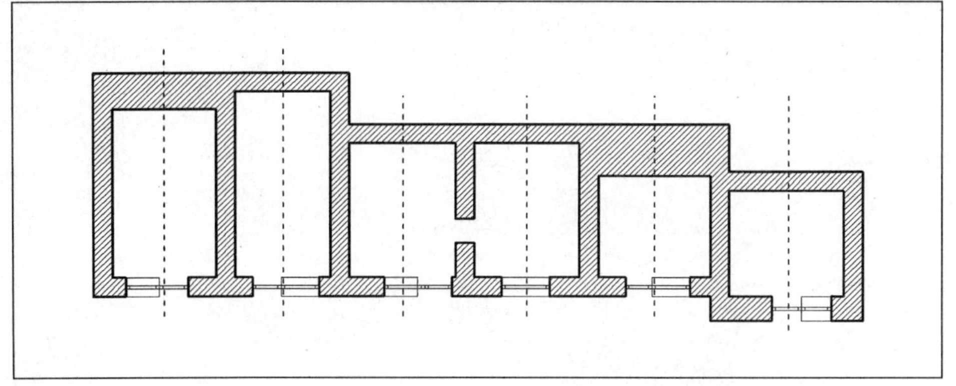
图 2-2-9 “川”字形实例二

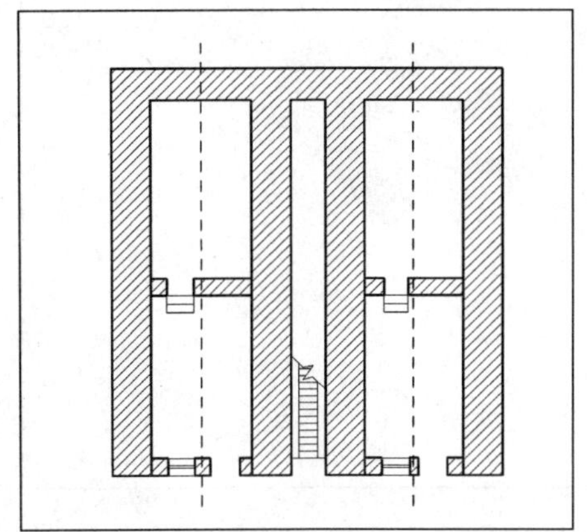
图 2-2-10 “川”字形变体实例一

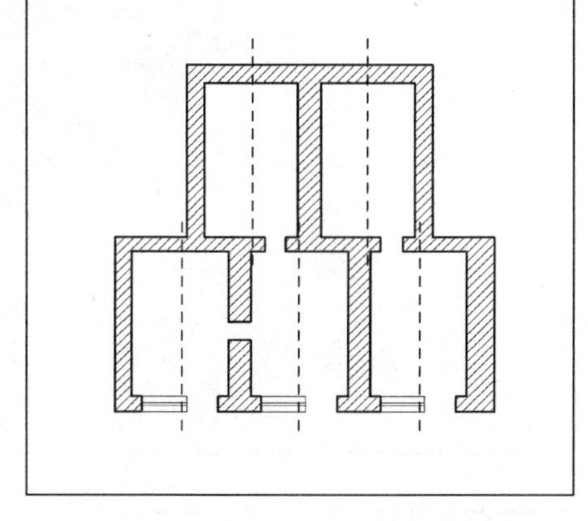
图 2-2-11 “川”字形变体实例二

中，二层以上的窑洞占 90% 以上，其中三层、四层式建筑有 3 组，上层建筑有窑上窑和窑上房两种形式。通过对店头村民居的总结，可发现上下层立体连接的两种基本形式为（见图 2-2-12 和图 2-2-13）：

（1）外部楼梯连接

店头村的层楼式建筑均呈现退台式的形式，通过外部院落内的楼梯连接上层露台，进而进入上层建筑。这种形式也是中国土窑洞中最常使用的上下连接方式，是最简单直接的楼梯建造形式。

（2）内部楼梯连接

店头村内多处院落内发现有内部楼梯，楼梯位置隐蔽，一般设于底层最内部的空间内，与上层房间连通，也可通往地下密室。具有很强的防御、避难的性质，这也是多位学者推测店头村军事起源的依据之一（见图 2-2-14）。

（二）从建筑单元到院落空间

1. 院落空间的平面构成模式

店头村的民居院落样式多变，样式视地形条件而定，并没有统一的风格，还有很大一部分建筑并没有院落，直接临街道、河流而建。多数的民居院落为主体建筑单元加

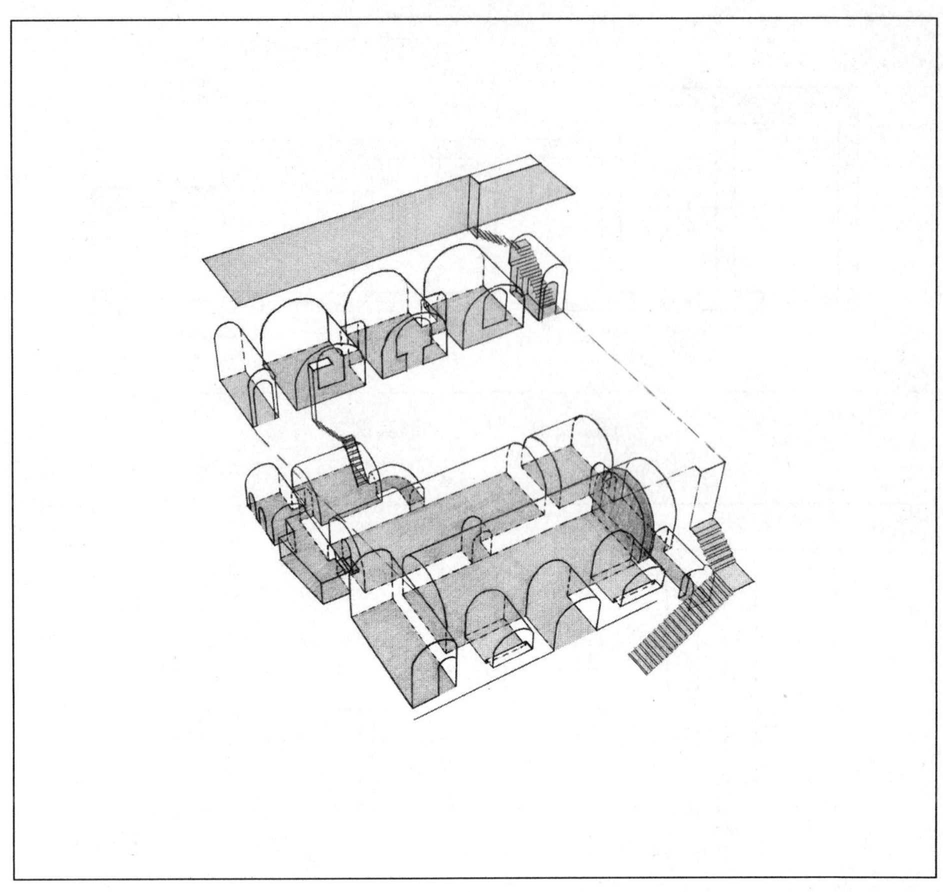

图 2-2-12　立体交通实例一
（彩图见书后）

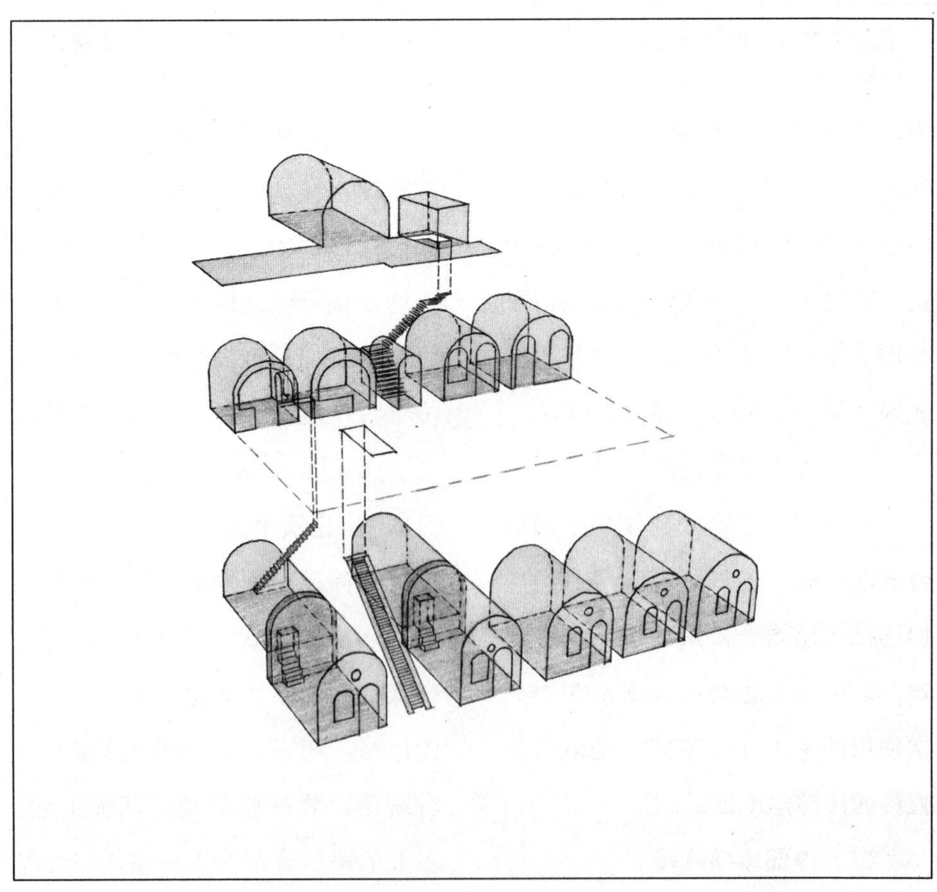

图 2-2-13　立体交通实例二
（彩图见书后）

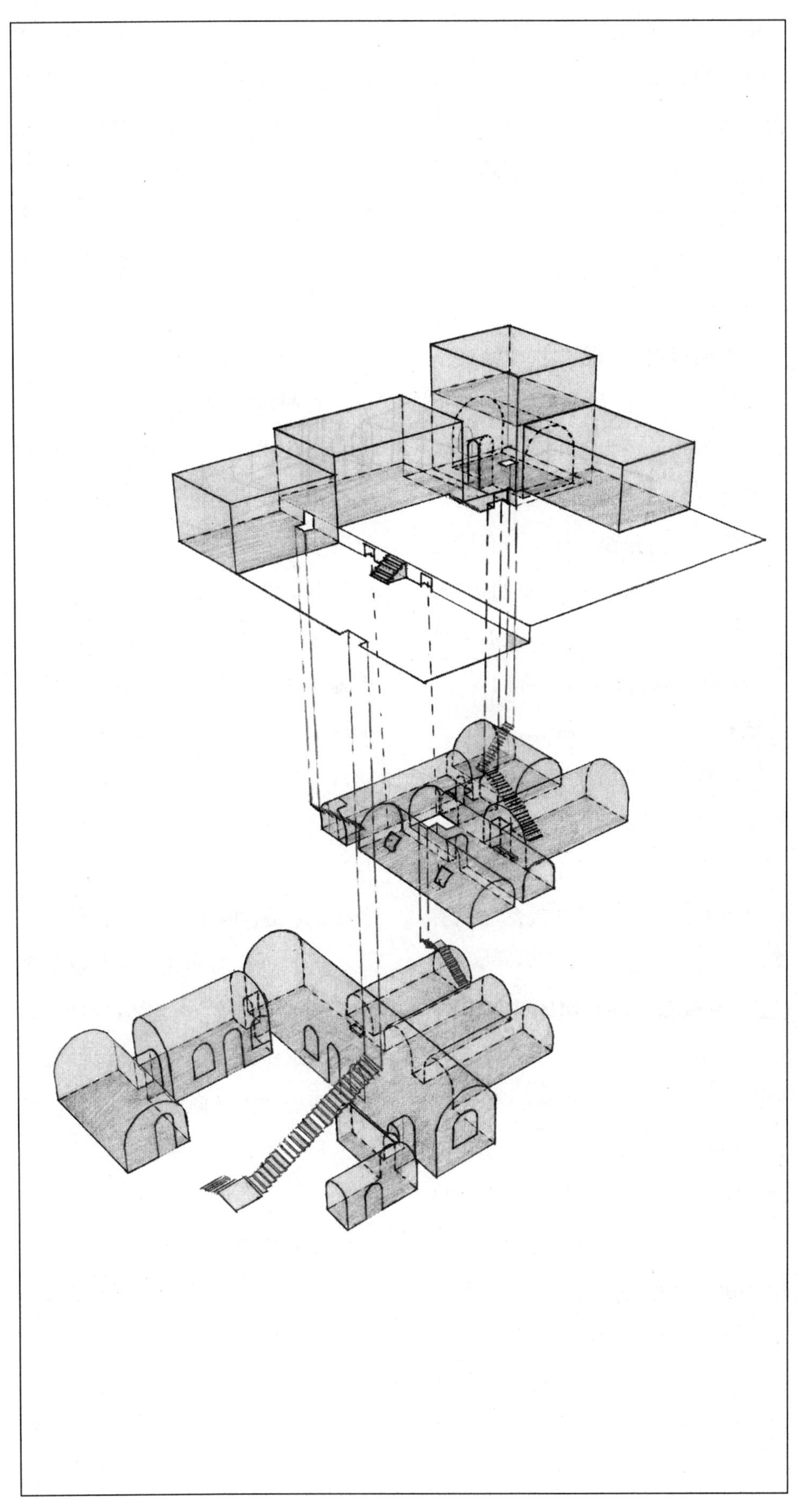

图 2-2-14 立体交通实例三
（彩图见书后）

上零散的附属用房，如厨房、杂物院等，然后围以围墙，是最简单的内部关系，附属用房的位置、大小及建筑形式都比较自由。村内只有个别院落采用了传统民居建筑常用的四合院、三合院的规整形式（见图 2-2-15）。

2. 院落空间的立体构成模式

店头村的民居院落上层空间有两种形式，一为“退台式”形成的室外露台，一为围合的合院的形式，常在东南角修筑转角石台阶进行上下互通。受商业性质的影响，一层院落大多为开放式，没有院墙围合，即使是有院墙围合的院落，院墙也比较低，一般在 1.5 ～ 2 米之间，基本不遮挡视线；二层部分较多为合院形制，空间比较私密，用于主人居住生活的空间。由此我们可以看出，店头村的院落布局有着明显的商业特点。

（三）从院落空间到组团邻里空间

一般情况下，为了保持私密性，邻里之间通常都是完全分割开，但是，在对店头村的院落进行调查时，发现多处院落之间有连接通道，建筑单元与单元之间开辟小门互通，或者院落与院落之间开辟小门互通，这些通道有的是房间内部的门洞，有的是院落楼梯下的通道，还有些是院落侧门等，有几组院子内还发现有互通的地道。这些通道将村落内的众多院落串成一个整体，这种情况多出现在晋商的家族大院中，在我国的传统村落中是很少见的，尤其是像店头村这样的外向型村落，这种组团形式也是推测店头村军事起源的依据之一（见图 2-2-16）。

（四）村落空间

1. 村落内部空间

店头村较少有合院，院墙也都比较低，院落较开放，受此影响，村落内部空间是开阔的、外向的。这种布局模式促使共有空间最大化。村内除商业街较紧凑外，其余街巷均为开放式，村内公共活动的最集中场所分别位于商业街的两端——戏台、紫竹林寺，尤其以戏台为绝对的内部空间中心。戏台位置空间开阔，视野极佳，加上大面积的看台部分，是村内最大的活动中心。

建筑单元的形式、位置以及大小都使得村内的建筑空间与地形、水系、道路及周边建筑能很好的结合。两处节点及商业街的设置，很好地利用了地形，将整个村落连接成一个整体。

2. 村落整体空间

从整体上来说，变换多样的院落及建筑单元依山就势，包括街巷在内都完全沿山坡及河流建设。随着村落规模的扩大，村落建筑逐渐沿河流向村东较平坦的位置发展，

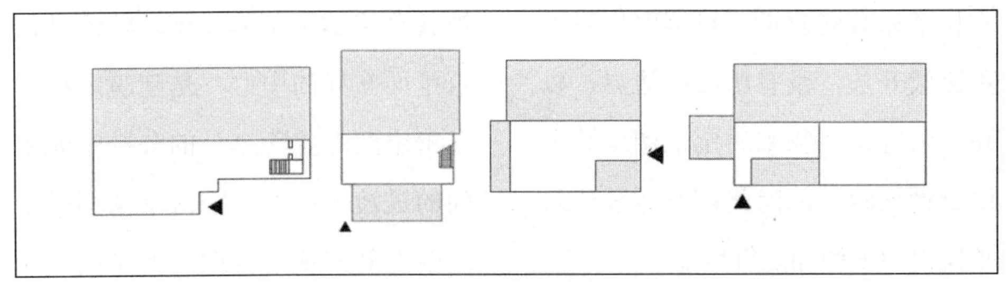

建筑单元加附属用房模式

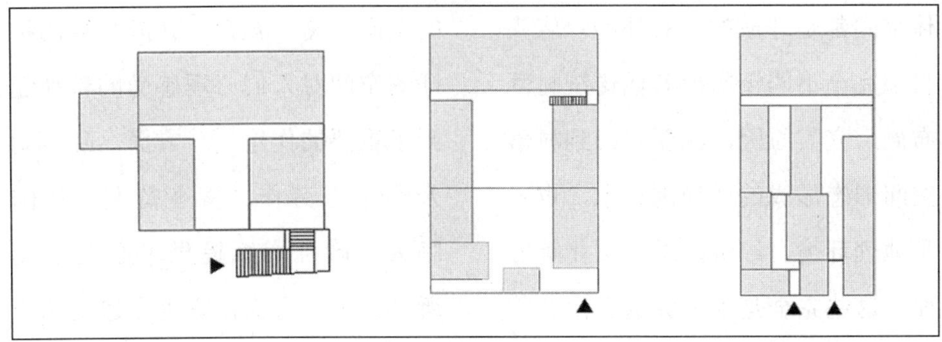

合院模式

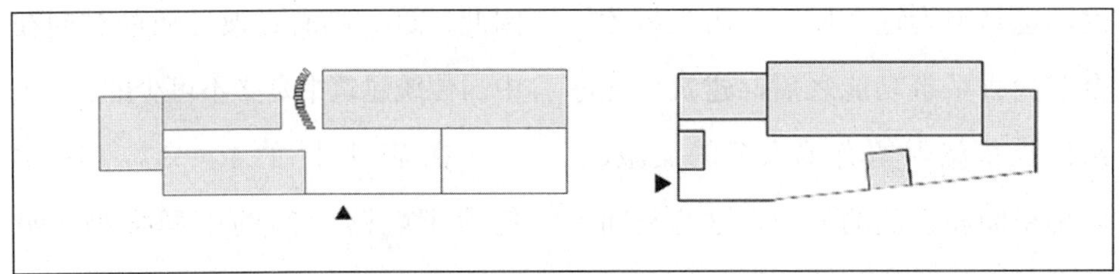

自由模式

图 2-2-15　院落形制

图 2-2-16　院落组团内部联系通道（彩图见书后）

占据了原有的农田。村落整体对外都比较开放，没有明确的边界，以山、水等自然物来界定范围，整体防御性比较差，因此都要通过建筑单元内部来增加防御性能。

无论是村落内部空间还是整体空间都是开放的、对外的，店头村都完全不同于国内其他传统村落布局，究其原因，就要回归到村落空间形态形成的主导因素上，也就是地理环境、经济、思想文化等方面，这些完全是受古驿道和商业的影响。但村落的防御性是不能忽略的，也是因为这个原因，店头村才会在失去军事功能之后，建筑单元组织上依然保留有那么多的储藏、防御空间和设施的使用，这些空间的设置弥补了村落整体上防御性能的不足。

三、院落空间特征

（一）院落单元空间特征

在中国传统建筑中，院落即建筑的“灵魂”，对院落空间的重视甚至超越了单体建筑。院落是建筑平面布局的中心，是建筑之内的私密空间与院落之外的公共空间之间的过渡与缓冲。院落空间相对于院落之外来说是内向型的空间，而相对于建筑内部空间却又是外向型的空间，这一融合了开敞与封闭特征的空间对人们心理感受的转换起到了重要的作用。一方面，院落为人们家务劳作、接客待友、休闲聊天、敬神烧纸提供了必要的场所[1]。另一方面，它也为建筑的通风、采光和排水提供了重要的媒介。因此，这一具有过渡性质的空间在中国传统建筑中是必不可少的。

在店头村的 1 ～ 37 号院中包含了院落空间的不同类型（见图 2-3-1），主要有正房院、二合院、三合院、四合院四种类型。院落由石碹窑洞建筑及少量的石木结构房屋和围墙围合而成。笔者通过实地调研对所研究的每一处院落的类型及特点进行了详细的总结（见表 2-3-1），但由于店头村荒废已久，

注：[1] 王金平. 山右匠作辑录 [M]. 北京：中国建筑工业出版社，2005:144.

图 2-3-1　店头村院落分布图

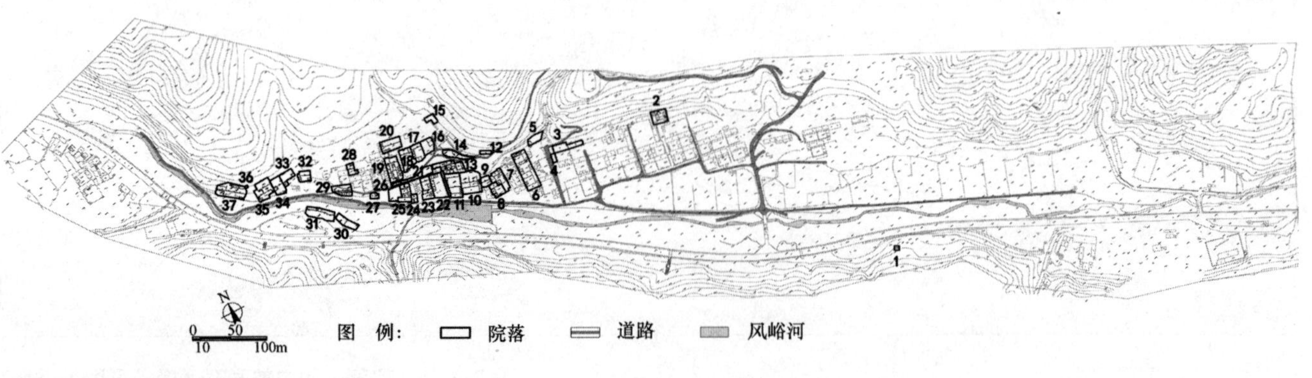

部分院落的形制已无法辨别，仅可根据现存残迹进行合理推测。以下从组成院落的三个重要元素：院门、院落建筑组成和院落空间三方面对每一种类型的院落进行详细分析。

由表 2-3-1 可知，在店头村的 4 种院落类型中，二合院的数量最多有 10 个，三合院次之 9 个，正房院及四合院的数量相对较少。而二合院并非中国传统民居中常见的院落类型。由此可见，店头村中的多数院落并非传统意义上的民居院落，之所以形成这样的布局可能与院落所处的山地地形有关，也可能与院落及民居在建设之初的使用功能相关。

1. 正房院

正房院是指由正房与三面围墙围合而成的院落。在店头村 1 ～ 37 号院中属于正房院的有 8 处，分别是 2 号院一层院落、10 号院、11 号院一层院落、18 号院、19 号院、23 号院二层院落、35 号院二层院落、37 号院二层院落。

（1）院门

在中国传统建筑中，入口处的院门开设的方位和朝向是非常重要的。按传统风水理论，“门”为“气口”，犹如咽喉，气运所关，和气则致祥，乖气则致庆[1]。它不仅是院落的出入口，更是一个家族兴衰和声望的象征。另外，根据传统的风水观念，坐北朝南的房屋为“坎宅”，此类宅院的院门宜开在东向、南向和东南向，其中又以东南向为最佳。

由于店头村中建筑呈现层楼式的结构，因此院落通常也呈现为多个层次，若不同层次上的院落属于同一个家族，则仅在一层院落中开设院门，若属于不同家族，则每一层院落均开有院门。店头村现存的院门大多已非原制，但部分院落院门的位置仍可辨认。另外，院门内侧大多设有照壁，或一个狭长的空间，以起到内外空间过渡的作用。

在目前发现的正房院中，18 号院、23 号院、35 号院二层院落的院门开在院落的东南角（见图 2-3-2），符合传统风水观念的最佳方位。37 号院二层院落的院门开在院落的西侧（见图 2-3-3），这主要是由于 37 号院整体的院落布局及周边地形导致的。其余院落的院门位置已无法辨别，且目前发现的院门尺寸均较小，净宽约 1.5 米左右。另外，不单独开设院门的二层院落或三层院落可通过位于院落中或院落一侧的楼梯到达。

（2）院落建筑组成

正房院中仅有一幢建筑——正房。店头村正房院中的正房均为石碹窑洞，其形制由简单的 3 间窑洞并联到复杂的层楼式石碹窑洞，布

注：[1] 白文博．山西合院式民居不同地域形态特征分析 [D]．太原：太原理工大学，2011．

店头村单体院落类型统计表　　表 2-3-1

院落编号	院落层数	合院类型	院落建筑组成	平面尺寸 开间（米）×进深（米）	院门位置	上下层之间联系方式
1	—	—	—	—	—	—
2	一层	正房院	正房	—	—	东南角转角楼梯
	二层	三合院	正房、东厢房、西厢房	4.7×8.3	东南角	
3	一层	二合院	正房、西厢房	—	—	—
4	一层	二合院	正房、西厢房	—	—	—
5	—	—	—	—	—	—
6	一层 第一进	三合院	东厢房、西厢房、倒座	9.4×9.4	东南角	东南角转角楼梯
	一层 第二进	三合院	正房、东厢房、西厢房	9.4×11.0	南侧中间	
	二层	三合院	正房、东厢房、倒座	7.3×7.2	东南角	
7	一层	四合院	正房、东厢房、西厢房、倒座	5.7×8.2	南侧中间	东南角转角楼梯
	二层	二合院	东厢房、倒座	10.1×3.0	东南角	
8	一层	四合院	正房、东厢房、西厢房、倒座	6.8×10	东南角	
9	一层	三合院	正房、东厢房、倒座	10.7×6.5	西南角	
10	一层	正房院	正房	—	—	一、二层之间：楼梯间（龙尾道）；二、三层之间：楼梯间
	二层	正房院	正房	21.1×92	—	
	三层	正房院	正房	17.1×3.9	东侧	
11	一层	正房院	正房	—	—	东南角转角楼梯
	二层	四合院	正房、东厢房、西厢房倒座	6.9×6.7	东南角	东南角转角楼梯
12	—	—	—	—	—	—
13	一层	四合院	正房、东厢房、西厢房、倒座	5.8×9.4	西侧	—
14	—	—	—	—	—	—
15	一层	三合院	正房、乐厢房、西厢房	7.0×18.6	东南角	—
16	一层	三合院	正房、东厢房、西厢房	15.1×24.5	东南角	—
17	一层	四合院	正房、东厢房、西厢房、倒座	9.8×12.5	东南角	—
18	一层	正房院	正房	18.1×15.9	东南角	
19	一层	正房院	正房	—	—	—

续表

院落编号	院落层数	合院类型	院落建筑组成	平面尺寸 开间（米）×进深（米）	院门位置	上下层之间联系方式
20	一层　东跨院（推测）	三合院	正房、东厢房、西厢房	2.8×20.6	南侧	—
	一层　西跨院	四合院	正房、东厢房、西厢房、倒座	2.8×21.7	东南角	—
21	—	—	—	—	—	—
22	一层	四合院	正房、东厢房、西厢房、倒座	6.8×6.5	南侧中间	东南角转角楼梯
	二层	三合院	正房、东厢房、西厢房	13.9×16.2	东南角	
23	一层	二合院（推测）	正房、西厢房（推测）	14.4×7.6	东南角	现在：西侧院外石阶（原来：可能是东南角楼梯）
	二层	正房院（推测）	正房（推测）	13.0×11.3	现在：西南角（原来：可能东南角）	
24	一层	二合院	正房、西厢房	4.2×4.8	东侧	—
25	一层	—	—	—	—	—
	二层	四合院	正房、东厢房、西厢房、倒座	5.3× 8.2	东南角	东南角转角楼梯
26	—	—	—	—	—	—
27	—	—	—	—	—	—
28	一层	二合院	正房、东厢房	开间：13.5	—	—
29	—	—	—	—	—	—
30	一层（坐南朝北）	—	—	—	—	—
31	一层（坐南朝北）	二合院	正房、西厢房	46.7× 10.0	东北角	
32	一层	三合院	正房、东厢房、西厢房	12.3×6.8	东侧	—
33	一层	二合院	正房、西厢房	—	—	—
34	一层	二合院	正房、西厢房	开间：15	—	—
35	一层	二合院	正房、西厢房	20.8× 8.0	东南角	东南角转角楼梯
	二层	正房院	正房	23.4×7.3	东南角	
36	—	—	—	—	—	—

续表

院落编号	院落层数		合院类型	院落建筑组成	平面尺寸 开间（米）× 进深（米）	院门位置	上下层之间联系方式
37	一层	东跨院	三合院	正房、东厢房、西厢房	13.2×7.2	西侧	自然坡地石阶
		西跨院	三合院	正房、西厢房、倒座	32.2×5.9	南侧中间	
	二层		正房院	正房	26.7×5.9	西侧	

局极为灵活，并且正房不严格遵循传统的中轴对称的格局，这主要是由建筑的功能和等级决定的，同时也证明了店头村并非传统意义上的普通民居村落。正房一般坐北朝南，但由于其所处山地之上，正房随山势而建，故其朝向并不一定正南正北。

（3）院落空间

正房院中的院落空间是由正房及三面围墙围合而成的。由于所处地形的限制，店头村中正房院的形状并不完全是规则的方形或长方形，但多数院落空间宽度广而深度小，呈现狭长的空间形态。正房院的平面尺寸一般较大，加之院墙不高，故正房院的院落空间均较为开敞。这样开敞的院落空间使得正房的采光及通风效果良好，另外，人们还可在院落中劳作、休闲，或搭设棚屋蓄养牲畜。

2. 二合院

二合院是指由院落两侧的建筑及围墙围合而成的院落。在店头村 1 ～ 37 号院中属于二合院的有 10 处，分别是 3 号院、4 号院、7 号院二层院落、23 号院一层院落、24 号院、28 号院、31 号院、33 号院、34 号院、35 号院一层院落。

（1）院门

目前在店头村中发现的二合院，院门的位置多变，主要分为 3 种类型。第一种类型是将院门设在院落的东南角。7 号院二层院落、23 号院一层院落、35 号院一层院落均为此种类型。其中，35 号院的一层院落形制较为特殊，由于院落形状呈 L 形，故院门既位于院落的东南角，也位于院落的中间位置（见图 2-3-4）。第二种类型是将院门设在院落的东侧。24 号院即属于此种类型，其院门设在靠近正房的东侧院墙之上（见图 2-3-5），推测其原因可能是由于院落内外有高差，需在入口之前设置一段台阶。因此，将入口的位置向后移动至院落东北部的位置。第三种类型是将院门设置于院落的东北角。31 号院即属于此种类型（见图 2-3-6），此处将院门开在院落的东北角应该主

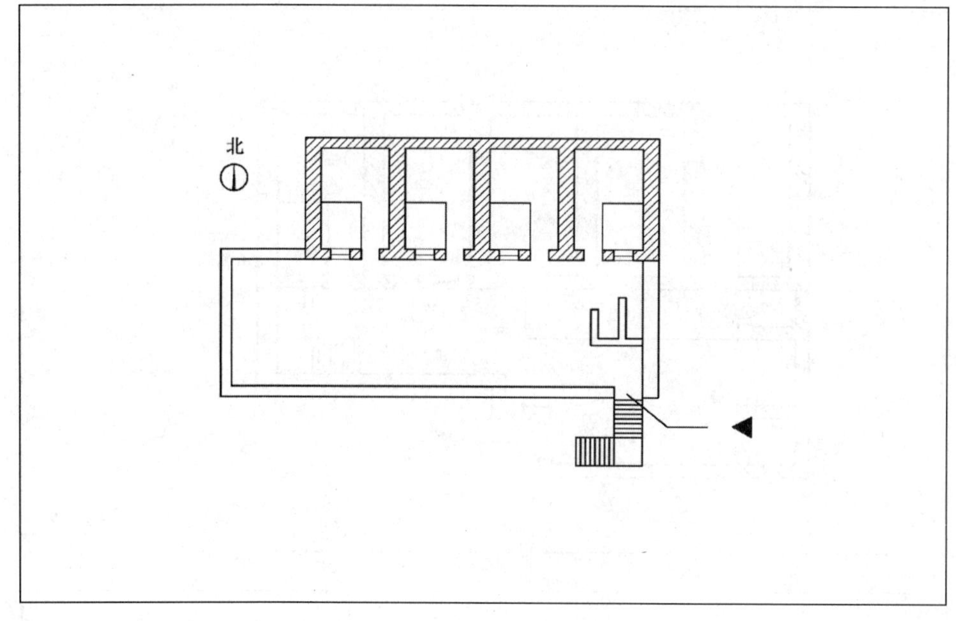

图 2-3-2　35 号院二层院落院门位置

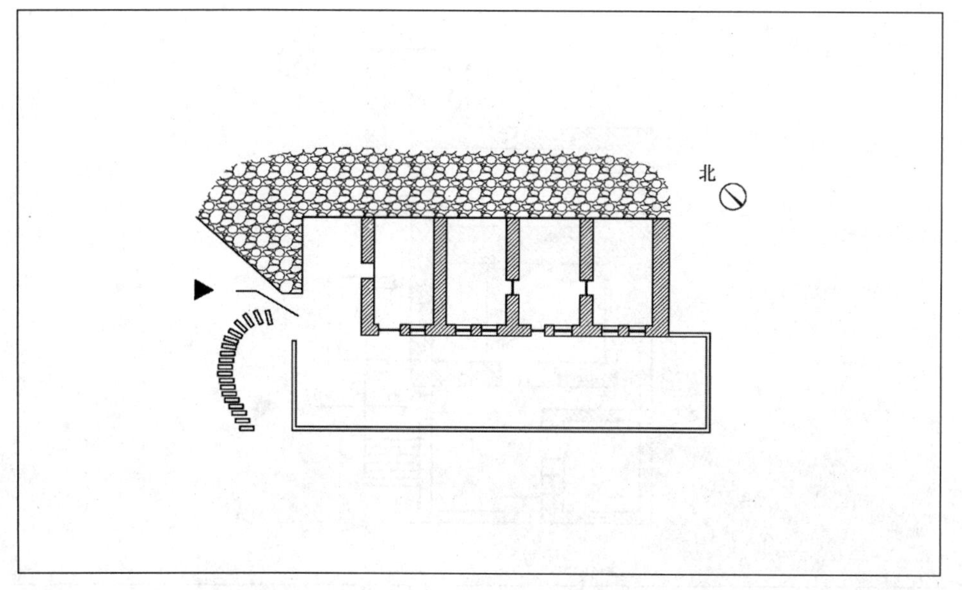

图 2-3-3　37 号院二层院落院门位置

要是考虑到院落西侧进深较窄，空间局促等原因。

（2）院落建筑组成

在店头村中，二合院的建筑构成主要有 3 种类型。第一种类型是由正房及西厢房围合成二合院，属于这种类型的院落主要有 3 号院、4 号院、23 号院一层院落、24 号院、31 号院、33 号院、34 号院和 35 号院一层院落（见图 2-3-4）。第二种类型是由正房和东厢房围合成二合院，目前仅发现 28 号院属于此类型（见图 2-3-7）。第三种类型是由东厢房和倒座围合成二合院，目前仅发现 7 号院二层院落属于此种类型（见图 2-3-8），形成这种形制的原因主要与院落所处环境有关，由于下层建筑及北侧的山体所限，二

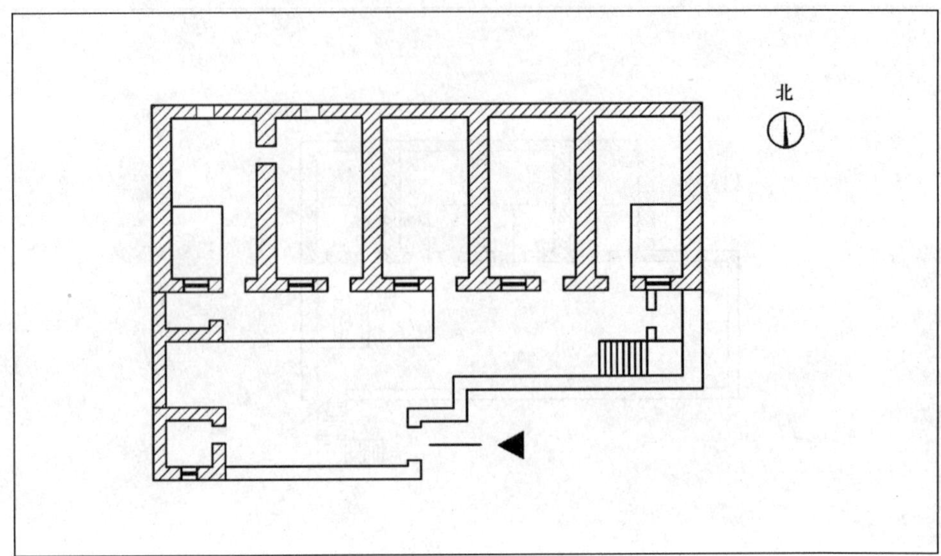

图 2-3-4　35 号院一层院落院门位置

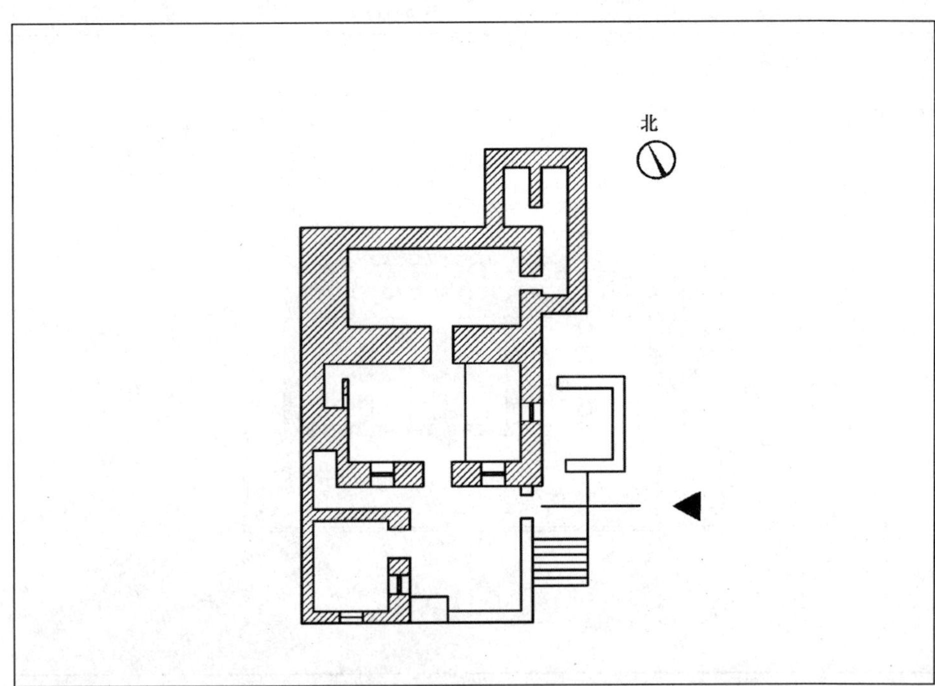

图 2-3-5　24 号院院门位置

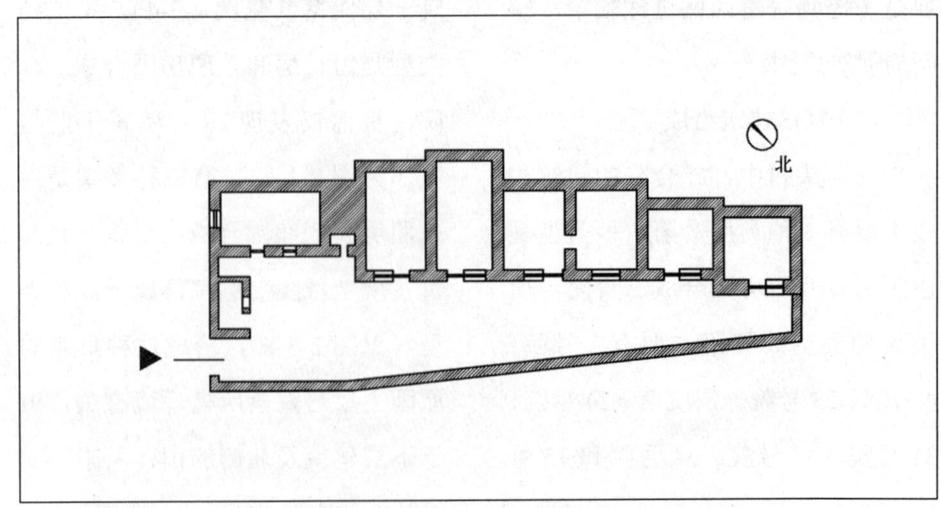

图 2-3-6　31 号院院门位置

层院落进深方向较小，仅可容纳一间房屋，因此建造者放弃修建正房，而在南侧修建一间倒座，为房屋争取到了较好的采光条件。造成二合院建筑组成如此多样的原因主要是由于店头村位于山地之上，地形条件有限，加之村落建筑密度又较大，因此院落的布局形式较为灵活。

店头村中二合院的正房一般为石碹窑洞，也有少量的石木结构房屋，其形制较为复杂，等级较高，而东西厢房和倒座则形制相对简单。另外，店头村中围合二合院落的两栋建筑虽不朝向正方位，但二者均呈 90° 角布置。

（3）院落空间

二合院的院落空间有的开阔，有的狭长，院落形状也随所处环境的不同而呈现不同的变化。其中 7 号院二层院落的空间较为特别，它由倒座、东厢房、围墙及山体断崖围合而成，这种形制在店头村中较为少见。其院落开间及进深分别是 10.1 米和 3.0 米，长宽比超过 3:1，加之院落北向为山体断崖，因此该院落空间封闭，隐蔽性极强。

3. 三合院

三合院是指由院落中位于三面的建筑及位于一侧的围墙围合而成的院落。在店头村 1 ～ 37 号院中属于三合院的有 9 处，分别是 2 号院二层院落、6 号院、9 号院、15

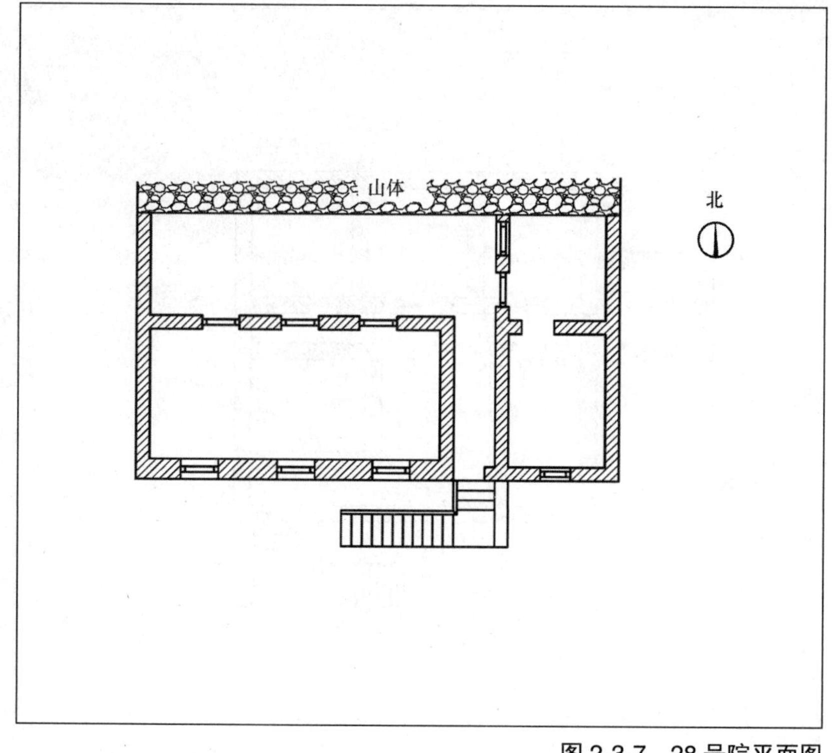

图 2-3-7　28 号院平面图

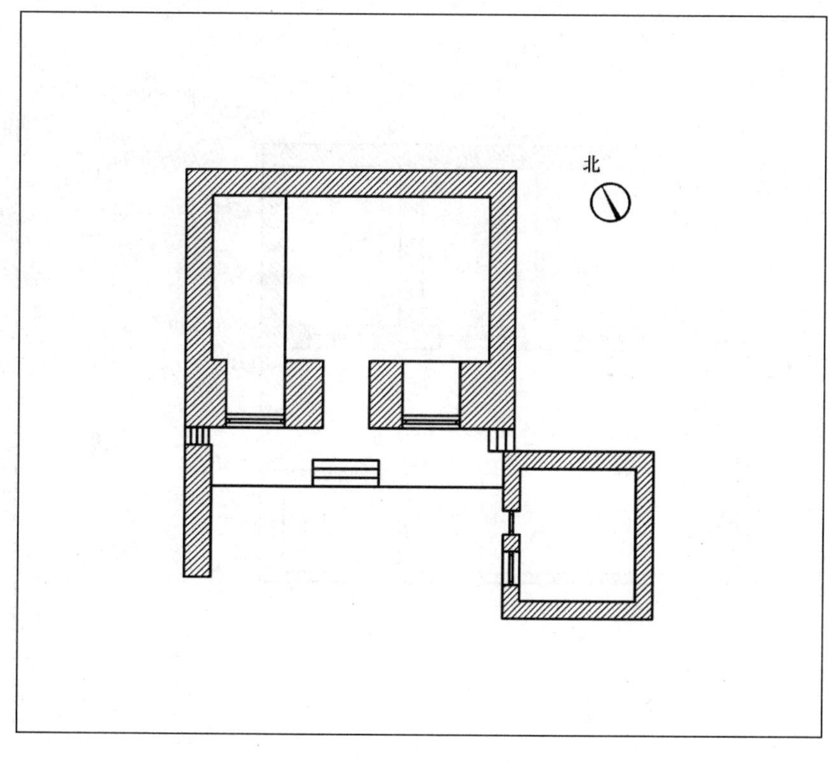

图 2-3-8　7 号院二层院落平面图

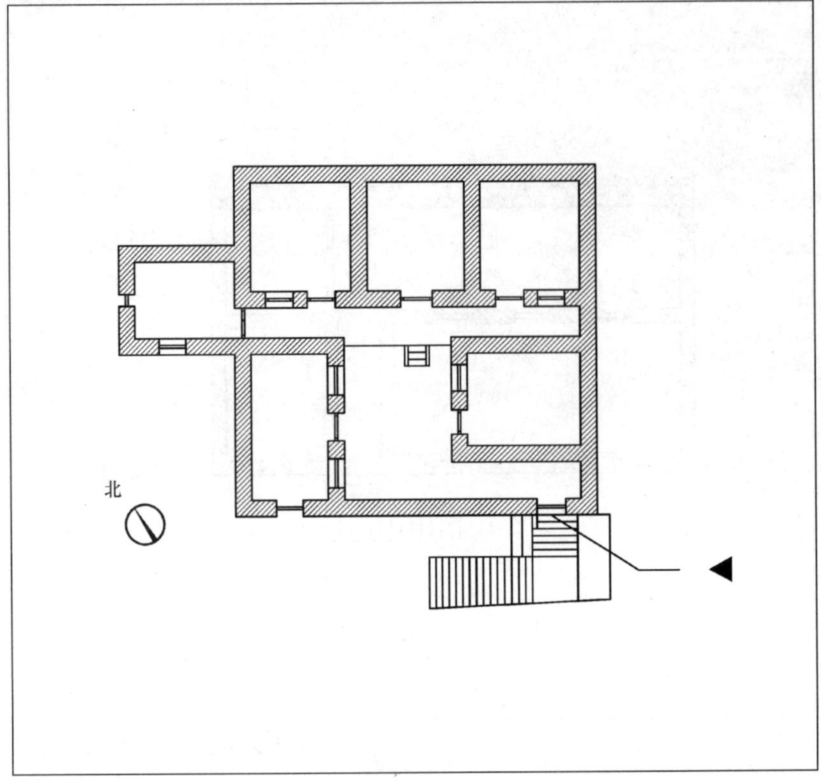

图 2-3-9　2 号院二层院落院门位置图

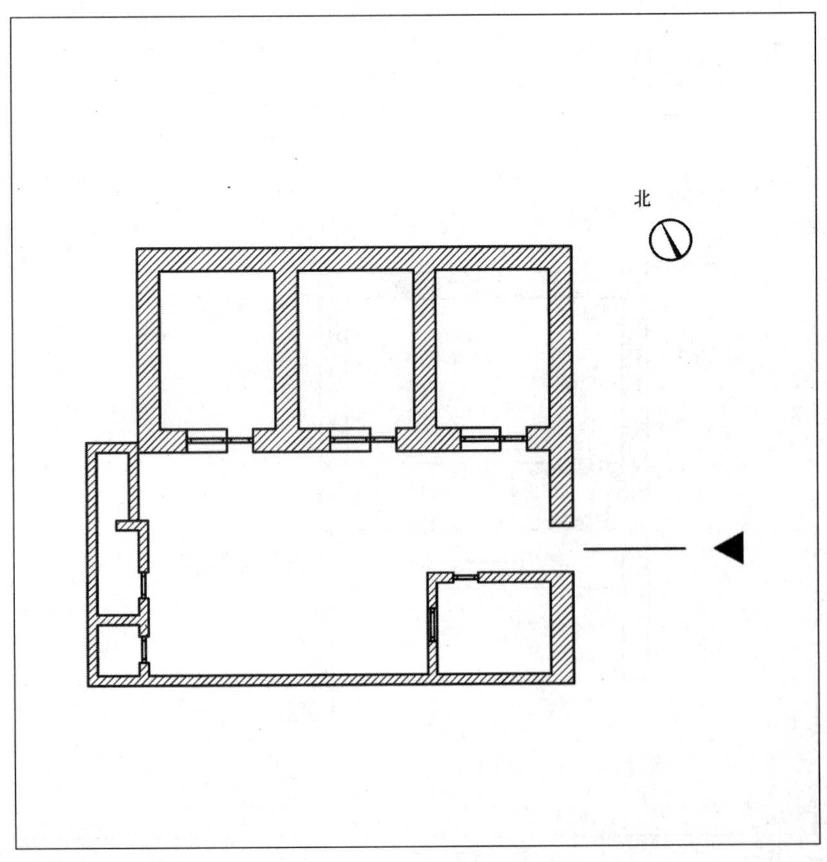

图 2-3-10　32 号院院门位置图

号院、16 号院、20 号院东跨院、22 号院二层院落、32 号院、37 号院一层院落。

（1）院门

店头村中发现的三合院院门的开设方位非常多样，主要有以下 5 种类型。第一类是在院落的东南角开设院门（见图 2-3-9），属于此类型的院落主要有：2 号院二层院落、6 号院一层第一进院落和二层院落、15 号院、16 号院、22 号院二层院落，由于有东厢房的遮挡，可在入口处形成玄关空间。第二类是在院落的东侧设置院门，目前仅发现 32 号院属于此类（见图 2-3-10）。第三类是在院落的西侧开设院门，属于此类的为 37 号院一层东跨院（见图 2-3-11），该院落在西侧设门主要是由于在该院落的西侧还有一跨院落与之并列。第四类是在院落的西南角设门，属于此类的为 9 号院（见图 2-3-12）。第五类是将院门设置于院落的南侧（见图 2-3-13），属于此类的有：6 号院一层第二进院落、20 号院东跨院和 37 号院一层西跨院。由于三合院中可设置院门的院墙较少，且相邻院落之间连接非常紧密，因此不完全遵照风水观中的最佳方位设置院门，形成了极为灵活的形式。

（2）院落建筑组成

在店头村中，围合三合院的建

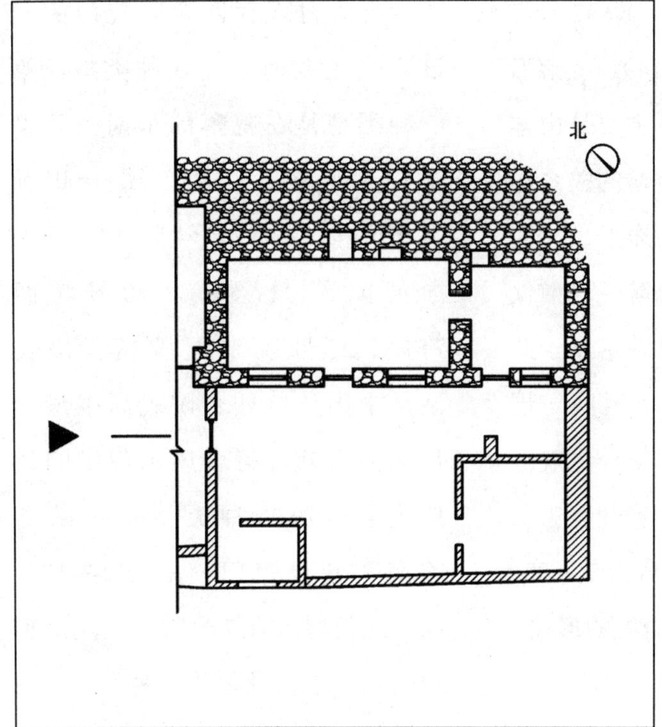

图 2-3-11　37 号院一层东跨院院门位置图

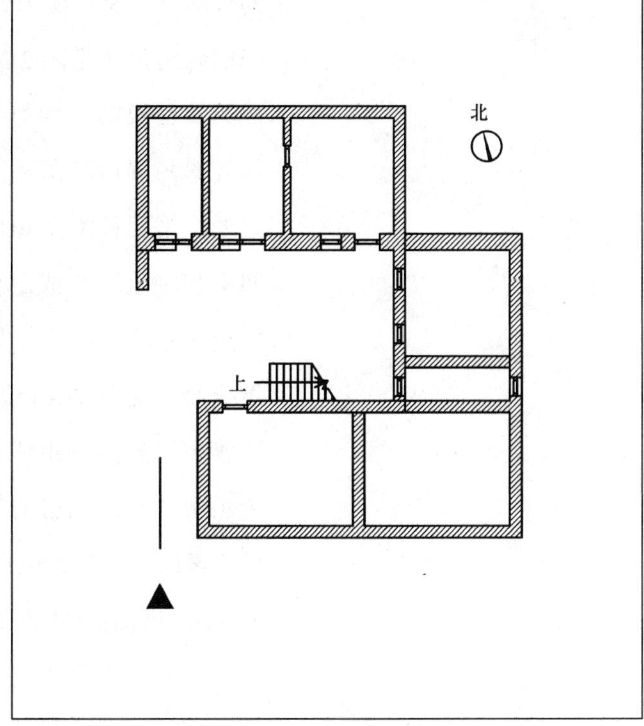

图 2-3-12　9 号院院门位置图

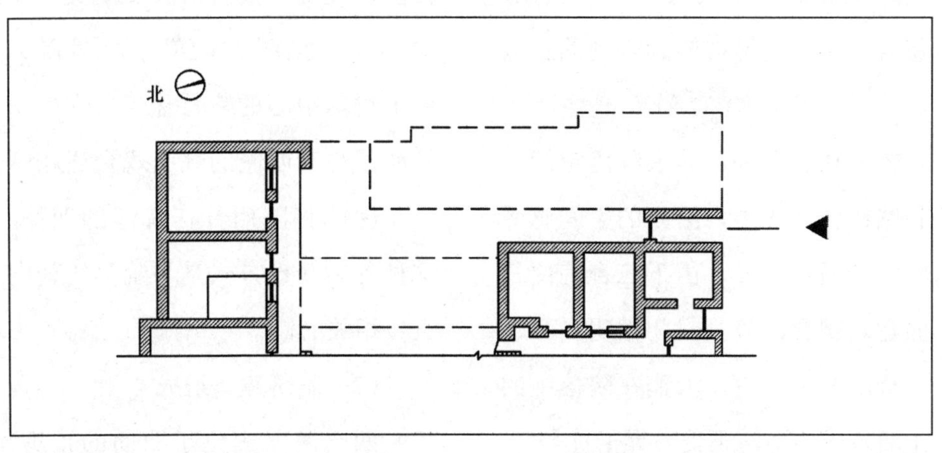

图 2-3-13　20 号院东跨院院门位置图

筑组成共有 4 种类型。第一种类型是由正房、东厢房和西厢房围合成三合院，属于此类的院落有 2 号院二层院落、6 号院一层第二进院落、15 号院、16 号院、20 号院东跨院、22 号院二层院落、32 号院、37 号院一层东跨院。此类型在店头村的三合院中较为常见，也是传统的三合院布局类型。在店头村的三合院中，正房的等级最高，东西厢房次之，然而与传统三合院不同的是店头村三合院中的东西厢房形制均不相同，也大多不是对称于正房中轴线布置的。第二种类型是由正房、东厢房和倒座围合成三合院，属于此类的院落有 6 号院二层院落和 9 号院。第三种类型是由正房、西厢房和倒座围合成三合院，属于此类的院落目前仅发现一处，即37号院一层西跨院（见图2-3-14）。院落形成第二种或第三种类型主要是由本体院落与周边院落和道路的关系决定的。第四种类型是由东厢房、西厢房和倒座围合成三合院，目前仅发现6号院一层第一进院落属于此种类型（见图2-3-15）。6号院一层院落由内外两进组成，第一进院落无正房，而在正房的位置开有第二进院落的入口，由此形成由东厢房、西厢房和倒座围合成三合院的形式。

（3）院落空间

店头村三合院中围合院落的3幢建筑彼此呈垂直或平行的关系，使得院落空间呈现较为规则的正方形或长方形，除37号院一层西跨院较为狭长之外，其余院落空间的长宽比较为适中，给人的空间感受较为舒适。另外，由于三合院由三面建筑围合，故其封闭性明显强于二合院及正房院，人们在院落中的生活自成体系，不受外界干扰。

4. 四合院

四合院是指由四面建筑围合而成的院落，它是最为完整的院落形式。在店头村1～37号院中属于四合院的有8处，分别是7号院一层院落、8号院、11号院二层院落、13号院、17号院、20号院西跨院、22号院一层院落、25号院二层院落。

（1）院门

店头村现存四合院院门的开设方式主要有以下3种类型。第一种类型是在院落的东南角开设院门（见图2-3-16），属于此种类型的院落有：8号院、11号院二层院落、17号院、20号院西跨院、25号院二层院落。该类型是中国传统四合院民居中最为常见的形式，符合风水观中的最佳方位。第二种类型是在院落的南侧开设院门（见图2-3-17），属于此类型的有7号院一层院落和22号院一层院落。第三种类型是在院落的西侧开设院门，在店头村中目前仅发现一处院落属于此类，即13号院（见图2-3-18）。13号院为位于村落中心的紫竹林寺，它坐东朝西，与其西侧的灯山戏台遥相呼应，因此将院门开在院落的西侧。这种院门开设方式是与院落的朝向直接相关的。

（2）院落建筑组成

四合院是由位于四面的正房、厢房及倒座围合而成的。店头村中的四合院也是如此，但其形制又与传统四合院稍有不同。正房是整个院落中最为重要的建筑，因此其建筑尺度较大，建筑形制也较复杂。正房两侧的厢房等级低于正房，二者的建筑形式更为灵活，且在很多实例中，它们都不对称于正房的中轴线布置。倒座的等级也低于正房，

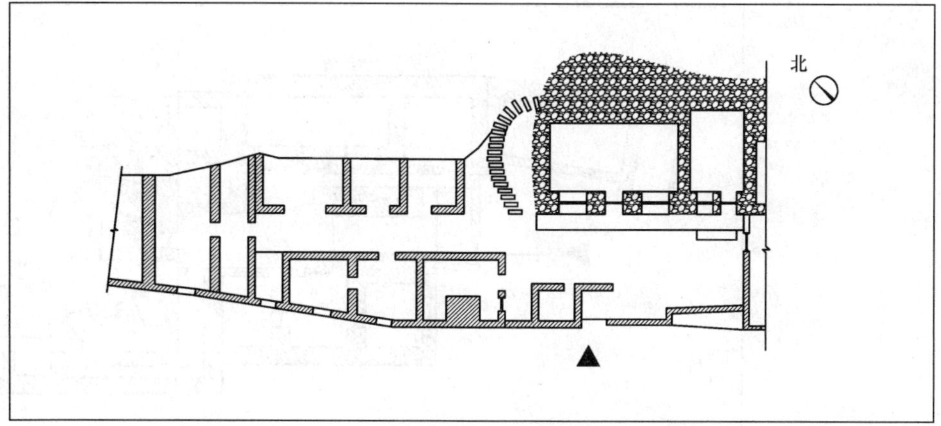

图 2-3-14　37 号院一层西跨院平面图

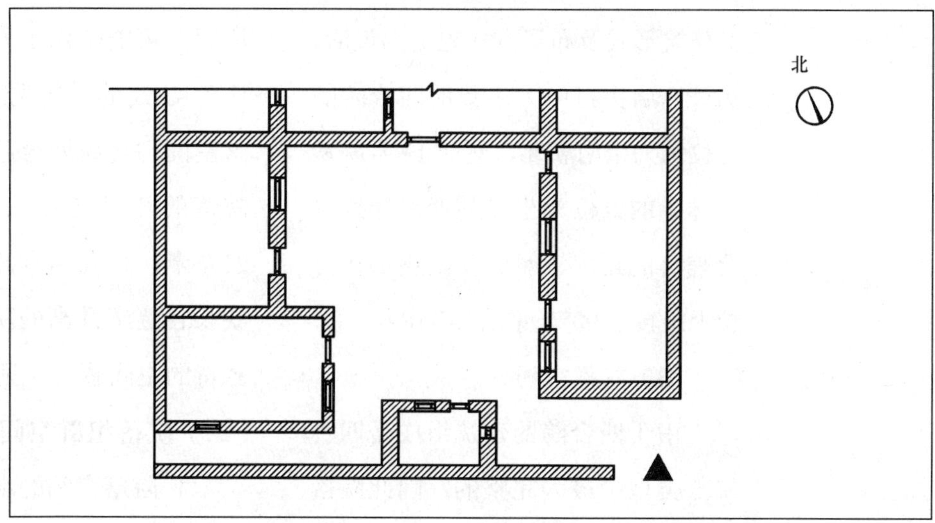

图 2-3-15　6 号院一层第一进院落平面图

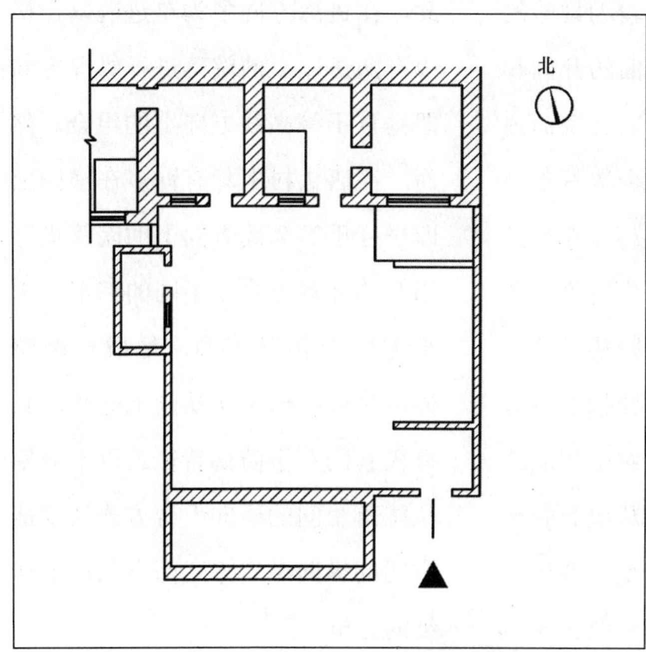

图 2-3-16　17 号院院门位置图

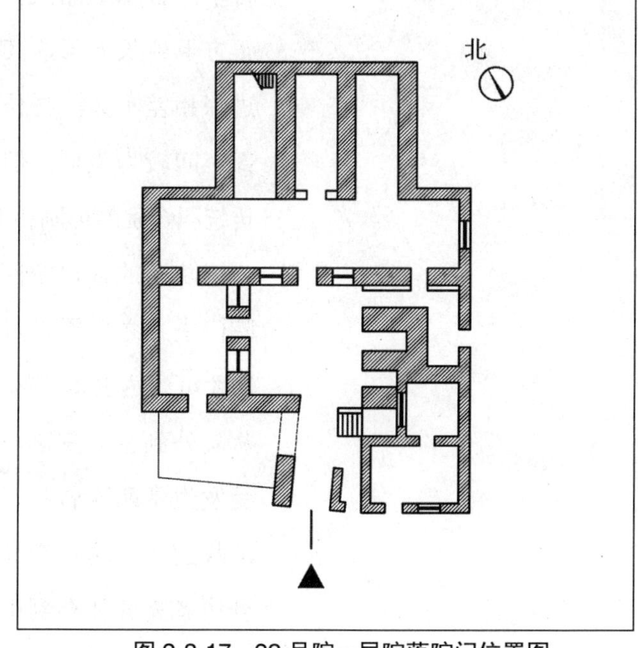

图 2-3-17　22 号院一层院落院门位置图

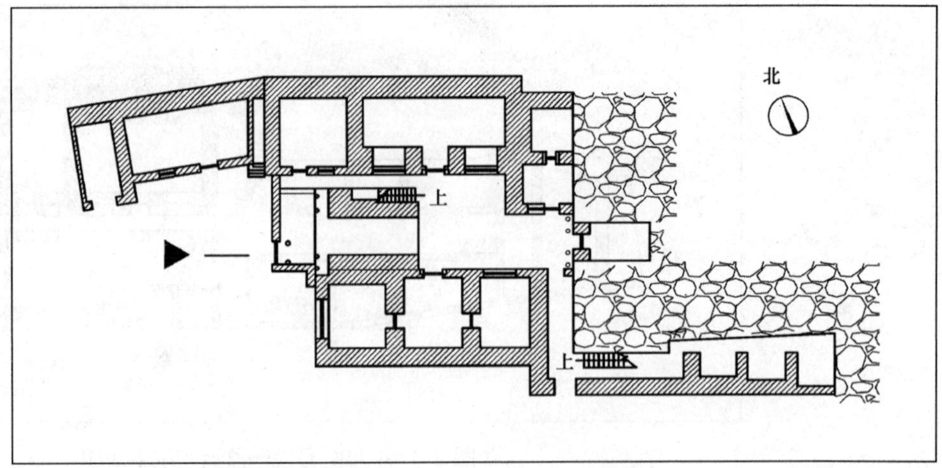

图 2-3-18　13 号院院门位置图

其建筑形式及布局方式也更为灵活。另外，店头村中大多数的四合院的方位均为坐南朝北，然而 13 号院紫竹林寺的方位为坐东朝西，导致围合院落的正房、厢房及倒座都在方位上扭转了 90°（见图 2-3-18）。

（3）院落空间

由于四合院的建筑组成是四种院落类型中最为完整的，因此院落空间也相对较为内向和封闭。店头村中四合院平面大多为较为规整的正方形或长方形，其平面的开间和进深相差不大，与传统四合院的内部空间较为类似。但有少数院落与传统四合院的形制相差较大。7 号院一层院落的入口空间极为特别，从院门进入之后需走过一段狭长的空间才可到达主体院落（见图 2-3-19），从院外到主体院落，人对空间的感受发生了两次转折，即从放到收再从收到放，这种空间感受的变化使到访者充分体会到中国传统民居对外封闭，对内开放的奥秘，推测其原因，可能是由于周围院落的“挤压”导致的。20 号院西跨院的院落空间与传统四合院差别较大，其院落的开间仅为 2.8 米，而进深有 21.7 米，且院落有高差，这种平面狭长且逐级升高的院落空间给人以独特的空间感受（见图 2-3-20）。

（二）院落组群空间特征

1. 院落空间的水平组合方式

由于店头村位于山地之上，因此，在进深方向多为单进院落，极少有两进以上的院落进行纵深方向即垂直于等高线方向上的组合。然而，在店头村中却有许多在横向上即平行于等高线方向上的院落进行相互的并列组合。不同的院落在水平方向上相互连通，形成一个整体，这样的形制从功能上分析，具有极强的军事防御特征。以下分别从院落空间的横向组合方式及院落空间的纵向组合方式两方面进行详细的分析。

（1）院落空间的横向组合方式

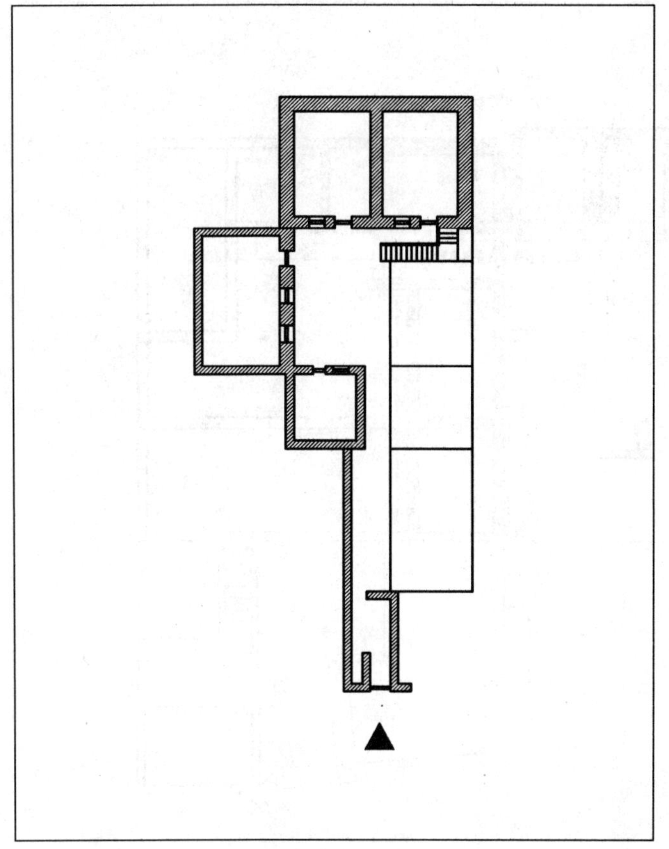

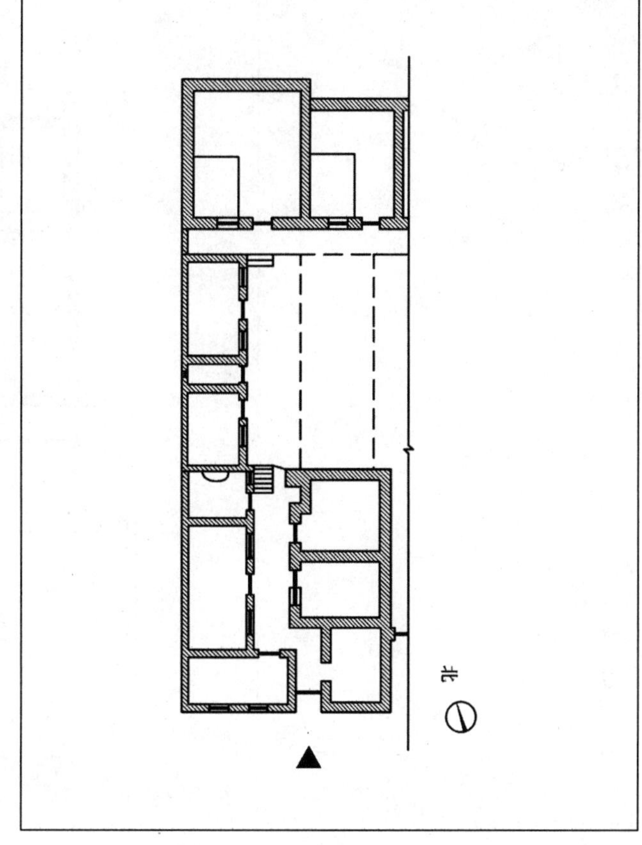

图 2-3-19　7 号院一层院落平面图（左）

图 2-3-20　20 号院西跨院平面图（右）

店头村中的许多院落在横向上相互并列和穿套，形成横向的多跨院落。多跨院落之间的连通方式可能较为直接，也可能出于防御功能的需求布置的较为隐蔽，难以被外人察觉。这种院落之间的连接方式大致可分为两种类型，第一种类型是通过院落之间隔墙上的门洞互通；第二种类型是通过不易被人察觉的暗道互通。

1）通过院落之间隔墙上的门洞互通

店头村中的 10 号院二层院落与 11 号院二层院落之间；17 号院与 18 号院之间；22 号院二层院落与 23 号院二层院落之间的连接方式均属于此种类型。以下以 22 号院二层院落与 23 号院二层院落之间的联系方式为例进行说明。

22 号院二层院落与 23 号院二层院落在横向上相互并列（见图 2-3-21），二者的正房位于同一轴线之上。22 号院二层院落为三合院，在正房与西厢房之间的院墙上开有一个可通向 23 号院二层院落的门洞（见图 2-3-22），由此实现了两个院落之间的互通。

2）通过不易被人察觉的暗道互通

店头村中 7 号院一层院落与 9 号院之间以及 10 号院一层院落与 11 号院一层院落之间的连接方式属

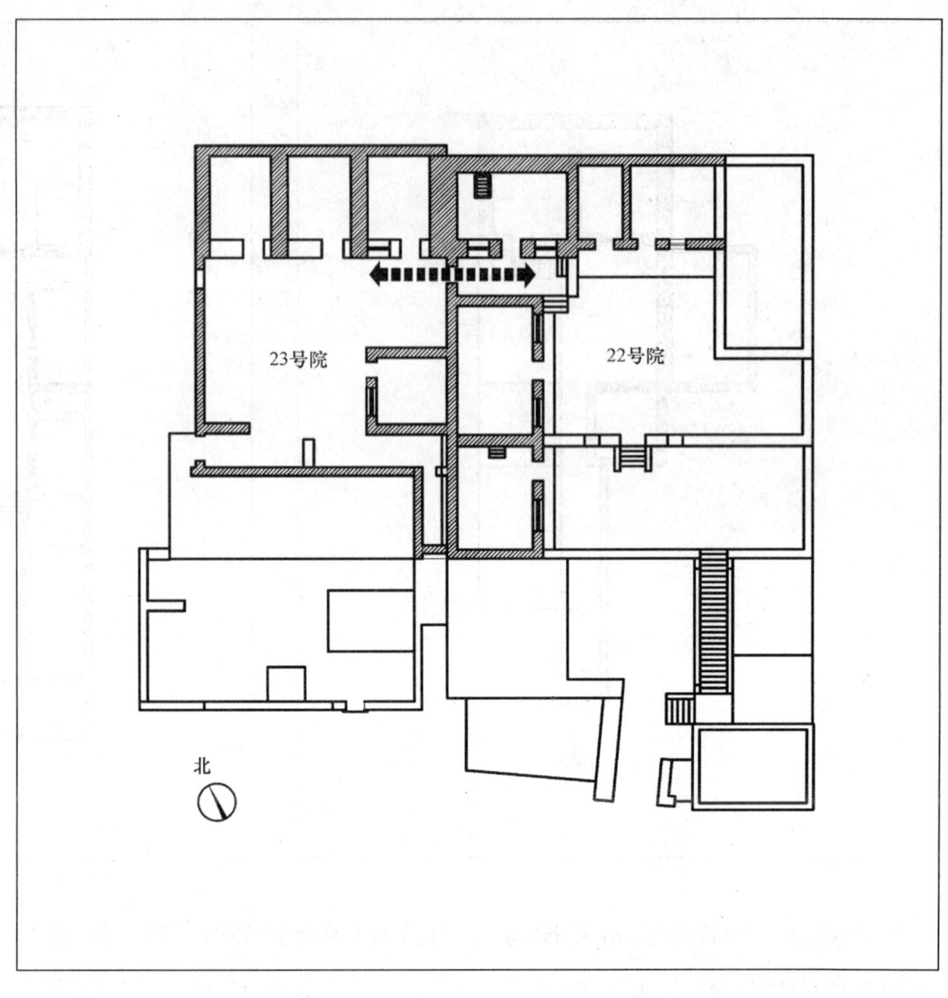

图 2-3-21　22、23 号院二层院落平面图

图 2-3-22　22、23 号院二层院落之间的门洞

于此种类型。以下分别对两个实例进行具体分析。

7 号院一层院落与 9 号院在横向上相互并列（见图 2-3-23）。7 号院一层院落的西厢房与 9 号院的东厢房共用，该厢房的最南侧为一条可互通两个院落的暗道（见图 2-3-24）。暗道在 7 号院中的出口易被认为是厢房的出口，而在 9 号院中的出口隐藏在楼梯之后，位置极为隐蔽，在外敌来犯之时可供人员快速地转移和撤离。

10 号院一层院落与 11 号院一层院落在横向上相互并列（见图

2-3-25）。二者可通过一条暗道实现互通。在11号院东侧的楼梯之下有一暗道的出口，位置极为隐蔽，在10号院正房的南侧为暗道另一侧的出口，通过此暗道，可实现两个院落的互通（见图2-3-26）。

由以上两个实例可知，此院落联系方式中，暗道在两个院落中

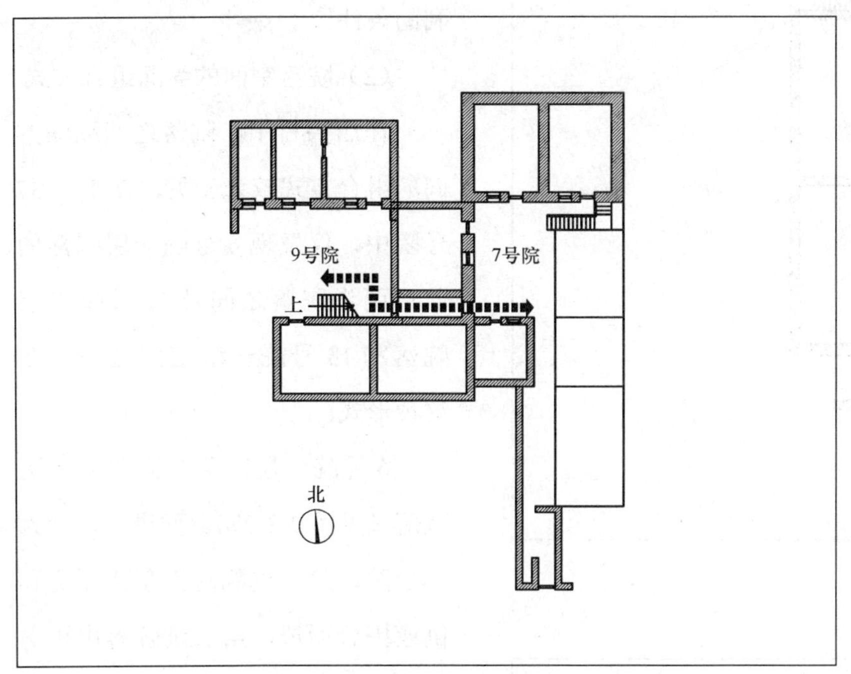

图2-3-23 7、9号院一层院落平面图

图2-3-24 7、9号院一层院落之间的暗道

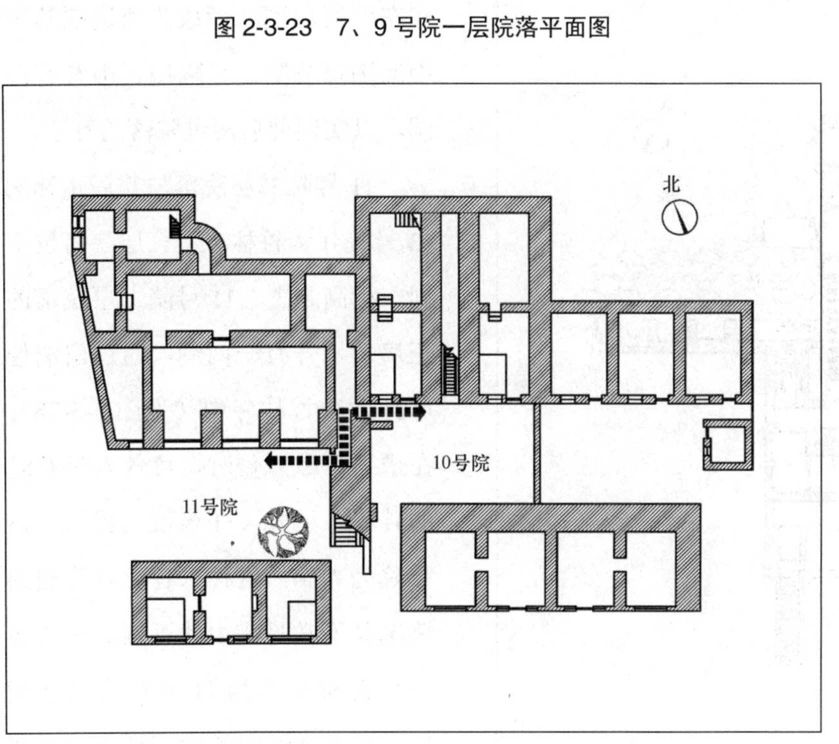

图2-3-25 10、11号院一层院落平面图

图2-3-26 10、11号院一层院落之间的暗道

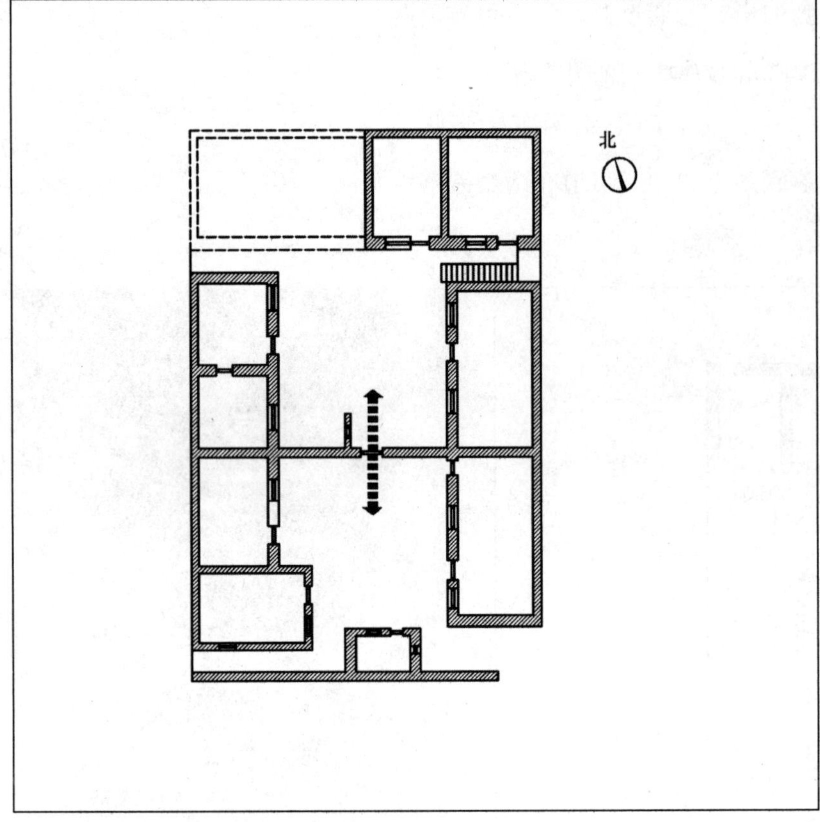

图 2-3-27　6 号院一层院落平面图

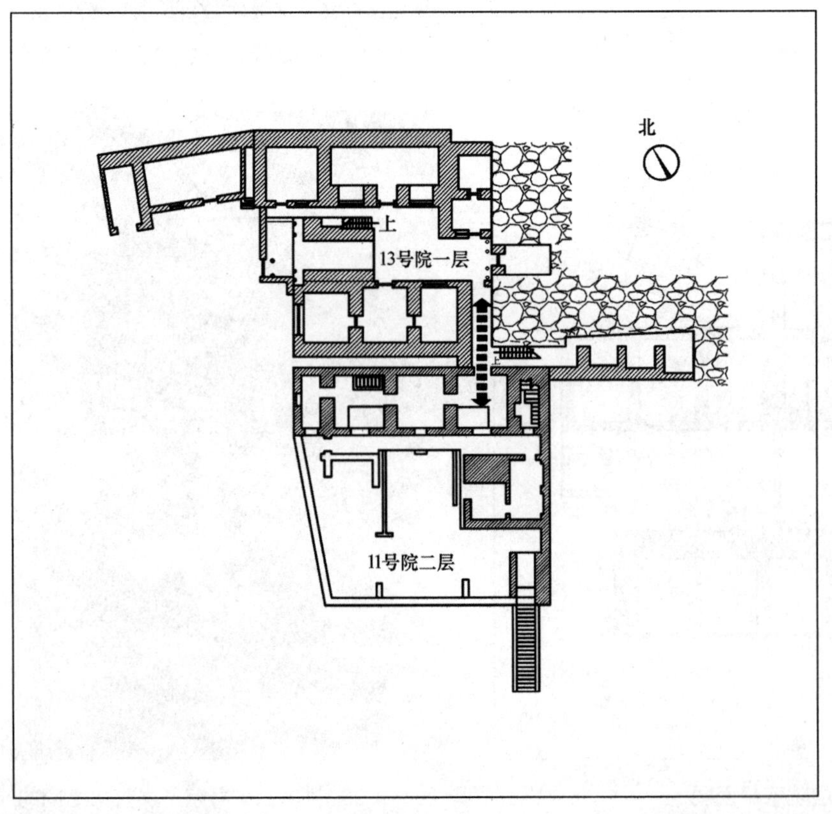

图 2-3-28　11 号院二层、13 号院一层平面图

的出入口都极为隐蔽，很难被外人发现。另外，通过暗道的路线并非直线而是折线，加之暗道之中光线昏暗，这极大地增加了暗道的迷惑性，为人员的藏匿和转移提供了便利的条件。

（2）院落空间的纵深组合方式

在店头村中，院落之间纵深方向的组合方式较为少见，在 1 ～ 37 号院中，仅发现 6 号院一层院落的前后两进院落之间及 11 号院二层院落和 13 号院一层院落之间存在这种形式。

6 号院一层院落分为前后两进院落（见图 2-3-27）。两进院落均为三合院，第一进院落由东西厢房和倒座围合而成，第二进院落由正房和东西厢房围合而成，两进院落由中间围墙分隔，在隔墙正中开有门洞，以实现前后两进院落的互通。

11 号院二层院落与其后相邻的 13 号院（紫竹林寺）一层院落位于同一标高之上。11 号院二层院落的正房后墙开有一门洞，通过门洞便可到达紫竹林寺中（见图 2-3-28），在遭遇外敌入侵时，可使人员及时的转移。另外，11 号院为民居，13 号院为寺庙，这种二者可以互通的情况并不常见，由此可推测紫竹林寺可能最早作为 11 号院的祠堂使用，后来才逐渐扩大规模形成现在的格局。

2. 院落空间的垂直组合方式

店头村中的院落除在水平方向上以各种方式相互组合外，在垂直方向上也相互叠加，形成层楼式石碹窑洞。不同层的窑洞之前都有可供活动的院落空间，下层窑洞的顶部即为上层的院落空间。上下层院落之间也可相互联系，而非各自独立。经统计，在店头村的 1 ～ 37 号院中共有 10 处存在多层院落，分别是 2 号院、6 号院、7 号院、10 号院、11 号院、22 号院、23 号院、25 号院、35 号院、37 号院。上下层院落之间的垂直联系方式共有三种类型，分别是：通过位于院落东南角的室外楼梯联系。通过室内楼梯联系。通过修建于室外坡地上的石阶联系；以下分别对每种类型具体举例说明。

（1）通过位于院落东南角的室外楼梯联系

这种上下层院落垂直联系的方式在店头村中最为普遍，共有 8 处院落属于此类，分别是 2 号院、6 号院、7 号院、11 号院、22 号院、23 号院、25 号院、35 号院。

2 号院由上下两层院落组成，下层为正房院，上层为三合院（见图 2-3-29）。在下层正房的东南角有一转角石楼梯，由此可通向上层院落东南角的入口处。另外，在转角楼梯之下有一扶壁拱形的窑洞空间，该空间可作为一层院落的厨房或储藏室之用，这种形制在店头村中较为普遍。这种室外楼梯的联系方式使得上下层院落在使用上可以完全分隔，自成一体，还可充分利用楼梯下方的空间供实际使用。

（2）通过室内楼梯联系

目前仅发现 10 号院中存在这种形式（见图 2-3-30）。10 号院一层正房中间有一间纵窑，窑洞中设有通向二层院落的直跑楼梯，该楼梯被称之为“龙尾道”，楼梯的剖面为略微向内凹的曲线，这样使得人们上下楼梯可以更加轻松，另外在楼梯踏步的两侧还各有一条排水沟，这样使得该楼梯兼具有二层院落排水的功能（见图 2-3-31）；在二层院落的正房中间也有一间纵窑，纵窑中设有一部转角楼梯（见图 2-3-32），由此可到达三层院落之中。这种设置室内楼梯的方式，使不同层之间不再是各自独立的院落，而将它们紧密地联系为一个整体。目前发现的室内楼梯仅能联系上下两层，未发现联系两层以上院落的实例。

（3）通过修建于室外坡地上的石阶联系

店头村中的一些建筑修建在自然坡地之上，因此可通过在坡地上铺设石阶来联系上下层院落。在店头村中仅发现 23 号院及 37 号院属

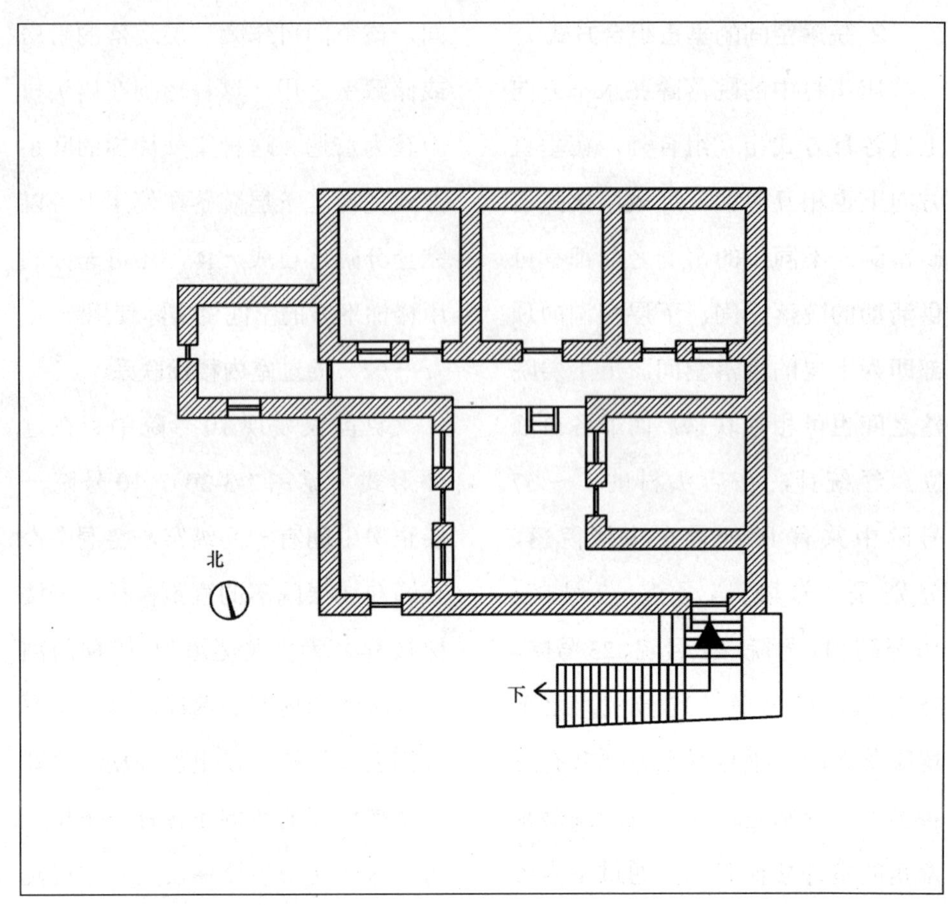

图 2-3-29 2 号院二层院落平面图

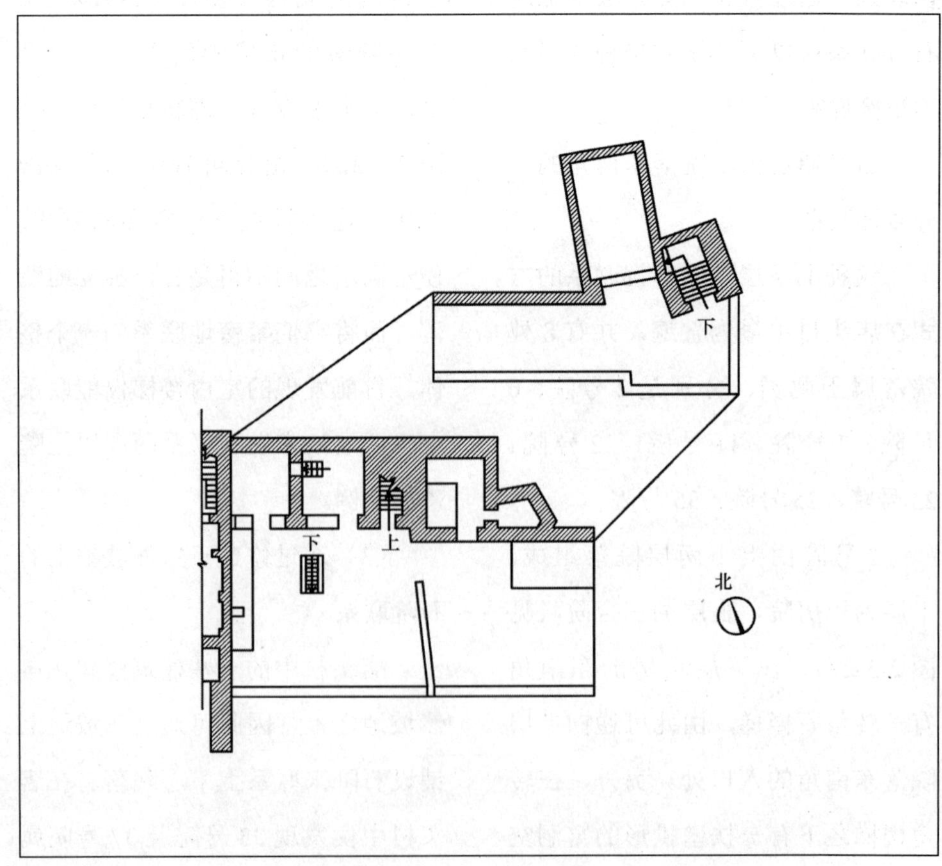

图 2-3-30 10 号院二、三层院落平面图

于此类。

37 号院由上下两层院落组成，一层的正房的窑顶为二层的院落（见图 2-3-33）。由于 37 号院的正房靠近自然坡地建设，因此巧妙地利用院落西侧的自然坡地来连接上下层院落（见图 2-3-34），达到自然环境与人工环境的和谐统一。

总之，店头村中的院落单元存在四种主要的形式，分别是正房院、二合院、三合院和四合院，它们数量相近。这四种院落形式有别于传统的民居院落，无论是在院落平面形状还是建筑组成等方面都是

图2-3-31　10号院排水楼梯（左）

图2-3-32　10号院转角楼梯（右）

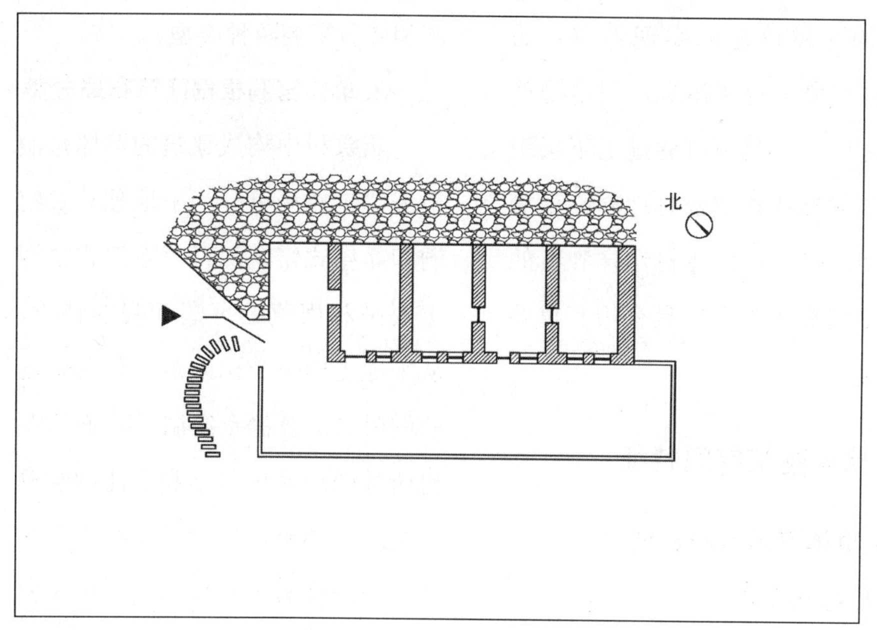

图 2-3-33　37 号院二层院落平面图

图 2-3-34　37 号院室外石阶

灵活多变的，这可能与院落所处的山地地形有关，也与村落建设的历史背景相关。另外，村落中的许多院落之间都并非彼此独立的。在水平方向上，不同的院落之间可通过直接相通的门洞连接，也可通过不易被人发现的暗道相通；在垂直方向上，上层和下层的院落之间可通过室外或室内的楼梯及暗道来实现互通。如此，不同位置及标高的院落便形成了一个相互联系的整体。这种独特的空间形态与其形成的历史背景及功能是分不开的。许多专家学者通过考察都推断店头村在历史上曾具有重要的军事防御功能，这主要是基于此空间特征而言的。作为一个军事堡镇，要求其内的不同空间之间可互相穿套，这与村落的实际情况不谋而合。在外敌来犯之时，军队及百姓可通过不同院落之间的通道迅速的实现转移。另外，在风峪河处于汛期，村落遭遇洪灾之时，人员也可通过上下层院落间的楼梯或暗道及时地向高处撤退。由此可见，店头村这样独特的院落空间在历史上曾具有极其重要的意义。

四、单体建筑空间特征

（一）单体窑洞空间特征

1. 窑洞概述

店头村中的建筑主要为层楼式石碹窑洞建筑，它们大多是由单体窑洞通过相互组合穿套形成的，少量建筑为窑洞与木构建筑组合而成，因此，单体窑洞为店头村建筑的基本组成单元。

窑洞是由原始社会的穴居演变而来的一种建筑形式。它是我国古代劳动人民经过长期的生活经验积累形成的智慧结晶。在我国，窑洞主要分布于黄土高原，根据窑洞分布的地理位置，大致可将窑洞分布区分为六个部分，分别是：隆东窑洞区、陕北窑洞区、晋中晋南窑洞区、豫西窑洞区、冀北窑洞区、宁夏窑洞区[1]。

店头村窑洞属于第三个地区——晋中晋南窑洞区，在这一地区分布的窑洞根据建筑布局可分为平地独立式窑洞和靠崖式窑洞两种类型；按照建筑材料可分为黄土窑洞和砖石窑洞两种类型。

2. 单体窑洞根据建筑布局分类

店头村中构成建筑的单体窑洞根据建筑布局可分为平地独立式窑洞和靠崖式窑洞两种。下沉式窑洞主要是利用黄土可塑性强的特点，从平地上向下挖出院落，再在院落的侧壁之上开凿土窑洞[2]。而店头村所处的地质环境不利于此种窑洞的开凿，因此，目前为止在店头村中尚未发现有下沉式窑洞，店头村中的窑洞主要为利用河刨石砌筑而

注：[1] 刘静．豫西窑洞民居研究[D]．长沙：湖南大学，2008．
[2]Wang Fa, Liu Y． Thermal environment of the courtyard style cave dwelling in winter[J]. Energy and Buildings, 2002, 34(10): 985-1001.

成的石窑洞。

（1）平地独立式窑洞

平地独立式窑洞是指利用土坯砖或砖石等砌块在建筑基地上修建的窑洞，此种窑洞无需依靠山体即可独立存在。它一般位于黄土覆盖厚度较小或土质较差不适宜开挖土窑的地区[1]。

在店头村中，绝大多数窑洞均为平地独立式窑洞，这跟店头村所处的地质环境是分不开的，由于店头村所处的蒙山缺乏易于开凿窑洞的黄土，而在石质的山体上开凿窑洞是非常困难的，因此当地人就巧妙地采用风峪河中的河刨石在平整好的基地上修建平地独立式窑洞以满足使用的需求（见图 2-4-1）。

店头村中的平地独立式窑洞相较于靠崖式窑洞和下沉式窑洞有诸多的优点。首先，后两种窑洞由于是在自然山地或人为开凿的侧壁上挖掘而成的，因此对自然地质条件有较为严格的要求，而平地独立式窑洞则只需一片平整的基地即可砌筑，对自然环境的要求相对较低。其次，平地独立式窑洞由于是自承重体系，拱顶的重量主要集中于拱腿之上，因此这种类型的窑洞侧壁一般较厚，故保温隔热性能较好，不失其他类型窑洞冬暖夏凉的优点。如店头村中的 11 号院正房，其拱壁厚达 2.6 米。最后，平地独立式窑洞在空间的组合方式上较为灵活，在平面上，可由不同空间形式的窑洞相互连接形成多层次的窑洞组合，也可由多组窑洞围合成平面形式灵活的院落，这样更适于在山地这种较为复杂的地形上建设；在剖面上，还可在一层窑顶上再建造房屋或窑洞形成窑上窑或窑上房，在店头村中，这种窑洞或房屋的叠合可达到三层或四层，形成层楼式独立窑洞。

（2）靠崖式窑洞

靠崖式窑洞是指沿山坡或崖壁开凿的窑洞。它一般出现在黄土山坡、土塬边缘地带，以及沟壑的两侧面[2]。这种窑洞较为普遍，一般是沿山坡或崖壁的等高线布置，且需在山坡或崖壁之前有一片较大的空地，以供交通及生活需要。这种窑洞多为土窑，且由于其周围山体厚实，具有冬暖夏凉的优点。

由于在蒙山山体上开凿窑洞较为困难，因此店头村中这一类型的窑洞较为少见，目前仅发现一处靠崖式窑洞，即 5 号石佛洞（见图 2-4-2）。该窑洞始建年代不详，开凿于蒙山山体之上，进深约 9 米，平面及剖面形式均不规则，平面上外宽内窄（见图 2-4-3），最宽处 5.5 米，最窄处 2.4 米，剖面上外高内低（见图 2-4-4），最高处 3.5 米，最低处 0.9 米。其窑脸处利用弧线

注：[1] 赵恩彪．原生态视野下的豫西窑洞传统民居研究 [D]．上海：上海交通大学 ,2010.
[2] 袁如．中原地区窑洞式民居的文化分析 [D]．郑州：郑州大学 ,2012.

图 2-4-1　平地独立式窑洞

图 2-4-2　靠崖式窑洞

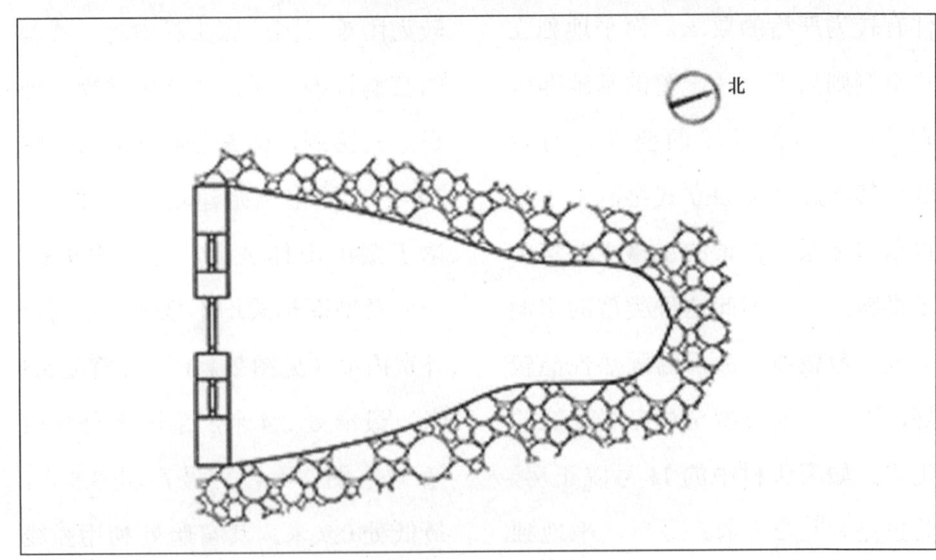

图 2-4-3　5 号石佛洞平面图

形或直线形的石构件进行砌筑，形制古老。另外在窑脸上还有 8 个方形榫卯孔洞，形制类似于石窟寺，而北魏至唐代是石窟寺建设的鼎盛时期，由此可推测其建造年代应较为久远。

3. 单体窑洞根据平面形式分类

店头村中的单体窑洞根据平面形式可分为纵窑（见图 2-4-5）和横窑（枕头窑）（见图 2-4-6）两种类型。由表 2-4-1 可知，店头村中横窑及纵窑的数量相差较大。纵窑的数量占窑洞总数的 84.3%，而横窑的数量仅占窑洞总数的 15.7%。纵窑是窑洞建筑中较为普遍的一种空间形式，在我国的六大窑洞分布区中均较为常见。然而横窑由于多数空间较为高敞，施工难度较大，因此数量相对较少，且多见于平地独立式窑洞建筑中。另外，横窑由于自身的优点，多用于重要的公共空间，空间性质较为开放。以下分别对纵窑及横窑的空间特点进行具体分析。

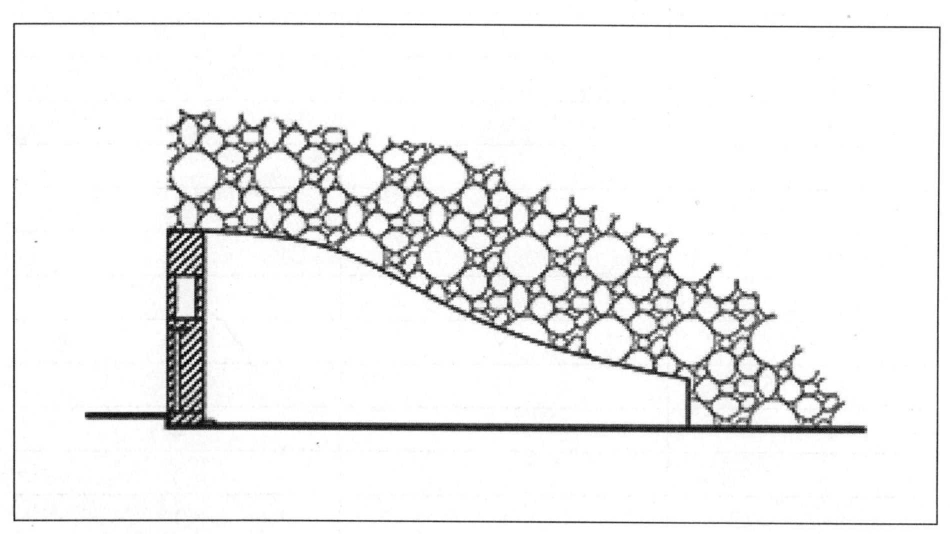

图 2-4-4　5 号石佛洞剖面图

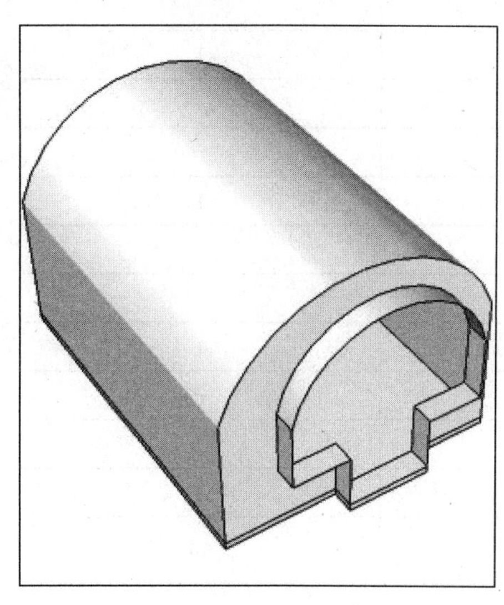

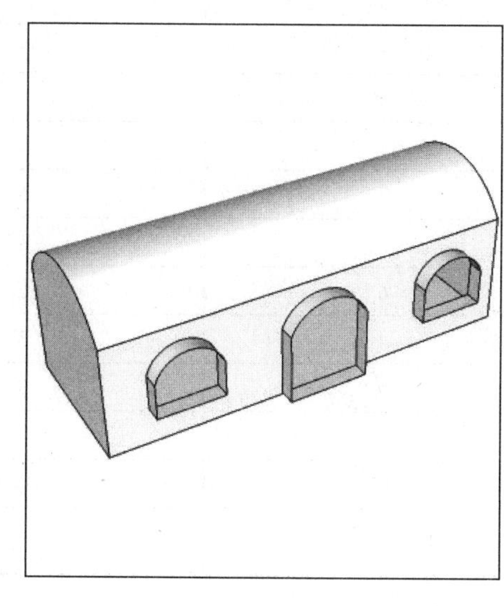

图 2-4-5　纵窑（左）

图 2-4-6　横窑（右）

店头村纵窑、横窑统计　　表 2-4-1

院落编号	窑洞数量（间）	纵窑数量（间）	横窑数量（间）
1	1	1	—
2	3	3	—
3	6	6	—
4	2	1	1（坍塌）
5	1	1	—
6	2	2	—
7	2	2	—
8	2	2	—
9	3	3	—
10	16	16	—
11	14	7	7
12	4	4	—
13	11	9	2
14	7	5	2
15	5	4	1(坍塌)
16	7	5	2
17	4	3	1(坍塌)
18	5	5	—
19	7	7	—
20	3	3	—
21	12	12	—
22	13	6	7
23	12	12	—
24	2	—	2
25	6	4	2
26	6	5	1
27	3	3	—
28	1	—	1
29	3	3	—
30	7	7	—
31	7	6	1
32	3	3	—
33	6	6	—
34	4	3	1
35	9	9	—
36	1	1	—
37	17	14	3
总　计	217	183	34

（1）纵窑

纵窑也称筒子窑，是窑洞中最为常见的一种形式。纵窑是指在窑洞的前侧窑掌处开设门窗洞口的一种窑洞形式。

在店头村的1～37号院中共有窑洞217间，其中183间窑洞为纵窑，占窑洞总数的84.3%。表2-4-1中列出了1～37号院各自具体的纵窑数量。店头村中的纵窑一般为规则形状的正方形或长方形，仅有少量靠崖式纵窑的平面形状不规则，如5号石佛洞。纵窑的平面尺寸一般较横窑小，在店头村中，纵窑的平面尺寸各不相同，面积从1平方米到接近30平方米，高度从只能容身的1.5米到3～4米不等，这主要由窑洞的功能所决定。纵窑由于尺寸相对较小，因此大多作为民居的客厅或卧室使用，尺寸更小的纵窑一般处于较隐蔽的位置，可用作密室或不同窑洞之间相互连通的暗道。

纵窑的门窗洞口由于开在窑脸处，因此采光和通风效果较横窑稍差，店头村中部分纵窑的窑脸上除开有门窗洞口外，还开有一个方形或圆形的通风口（图2-4-7），以改善室内环境。当纵窑被用作卧室使用时，可将炕布置于靠窗的位置或布置于窑洞的最内侧，通过实地调研，店头村纵窑中的炕一般都布置于靠窗的位置，以获得较好的采光效果，而将灶台和其他家具布置于靠里的位置，这种布局将窑洞靠内侧的空间空出来，可布置暗道、密室等隐蔽空间，有利于军事防御（见图2-4-8）。

（2）横窑

横窑也称枕头窑，是指在窑洞

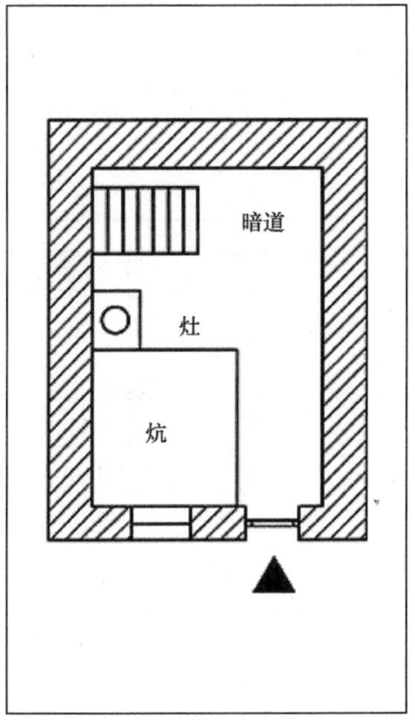

图2-4-7　纵窑窑脸上的通风口（左）
图2-4-8　纵窑平面布置图（右）

的侧墙上开设门窗洞口的一种窑洞形式。之所以把横窑称之为枕头窑是由于横窑一般和纵窑组合而建，位于前端，在其后设置纵窑，这样的形式仿佛是纵窑枕着横窑一般，由此得名。

在店头村的 1 ～ 37 号院中共有窑洞 217 间，其中 34 间窑洞为横窑，占窑洞总数的 15.7%（见表 2-4-1）。表 2-4-1 中列出了 1 ～ 37 号院各自具体的横窑数量。店头村中横窑的平面形状多数为规则的长方形，另外还有少量的正方形，且大多数横窑的朝向均为南北向以利于采光。目前尚未发现有不规则平面的横窑，且目前发现的横窑均为平地独立式窑洞，尚未发现靠崖式窑洞，推测这主要与拱券受力及施工难度有关。在店头村中的横窑尺寸一般较纵窑大，面积由 15 平方米到 80 平方米不等，高度由 2 米到 5 米不等，由于空间较大，横窑一般用作店铺、驿站等公共空间，也有少量面积较小的横窑用作居室或密室。

横窑相对于纵窑而言室内环境较好。由于横窑的门窗洞口开在窑洞的侧墙即长方形平面的长边上，因此门窗洞口的尺寸一般较大，能较好地满足室内的采光和通风需求，一般无需另外开设通风孔洞。另外，由于横窑一般作为端部的窑洞，为了抵抗侧推力，横窑的外侧墙壁一般较厚，因此，在横窑窗户洞口的位置形成了一个独特的空间，较为典型的实例是店头村 11 号院中的一孔横窑（见图 2-4-9），由于该横窑尺度较大，导致其侧壁的厚度达到 2.6

图 2-4-9　11 号院横窑平面图（左）

图 2-4-10　横窑窗洞口处空间（右）

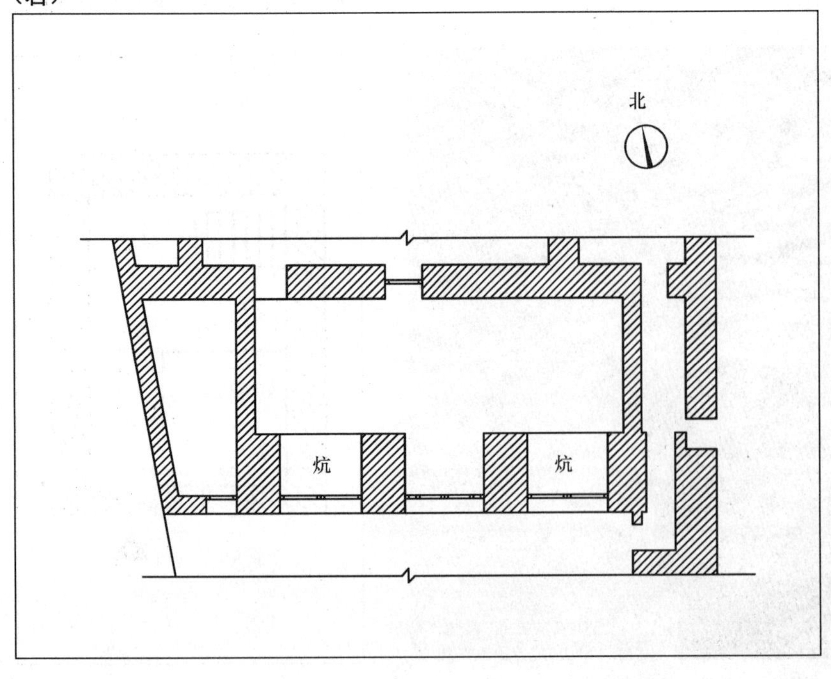

米，在窗洞口处便空出了一个较为宽敞的空间，当地居民便在窗洞口处搭设火炕，巧妙地利用了这一空间（见图 2-4-10），这种形式非常类似于现代住宅中的飘窗。

4. 单体窑洞的空间美学特征

空间是建筑的生命，建筑的美学概念中有很大一部分是关于空间的，人们对于空间的感受超越了其他一切建筑要素成为评价建筑美丑的重要因素。

窑洞空间给人以舒展的美感。窑洞是一种自承重体系，拱顶的重量由侧壁支撑，室内无需添加任何柱子，没有多余的构件，这使窑洞的室内成为一个纯粹的空间，成为功能和形式最简单的统一体。其空间造型唱主角的是拱型，它构成了窑洞空间的逻辑“主格”[1]。窑洞从剖面上看，拱顶和侧壁之间衔接自然、平滑，拱顶的曲线由侧壁的直线演变而来，最终在顶部交汇，使窑洞室内的空间显得高敞，给人舒适的感觉。

拱顶曲线是窑洞空间造型的命脉。从建筑美学的角度来看，运动的元素比静止的元素更容易引起人们的关注，曲线也就比直线更具有美学意味。在窑洞空间中，拱券的曲线并非自由曲线，它的曲率是由受力决定的，有双圆心、三圆心、抛物线等不同的类型，但不同曲率的曲线都有一种天然的美感和张力，这样的张力不容易被人们所意识但会被人们所感受。拱券两侧的曲线向顶部聚拢，会造成一种向上延伸和生长的态势，给人积极向上的力量之感。拱顶曲线的向上收缩和向下展开又犹如人的呼吸，向上聚拢是吸，向下展开是呼，这一呼一吸之间形成了窑洞空间与居住者的精神契合。

窑洞空间的生活之美——炕。建筑空间之美还取决于其是否给居住者提供了适宜的活动场所。“建筑是生活的机器”也由此而来。不同的建筑给人以不同的空间氛围，人们在这样的氛围中生活、交流、创造。而窑洞中的炕给人营造出生机勃勃的生活氛围。在传统的窑洞中，炕不仅是睡觉的床铺，更是人们从事日常生活的重要场所。炕通常与灶台相连，生火做饭时，炕也热了，人们在炕上吃饭、闲聊、从事简单的劳动，当地人在室内的大部分时间都是在炕上度过的，因此，炕所处的位置需要有良好的通风、采光等物理条件。笔者通过实地调研发现，店头村中的炕，无论在横窑中还是在纵窑中，基本上都位于窑洞的前端，靠近窗户的位置，这里室内物理环境良好，非常适宜生活。炕为传统窑洞空间营造出一种浓郁而朴素的生活氛围。

注：[1] 张叔明．窑洞空间：对陕北生土建筑文化的诠释 [J]. 中国文化研究 ,1994（1）：118-122+117-4.

店头村中的窑洞除具有窑洞共有的美学特征外，还有其独特的美感。它采用当地的河刨原石作为材料，不刻意地进行加工，就看似随意、实则巧妙地堆叠起来，形成窑洞。这样的石碹窑洞与自然充分融合，其特有的强烈的光影效果，形成一种山地中的“野趣”。

（二）窑洞组群空间特征

店头村中不同窑洞空间之间的连接方式非常多样，大致可分为两个层次：第一个层次是窑洞空间的水平组合；第二个层次是窑洞空间的垂直组合。

1. 窑洞空间的水平组合方式

按照组合方式的方向将其分为两种类型，分别是窑洞空间的横向组合方式和窑洞空间的纵深组合方式，二者都是在单间横窑和单间纵窑的基础上经过不同的排列组合形成的。

（1）窑洞空间的横向组合方式

窑洞空间水平组合方式的第一种类型是窑洞空间的横向组合，组合方式主要有以下 7 种，分别是纵窑并联式、横窑并联式、一纵一横并联式、纵—横—纵并联式、横—纵—纵—纵并联式、横—纵—横—横并联式、窑中套洞式。以下，笔者对店头村 1 ～ 37 号院中所有窑洞的横向组合方式进行了总结，并以“间”为单位对横向并列的窑洞数以及相互连通的窑洞数进行了统计（见表 2-4-2）。

窑洞空间横向组合方式统计表　　表 2-4-2

院落编号	横向组合方式	并列的窑洞数（间）	连通的窑洞数（间）
1	—	—	—
2	纵窑并联式	3	—
3	纵窑并联式	5	—
4	一纵一横并联式	2	2
5	—	—	—
6	纵窑并联式	2(其余坍塌)	—
7	纵窑并联式	2	—
8	纵窑并联式	2	—
9	纵窑并联式	3	2
10	纵窑并联式	3	—
		4	
		6	
11	一纵一横并联式	2	2
	横窑并联式	3	2
	纵窑并联式	5	4

续表

院落编号	横向组合方式	并列的窑洞数（间）	连通的窑洞数（间）
12	纵窑并联式	4	—
13	纵一横一纵并联式	3	—
	纵窑并联式	2	—
14	一纵一横并联式	2	—
	纵窑并联式	4	4
15	纵窑并联式	3	—
16	纵窑并联式	2	—
	纵窑并联式	3	3
	横窑并联式	2	2
17	纵窑并联式	3	2
18	纵窑并联式	5	3
19	纵窑并联式	7	—
20	纵窑并联式	3	—
21	纵窑并联式	6	2
	纵窑并联式	3	—
22	纵窑并联式	3	—
	一纵一横并联式	2	—
23	纵窑并联式	2	—
	纵窑并联式	3	2
	纵窑并联式	5	—
24	窑中套洞式	2	2
25	纵窑并联式	4	2
26	横一纵一纵一纵并联式	4	4
	窑中套洞式	2	2
27	纵窑并联式	2	2
28	—	—	—
29	纵窑并联式	3	—
30	纵窑并联式	7	2
31	纵窑并联式	6	2
32	纵窑并联式	3	—
33	纵窑并联式	6	2
34	纵窑并联式	2	—
35	纵窑并联式	5	2
	纵窑并联式	4	—
36	—	—	—
37	横一纵一横一横并联式	4	3
	纵窑并联式	4	3
	纵窑并联式	3	—
	纵窑并联式	3	2
	纵窑并联式	2	2

由表 2-4-2 可知，在店头村中虽然现存有 7 种窑洞横向组合方式，但多数现存数量较少，有四种横向组合方式甚至仅现存一个实例。纵窑并联式是最主要的一种窑洞横向组合方式，数量远远多于其他类型，这与村落中存在数量众多的纵窑是直接相关的，不同的纵窑空间通过并联的方式相互组合是最为经济的一种空间组合方式。无论从功能分区的角度还是结构稳定性的角度，这种方式都是最为合理的，因此现存数量最多。其次是横窑并联式及一纵一横并联式，二者现存实例数量较少，它们分别是不同横窑在横向上最直接的组合方式以及纵窑与横窑最为简单的组合方式。另外还有四种较为复杂的窑洞横向组合方式，分别现存一处实例。它们的形成应该主要是为了满足特定的使用功能，因此数量较少。

1）纵窑并联式

纵窑并联式是指多孔纵窑在横向上并列组合形成并联关系的空间组合方式。它是窑洞空间横向组合方式中最常见的一种，在店头村 1～37 号院中有 30 处院落出现了这种窑洞组合方式，分别是 2 号院、3 号院、6 号院、7 号院、8 号院、9 号院、10 号院、11 号院、12 号院、13 号院、14 号院、15 号院、16 号院、17 号院、18 号院、19 号院、20 号院、21 号院、22 号院、23 号院、25 号院、27 号院、29 号院、30 号院、31 号院、32 号院、33 号院、34 号院、35 号院、37 号院。

根据以上的统计可知，店头村中纵窑的并列间数有以下六种：2 间并列、3 间并列、4 间并列、5 间并列、6 间并列、7 间并列。店头村如此多样的纵窑并列方式与其他地区传统的窑洞有显著的区别。如传统的晋西、陕北窑洞民居在横向上的开间基本遵循中国传统建筑的开间规律，即开间数为奇数，有 1 开间、3 开间、5 开间、7 开间等。这主要与中国传统风水观念相关，在传统的风水观念中，奇数为阳，因此建筑物的开间数基本都采用奇数。这样的开间数可产生位于窑洞建筑中轴线上的开间——明间，否则，如果建筑的开间为偶数，位于中轴线上的将是窑洞的窑腿。陕北地区多修筑以奇数为单位三孔、五孔的窑，以偶数为单位四孔、六孔的窑较少，意在回避“四六不成材”的俗语[1]。晋西窑洞的开间数也多为 3 和 5，因为当地百姓认为“4”的谐音与“死”相近，晋西碛口古镇的窑洞建筑由于多为商业建筑，因此开间较大，但也都为奇数的开间，如 5 开间、7 开间和 9 开间。店头村窑洞的开间除了有 3 开间和 5 开间外，还有 2 开间、4 开间和 6 开间，这看似与传统的习俗和风水

注：[1] 任芳．晋西、陕北窑洞民居比较研究 [D]．太原：太原理工大学 ,2011．

观念相悖，但这也从另一方面印证了店头村在建造之初应该不是一个普通的民居聚落或商业聚落。

对于相互并列但互相之间不连通的纵窑组合方式而言，每一孔纵窑都可以承载不同的功能或供不同的人员使用而互不干扰，这样的方式出现在店头村多数的建筑中也出现在商业街中。以下列举两个实例分别加以说明。如2号院的一层平面是由三孔相互并联而互不相通的纵窑组成的（见图2-4-11），由于二层是该院落主要的居住空间，因此一层的这三孔窑洞可能是用于佣人居住、储藏物品或蓄养牲畜。另外一个典型实例是商业街（见图2-4-12），据传此街巷在以前曾作为士兵巡逻的道路，后来店头村演变为商业聚落之后它才成为一条繁华的商业街，商业街上并联的这些窑洞在功能上无论作为士兵的居所、军事装备的储藏室还是作为一间一间独立的商业店铺都是非常适合的。

对于并联的纵窑来说，还可通过在侧墙上开设门洞相互联系，在空间上相互穿套。根据统计，在店头村中，这种相互连通的纵窑开间数有四种，分别是2开间、3开间、4开间和5开间。对于相互连通的两间纵窑来说，通常两间纵窑的大小

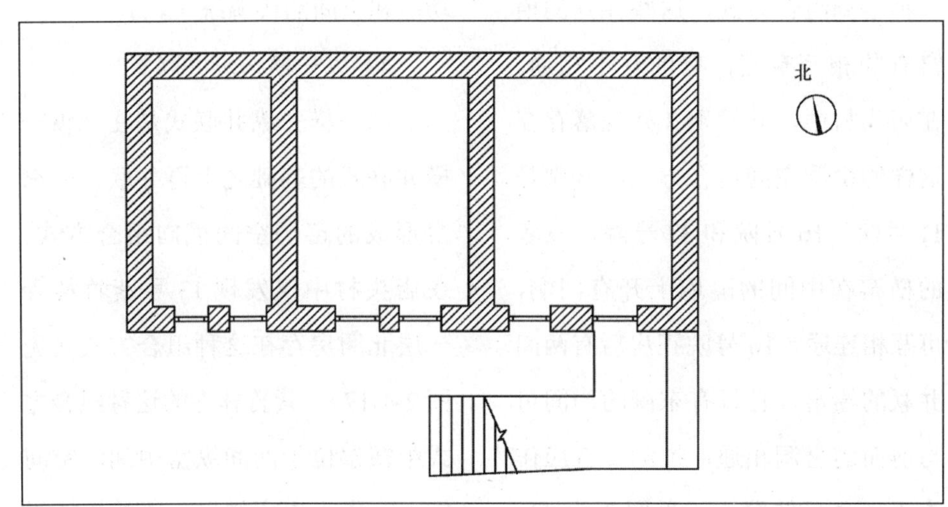

图2-4-11　2号院一层平面图

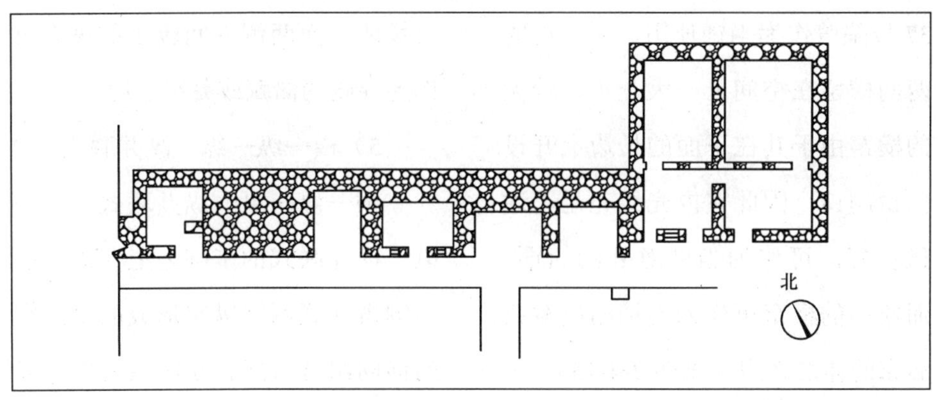

图2-4-12　商业街下街平面图

不一，空间较大的一间作为住宅的客厅使用，另外一间空间较小的纵窑作为卧室使用，如9号院的正房就是这种形式（见图2-4-13）。相互连通的4间窑洞与2间类似，分别有2间较大的窑洞和2间较小的窑洞。相互连通的3间窑洞和5间窑洞类似，都是在中间有一间较大的纵窑作为起居室等开放或半开放空间，而两侧较小的窑洞则作为卧室、储藏室等私密空间，16号院正房是这一类型的典型实例（见图2-4-14）。

2）横窑并联式

横窑并联式是指两间或两间以上的横窑在横向上相互并联形成的一种窑洞组合方式，这些并列的横窑有的相互穿套，有的互不相通。在店头村中，共发现3处院落存在这样的窑洞空间组合方式，分别是11号院、16号院和37号院，三者的横窑在中间的隔墙上开有门洞，可互相连通。16号院正房后有两间并联的横窑，且只有东侧的一间可与前面的窑洞相通，推测二者应作为正房之后储藏室（见图2-4-14）。37号院曾作为当铺使用，而正房的两间横窑在空间上一大一小，较大的横窑由于其在平面的长边上开设门窗洞口，因此室内光线充足，通风良好，可作为当铺对外的店面，而较小的横窑可作为当铺的储藏或店家的休息之用（见图2-4-15）。

3）一纵一横并联式

一纵一横并联式是指一间纵窑和一间横窑在横向上并联，在店头村中共发现有4处院子存在这种窑洞空间组合方式，分别是4号院、11号院、14号院、22号院，其中4号院和11号院的两孔窑洞可以互相连通，14号院和22号院的两孔窑洞是相互独立的。以11号院为例，并联的两间窑洞均位于正房最后部，但由于西侧的横窑开有对外的门窗，因此两孔窑洞中的通风效果均较好（见图2-4-16）。此种空间组合方式可使不同尺度的窑洞空间较好地适应各自功能的需求，实现功能和空间的协调统一。

4）纵一横一纵并联式

纵一横一纵并联式是在一纵一横并联式的基础之上再并联一间纵窑形成的窑洞空间横向组合方式。在店头村中仅发现13号紫竹林寺一层北厢房存在这种组合方式（见图2-4-17）。紫竹林寺的这种组合方式中横窑位于两间纵窑中间，空间较大，作为寺庙僧尼主要的生活学习场所，而两侧空间较小的纵窑可作为寺庙的储藏或餐厨之用。

5）横一纵一纵一纵并联式

横一纵一纵一纵并联式是在一纵一横并联式的基础之上在纵窑的一侧再并联两间纵窑形成的窑洞空间横向组合方式。在店头村中仅发

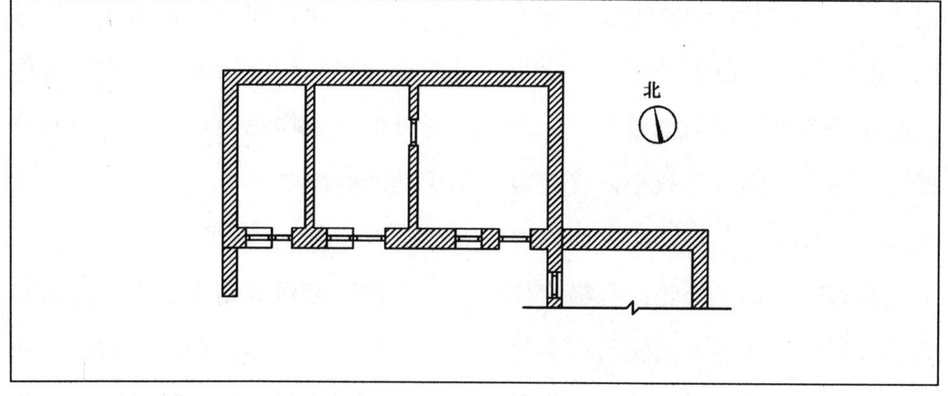

图 2-4-13　9 号院正房平面图

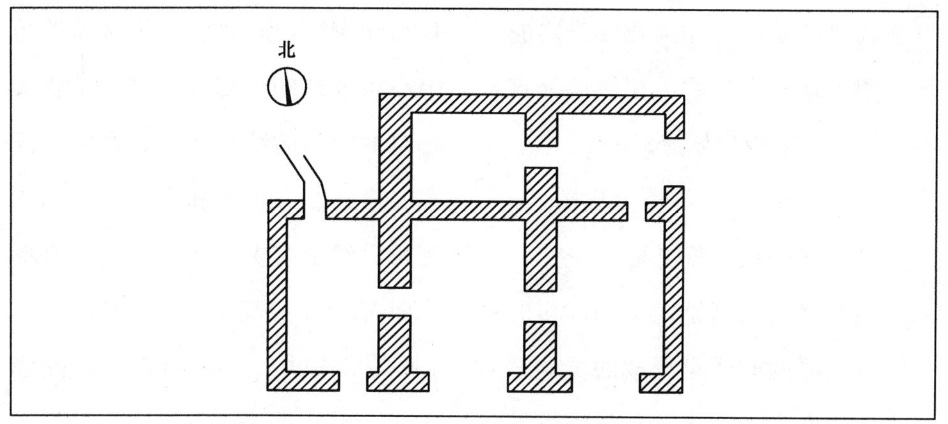

图 2-4-14　16 号院正房平面图

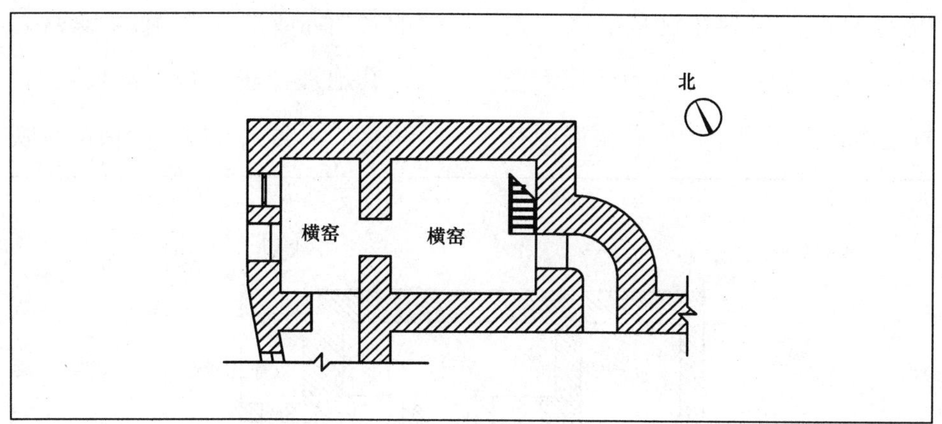

图 2-4-15　37 号院正房部分建筑平面图

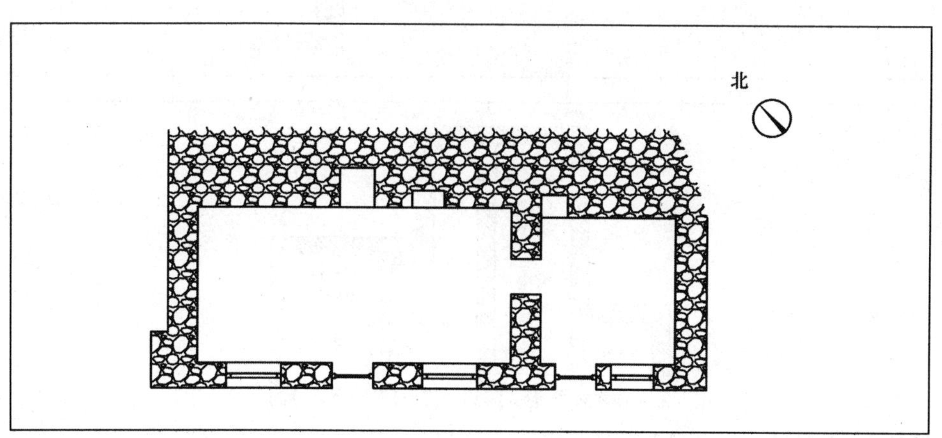

图 2-4-16　11 号院正房部分建筑平面图

现26号院正房存在这种组合方式（见图2-4-18）。在26号院正房中，三孔并联的纵窑空间都较开敞，而横窑内部的空间非常狭小，仅能容纳一人弯腰进入，在横窑的南侧墙上还开有瞭望口，推测此孔横窑作为暗室使用。此处的横窑与店头村中多数空间高敞的横窑不同，推测其原因可能是由于如果建成横窑的形式则可从其旁边的纵窑侧墙处直接起券，施工较为便捷。

6）横—纵—横—横并联式

横—纵—横—横并联式是在一纵一横并联式的基础之上在纵窑的一侧再并联两间横窑形成的窑洞空间横向组合方式。在店头村中仅发现37号院正房存在这种组合方式（见图2-4-19）。37号院曾经作为当铺使用，在正房中的四孔窑洞中有三孔为横窑，建成此种形式应是考虑到可以有较多较开敞的空间用作对外的商业店铺使用，出于空间使用功能的需要。

7）窑中套洞式

窑中套洞式是指在纵窑或横窑的一侧穿套有非窑洞形式的暗室或密道。店头村作为曾经的军事聚落和商业聚落，暗室和密道是建筑当中不可或缺的一部分，这也是店头村窑洞建筑的特色之一。窑中套洞式有横向组合形式和纵深组合形式两种，对于窑中套洞的横向组合形式而言，24号院是一个典型的实例（见图2-4-20）。24号院位于古驿道的一侧，不论店头村处于屯兵戍边的时期亦或是演变为商业聚落之时，其地理位置都是非常重要的。该院落的正房主要由两间横窑串联

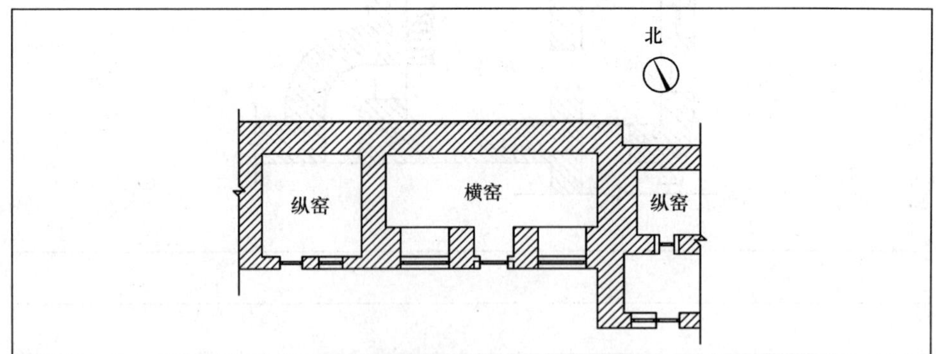

图2-4-17　13号院一层北厢房部分平面图

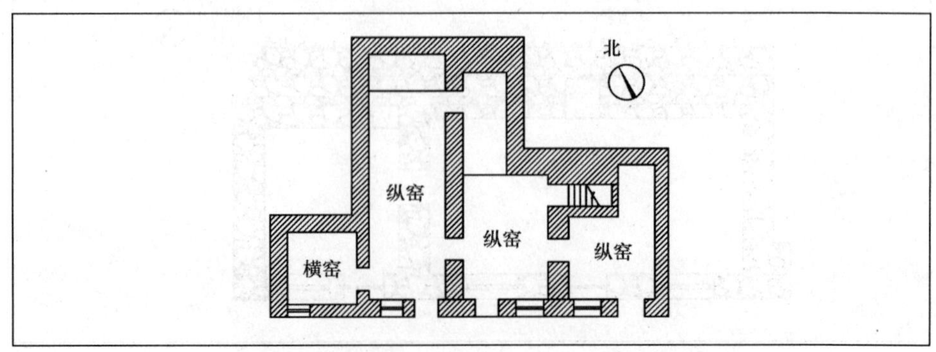

图2-4-18　26号院正房平面图

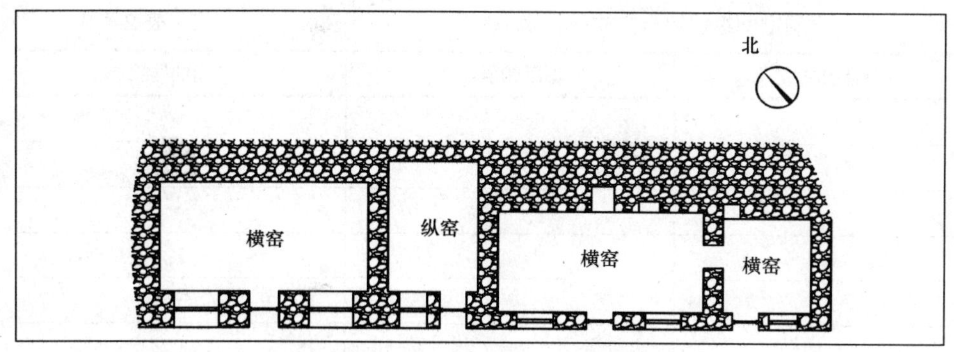

图 2-4-19　37 号院正房平面图

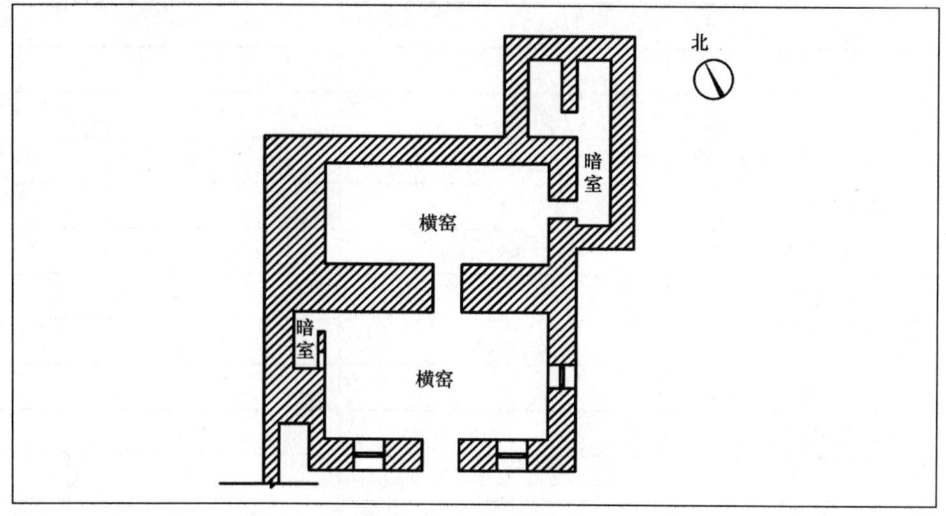

图 2-4-20　24 号院一层正房部分平面图

而成，但在两间横窑的窑掌处都各自并联有一间暗室，暗室空间狭小仅可容纳 1 ～ 3 人，可用于躲避外敌或储藏贵重物品。该建筑开放空间与私密空间分区明确，是古驿道上极具代表性的建筑之一。

（2）窑洞空间的纵深组合方式

窑洞空间水平组合方式的第二种类型是窑洞空间的纵深组合，组合方式主要有以下 7 种，分别是纵窑串联式、纵窑错位串联式、横窑串联式、一纵一横串联式、二横一纵串联式、一横三纵串联式、窑中套洞式。以下，笔者对店头村 1 ～ 37 号院中所有窑洞的纵深组合方式进行了总结，并对纵深方向串联的窑洞层次以及相互连通的窑洞层次进行了统计（见表 2-4-3）。

由表 2-4-3 可知，在店头村现存的 7 种窑洞纵深组合方式中，窑中套洞式现存实例最多（见图 2-4-21），窑中套洞式为窑洞与密道或暗室相连的一种方式。这种空间组合方式的大量存在，证明了店头村并非传统的民居聚落，而是具有极强的军事防御特征。其次，纵窑串联式及一纵一横串联式现存数量也相对较多，其原因主要是由于这两种窑洞组合方式较为简单和经济。其余四种窑洞空间纵深组合方式由于较为复杂，因此现存数量较少，主要是用于特殊的功能需求而营造的。

窑洞空间纵深组合方式统计表　　表 2-4-3

院落编号	纵深组合方式	串联的层次	连通的层次
1	—	—	—
2	—	—	—
3	—	—	—
4	窑中套洞式	2	2
5	—	—	—
6	—	—	—
7	—	—	—
8	—	—	—
9	—	—	—
10	纵窑串联式	2	2
11	一纵一横串联式	2	2
	二横一纵串联式	3	3
12	窑中套洞式	2	2
13	—	—	—
14	—	—	—
15	纵窑串联式	2	2
16	一纵一横串联式	2	
		2	2
	窑中套洞式	2	2
17	—	—	—
18	窑中套洞式	2	2
19	—	—	—
20	—	—	—
21	纵窑串联式	2	2
22	一横三纵串联式	2	2
	二横一纵串联式	3	3
23	纵窑错位串联式	2	2
24	横窑串联式	2	2
25	一纵一横串联式	2	2
	窑中套洞式	2	2
26	纵窑错位串联式	2	2
27	—	—	—
28	—	—	—
29	—	—	—
30	窑中套洞式	2	2
31	—	—	—
32	—	—	—

续表

院落编号	纵深组合方式	串联的层次	连通的层次
33	—	—	—
34	一纵一横串联式	2	2
35	—	—	—
36	—	—	—
37	—	—	—

1）纵窑串联式

纵窑串联式是指在纵深方向上有两个或两个以上层次的纵窑进行串联且前后纵窑位于同一中轴线上，以这种方式串联的窑洞有的平面大小不一，有的高度不一，有的存在地面高差，形式非常多样。在店头村的1～37号院中，共发现3处院落存在这样的窑洞空间组合方式，分别是10号院、11号院、15号院、21号院。这几处院落中纵窑串联的层次均为2层，且都互相连通。

10号院的一层正房存在纵窑串联的形式（见图2-4-22），且前后两孔纵窑存在一定的地面高差，西侧前后两孔窑洞的室内高差为1.5米，东侧前后两孔窑洞的高差为0.9米，后侧窑洞与前侧窑洞高差如此之大，推测其原因可能是由于地形高差的缘故，也可能是出于后侧空间私密性的考虑。在前面两孔窑洞内都发现有靠窗的火炕，推测其功能应为卧室，在西侧后部的窑洞中有一条通向二层的密道，由此可推测后部的窑洞应作为人员藏匿、转移的暗室或物品的储藏室等私密空间使用。由于纵窑在窑脸处开设门窗洞口，因此纵窑室内采光及通风效果均较差，而后侧纵窑仅靠在隔墙上开设的门洞无法保证其室内物理环境，因此，窑洞的建造者在前后窑洞的隔墙之上开设大小约0.3米见方的通风口（见图2-4-23），使前后窑洞之间有较好的空气流动。

纵窑串联式的另一个典型实例是15号院东厢房（见图2-4-24）。后侧纵窑与前侧纵窑处于同一中轴线上，仅空间较小，推测后侧窑洞的功能可能是用作物品的储藏。

通过以上实例的分析可知，纵窑串联式的前后纵窑空间大小可能相同，可能不同，如果不同，则一般后部的纵窑比前部的纵窑小。若后侧的纵窑无通风孔且尺度很小，则其很有可能仅被用作小型的储藏空间，若后侧的纵窑空间较高大且有通向前侧窑洞的通风孔洞，则其除作为储藏空间外还可作为外敌来袭时人员的避难、转移场所以及其

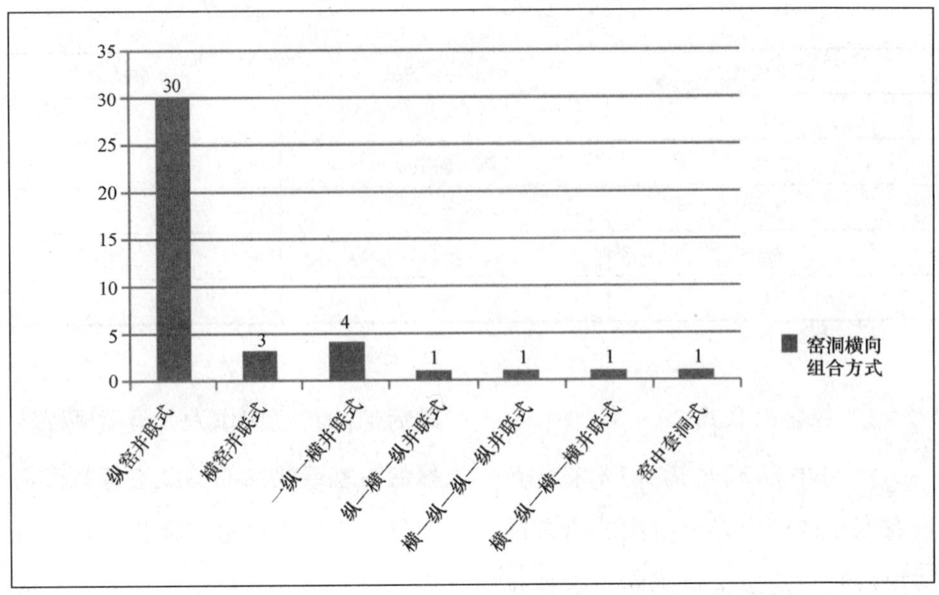

图 2-4-21　店头村窑洞空间横向组合方式统计图

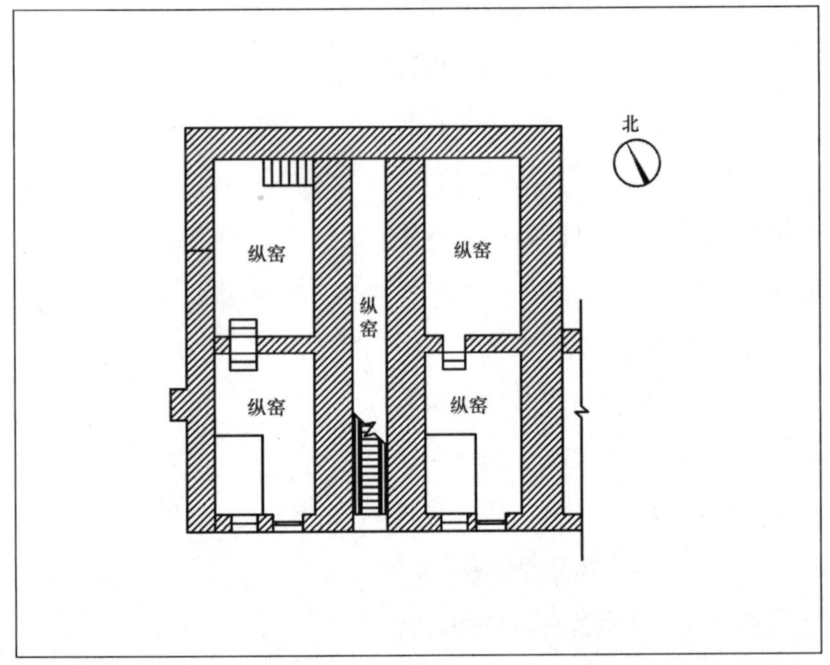

图 2-4-22　10 号院一层正房部分平面图（左）

图 2-4-23　10 号院一层正房通风口（右）

他居室中的辅助空间。

2）纵窑错位串联式

纵窑错位串联式指在纵深方向上有两个或两个以上层次的纵窑进行串联且前后纵窑不处于同一中轴线上。以此种方式连接的前后纵窑可能大小相同，也可能大小不同。在店头村中，仅发现 2 处院落存在这样的窑洞空间组合方式，分别是 23 号院及 26 号院。这两处院落中纵窑串联的层次均为 2 层，且都互相连通。

23 号院一层正房是这一窑洞组合方式的典型实例（见图 2-4-25）。正房由前后两层窑洞空间组成，前部由三孔纵窑并联而成，后部由两孔纵窑并联而成，后侧的两孔纵窑分别与前侧靠东的两孔纵窑连接但并不位于同一中轴线上，而是彼此错动了一定距离，这样的错动使前侧窑洞的入口与后侧窑洞的入口没有位于同一轴线上，改善了后侧窑洞的室内通风效果，也使后侧窑洞有较强的隐蔽性。

26 号院正房中也有两处较为典型的纵窑错位串联式空间组合的实例（见图 2-4-26）。二者均是前面的纵窑空间较大，后侧的纵窑空间较小。靠东侧的两孔串联的纵窑空间尺度相差较大，后侧的纵窑高度约 1.5 米，进深约 2 米，应作为辅助的储藏空间使用（见图 2-4-27）。靠西侧的两孔纵窑在高度上大致相等，但开间相差一半，且内侧的窑洞地面比外侧窑洞的地面略高（见图 2-4-28），另外，为了解决后侧纵窑的室内通风问题，还在窑洞顶部开有直通室外的通风孔洞，由此可推测其除能作为储藏空间外还可作为外敌来袭时人员的避难、藏匿空

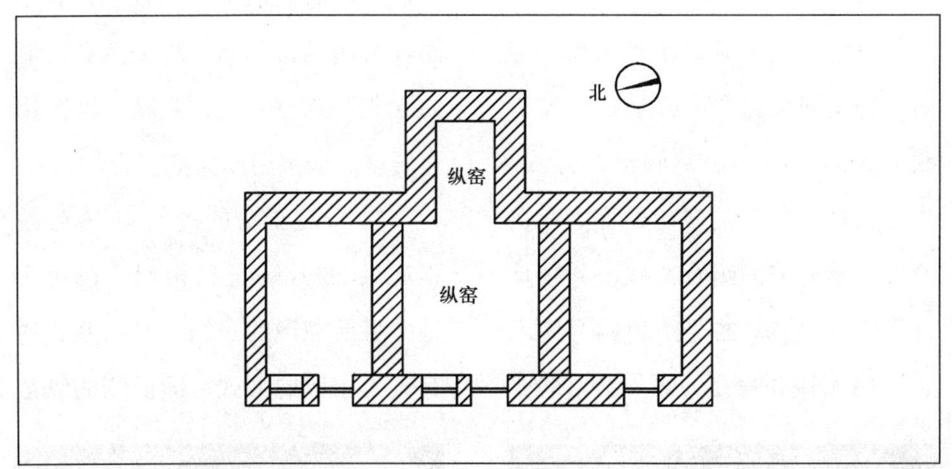

图 2-4-24　15 号院东厢房平面图

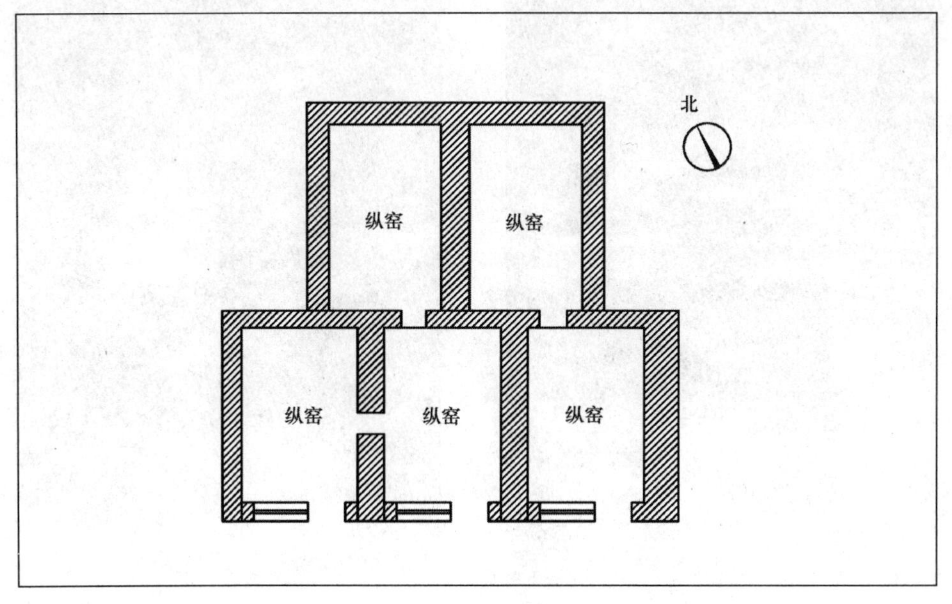

图 2-4-25　23 号院一层正房平面图

间或居室中的其他辅助空间。

3）横窑串联式

横窑串联式是指在纵深方向上有两个或两个以上层次的横窑进行串联形成的一种窑洞空间组合方式。在店头村中，仅发现24号院属于此类（见图2-4-29）。该院落的正房是由内外两间横窑在纵深方向串联而成，外侧的横窑在空间尺度上略大，推测其应作为对外的店铺，而内侧的横窑应作为货品加工或储藏的空间。

4）一纵一横串联式

一纵一横串联式是指在纵深方向上的一孔纵窑和一孔横窑通过串联形成的一种窑洞空间组合方式。在店头村中，共发现4处院落存在这样的窑洞空间组合方式，分别是11号院、16号院、25号院和34号院。

16号院正房是一纵一横串联式的典型实例（见图2-4-30）。在正房中有两组一纵一横串联式并列。前面的纵窑空间较后面的横窑空间大，且东侧的前后两间窑洞可通过隔墙上的门洞相通，而西侧的前后两孔窑洞互不相通。根据其形式可推测前部的两孔纵窑应作为日常生活的居所，而后侧的两孔纵窑应为储藏暗室。

25号院的一层正房也存在这种窑洞组合形式，形式与16号院正房类似（见图2-4-31）。前侧纵窑空间较大，后侧横窑空间较小，且地面较前侧纵窑稍高。推测两孔窑洞的功能应与16号院类似，纵窑用作居室，横窑用作储藏室。

34号院正房的形制与16号院正房及25号院正房相似。在店头村中目前发现的一纵一横串联式均有较为相似的形式，即前侧的纵窑

图2-4-26　26号院正房部分平面图

图2-4-27　26号院正房后侧纵窑1

图2-4-28　26号院正房后侧纵窑2

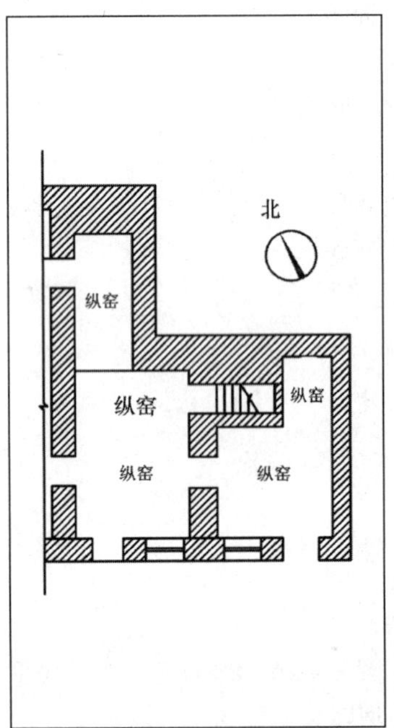

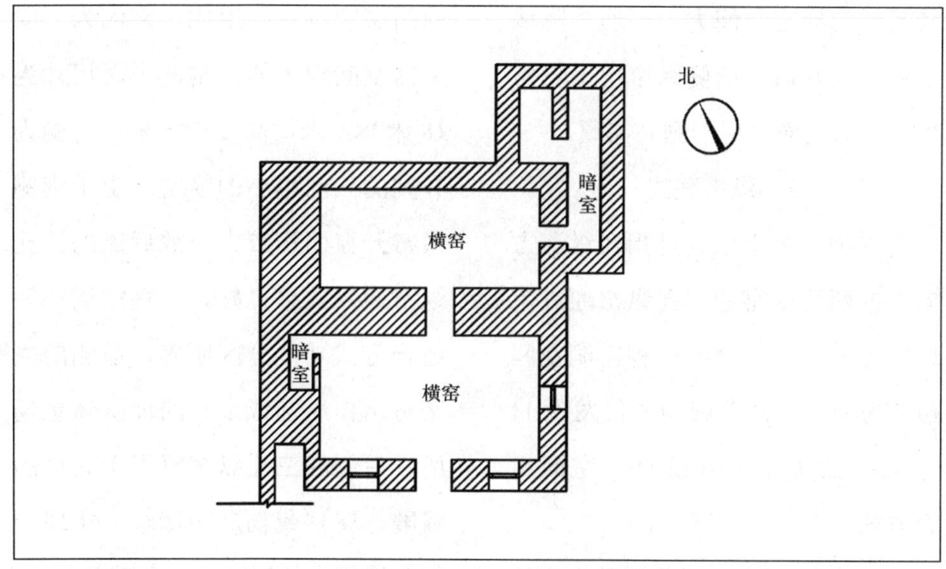

图 2-4-29　24 号院一层正房部分平面图

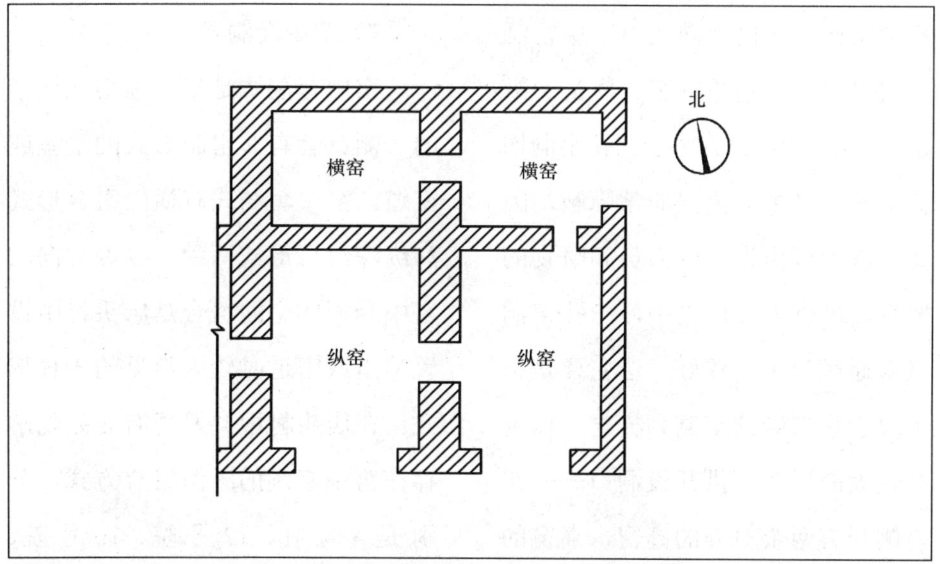

图 2-4-30　16 号院正房部分平面图

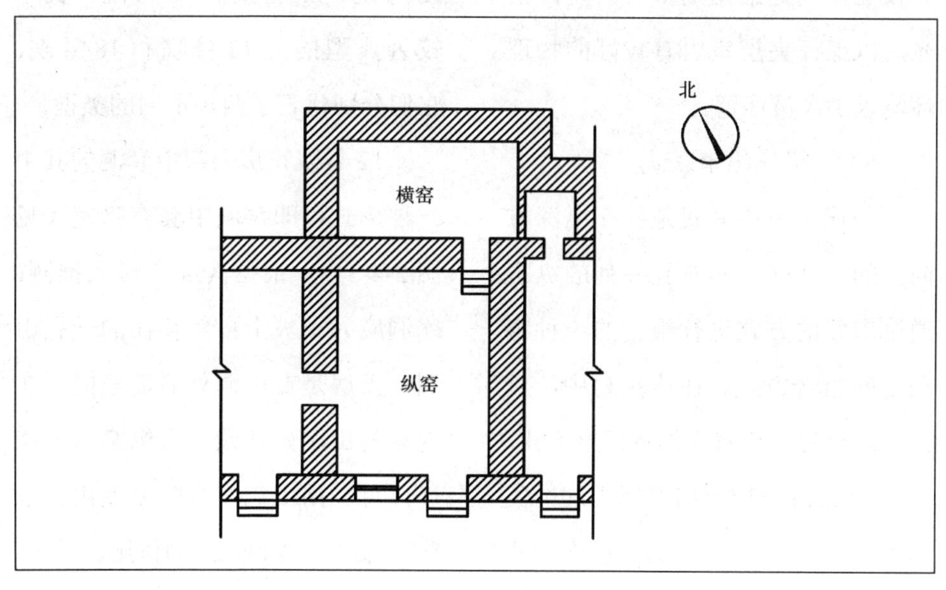

图 2-4-31　25 号院一层正房部分平面图

较后侧的横窑空间大，可通过隔墙上的门洞互通，前侧纵窑用于日常生活，后侧横窑用于物品储藏。

5）二横一纵串联式

二横一纵串联式是指在纵深方向上的两孔横窑和一孔纵窑通过串联的方式进行组合的一种窑洞空间组合方式。在店头村中，仅发现11号院和22号院存在这样的空间组合方式。

22号院正房夹层是这种类型的典型实例，它自南向北由三层窑洞空间组成，分别是横窑、横窑和纵窑（见图2-4-32）。由于三孔窑洞均位于夹层之中，位置非常隐蔽，因此三者均可作为藏匿人员和财物的密室。虽位于夹层之中，三孔窑洞室内通风效果均较好，这主要是由于位于最南侧的窑洞为横窑，横窑有较大的墙面可供开设洞口——在南侧开有两个对外的高窗，高窗的开设还可满足最南侧横窑的室内采光，以保证夹层室内有较好的物理环境以供人员停留。

6）一横三纵串联式

一横三纵串联式是指在纵深方向上的一孔横窑和三孔并列的纵窑通过串联的方式进行组合的一种窑洞空间组合方式。在店头村中，目前仅发现22号院存在这种组合方式。

22号院一层正房即属于这一类型（如图2-4-33）。正房由自南向北的两层窑洞空间组成，南侧为一间室内空间较大的横窑，平面尺寸为18米×4米，高度约5米。北侧为并列的三间稍小的纵窑。由于南侧横窑开窗面积较大，故后侧的三孔纵窑通风效果良好。此种窑洞空间组合方式功能分区明确，前侧的横窑可用作店铺或士兵的训练休息场所，后侧的三孔纵窑可用于人员的藏匿、转移或物品的储藏，实现了空间形式和使用功能的和谐统一。

7）窑中套洞式

窑中套洞式是指在纵窑或横窑的一侧穿套有非窑洞形式的暗室或密道。窑中套洞式有横向组合形式和纵深组合形式两种，纵深方向的窑中套洞式空间组合是店头村中设置暗室或密道时较为常见的一种形式。在店头村中共发现有6处院落存在窑中套洞的纵深组合方式，分别是4号院、12号院、16号院、18号院、25号院和30号院。其中较为典型的是12号院和18号院，它们分别代表了两种不同的类型。

12号院正房为窑中套洞的其中一种形式，即窑洞中套有暗室（见图2-4-34）。根据其现有形式推测，冰洞应为山坡上自然存在的一孔山洞，正房是在山洞外后建成的，在现有的山洞外建设一孔纵窑与之相连，可利用山洞作为暗室使用，以起到藏匿人员和物品的作用。

18号院正房代表了窑中套洞的另外一种重要类型，即窑洞中套有密道（见图2-4-35）。18号院正房中有两间并列的纵窑都各自连接有密道。靠东侧的一孔纵窑在地面上开有一低矮的洞口，仅可容纳一人弯腰通过，进入洞口后是一条在山体中开凿的密道，密道的出口应是山体的另一端。靠西侧的纵窑中也连接有一条密道，该密道的入口开

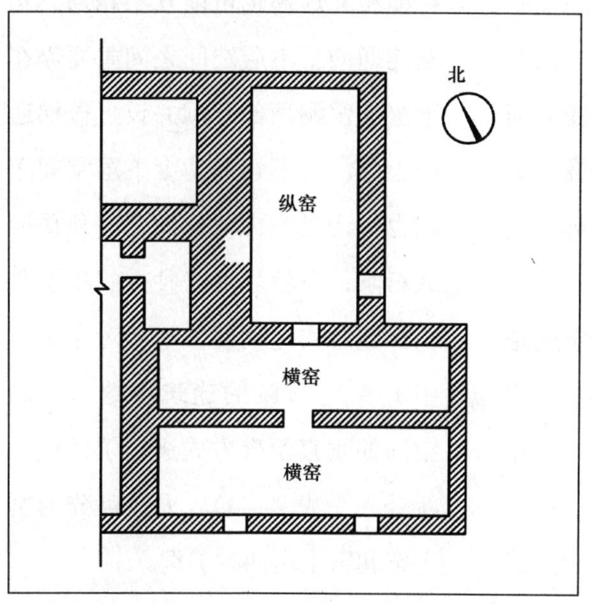

图2-4-32　22号院正房夹层部分平面图

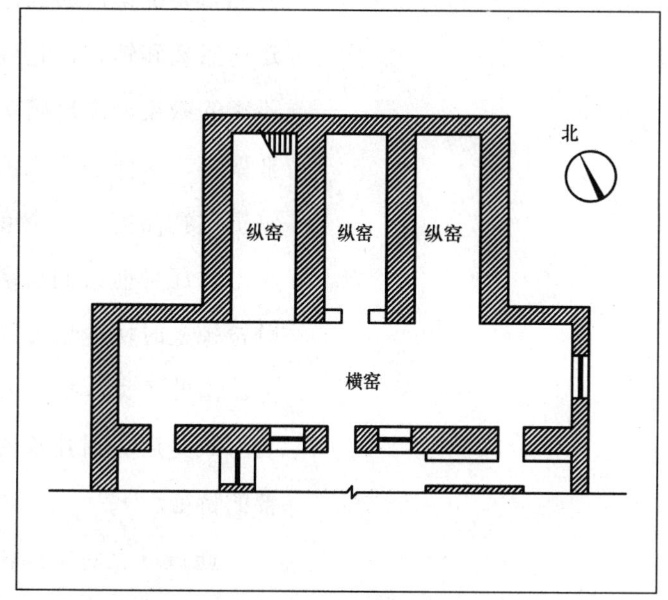

图2-4-33　22号院一层正房部分平面图

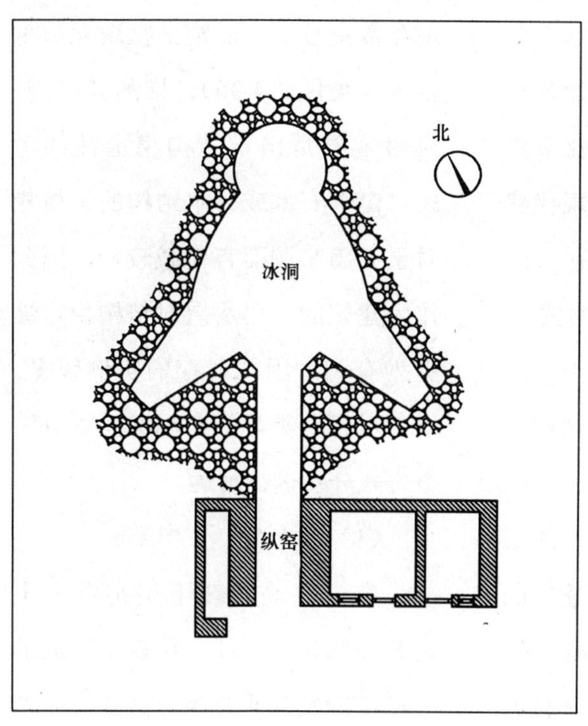

图2-4-34　12号院正房平面图

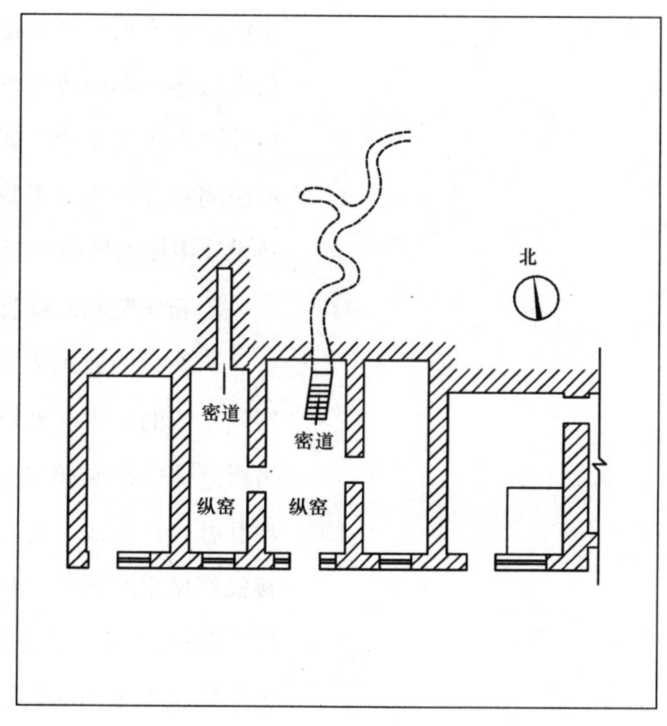

图2-4-35　18号院正房平面图

在纵窑的后墙之上，目前可探到的密道呈直线形，由于密道已堵，故该密道通向何处尚不可知。

这种在窑洞中穿套有暗室或密道的形式，是店头村曾作为军事聚落的重要证据，通过密道可使军队迅速撤离和转移，起到制敌于出其不意的效果。之后店头村转变为商业聚落，这样的形式仍然为商人储藏贵重物品提供了空间。另外，这种形式还可使人们在遇到洪灾或盗贼抢掠之时快速地转移到安全的地方。由此可见，窑中套洞的空间组合形式是店头村建筑的一个非常重要的特征。

通过以上对窑洞横向组合方式以及窑洞纵深组合方式的统计和分析可知，店头村建筑内部的空间水平组合方式是极其丰富的，这主要是由村落在不同历史时期对建筑功能的需求所决定的，如此变化多样的空间组合方式值得我们在现代建筑设计中加以借鉴和应用。

2. 窑洞空间的垂直组合方式

店头村的建筑大多数是由石碹窑洞组成的，也有部分石木结构的房屋。这些窑洞和房屋在垂直方向相互叠合，形成了店头村典型的层楼式石碹窑洞建筑。村落中建筑的层数从一层到三层不等。这样多层的建筑包含了不同的空间在垂直方向的组合。相较于窑洞空间的水平组合方式而言，店头村窑洞空间的垂直组合方式较为简单，除底层为统一的石窑洞外，上层若为窑洞则称为窑上窑，上层若为砖木或石木结构房屋则称窑上房。上下层之间可能相互连通也可能互不相通。相互连通的上下层空间之间主要靠在下层的窑洞顶部开洞并设置楼梯通向上层，互不相通的上下层空间之间也可通过室内楼梯间、室外楼梯或石阶、自然坡地三种方式相互联系。通过实地调研，笔者对店头村中 1 ～ 37 号院的建筑层数和窑洞空间的垂直组合方式进行了详细的统计（见表 2-4-4）。大致可分为窑上窑和窑上房两种类型。

由表 2-4-4 可知，两种窑洞垂直组合方式数量相差较大，窑上房现存数量较多，而窑上窑现存数量较少（见图 2-4-36）。推测其原因，应该主要是出于结构稳定性的考虑。由于石木或砖木结构的房屋相对于石碹窑洞而言荷载较轻，因此作为建筑的上层房屋对结构稳定性更为有利，因此现存的实例较多。以下对两种类型的窑洞空间垂直组合方式分别进行阐述。

（1）窑上窑

窑上窑是指在下层窑洞之上再叠加修建一层或一层以上窑洞的一种窑洞空间垂直组合方式（见图 2-4-37）。在店头村中，此种类型建

窑洞空间垂直组合方式统计表 表 2-4-4

院落编号	建筑层数	窑洞空间的垂直组合方式	
		组合方式	联系方式
1	2	窑上房	—
2	2	窑上房	室外楼梯
3	1	—	—
4	1	—	—
5	1	—	—
6	2	窑上房	室外楼梯
7	2	窑上房	室外楼梯
8	1	—	—
9	1	—	—
10	3	窑上窑	窑顶开洞、室外楼梯、楼梯间上到窑顶平台
11	2	窑上窑	窑顶开洞、室外楼梯、楼梯间上到窑顶平台
12	2	窑上房	室外山坡
13	2	窑上房	室外楼梯
14	2	窑上窑	室外山坡
15	1	—	—
16	1	—	—
17	1	—	—
18	1	—	—
19	1	—	—
20	1	—	—
21	2	窑上房	窑顶开洞
22	3+ 夹层	窑上房、窑上窑	窑顶开洞、室外楼梯
23	2	—	室外台阶
24	2	窑上房	室外台阶
25	2	窑上房	室外台阶
26	1	—	—
27	2	窑上房	室外台阶
28	1	—	—
29	1	—	—
30	1	—	—
31	1	—	—
32	1	—	—
33	1	—	—
34	1	—	—
35	2	—	室外楼梯
36	1	—	—
37	2	—	室外台阶

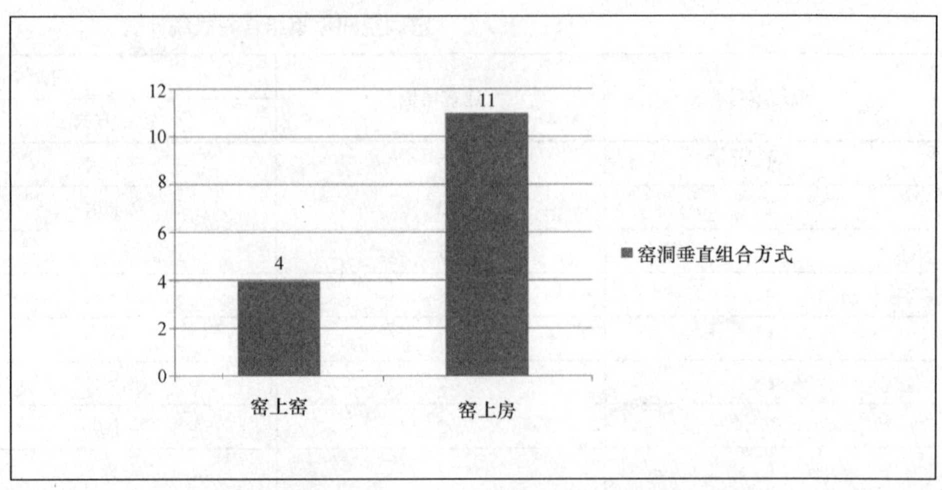

图 2-4-36 店头村窑洞空间垂直组合方式统计图

筑的上下层均为平地独立式石碹窑洞。上下层窑洞的形式可能相同，也可能不同。上下层窑洞之间有些相互连通，有些虽互不相通但也可通过一定方式相互联系。在店头村的 1 ～ 37 号院中存在窑上窑的院落共有 4 处，分别是 10 号院、11 号院、14 号院以及 22 号院，其中，上下窑洞之前可直接相通的是 10 号院、11 号院和 22 号院。

根据上下层窑洞的形式，可将窑上窑分为三种类型，分别是上下纵窑式窑上窑、上下横窑式窑上窑和下纵上横式窑上窑。

1）上下纵窑式窑上窑

上下纵窑式窑上窑是指上下层窑洞均为纵窑的一种窑洞空间垂直组合方式。在店头村的 1 ～ 37 号院中，仅发现 10 号院和 11 号院中存在这种形式的窑上窑。以下以 10 号院正房为例对该类型进行说明。

10 号院正房是上下纵窑式窑上窑的一个典型实例（见图 2-4-38），它由上下两层纵窑叠合而成。一层为两间纵窑，二层为五间纵窑，上下两层的窑洞并不完全对应，仅位于最西侧的上下两间纵窑对应。上下两层可通过室内的楼梯进行联系，在一层西侧的窑洞中有一单跑石梯（见图 2-4-39），由此可通向二层自西向东的第二间纵窑，在遇到外敌或洪水之时，人们可通过此楼梯迅速地转移到二层。上下连通的两孔窑洞在垂直方向上并非是对应的，这可能是由于直跑楼梯的形式所导致的，也可能是由于窑洞功能的联系所形成的。一层纵窑开洞的位置在拱壁之上，这对于窑洞拱券的力学性能是一个极大的挑战，二层窑洞地面的洞口很小，平常用木板覆盖，很难被外人所发现。

2）上下横窑式窑上窑

上下横窑式窑上窑是指上下层窑洞均为横窑的一种窑洞空间垂直组合方式。在店头村中，仅发现 22 号院中存在这种形式的窑上窑。

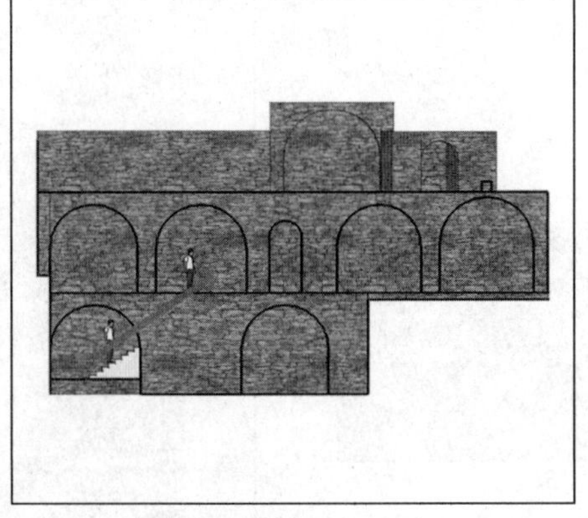

图 2-4-37　窑上窑（左）

图 2-4-38　10 号院正房窑上窑剖面图（右）

图 2-4-39　10 号院正房楼梯

22 号院正房中夹层的一孔横窑及二层的一孔横窑组成了上下横窑式窑上窑（见图 2-4-40）。上下两孔横窑在位置上互相对应。在夹层中有一单跑石梯可通向二层（见图 2-4-41），该夹层中的横窑位置极为隐蔽，可供人员和物品的藏匿。夹层横窑中的开洞位置同上一种类型相似，也位于拱壁之上。

3）下纵上横式窑上窑

下纵上横式窑上窑是指下层为纵窑，上层为横窑的一种窑洞空间垂直组合方式。在店头村中，仅发现22号院中存在这种形式的窑上窑。

22 号院正房中的下纵上横式窑上窑是由一层并联的三孔纵窑和二层的一孔横窑叠合而成的（见图 2-4-42）。在一层最西侧的一孔纵窑中有一转角石阶，可由此登上夹层中的横窑（见图 2-4-43）。其余两间纵窑与夹层横窑之间无直接的联系。一层最西侧纵窑中的开洞位置与其他窑上窑相同，即在窑洞的拱壁上开洞，以实现上下两层空间的垂直联系。

通过对以上三种窑上窑空间的

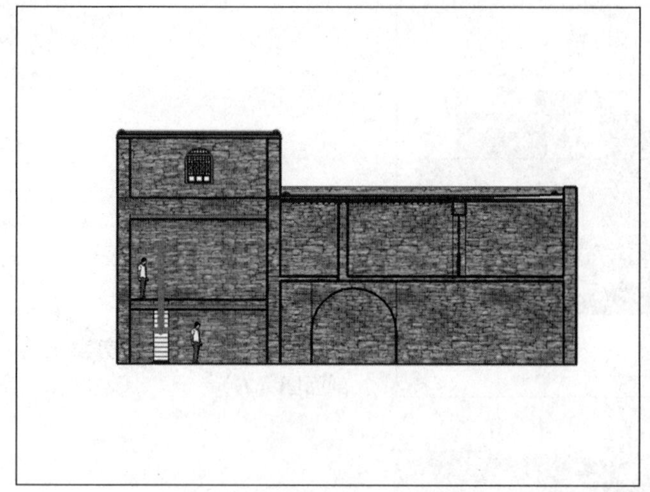

图 2-4-40　22 号院正房窑上窑剖面图 1

图 2-4-41　22 号院正房楼梯 1

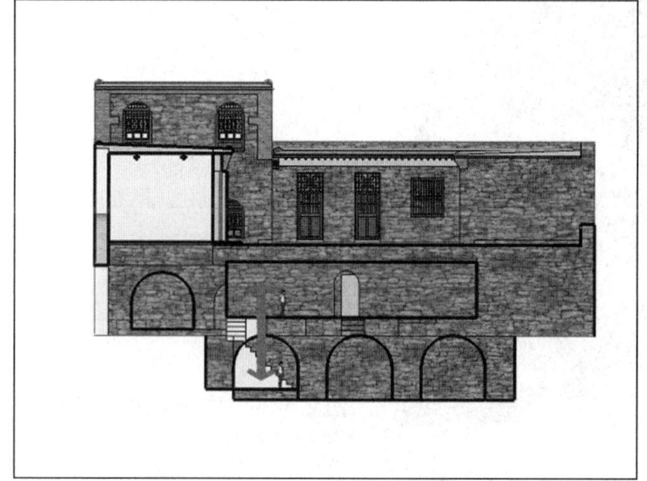

图 2-4-42　22 号院正房窑上窑剖面图 2

图 2-4-43　22 号院正房楼梯 2

分析可知，为了实现上下层窑洞空间的直接连通，窑洞建造者便在窑洞的拱壁之上开洞，并架设木梯或石梯相连，楼梯有直跑楼梯也有转角楼梯。另外，相互连通的上下层窑洞空间可能在垂直方向上相互对应，也可能不对应，推测其原因可能是由于楼梯形式所致或出于窑洞使用功能的需要。

（2）窑上房

窑上房是指在下层窑洞之上再叠加修建一层或一层以上石木结构或砖木结构房屋的一种窑洞空间垂直组合方式（见图 2-4-44）。在店头村中，此种类型建筑的下层窑洞均为平地独立式石碹窑洞。在村落的 1 ～ 37 号院中存在窑上房这种形式的共有 11 处，分别是 1 号院、2 号院、6 号院、7 号院、12 号院、13 号院、21 号院、22 号院、24 号院、25 号院、27 号院。

店头村中的房屋大多是取材于

图 2-4-44 窑上房

村落周边较易于取得的河刨石和木材，建筑的墙体用河刨石砌筑，而屋顶的主要结构为木构的平顶或坡顶。由于建筑材料相同，架设在石碹窑洞之上的石木结构房屋并不显得突兀，建筑风格和谐统一。还有少数房屋为砖木结构，如紫竹林寺二层的殿宇即为此类。

根据下层窑洞形式的不同，可将窑上房分为下层纵窑式窑上房和下层横窑式窑上房。以下分别对每一种类型的窑上房进行详细分析。

1）下层纵窑式窑上房

下层纵窑式窑上房是指下层为纵窑，并在纵窑之上建设石木结构房屋的一种窑上房类型。此类型在窑上房中较为普遍，11 处存在窑上房的院落中，有 8 处院落存在这种类型，分别是 2 号院、6 号院、7 号院、12 号院、13 号院、22 号院、25 号院、27 号院。

25 号院正房中存在具有代表性的下层纵窑式窑上房（见图 2-4-45）。该建筑由上下两层空间构成，下层为并联的四孔纵窑，上层为三间大小不同的石木结构房屋，两层空间之间无室内楼梯直接连通。这种形式的窑上房空间分隔明确，是一种功能分区明确的空间组合形式。下层并列的四间较小的纵窑可作为对外的店铺或蓄养牲畜的空间，而上层空间分隔灵活的房屋则适合于主人的日常起居。另外，该建筑上层房屋的隔墙与下层纵窑的隔墙位置不完全对应，但由于上层房屋荷载较轻，故建筑结构的稳定性较好。

22 号院正房中存在另一种形式的下层纵窑式窑上房（见图 2-4-46）。在该建筑夹层中的一间纵窑之上建设有一间石木结构房屋，但二者并无直接的联系，而是在纵窑的窑掌顶部开有洞口，人员可通过石阶到达二层的另一间房屋中，这间房屋与纵窑顶部的房屋仅一墙之隔。建设成这种形式使得夹层中的纵窑隐蔽性更强，更适于作为人员和财物藏匿的空间。

目前在店头村中发现的下层纵窑式窑上房，在竖向上均为两层空间，上下层空间之间有的可通过楼梯实现直接的互通，有的则各自独立，无直接的联系。

2）下层横窑式窑上房

下层横窑式窑上房是指下层为横窑，并在横窑之上建设石木结构房屋的一种窑上房类型。在 11 处存在窑上房的院落中，仅有 3 处院落存在此种类型，分别是 13 号院、22 号院和 24 号院。以下选取 13 号院为例进行分析。

13 号院为紫竹林寺，寺庙的北厢房存在这种下层横窑式的窑上房（见图 2-4-47）。北厢房分上下两层，上层为一间佛殿，它是石木结构的房屋。其下正对着的是一间横窑，可作为寺庙中僧尼日常生活学习的空间。上下两层空间无直接的联系，可见两者的功能无直接的关联。

22 号院正房中也存在这种形式的窑上房（见图 2-4-48）。该窑上房由垂直方向上的三层空间组成。下面为两间横窑构成的窑上窑，顶部为一间石木结构的房屋。三者在竖向上相互对应，下面两层可通过室内的石阶直接连通，但顶部的房屋与下面的窑洞之间无直接的联系。

目前在店头村发现的下层横窑式窑上房，在竖向上有两层空间和三层空间两种类型，但上层的房屋与下层的窑洞之间均无法直接相通。

总之，店头村中的大多数建筑为层楼式石碹窑洞，它由不同类型的窑洞及石木结构房屋组合而成，它们之间的组合并非简单的空间上的拼贴，而是在水平方向及垂直方向上以各种方式相互穿套，相互联系，形成多样化的窑洞组群空间。这种空间形态的产生是与其使用功能不可分割的。首先，店头村在建设之初设想为一座屯兵戍边的军事聚落，作为军事聚落，其建筑需对外封闭牢固，对内开放互通，这样的空间在外部可抵御敌人的来袭，在内部又可供士兵藏匿及转移。其次，在店头村的军事防御性逐渐衰退之时，它凭借自身优越的地理位置转变为一座繁华的商贸集镇，此时这种环环相扣的建筑及院落空间同样具有非凡的意义。一方面，窑洞内外空间的组合为店铺“前店后厂”的格局提供了便利的条件；另一方面，建筑中密室与暗道空间的存在为商人藏匿财物或在遭遇偷盗之时快速转移提供了可能。最后，店头村之前的风峪河在历史上经常酿成洪灾，此时村落建筑中上下连通的空间就为人们向高处转移提供了捷径。

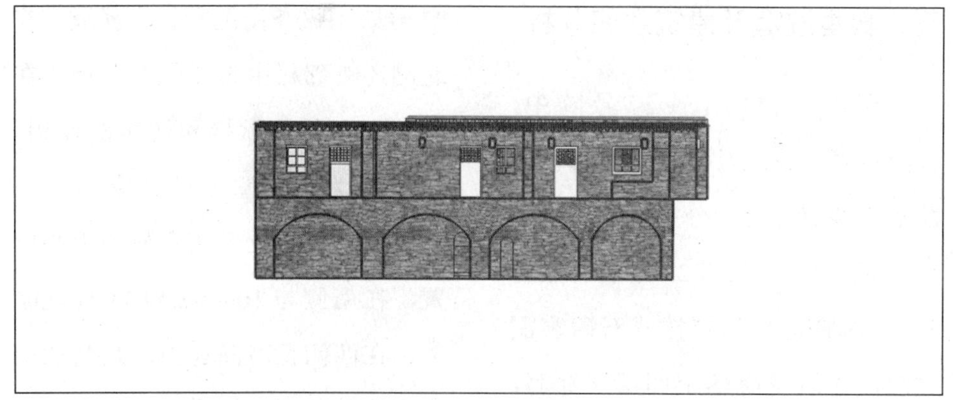

图 2-4-45　25 号院窑上房剖面图

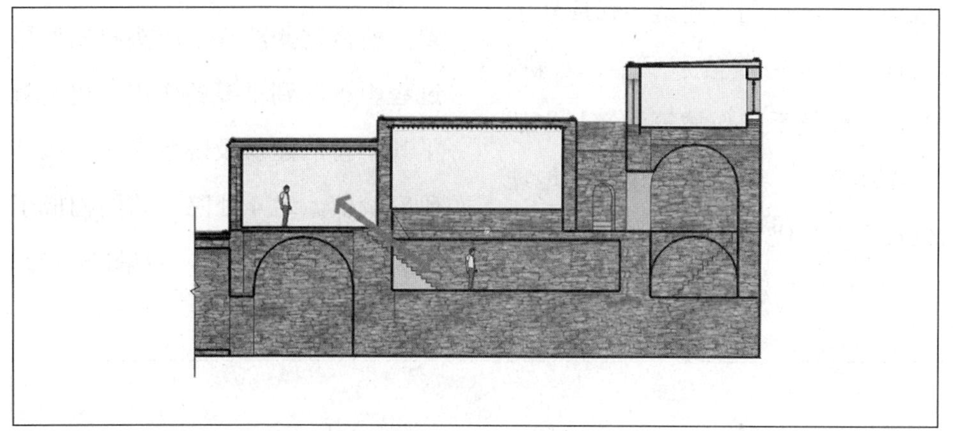

图 2-4-46　22 号院窑上房剖面图 1

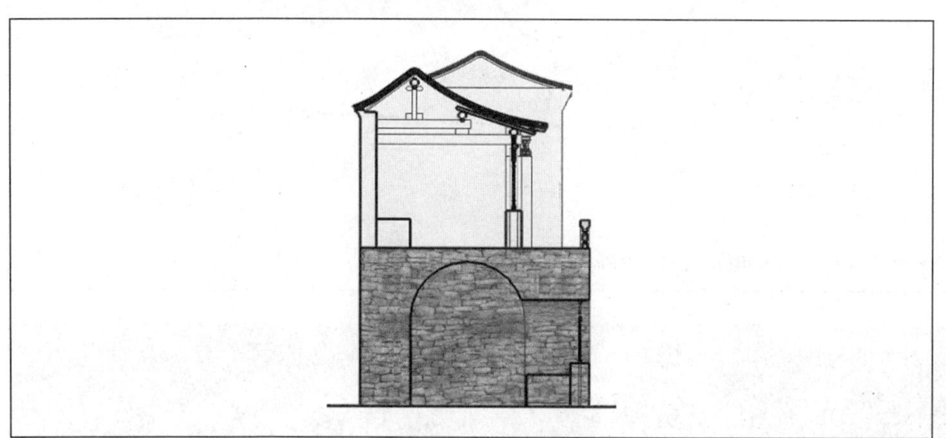

图 2-4-47　13 号院窑上房剖面图

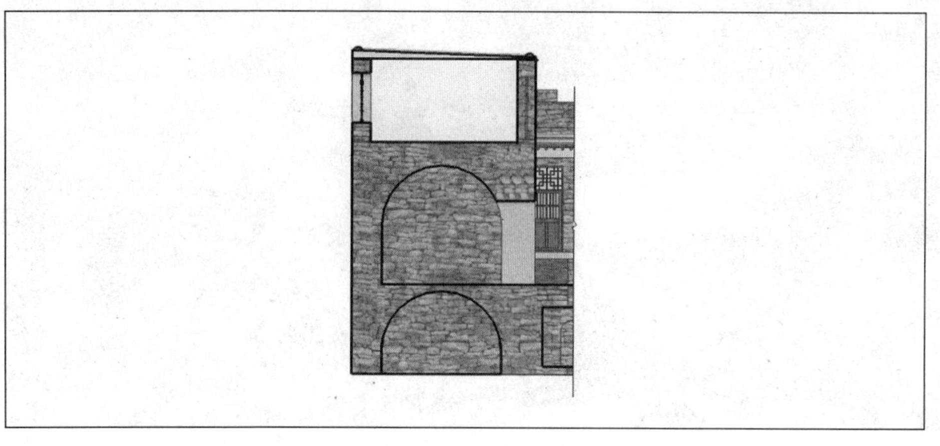

图 2-4-48　22 号院窑上房剖面图 2

五、典型院落及建筑空间分析

在店头村的1～37号院中，最能代表其建筑及院落空间特色的院落主要有4处，分别是10号院、11号院、13号院和22号院（见图2-5-1）。它们均为层楼式石碹窑洞建筑，建筑及院落空间层层穿套，格局复杂，推测其建造年代应较为久远。空间中涵盖了军事、农耕、商贸、传统手工作坊等生产与生活组织体系[1]。这些院落所处的地理位置也很有代表性。其中，10号院、11号院和22号院紧邻古驿道而建。22号院不仅在南侧紧邻古驿道，在北侧还毗邻村中重要的商业街，在功能上可起到承接和转卖的作用。13号院为村中重要的古寺庙——紫竹林寺，它位于店头村的中心位置，在南侧与10号院和11号院毗邻，在西侧正对商业街，是商业街在东侧的起点。这样优越的地理位置，使得这些院落在店头村的发展过程中曾起到重要的作用，也造就了其丰富的建筑及院落空间，极具研究价值。这4处院落共同构成了店头村的中心窑洞群（见图2-5-2）。

注：[1] 任芳．晋西、陕北窑洞民居比较研究[D]．太原：太原理工大学,2011．

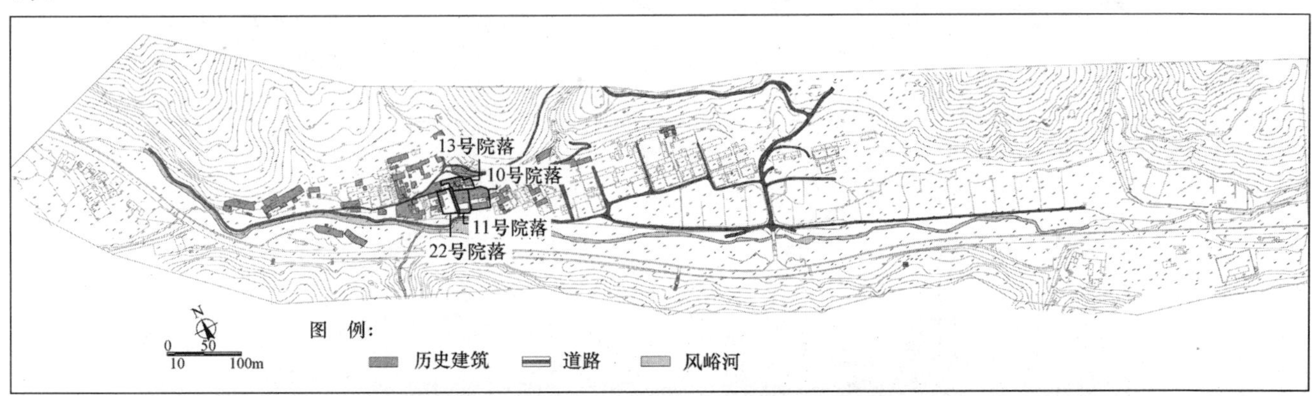

图2-5-1　所选实例地理位置图（上）

图2-5-2　店头古村中心窑洞群（下）

（一）10 号院空间特征分析

1. 院落空间特征

10 号院由自下而上的三层院落空间组成。三层院落之间可通过室内楼梯间相互联系，形成一个整体。一层院落在修建之初应为正房院，后期在正房南侧和东侧增建两栋建筑，并在院落中修建隔墙将整个院落分为两部分（见图 2-5-3），目前院门开在院落的西南角，由于院落形制改变较大，因此难以推测院落规模。二层院落修建在一层正房窑顶之上（见图 2-5-4），可由正房中的楼梯到达，该楼梯被称为“龙尾道”，它除具有交通联系功能之外，还可兼顾二层院落的排水。该院落为正房院，仅在院落的北侧建有正房，院落空间开敞，平面尺寸为 21.1 米 ×9.2 米。三层院落修建在二层正房的窑顶之上，也为正房院（见图 2-5-5），可由二层正房中的楼梯到达，三层院落较为狭长，平面尺寸为 17.1 米 ×3.9 米，但由于在院落之前没有任何遮挡物且所处地势较高，故身处院落之中视线较为开阔，可由此看到院落之前的驿道和风峪河，非常适于作为军事瞭望台使用。

2. 建筑空间特征

10 号院中的建筑为典型的层楼式石碹窑洞，它是由三层窑洞空间在垂直方向上相互叠加形成的窑上窑。

（1）一层建筑空间

10 号院一层院落为正房院，正房为一座窑洞建筑，它由内外两层窑洞空间组成。窑洞空间纵深组合方式为纵窑串联式。

外层窑洞空间由 6 孔并联的纵窑组合而成，其窑洞横向组合方式为典型的纵窑并联式（见图 2-5-6），

图 2-5-3　10 号院一层院落

图 2-5-4　10 号院二层院落

图 2-5-5　10 号院三层院落

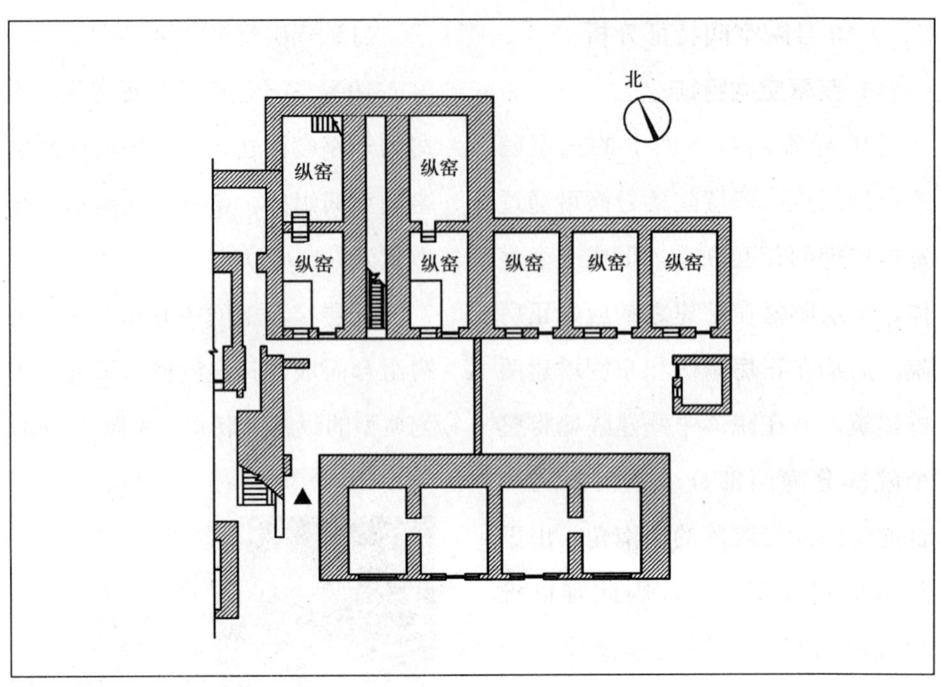

图 2-5-6　10 号院一层平面图

但它们彼此之间并不相互连通。外层的 6 间纵窑除去内部设有楼梯的之外，其余窑洞空间大小相似，开间约 3.6 米，进深约 5.8 米，高度约 3.6 米，空间大小适中，但采光条件较差（见图 2-5-7），故在西侧的两孔窑洞中，主人将炕设在靠窗的位置，以获得较好的日照和温度条件。由于外层窑洞空间的室内物理环境优于内层窑洞空间，故外层窑洞一般作为主人的卧室或起居室之用。另外，在外层窑洞空间中还有一间较为特别，它开间 1 米，进深 7 米，内部设置有通向二层院落的直跑楼梯——龙尾道（见图 2-5-8），龙尾道踏步的设置并非呈一条直线，而是呈现为一条缓和的曲线（见图 2-5-9），这样的设计使人们在上下楼梯时较为舒适，在踏步的两端有两条排水沟，二层院落的积水可由此排下，如此，龙尾道兼具了联系上下层交通及排水的双重功能。

内层窑洞空间由并联的 2 孔纵窑组合而成，也是纵窑并联式的典型实例。两孔窑洞与外层窑洞空间大小相似，但室内地坪较外侧稍高，西侧的内外两孔窑洞高差约 1 米，东侧内外两孔窑洞的高差约 0.5 米。内外层窑洞之间有门洞互通，二者在纵深方向上的组合方式为纵窑串联式。内层窑洞空间较外层而言，采光条件较差，但通风条件良好，这主要是由于在内外层窑洞的隔墙之上开有通风孔所致。在西侧的窑洞后墙处还设有一石阶可通向二层正房之中（见图 2-5-10）。内层窑洞空间位置较为隐蔽，可用于藏

图 2-5-7　西侧外层窑洞空间（右）

图 2-5-8　龙尾道（右）

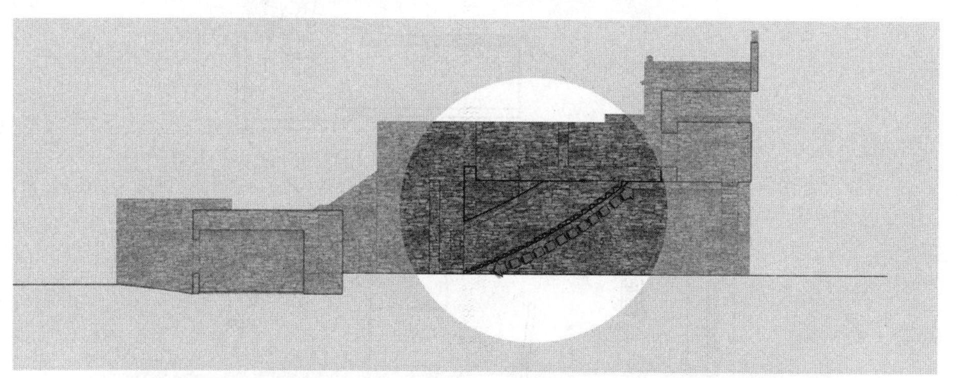

图 2-5-9　龙尾道剖面图（彩图见书后）

图 2-5-10　西侧内层窑洞空间

匿人员或财物。

（2）二层建筑空间

10 号院二层为正房院，院落建筑仅为一座位于北侧的正房窑（见图 2-5-11）。该正房由四间并列的纵窑组成，为典型的纵窑并联式。除去内部设有楼梯的纵窑外，其余纵窑空间大小相似，开间约 3.6 米，进深约 3.7 米，高度约 3.5 米。由于所处位置较高，因此采光条件较好，适于作为卧室或起居室。在中间的纵窑中有与一层内侧窑洞相通的楼梯出口，平时用木板覆盖，很难被人发现。在最东面的纵窑中有靠近窗户布置的炕，该窑洞东侧还连通有一处较小的空间，该空间南侧墙上设有瞭望口（见图 2-5-12），从建筑之外很难发现，此处充分体

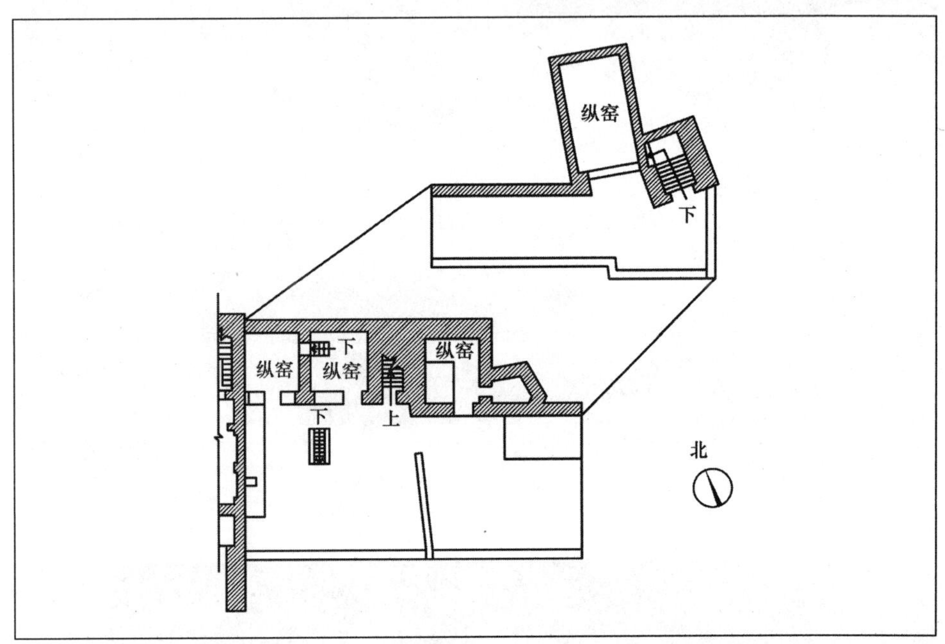

图 2-5-11　10 号院二、三层平面图

图 2-5-12　二层瞭望口

现了店头村作为军事聚落的特色。在正房中还有一间纵窑为通向三层正房的楼梯间，由此来联系二层及三层。

（3）三层建筑空间

10号院的三层院落也是正房院，正房构成较为简单，仅有两间纵窑并联。东侧较小的纵窑为与二层正房相通的楼梯间。西侧纵窑空间稍大，开间3.8米，进深6.9米，高3.6米，由于此处位置较高，视线开阔，因此该窑洞应作为军事瞭望之用。

（4）特色空间

通过以上对于各层建筑空间的分析可知，10号院建筑中存在三处极具特色的空间。第一处为一层正房西北角的纵窑，通过该窑洞中的石阶可到达二层正房之中，该石阶位置隐蔽，可作为人员快速转移的重要通道。第二处为一层正房中的龙尾道，它不仅是联系上下层的楼梯，更兼具有上层院落排水的功能，这样的形制在其他建筑中极为少见。第三处为二层最东侧的瞭望空间，该空间的位置及形式都极为符合其功能的需求，充分体现了店头村作为军事聚落的特色。

3. 交通流线

10号院的各层院落之间可通过室内外的楼梯和暗道相互联系，以形成一个连通的整体。而形成整体的前提是有一套完备的交通流线系统。该院落的交通流线可分为主要交通流线及辅助交通流线两种。

10号院的主要交通流线十分便捷、经济（见图2-5-13）。由院落入口进入一层院落后可方便地到达一层正房的各间窑洞。或者可通过正房中的龙尾道上到二层院落之中，并由此到达二层正房的各间窑洞。另外，通过位于二层正房中的楼梯间还可上到二层正房的窑顶之上或三层的正房之中。

10号院中除了存在以上的一整套主要交通流线外，还存在一条室内的辅助交通流线（见图2-5-14）。即由一层正房最西侧的窑洞进入之后，再经由其后窑洞中的石阶可上到二层的正房之中，如此无需经由龙尾道便可到达二层的院落之中。这条辅助交通流线位置隐蔽且十分便捷，具有重要的军事防御特征。无论在外敌来犯之时，或是遭遇洪灾之后，都可使一层正房中的人员得以快速的转移。

（二）11号院空间特征分析

1. 院落空间特征

11号院由自下而上的两层院落空间组成。两层院落之间可通过位于院落东南角的室外楼梯相互联系。一层院落在修建之初应为正房院（见图2-5-15），后期在其南侧增建一栋窑洞建筑。目前一层院门

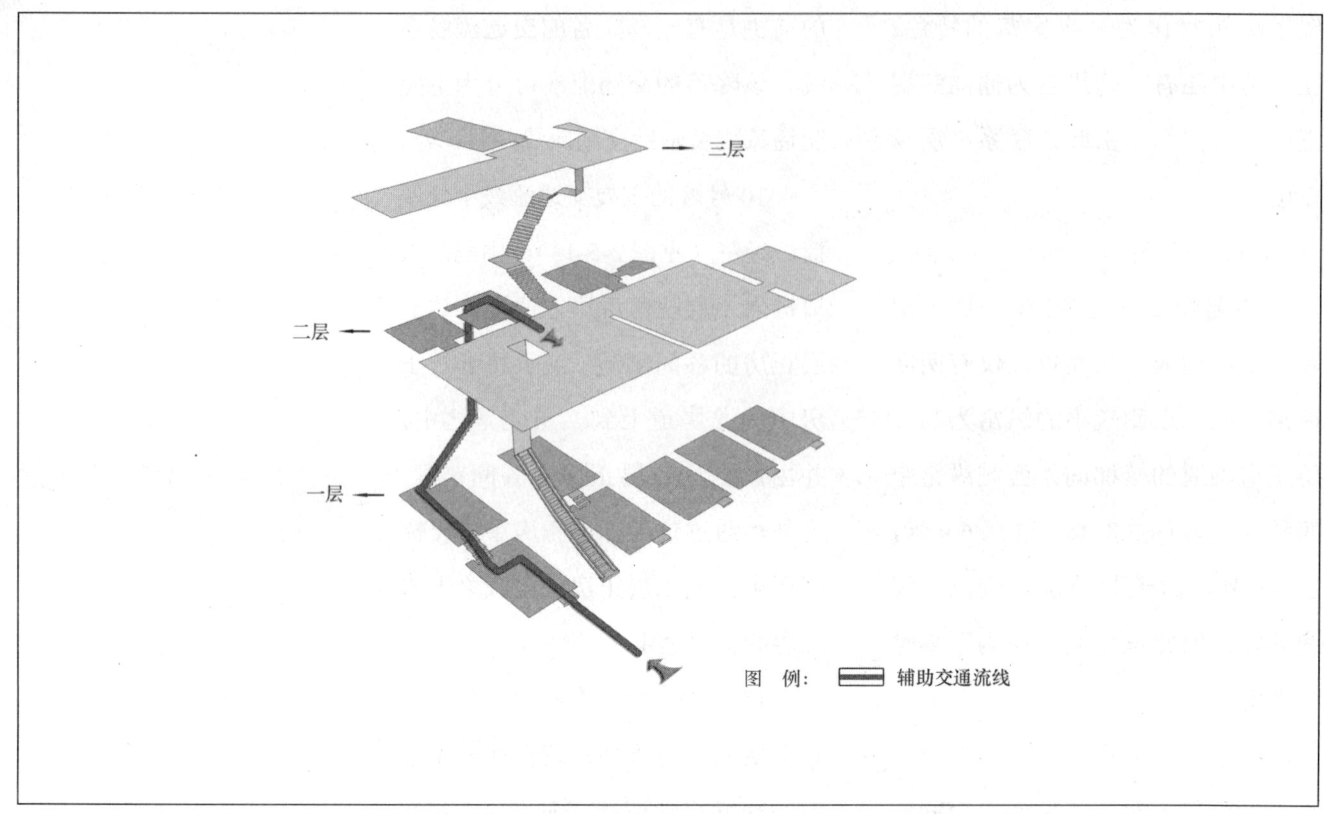

图 2-5-13　10 号院主要交通流线（彩图见书后）

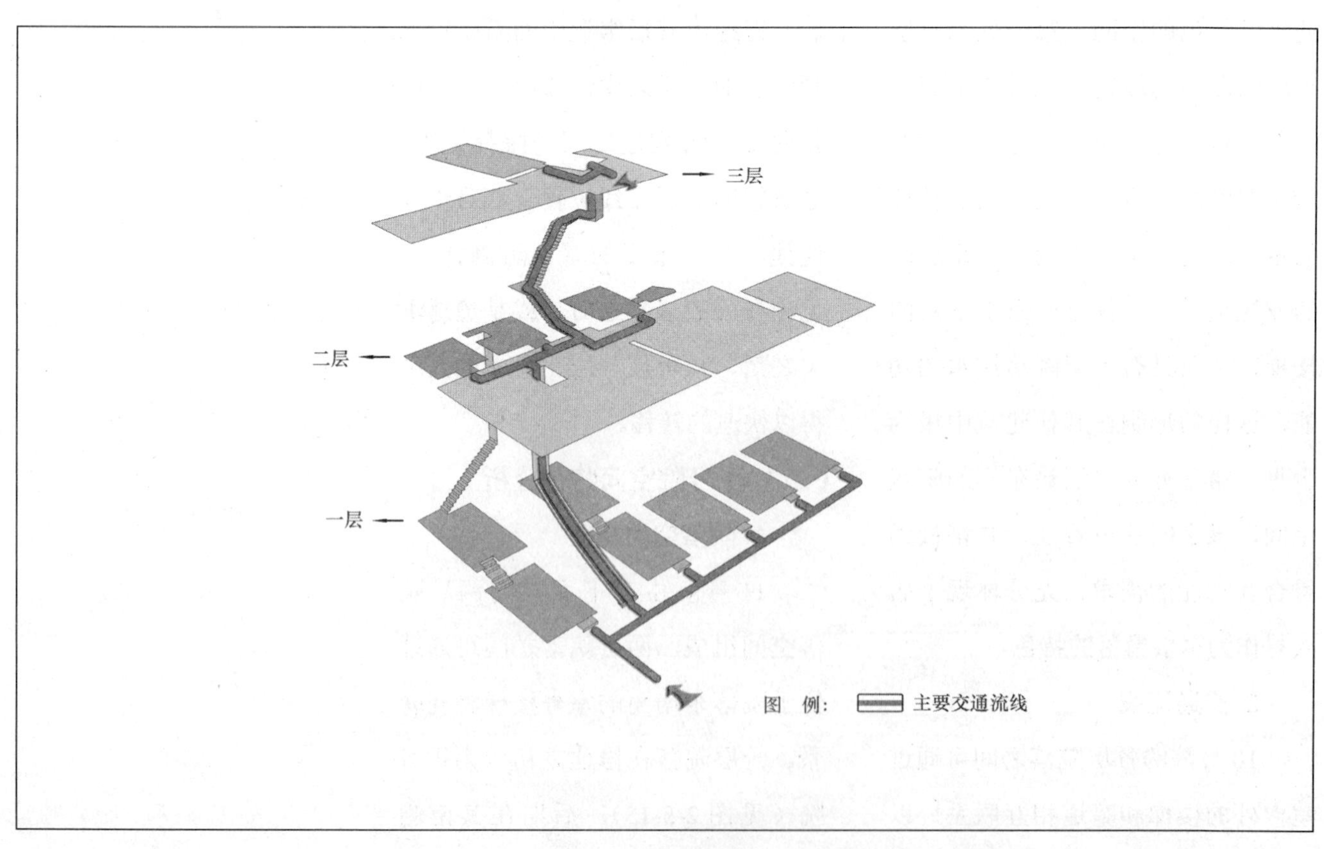

图 2-5-14　10 号院辅助交通流线（彩图见书后）

已不存在，入口开设于院落的东南角，在入口的北侧设有通向二层的楼梯，该楼梯目前为直跑楼梯，但通过对店头村中其他院落室外楼梯的统计和分析，推测其原始形制应为转角楼梯。由于该院落形制变化较大，因此难于判断其原有形制和规模。二层院落建于一层正房窑顶之上（见图2-5-16），院门设在院落的东南角处。目前在二层院落中仅存正房，但由院落中残存的建筑基址推测，该院落在修建之初应为四合院，院落空间不甚宽敞，平面尺寸为6.9米×6.7米。

2. 建筑空间特征

11号院中的建筑是典型的层楼式石碹窑洞，它是由两层窑洞空间在垂直方向上相互叠加形成的窑

图2-5-15　11号院一层院落

图2-5-16　11号院二层院落

上窑。

（1）一层建筑空间

11 号院一层为正房院。正房为一座窑洞建筑，它由自外而内的三层窑洞空间组成。其窑洞纵深组合方式为一纵一横串联式及二横一纵串联式（见图 2-5-17）。

最外层窑洞空间由一孔横窑和一孔纵窑并联而成，在窑洞横向组合方式上为一纵一横并联式。西侧的纵窑较为狭长，外窄内宽，外侧开间为 1.9 米，内侧开间为 3.1 米，进深为 6.5 米，高度为 3.6 米。由于外侧开间小，进深大，故室内采光条件较差，应作为建筑的辅助空间使用。东侧的横窑空间高敞，开间为 12.2 米，进深为 4.5 米，高度为 4.5 米。该窑洞的南侧窑腿宽 2.6 米，由此在开窗的位置形成一个较为宽敞的空间，类似现代建筑中的飘窗，建筑的主人将炕设于此处（见图 2-5-18），既可保证良好的采光效果，又可以使窑洞内部形成较为完整的矩形空间，设计极为巧妙。在店头村作为军事聚落之时，该窑洞应作为士兵休息或集会的场所，之后店头村转化为商业聚落，如此宽敞的横窑则适于作为店铺对外开放的空间使用。在该横窑的东侧为一条狭窄的通道（见图 2-5-19），宽度仅为 1.5 米，由此可通向后部的窑洞。该通道的入口有两个，一个位于 11 号院楼梯之下，另一个位于 10 号院正房南侧，两个入口都极为隐蔽，难以被外人发现。

第二层窑洞空间由三孔横窑并联而成，从窑洞横向组合方式上来说为横窑并联式。西侧的横窑内部空间较小，开间 1.8 米，进深 4.0 米，高度 2.7 米，在该窑洞中设有做饭的灶台，应作为厨房之用。中间的横窑较为开敞（见图 2-5-20），开间 11.4 米，进深 5.0 米，高 3.4 米，与最外侧的横窑可通过两个洞口互相联系。其室内地坪略低于西侧的窑洞，但高于其南侧最外层的横窑。在窑洞的北侧有一暗道的入口（见图 2-5-21），可由此进入最内侧的窑洞。该窑洞室内采光条件较差，店头村作为军事聚落时，它应作为储藏兵器及粮食的辅助空间使用。之后，店头村转变为商业聚落，该窑洞则可作为店铺之后的商品加工空间，如此，它与南侧的横窑共同形成了“前店后厂”的空间格局。最西侧的横窑进深与中间的横窑相同，开间较小，约 3.5 米，在其内放置有一台古老的石磨，由此可见，该窑洞应作为加工食物的辅助空间使用。另外，该窑洞位置隐蔽，仅可通过其南侧的暗道进入，在遭遇外敌之时，可作为人员藏匿的空间。

最内层窑洞空间由一孔横窑

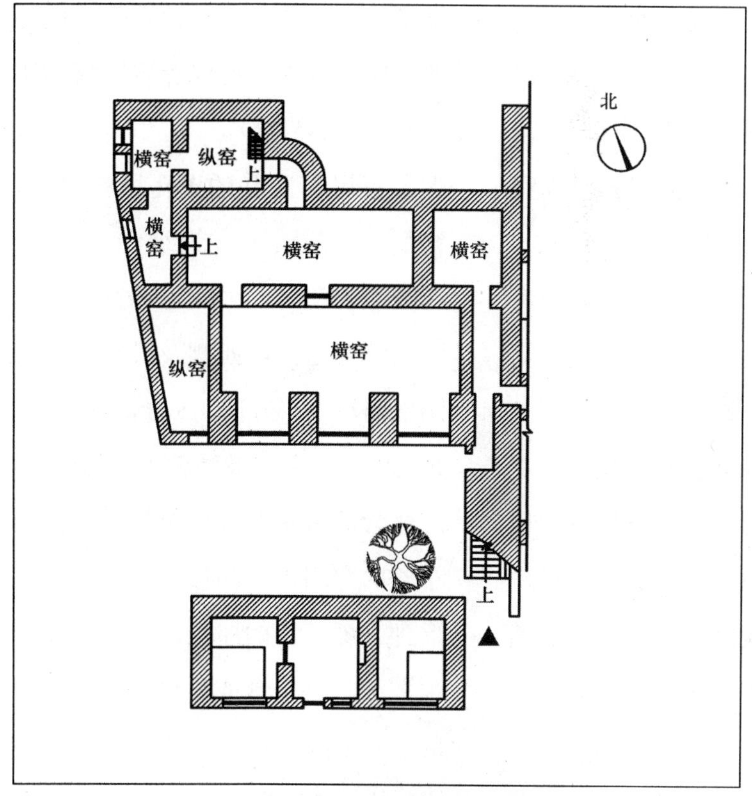

图 2-5-17　11 号院一层平面图

图 2-5-18　窗户内侧空间

图 2-5-19　一层东侧暗道（左）

图 2-5-20　第二层中部横窑空间（右）

图 2-5-21　暗道入口（左）

图 2-5-22　最内层东侧纵窑空间（右）

与一孔纵窑并联而成。西侧的横窑空间较小，开间2.1米，进深3.5米，高2.7米，可通过门洞与其南侧的横窑互通。东侧的纵窑空间稍大，开间3.8，进深3.5米，高3.0米。该窑洞与其南侧的横窑之间可通过一段L形的低矮暗道互通。另外，在该窑洞中设有一座木梯（见图2-5-22），由此可到达二层的正房之中。最内侧的两孔窑洞位置都极为隐蔽，还可与上层互通，既可作为人员或财物藏匿的空间，在遭遇外敌或洪水之时，还可使人们快速的转移出去。

（2）二层建筑空间

根据11号院二层现存的建筑基址推测，该院落在建设之初应为四合院，然而目前仅存有院落的正房（见图2-5-23）。

正房由并联的5孔纵窑组成，窑洞横向组合方式为纵窑并联式。西侧的四孔窑洞之间可通过隔墙上的门洞互通。最西侧及最东侧的窑洞空间较小，开间1.5米，进深4.5米，高3.5米。最西侧的窑洞空间应作为储藏室等辅助空间之用，最东侧的窑洞为一间楼梯间，由此可上到二层正房的屋顶，人们可在屋顶之上晾晒粮食或从事劳动。中间的三间窑洞空间大小相似，开间3.9米，进深4.2米，高3.5米。二层正房由于位置较高，因此采光条件较

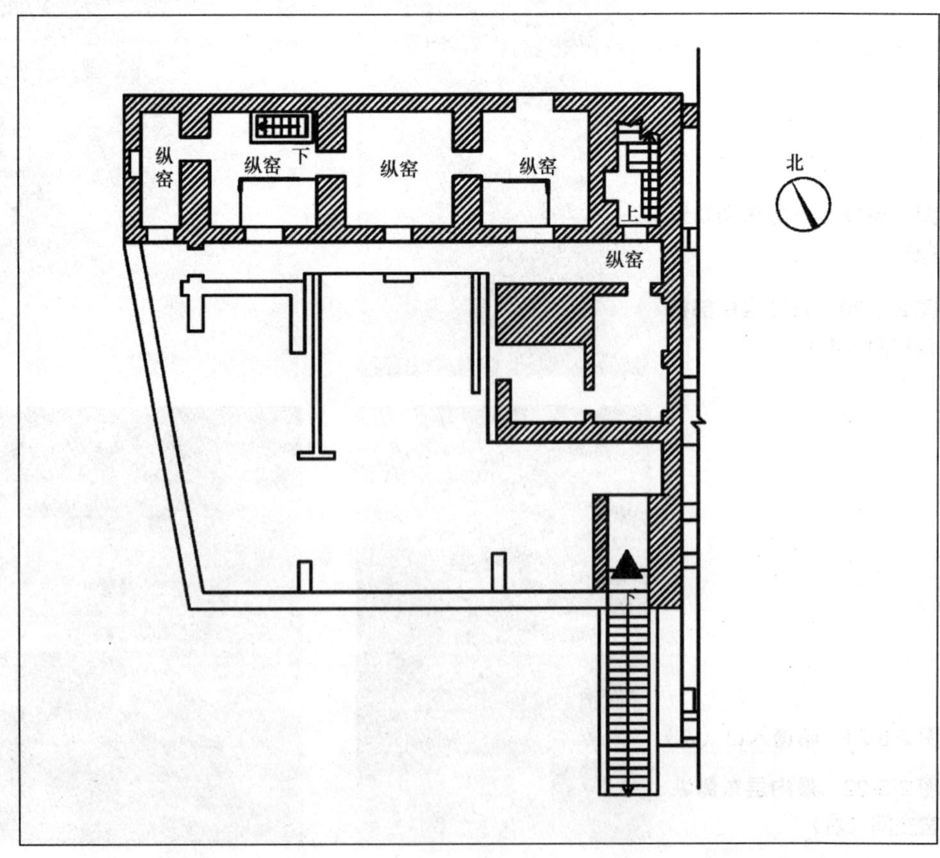

图2-5-23　11号院二层平面图

好。明间的纵窑可作为起居室，而两次间的纵窑可作为卧室使用。西侧次间的纵窑中有一楼梯的出口（见图 2-5-24），由此可下到一层正房最内侧的窑洞之中，该出口平时用木板覆盖，难于被人发现。在东侧次间的纵窑后墙处开有一门洞，由此可通向紫竹林寺的一层院落之中。

（3）特色空间

通过以上对于各层建筑空间的分析可知，11 号院建筑中存在两处极具特色的空间。第一处为一层正房东侧的暗道空间，该暗道空间不仅可以连接 11 号院一层院落及正房窑洞，还可连接 10 号院一层院落和 11 号院一层院落，且其两个出入口都设置的极为隐蔽。第二处为一层正房中最内侧的纵窑空间和与之相联系的暗道空间，该窑洞位置隐蔽，且其中的楼梯是一、二层院落正房之间的直接联系。另外，与之相连的暗道空间呈现 L 形，极具迷惑性。以上两处十分隐蔽且极具迷惑性的空间充分体现了店头村在创建之初作为军事聚落的建筑特色。

3. 交通流线

11 号院的交通流线可分为主要交通流线和辅助交通流线两种类型。

11 号院的主要交通流线主要用于连接不同标高的院落空间，以满足基本的使用需求（见图 2-5-25）。由一层院落入口进入院落之后可到达正房的各部分窑洞空间之中，也可通过正房最东侧的暗道到达 10 号院的一层院落之中。这样使 10 号院及 11 号院的一层院落空间可相互连通。另外，进入一层院落之后还可经由位于院落东南侧的楼梯到达二层院落空间之中，进而到达二层正房之中。或者也可通过二层正房最东侧的楼梯间上到正房的窑顶之上，由此完成从一层院落入口到二层正房屋顶的交通组织。这样的交通流线既可满足使用的需求又十分的便捷和高效。

11 号院的辅助交通流线是出于军事防御的需求而产生的（见图 2-5-26）。从一层正房最外侧的横窑进入之后，可经由其后墙上的门洞进入正房第二层窑洞空间内，由

图 2-5-24　二层正房西侧次间窑洞

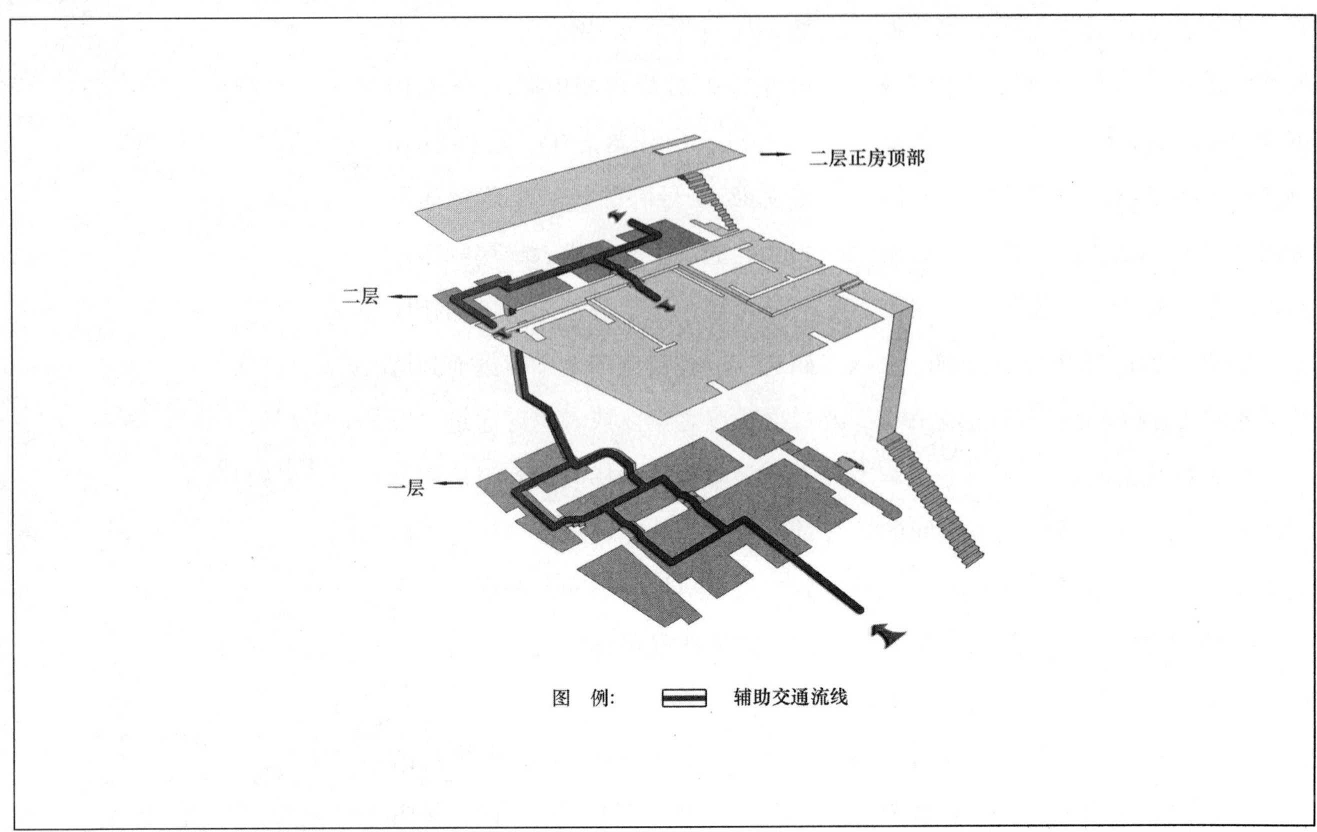

图 2-5-25　11 号院主要交通流线（彩图见书后）

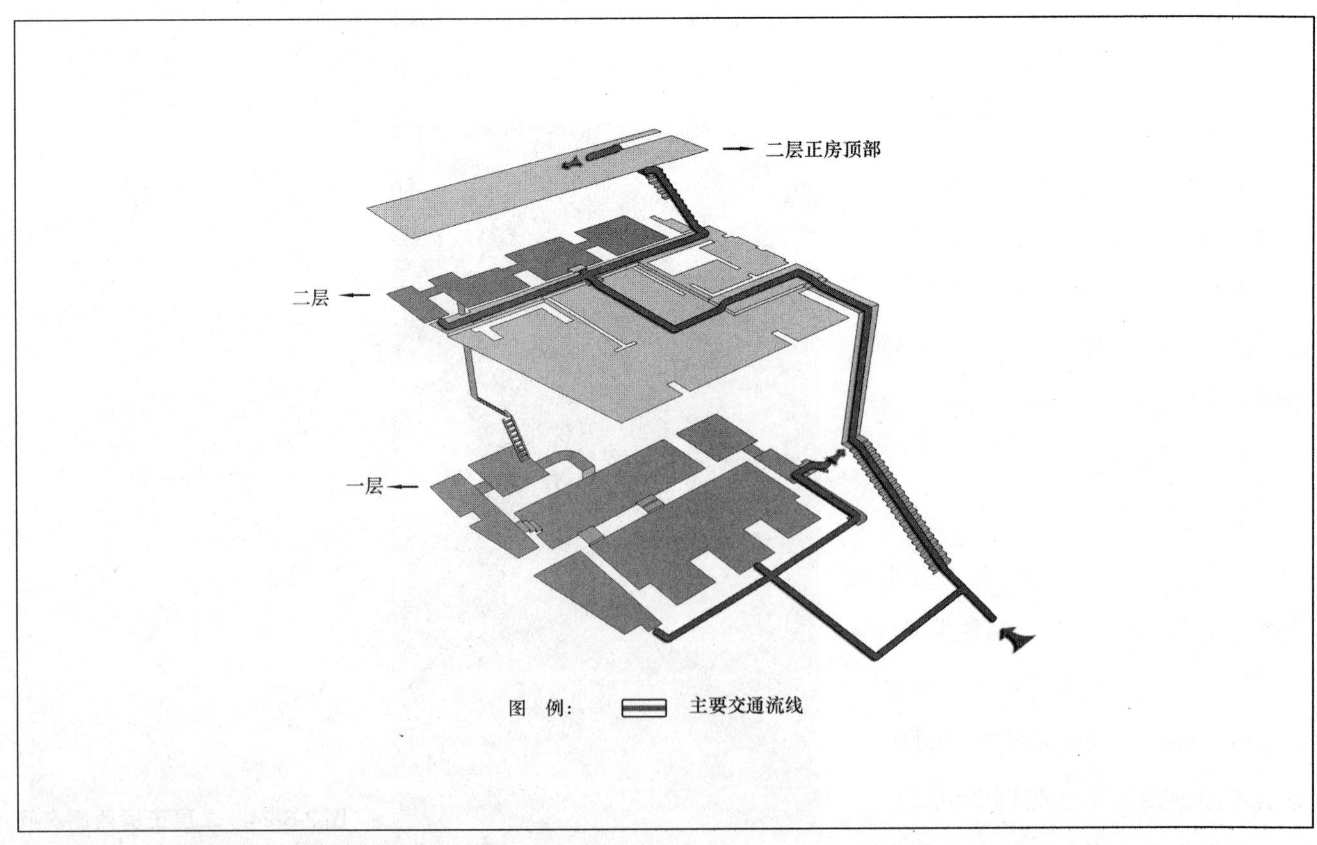

图 2-5-26　11 号院辅助交通流线（彩图见书后）

此可选择从该窑洞后墙处的暗道入口进入暗道，继而进入最内层的窑洞空间，也可经由与该窑洞并联的窑洞空间进入最内层窑洞。在该窑洞之中有一架木梯，人员可由此到达第二层院落正房的西次间窑洞之中，由此可到达二层院落中，也可经由位于二层正房东次间窑洞后墙的出口进入其后的13号院（紫竹林寺）一层院落之中。这条隐蔽的交通流线不仅联系了11号院不同层院落，也使11号院与13号院形成一个连通的整体。

图 2-5-27　22 号院一层院落

（三）22号院空间特征分析

1. 院落空间特征

22号院由自下而上的两层院落空间组成。两层院落之间可通过位于院落东侧的室外楼梯相互联系，形成一个整体。一层院落为四合院，目前倒座房残损严重，仅剩基址。院落空间不大、围合感强（见图2-5-27），平面尺寸为6.8米×6.5米。院门开在院落的南侧，另外，在院落的东侧还设有通向二层院落的转角楼梯。二层院落修建于一层院落的正房窑顶之上，该院落为三合院，由正房和东西厢房围合而成，院门开设在院落的东南角处。该院落地面有一定的高差，将整个院落分为上下两院，上院平面尺寸为13.9米×10米，较为开敞（见图2-5-28），下院平面尺寸为

图 2-5-28　22 号院二层上院

图 2-5-29　22 号院二层下院

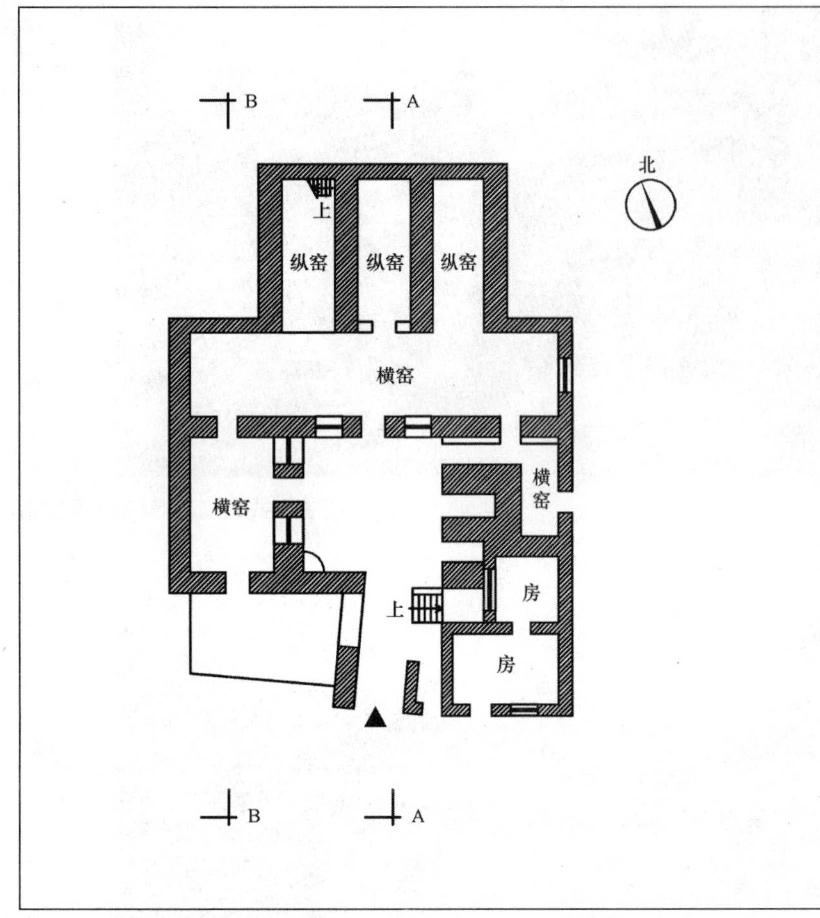

图 2-5-30　22 号院一层平面图

图 2-5-31　一层正房外侧横窑空间

13.9 米 ×5.6 米，较为狭长（见图 2-5-29）。由于院落平面尺寸较大，且在院落南侧没有建筑遮挡，因此整个院落空间较为开敞。

2. 建筑空间特征

22 号院中的建筑为典型的层楼式石碹窑洞建筑，它由上层的石木结构房屋及下层的平地独立式石碹窑洞共同构成窑上房。

（1）一层建筑空间

22 号院一层为四合院，但由于西侧的倒座房坍塌严重，因此目前仅存正房、东西厢房及东侧的倒座房（见图 2-5-30）。

一层正房由内外两层窑洞空间组成，外层为一孔横窑，内层为三孔并联的纵窑，窑洞空间纵深组合方式为一横三纵串联式。外侧横窑空间高敞（见图 2-5-31），开间 17.9 米，进深 4.1 米，高 4.9 米。除在窑洞南墙处开有门窗外，在窑洞东侧的窑掌上也开有对外的高窗，因此窑洞中的采光及通风条件良好。在窑洞南墙的东西两侧，开有通向东西厢房的门洞。在店头村作为军事聚落之时，该窑洞空间应作为士兵休息或聚集的场所，在店头村演变为商业聚落之后，则可作为对外销售的店铺使用。内层的窑洞空间由三孔纵窑并联而成，其窑洞空间横向组合方式为纵窑并联式。三孔纵窑大小相同，开间 2.5 米，进深

7.4米，高2.5米，窑洞空间较为狭长。此三孔纵窑可作为士兵休息的场所，也可作为店铺之后的商品加工空间。三孔窑洞中最西侧的纵窑后部设有一部石梯，由此可通向其上的夹层空间。

一层西厢房为一孔横窑，开间6.5米，进深4米，高4.2米。在窑洞南北两侧的窑掌上分别开有通向倒座房及正房的门洞，将三者连通为一个整体。该窑洞室内采光及通风效果良好，可作为士兵休息的场所，也可作为对外的店铺使用。

一层东厢房位于楼梯的东侧，由北侧的一孔横窑及南侧的一间石木结构房屋构成。横窑空间较小，开间4.8米，进深1.9米，高2.7米。其在北侧可与正房相通，另外还在窑洞的东墙上开有通向街道的门洞，该窑洞应作为街道与院落之间的过渡空间。南侧的房屋空间也较小，开间3.2米，进深3.1米，高3.2米，在其南墙上开有与倒座相通的门洞。

一层东侧的倒座为一座石木结构房屋，开间5.1米，进深3.4米，高3.2米。其门窗不开向院落而开向南侧的街道，另外，它还在北侧与西厢房互通。由此可推测，其应作为对外的店铺使用。

（2）夹层建筑空间

在22号院一层正房及二层院落之间存在一层夹层空间，该空间形式复杂，由三部分窑洞空间组成，分别是东侧的窑洞空间、西南侧的窑洞空间和西北侧的窑洞空间（见图2-5-32）。

东侧窑洞空间由南面的两孔横窑及北面的一孔纵窑串联而成，其窑洞纵深组合方式为二横一纵串联式。最南侧的窑洞空间较大（图2-5-33），开间9.8米，进深3.0米，高2.3米。在其南侧墙上开有两孔直接对外的高窗，从外侧看，它们位于二层院落上下院的高差变化处。由于高窗的开设，该窑洞中采

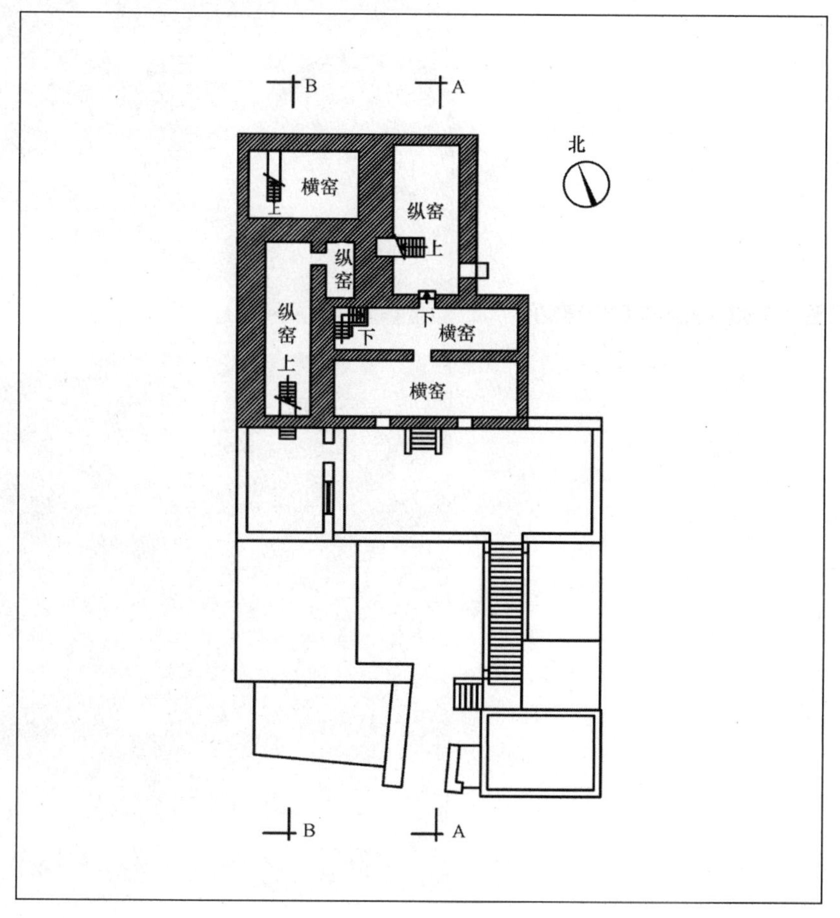

图2-5-32　22号院夹层平面图

光、通风条件良好。中间的横窑尺寸较南侧的横窑稍小，平面形状更为狭长，开间 9.8 米，进深 2.3 米，高 2.3 米（见图 2-5-34）。其南侧与北侧的隔墙上均开有门洞，分别通向其南侧的横窑和北侧的纵窑。在此窑洞的西侧为一楼梯的出口，通向一层正房后部的纵窑之中（见图 2-5-35）。最内侧的纵窑空间较大，开间 8 米，进深 3.6 米，高 3.2 米。在其窑掌处开有门洞与南侧的横窑相通。另外，在此窑洞内还设有石阶可通向二层院落中（见图 2-5-36）。

西南侧窑洞空间由两间纵窑并联而成。西侧纵窑空间较大，开间 9.3 米，进深 2.4 米，高 2.2 米。在窑洞的南侧设有通向二层下院西厢房的石阶（见图 2-5-37 和图 2-5-38）。

图 2-5-33　夹层外侧横窑空间

图 2-5-34　夹层中间横窑空间

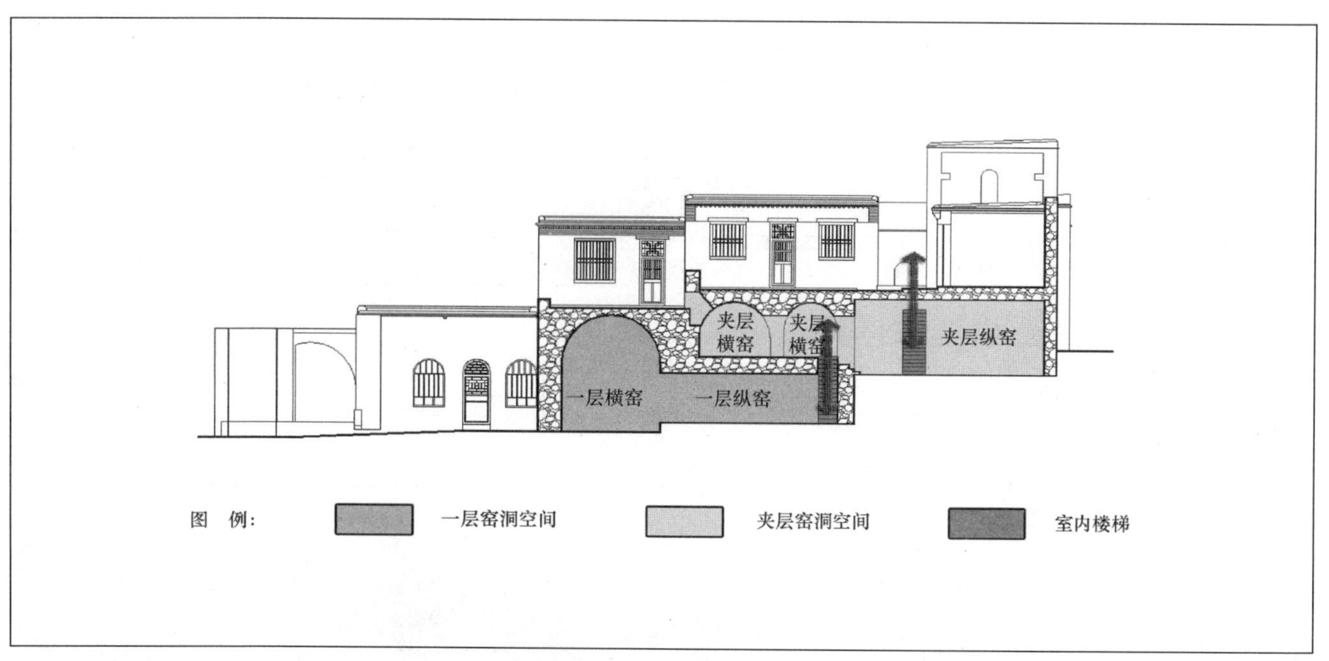

图 2-5-35　22 号 院 A-A 剖面图

图 2-5-36　内侧纵窑中石阶

图 2-5-37　夹层西侧纵窑空间

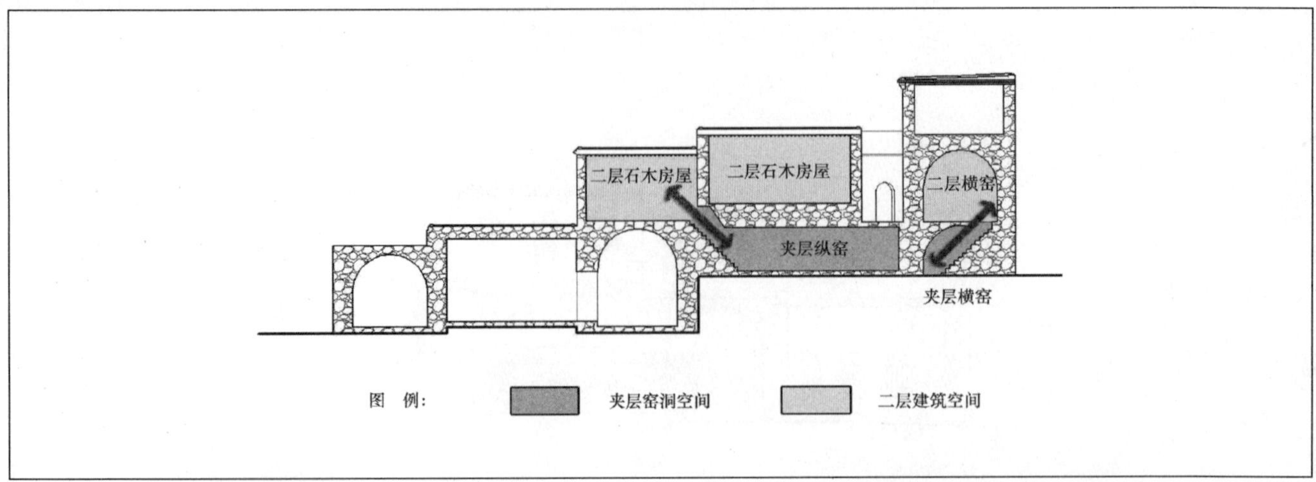

图 2-5-38　22 号院 B-B 剖面图

图 2-5-39　夹层西北侧横窑空间

东侧窑洞空间狭小，开间 3 米，进深 1.6 米，高 1.9 米，在西墙处开有门洞与其西侧的纵窑互通。

西北侧的窑洞空间为一孔横窑（见图 2-5-39），开间 5.9 米，进深 3.6 米，高 2.5 米。在窑洞中设有石阶通向二层正房之中。

以上三部分窑洞空间共同组成了夹层空间。夹层中的每一部分空间都与一层或二层的窑洞或院落空间互通，形成了一个复杂的空间体系，极具迷惑性。由于位置隐蔽，因此夹层空间可作为人员或财物的藏匿之所，体现了店头村作为军事聚落和商业聚落的建筑特色。

（3）二层建筑空间

22 号院二层为三合院，但由于东厢房坍塌严重，因此目前仅存正房和西厢房（见图 2-5-40）。由于院落地面有高差，因此可将其分为上院和下院。

西厢房由上院西厢房和下院西

厢房组成。上院西厢房是一间石木结构的房屋，开间6.9米，进深4米，高3.4米。下院西厢房也是一间石木结构的房屋，开间5.6米，进深4米，高3.3米。它室内空间不大，但在其北墙处开设有一暗道的入口（见图2-5-41），由此可与夹层空间相通。西厢房应作为日常的起居室、卧室或储藏室之用。

正房为一座局部二层的建筑，其一层由西侧的一间较大的横窑和东侧两间较小的石木结构房屋组成。西侧的横窑开间5.9米，进深3.6米，高3.6米，在窑洞中靠后的

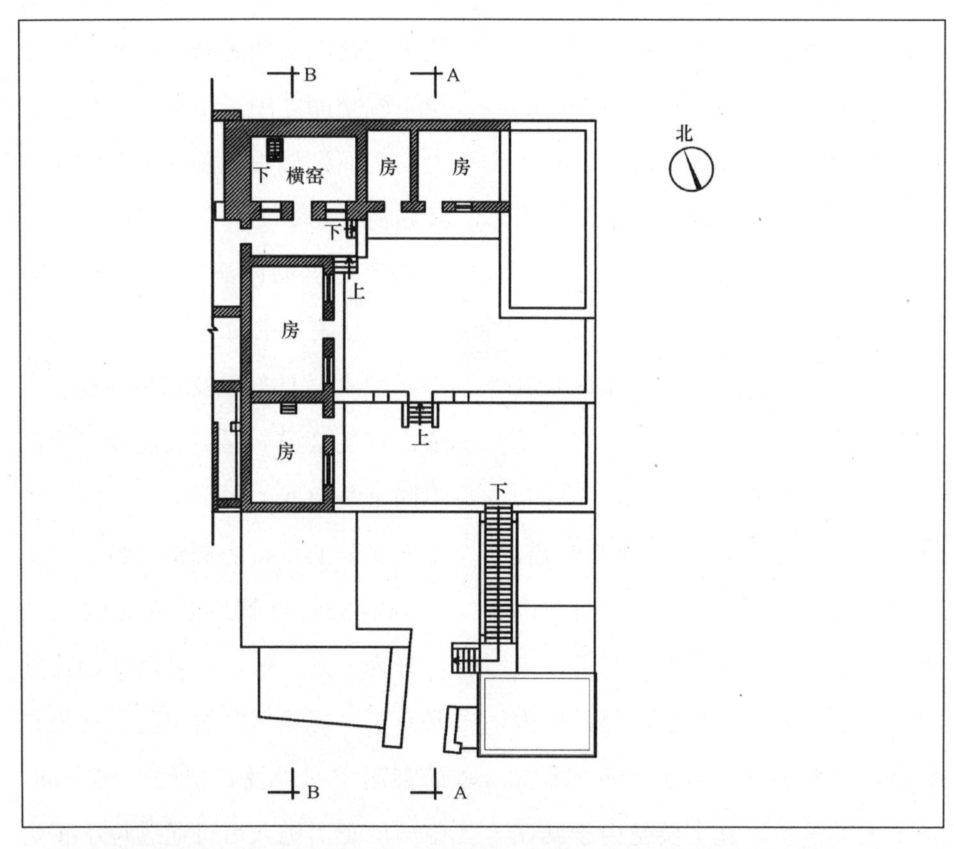

图2-5-40　22号院二层平面图

图2-5-41　22号院二层正房地面洞口

地面上开设有一个暗道的入口，由此可下到该窑洞之下的夹层空间中，该窑洞应作为主人的卧室使用。中间的房屋空间极小，开间2.4米，进深4米，高3.2米，应作为储藏室之用。东侧的房屋较中间的稍大，开间5.1米，进深4米，高3.2米，应作为起居室之用。另外，在西侧的横窑之上还建有一间石木结构的房屋，开间5.9米，进深3.6米，高2.5米，其空间低矮，应作为储藏室等辅助空间。

（4）特色空间

通过以上对于各层建筑空间的分析可知，22号院的夹层空间是其独有的特色空间。它由各个方向的横窑和纵窑组合而成，几乎在每一间窑洞中都可以找到楼梯或暗道，使其与一层空间或二层空间相联系，其空间极具迷惑性。另外，夹层空间的位置虽然隐蔽，但其室内物理环境并不次于其他空间，非常适于人员停留。这主要是由于其在恰当的位置开设有通风和采光的高窗。这样独特的空间组合方式充分体现了店头村作为军事聚落的特定需求，以及建筑设计者高超的空间组织能力。

3. 交通流线

22号院空间层次复杂，交通流线也循环往复，具有极强的迷惑性。但其大致可分为主要交通流线和辅助交通流线两种类型。

22号院的主要交通流线相对清晰便捷（见图2-5-42）。它连接了不同层次的院落空间，也使22号院与其西侧的23号院可相互穿套，形成整体。由位于一层院落南侧的入口进入后可到达一层的正房、厢房等窑洞空间之中。或者也可通过位于院落东南侧的转角楼梯上到二层下院空间之中，由此可上到二层上院进而到达二层院落的各间正房及厢房之中。另外，通过位于二层正房西南侧的门洞还可进入23号院的二层院落空间之中。

22号院的辅助交通流线极为复杂，它连接了一层、夹层及二层的不同窑洞空间，也形成了该院落独特而显著的军事防御空间特色（见图2-5-43）。该辅助交通流线大致可分为三条。第一条辅助交通流线联系了一层正房窑洞空间、夹层东部窑洞空间以及二层的院落空间。由一层正房进入后可通过位于正房后部纵窑中石梯上到夹层东部的一间横窑之中，该窑洞在南侧和北侧各连接有一间横窑和纵窑，可通过北侧纵窑中的台阶到达二层院落之中。由此实现了从一层室内空间到二层室外空间的转移。第二条辅助交通流线联系了二层下院西厢房与夹层西南侧的窑洞空间。在二层下院西厢房靠近北墙的地面上有一个

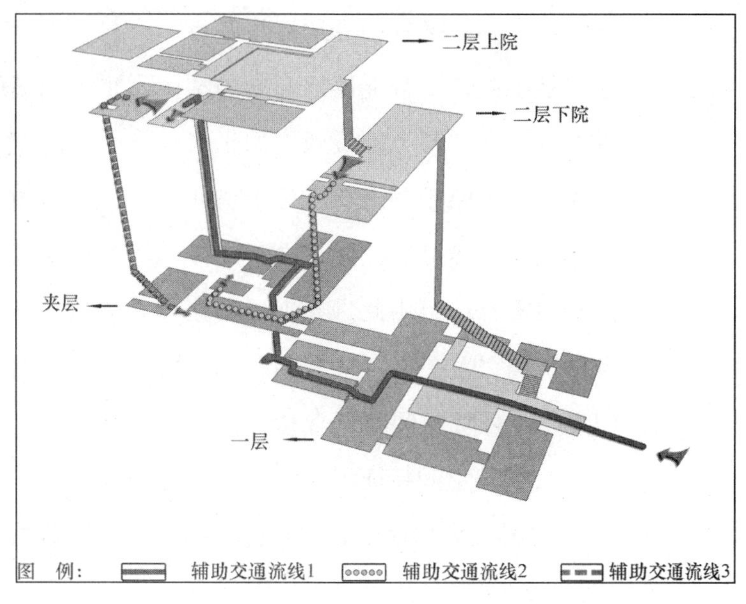

图 2-5-42　22 号院主要交通流线（彩图见书后）

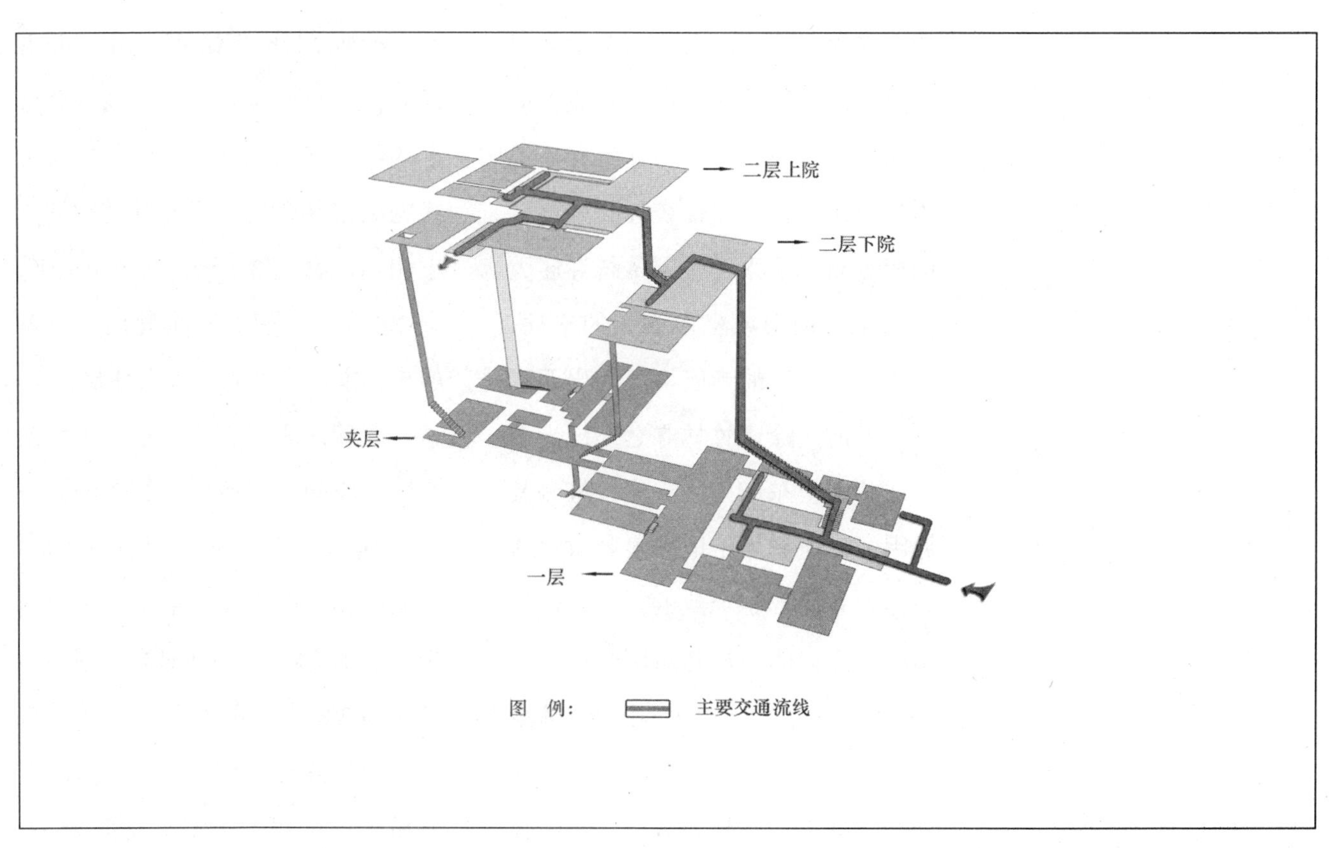

图 2-5-43　22 号院辅助交通流线（彩图见书后）

隐蔽的入口，由该入口进入后经过一段石阶便可到达夹层西南侧的窑洞之中。第三条辅助交通流线联系了二层上院正房与夹层西北侧的窑洞空间。在二层上院最西侧的正房之中有一个隐蔽的入口，位于房间地面的西北角处。此入口之下连接了一段石梯，可由此进入夹层西北侧的窑洞空间之中。

（四）13 号院空间特征分析

1. 院落空间特征

13 号院为村落中心的紫竹林寺（见图 2-5-44）。其始建年代据现存于该寺内“清嘉庆伍年次庚申蒲月吉日立”、“大清嘉庆二十三年六月吉日立碑”碑文载为清朝年间。寺庙布局坐东朝西，在其西侧紧邻村中重要的下商业街，在下商业街的尽端为灯山戏台，它与紫竹林寺遥遥相望，符合中国传统寺庙与戏台的相对布局关系。中国传统寺庙大多为坐北朝南或坐南朝北的格局，少数“拜日”的寺庙格局为坐西朝东。目前，除紫竹林寺之外，尚未发现其他坐东朝西的寺庙。推测其原因，可能是由于地形限制或村落整体的布局形态导致的。该院落是由四个方向的二层建筑围合而成的四合院（见图 2-5-45）。由于整体坐东朝西，因此将院门开设于院落的西侧。院落空间较为狭小，平面尺寸为 5.8 米 ×9.4 米。院落的南侧与 11 号院二层的正房相通，由此可推断，紫竹林寺在过去可能作为 11 号院家族的祠堂使用，后来逐渐扩大规模形成现在的形制。

2. 建筑空间特征

紫竹林寺中的建筑是较为典型的层楼式石碹窑洞建筑，它由上层的石木结构房屋及下层的平地独立式石碹窑洞共同构成典型的窑上房建筑。

（1）一层建筑空间

紫竹林寺中建筑的一层均为石碹窑洞（见图 2-5-46）。正房为送子堂，它坐东朝西，是一间狭窄的纵窑，开间 2.3 米，进深 3.6 米，高 2.2 米。

南厢房坐南朝北，由三孔并联的纵窑组成，三者之间通过隔墙上的门洞互通，其窑洞横向组合方式为纵窑并联式。三孔纵窑空间大小相似，开间 3.5 米，进深 4.3 米，高 3.8 米。中间的窑洞被用于日常的起居室，两侧的窑洞为卧室。

北厢房坐北朝南，由三个层次的窑洞空间并联而成。最西侧为一孔纵窑，开间 4 米，进深 4.2 米，高 4.1 米，平时用于储藏室。中间为一孔横窑，开间 8.6 米，进深 3 米，高 3.8 米，室内空间开阔，可用于僧尼修行之用。最东侧为两孔前后串联的纵窑，二者空间狭小，开间 3 米，进深 2.4 米，高 3.4 米，

图 2-5-44　紫竹林寺（左）

图 2-5-45　院落空间（右）

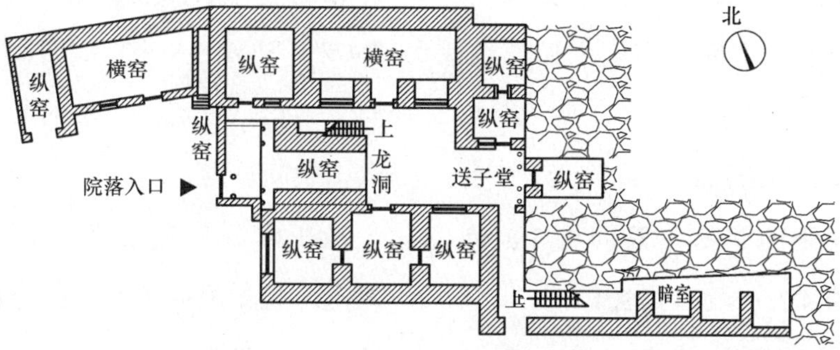

图 2-5-46　13 号院一层平面图

在二者隔墙上有一扇特别设计的“防盗门”，关闭以后很难从外侧打开。另外，在内侧的纵窑中还设有通向上层的石阶。由此可见，此两孔窑洞应作为人员或财物藏匿的空间。在北厢房的西侧，院落之外，还有三间并联的窑洞。两侧为两孔空间狭小的纵窑，中间为一孔空间开敞的横窑。

倒座为一孔前后完全开敞的纵窑（见图 2-5-47），被称之为龙洞，开间 2.3 米，进深 5.5 米，高 2.4 米。它在空间上起到了入口与内院的过渡作用。

另外，在正房东侧的楼梯下有一狭小的入口（见图2-5-48），内部连接有一间暗室。由于楼梯的侧面呈一定的倾角，因此，位于后部的暗室入口很难被人发现。如此巧妙的设计使得暗室的位置极其隐蔽，可作为财物的储藏室，但由于没有对外的通风和采光口，因此室内物理环境不佳，不适于人员久留。

（2）二层建筑空间

二层建筑为砖木结构的殿宇（见图2-5-49）。东侧的正殿为观音堂，它是一座悬山式的砖木结构建筑。室内空间开阔，开间8.0米，进深4.9米，高5.8米，其内供奉着观音菩萨。在观音堂的背后还有两个较小的空间，南侧为如云殿，开间2.6米，进深3米，高2.3米，其内供奉如云法师。北侧为一间形状不规则的暗室，开间约3.0米，进深约4.2米，高约2.1米。其入口位于观音堂的北侧，十分隐蔽，该暗室可用于储藏贵重物品。但由于其内部采光及通风效果不佳，因此不适于藏匿人员。

南偏殿为释迦殿，是一座砖木结构的硬山式建筑。内部空间比观音堂稍小，开间8.7米，进深3.4米，高4.5米。在其中供奉有释迦法王。另外，在南偏殿的西侧设有钟楼。

北偏殿为地藏殿，形制与南偏殿相同，是一座砖木结构的硬山式建筑。室内空间也与南偏殿相同，开间8.0米，进深4.9米，高5.8米，其中供奉有地藏菩萨。在地藏殿的西侧设有鼓楼。在地藏殿的东侧为如云阁，其内部分隔为两层，有木梯相通。每层高度约2.3米，开间3.4米，进深3.3米。如云阁二层不对外设门，仅可由一层的北厢房进入，空间较为封闭。

在西侧与观音堂相对的是弥勒堂，是一座砖木结构的悬山式建筑，其内供奉有弥勒菩萨。弥勒堂内部空间较小，开间2.0米，进深

图2-5-47　13号院龙洞（左）

图2-5-48　13号院倾斜的楼梯（右）

2.5 米，高 3.6 米。

（3）特色空间

通过以上对各层建筑空间的分析可知，在紫竹林寺中存在两处极具特色的空间。一处是位于一层院落东南侧楼梯下的入口空间，设计者通过将楼梯的侧面设置成斜面，从而将暗室的入口巧妙地隐藏起来。另外一处是位于二层观音堂背后的暗室空间，它是由观音堂和背后的山体挤压出的一个不规则的空间（见图 2-5-50），它的入口位于观音堂北侧，同样非常隐蔽（见图 2-5-51）。在村落的寺庙中出现这样的隐蔽空间非常少见，由此也从侧面证实了店头村曾经的军事意义。

3. 交通流线

13 号院是一座小型的寺庙，由

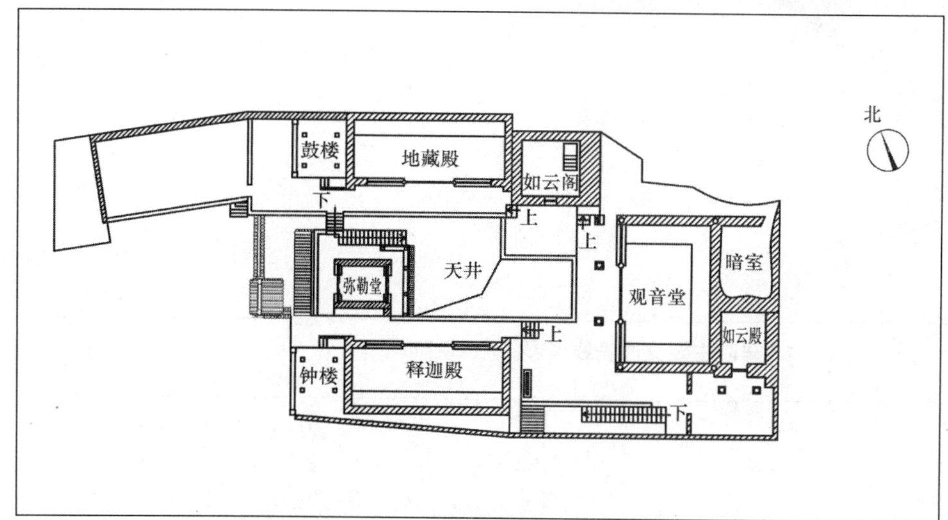

图 2-5-49　13 号院二层平面图

图 2-5-50　观音堂东侧暗室

图 2-5-51　观音堂北侧暗室入口

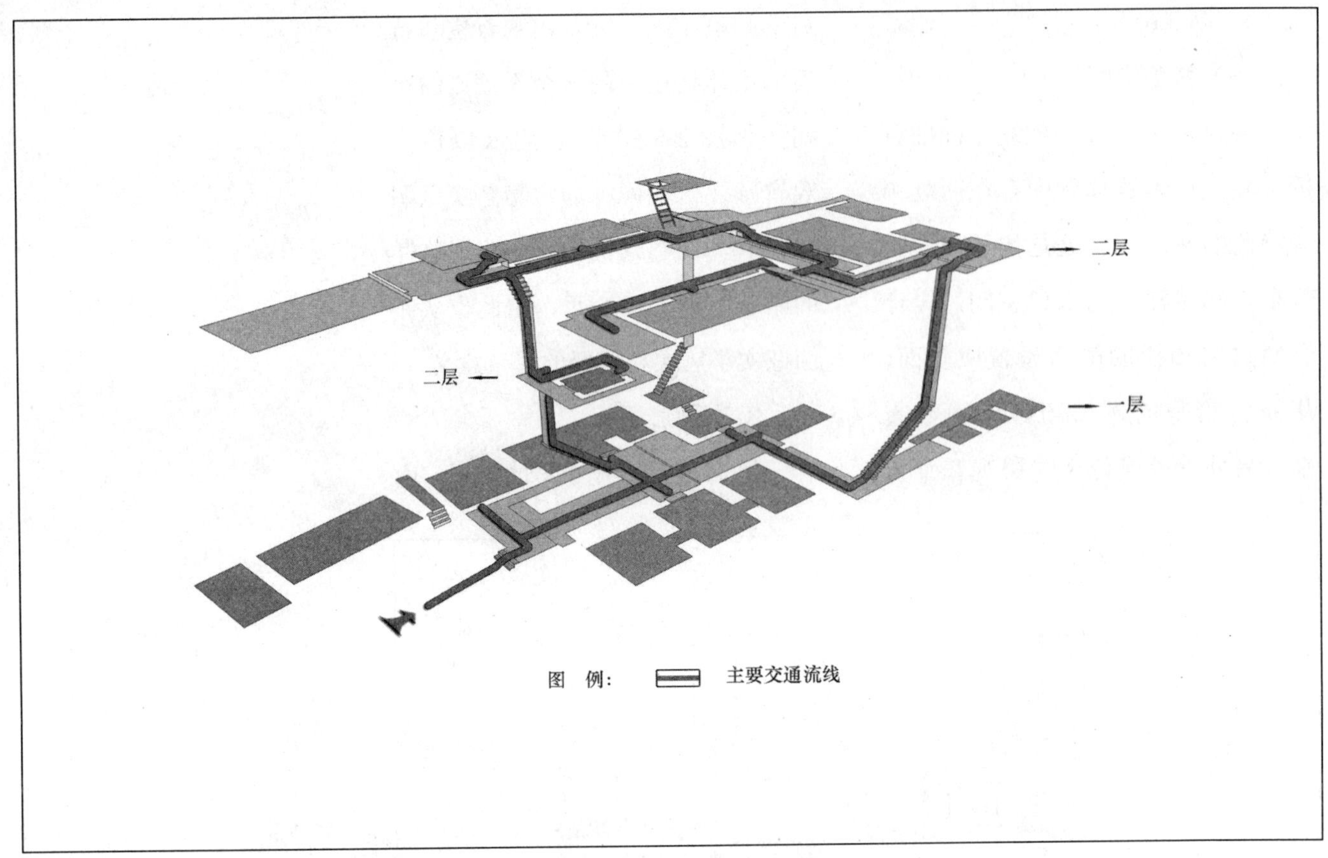

图 2-5-52　13 号院主要交通流线（彩图见书后）

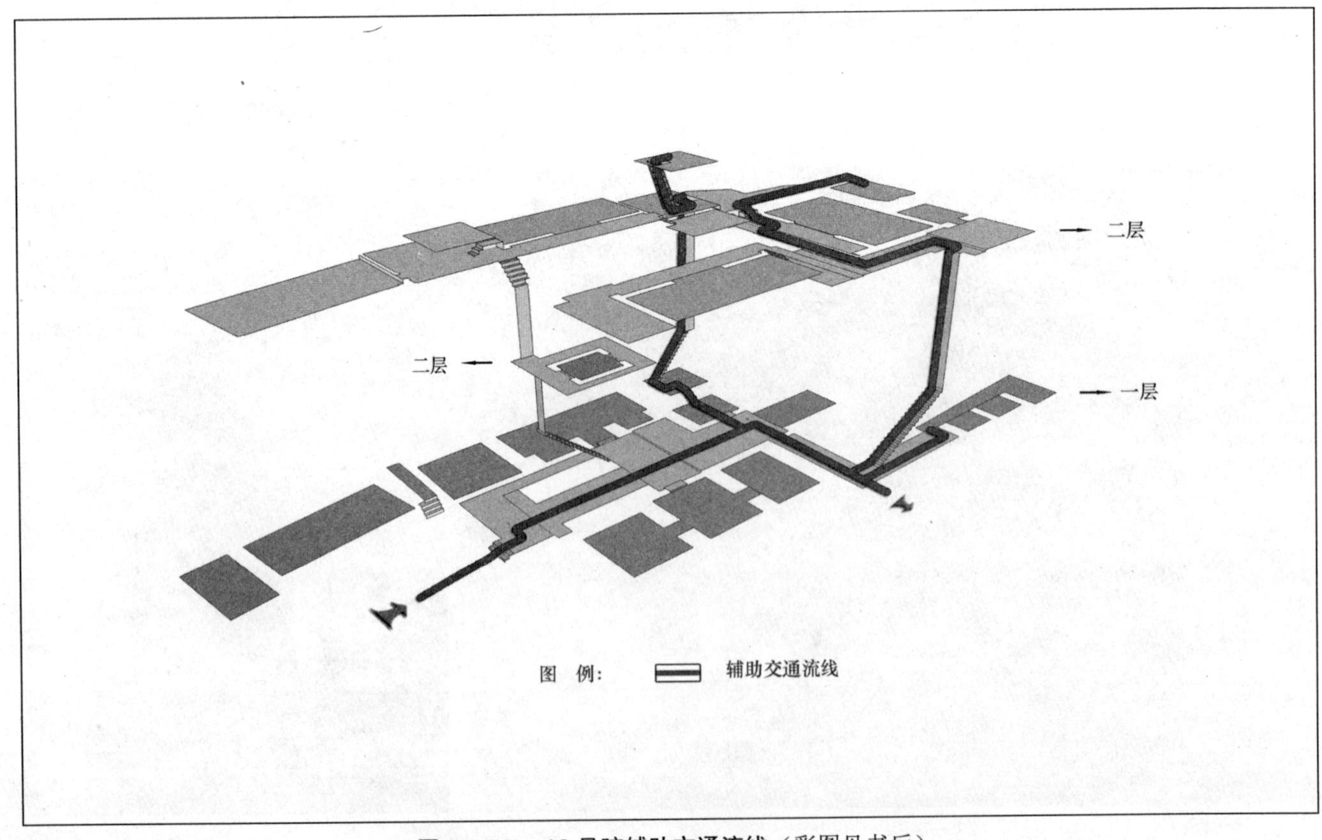

图 2-5-53　13 号院辅助交通流线（彩图见书后）

两层空间组成，交通流线相对清晰易辨，可分为主要交通流线和辅助交通流线两种类型。

主要交通流线连接了一层院落与二层的各间殿宇（见图 2-5-52）。由寺庙西侧的入口可进入一层院落之中，由此可到达一层的各间正房和厢房之中。也可经由一层院落东南侧的楼梯或龙洞北侧的楼梯到达二层空间，进而前往二层的各个殿宇。

辅助交通流线主要用于前往寺庙中的各隐蔽空间（见图 2-5-53）。如可经由一层院落东南侧楼梯下的入口进入一个狭长的暗室空间。或可通过一层东北侧厢房后部的一架楼梯上到二层的如云阁之中，如云阁在二层并不设置对外的入口，仅可通过一层的北厢房进入，空间较为封闭。也可经过二层正殿北侧的狭长入口进入正殿东侧的一个不规则暗室空间。

总之，10 号院、11 号院、13 号院和 22 号院四个院落是店头村中最具代表性的院落，无论是作为宗教建筑的紫竹林寺，还是代表民居及对外商业建筑的 10 号院、11 号院和 22 号院，其中无不包含着类型多样，层次丰富的建筑及院落空间。不同的空间类型及组合方式主要是由其使用功能决定的，高大开敞的空间适于作为对外的店铺或主要的殿宇，大小适中的空间适于作为日常生活起居或商品加工的空间，低矮或隐蔽的空间适于作为人员及财务的储藏空间。另外，在这些院落之中都包含有许多难于发现，极具迷惑性的隐蔽空间。这些空间的存在具有极强的军事特征，更加证实了店头村在历史上曾是一座屯兵戍边的军事堡垒。

第三章 店头村的营造技术研究 Construction Technology Research of Dian tou Village

店头古村层楼式石碹窑洞的营造依据传统建筑美学思想，利用当时先进的建造技艺，满足了人们的生产、生活和其他需求，具有极高的历史价值。

一、营造技术特点

任何建筑所表现出来的风格特征都与其营造技术息息相关，都脱离不了它的物质基础：建筑材料、施工方式和构建技术。营造技术是根据建筑物质材料特性和人们对建筑的使用要求，对一定的物质材料进行加工改造，并采用特定的知识技巧和工艺生产经验，使材料、结构和构造之间形成建造的逻辑关系，以此进行建筑物的生产建设的技术。营造技术是建筑物存在与发展的必要条件，不同的技术构成不同类型的建筑。其核心在于体现建筑材料的优越性能和建筑结构的坚固耐久，同时营造技术也决定了建筑本身的艺术形式。店头村的营造就是古代工匠运用天然石材作为建筑材料，依据窑洞建造的技术原理，并遵照传统朴素的审美规律，满足特定军事和居住功能进行的空间创作和营造。其营造技术也主要体现在建筑的设计、布局和结构、构造等方面。通过对店头村石碹窑洞建筑的调研，发现了当地建筑在选材和建造方法上与传统民居有较多不同，具有极强的地方特色和军事特征。

与现代建筑和其他传统民居（如土窑洞）相比，石碹窑洞在选材、构造、防火等方面有着独特优势，主要表现在以下几个方面：

1. 依山而建，巧借自然

店头村石碹窑洞民居依山傍水，受地形地貌的限制，建筑均依山坡和河谷而建，建筑物与山体联系十分紧密，常将山体组织到建筑中去：有的窑洞直接紧靠山体发券，将山体作为窑洞的维护结构；有的则将山体踩在脚下，利用山体裸露的岩石作为室内的踏步，来解决室内不同房屋间的高差问题；有的建筑则直接沿山体向下开凿，形成半地下式的窑洞，窑洞从正面看像是二层，实际却为三层结构，具有十分强的隐蔽性。

店头村石碹窑洞民居利用山地复杂地形建造，不但因地制宜、节约建筑用地，创造了层楼式富有军事防御特色的建筑形式，而且从技术角度讲，建筑依山而建可最大限度地与山融为一体，大大提高了房屋结构的整体性，对其抗震性能的提高有很大帮助。

2. 施工方便，造价低廉

石碹窑洞的修建不是依靠生产加工新的建筑材料来构筑房屋这种“加法”的建造方式，而是就地取材，利用风峪河内天然的、被河水打磨的河刨石为建筑材料，在平地上支模砌筑，再用石灰砂浆灌注而成，建筑结构几乎不再添加其他建筑材料。其采集建筑材料所需的人力也不繁重，由普通工匠用扁担从河谷内挑上来便可施工。因此石碹窑洞施工方便，造价低廉，具有很好的经济性。

3. 结构坚固，抗灾良好

石碹窑洞结构体系均由石头砌筑成拱券形式，各个石材整齐排列砌筑，形成一个牢固完整的体系，具有良好的抗震能力，使这些建筑历经千年的自然侵蚀和战火洗礼而不倒塌。

4. 居住舒适，生态环保

石材是一种热惰性材料，具有较好的隔热、储热能力，为石碹窑洞营造了优良的室内热环境，其室内温度常年保持在夏季 20 ～ 22℃，冬季 13 ～ 15℃，冬暖夏凉，为人们提供了舒适的居住环境。

二、石碹窑洞建筑材料分析

建筑材料的选择无不与该地区的资源有密切联系。店头村一带蕴含丰富的石灰岩，可作为修建石碹窑洞理想的建筑材料。而且石材作为最古老的天然的建筑材料之一，拥有坚固、耐久的优良特性和丰富的物质文化内涵。从古埃及的金字塔，到古希腊的雅典卫城，再到古罗马的万神庙，无一不是用石材建造的一座座令世人瞠目的建筑，同时也挖掘出了石材在建筑结构和建筑艺术方面的巨大潜力。而从古至今建筑结构技术又是建筑存在的保证和支柱，关系建筑的安全性和物理环境的舒适问题，同时也是制约建筑形式发展的重要因素。

店头村石碹窑洞建筑材料取之于自然，以石和砖为主，并综合运用了土、木、瓦等，可谓“五材并举，百堵皆兴”[1]，但与国外传统石建筑大空间、大体量表现出的威严、肃穆不同，店头村石碹窑洞则更为实用、浑厚与朴实，形成了自己独特的建造风格和结构体系。

（一）石材材料属性

店头村石碹窑洞主要建筑材料为河刨石，均取材于风峪河谷内（见图 3-2-1），为纯天然石材，其主要化学成分为石灰石（$CaCO_3$），常混入石英、硅质混合物和黏土矿物等。较其他石材而言，该种石头硬度一般，其强度随石英和硅质物含量的增大而增大，随黏土质含量的增大而降低。石灰石有较好的加工性，因此经历长时间的山洪冲击和河水搬运，被天然打磨成不规则的卵形，石头棱角圆润，表面光洁，呈粒礀状结构，质量多在 20 千克以下。河刨石属于沉积岩范畴，主要颜色有灰、灰白、青灰和褐色等（见图 3-2-2）。呈致密块状，重度为 22 ～ 26kN/m³，表观密度为 1800 ～ 2600kg/m³，相对密度为 2.48 ～ 2.85，孔隙率为

注 [1]：渠滔．河南巩义康百万庄园的营建技术探析 [J]．河南大学学报（自然科学版），2010，40（1）：105-110.

图 3-2-1 风峪河谷内的河刨石

图 3-2-2 不同色泽的河刨石

5% ~ 20%，吸水率为 0.09%，干密度为 2000 ~ 2400kg/m³。材料本身具有良好的保温隔热性、隔声性和胶结性，是可以直接利用或进行深加工的建筑材料。

作为建筑材料还应具有一定的耐高温性，以保证发生火灾时可以最大限度地保证房屋的结构安全，在这方面石材这种天然阻燃物质有着独特的优势。大量事实证明，与传统木构建筑相比，石建筑毁于火灾的数量十分稀少，而且含有碳酸钙的石材较其他种类石材更具有耐火性，只有当温度达到 827℃时，自身结构才会开始破坏，温度达到910℃以上才会发生分解。

在耐候性方面，石材的膨胀收缩和耐冻性能均表现良好。物体受热膨胀后都无法恢复至原有体积，都会保持一部分永久膨胀，由温度从0℃增加到1000℃再降回0℃的实验中测得石材的永久膨胀度为0.02%～0.045%，膨胀变化较小。而当温度降于-20℃发生冻结时，该种石材能够抵御孔隙内水分膨胀所产生的内力，不会出现破坏现象。

在力学性能方面，石材属于脆性材料，抗压性能良好，但抗拉、抗弯和抗剪强度较低，又有自重大的缺点，因此在水平方向上的使用受到一定的限制，无法适用于跨度较大的房屋的梁架。但石材密度大而坚硬，能较好地承受重力荷载、温度变化和其他外力的破坏，常作为承重构件运用于建筑的基础或竖向受力部位。经试验证明，石灰岩的抗压强度为50～200MPa，抗拉强度为5～20MPa，摩擦角为35°～50°，内聚力为10～50MPa。

含石灰岩的石材耐碱但不耐酸，通常情况下，其化学性能相对稳定，但在遇到酸性环境时，会发生化学反应。由于石头中存在细小的孔隙，受酸雨或大气环境污染的影响，易使石头表面发生化学侵蚀作用，造成石材与不同矿物质之间配合不良。

（二）砖的材料属性

店头村建筑中采用的砖材料，主要为天然黏土烧制成的青砖。表面色泽均匀、平整，呈青黑色，表观密度为1600～1800kg/m³。与传统红砖相比，青砖在强度和硬度方面与其相当，但抗氧化性、抗水化性和抵御大气侵蚀的能力比红砖优越很多。此外青砖还具有密度大，抵抗变形能力强，不变色等优点。

（三）木材材料属性

木材也是店头村中常用的建筑材料，主要用于窑上房屋架的梁、椽等构件和窑洞的门窗等维护结构。与石材相比，木材则具有轻质高强、能够承受较大冲击和振动的优点，而且木材可塑性很强，容易加工，不易传声与导热。

通常木材的密度在1.48～1.56g/cm³之间，表观密度为500kg/m³，含水率介于25%～35%之间。木材为非均质材料，受植物生长纹理的影响，木材强度表现为各向异性，具有很强的方向性。但总体而言，顺纹抗压和抗拉强度比横纹要高，此外木材还具有一定的弹性，抗震性能很好。

木材也存在很多缺点，例如易糟朽腐烂、易燃烧、易受潮、耐久性差等，从而导致构件变形，严重

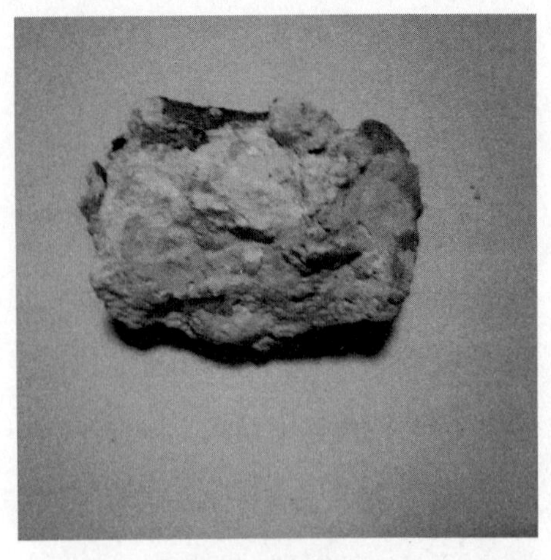

图 3-2-3　石灰砂浆

图 3-2-4　石膏砂浆

影响木材的材料强度和力学性能。从店头村现存建筑来看，石窑洞建筑保持较为完整，而窑上房这种砖木结构的建筑毁坏比率高达 75%，可见木材的经久度远不及石材。

（四）砌筑砂浆材料属性

砌筑砂浆是由水、砂、石灰、石膏等主要物质组成的混合物。因店头村当地多石灰岩和盛产石膏，古村中建筑所用砌筑砂浆主要为石灰砂浆和石膏砂浆（见图 3-2-3 和图 3-2-4），并夹杂有煤渣、炉渣、硫铁矿等当地特有的少量杂质，属于传统做法，均是由当地工匠凭经验调制而成。砌筑石碹窑洞，如何解决石块之间的黏结性和垂直性是十分关键的问题。为增强砂浆的黏结性，工匠还将糯米汁、鸡蛋清、麦秸秆等物掺入其中作为连接料和胶结料，这样可使砂浆的整体强度提高 15% 以上，使石块间粘结更为牢靠。经过实地调研，不同年代的建筑其砂浆成分配比有所不同，而同一建筑的不同部位根据实际工程要求，其砂浆成分和配比也有所不同。

为了解不同砂浆的化学成分和物质组成，我们选取了商业街西侧石碹窑洞、紫竹林寺下部石碹窑洞和 37 号大门院西侧石碹窑洞中的三个砂浆样本，进行了 EDS 元素成分检测实验。选取了 12 号冰洞东侧边跨窑洞二层建筑砂浆和 37 号大门院西侧石碹窑洞砂浆，进行了砂浆物质材料组成分析实验。

1. EDS 砂浆元素成分检测实验

该实验采用 JFC-1600 auto fine coat 真空镀膜仪对砂浆表面进行喷金处理，使材料表面具有导电性。对样本中各元素进行 X 射线扫描，利用不同元素自身的 X 射线光子能量特征不同进行 X 射线能谱分析，以确定元素的种类和含量。通过 JXA-8230 电子探针显微分析仪观察，在每个试样表面选取 3 个点，截取 3 微米的图像进行多次反复扫描。为获得较准确的信息，我们采用对实验结果取平均值的办法，以求从微观角度入手，找到宏观规律，从而得到较为准确的数据。实验结果见表 3-2-1 ～表 3-2-3。

从实验结果可知，砌筑砂浆主要含有大量的 C、O、Ca、Si 等化学元素，并含有少量的 Mg、Al、Na、Cl 等元素。主要含有 $CaCO_3$、SiO_2、Al_2O_3 等化学物质（注：其结果显示的 Au 元素，为对试样表面镀膜时夹带进入的物质，非原有试样所含的化学元素，应将其忽略）。

砌筑砂浆中矿物成分的相对稳定性与砂浆的抗风化性能有明显的作用。从化学元素的活动性看，Ca ＞ SiO_2 ＞ Al_2O_3，当物质之间发生化学反应时，活泼的物质更容易失去电子从而达到稳定结构。因此，含 C、O、Ca、Si 等元素较多的砂浆，其稳定性更好。

2. 砂浆物质材料组成分析实验

该实验为在实验室对样品进行表观分析，并利用 Zeiss（Stemi-2000-C）立体显微镜对其进一步观察显微构造特点。并参照“德国 Wisser & Knoefel 方法”对样品进行酸化和碱化处理，依次对其中的

商业街西侧石碹窑洞砂浆检测结果（彩图见书后）　　**表 3-2-1**

标准样品：
O Si (SiO_2)、C1(KC1)、Al (Al_2O_3)、Ca
(Wollastonite)、Au、K
(MAD-10 Feldspar)、Na
(Albite)

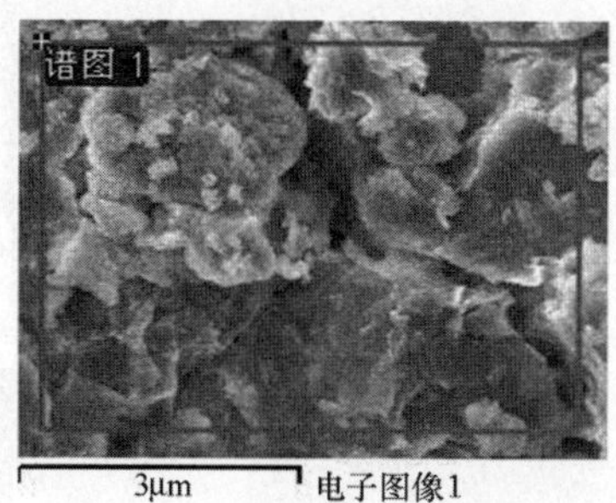

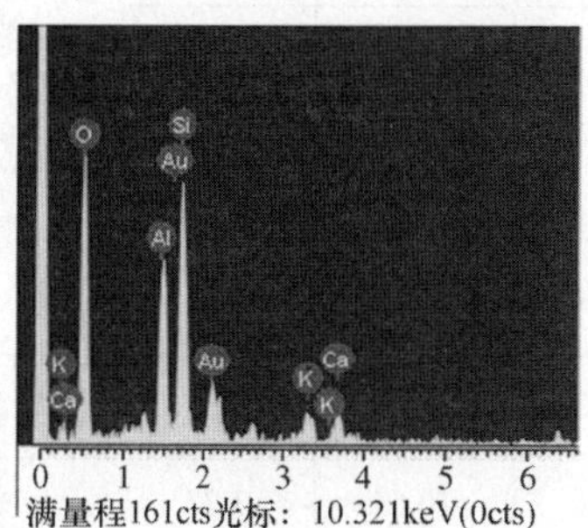

元素	重量	原子
	百分比	百分比
O K	99.38	70.50
Na K	1.35	0.76
Al K	21.27	8.89
Si K	33.02	13.31
C1 K	2.14	0.78
K K	6.70	1.94
Ca K	7.11	2.00
Au L	27.68	1.82
总量	100.00	

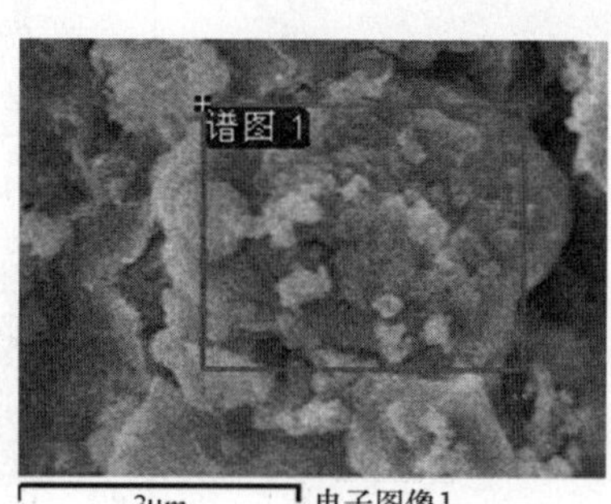

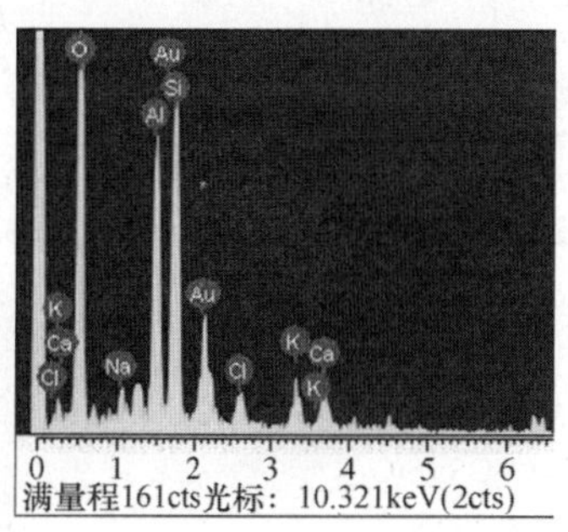

碳酸钙、水硬性组分（碱化过程可溶解的 SiO_2 、Al_2O_3 、Fe_2O_3 等）及骨料进行分析，最后根据质量变化对样品中现有及原始各砂浆组分含量进行定量分析。将两样品进行编号：① 为 12 号冰洞东侧边跨窑洞二层建筑砂浆；② 为 37 号大门院西侧石碹窑洞砂浆。

（1）砂浆表观及显微分析

在电子立体显微镜下将砂浆样本①放大 65 倍（见图 3-2-5），我们可以发现该砂浆原料中含有块状

紫竹林寺下部石碹窑洞砂浆检测结果（彩图见书后） **表 3-2-2**

标准样品：
C($CaCO_3$)、OSi(SiO_2)、Mg（MgO）、
C1(KC1)、Al (Al_2O_3)、
Ca (Wollastonite)、Au

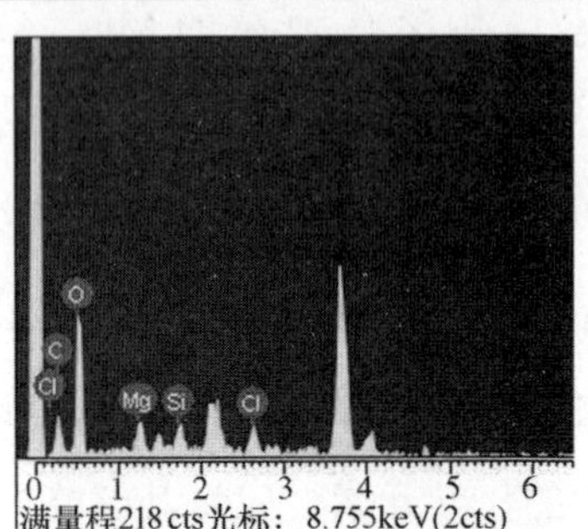

元素	重量百分比	原子百分比
CK	46.78	24.62
OK	135.42	58.08
Mg K	9.53	2.54
Si K	8.44	2.09
C1 K	10.64	1.77
Ca K	42.24	8.59
A1 K	1.39	0.44
Au L	45.56	1.87
总量	300.00	

谱图 1
3μm 电子图像1

满量程218 cts光标：8.755keV(lcts)

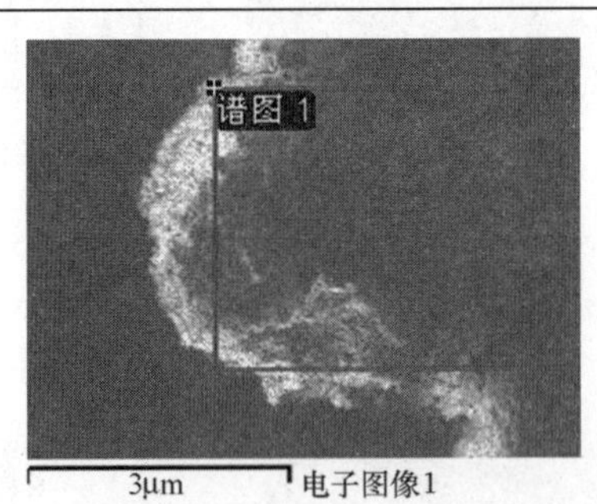

满量程161cts光标：10.321keV(1cts)

37 号大门院西侧石碹窑洞砂浆检测结果（彩图见书后） **表 3-2-3**

标准样品：
C($CaCO_3$)、OSi(SiO_2)、
Ca (Wollastonite)、
Au、
Al (Al_2O_3)、Nb

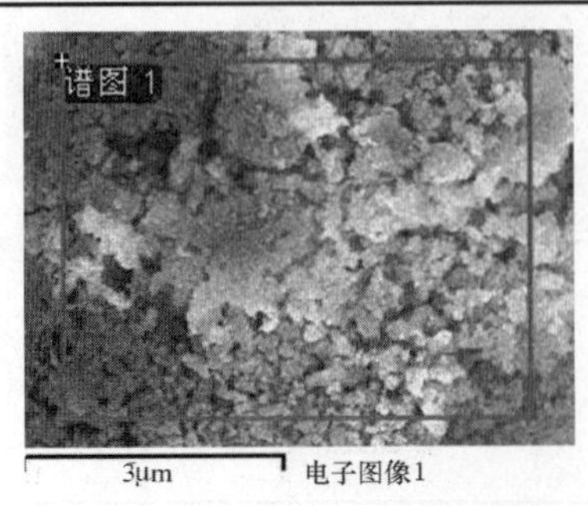

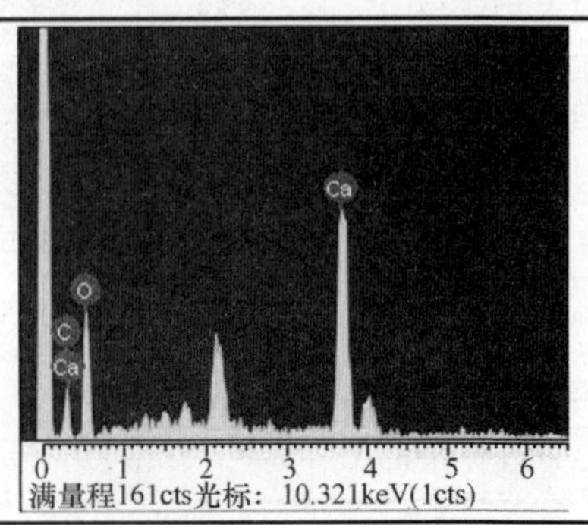

续表

元素	重量	原子		
	百分比	百分比		
C K	34.08	19.22	 3μm 电子图像1	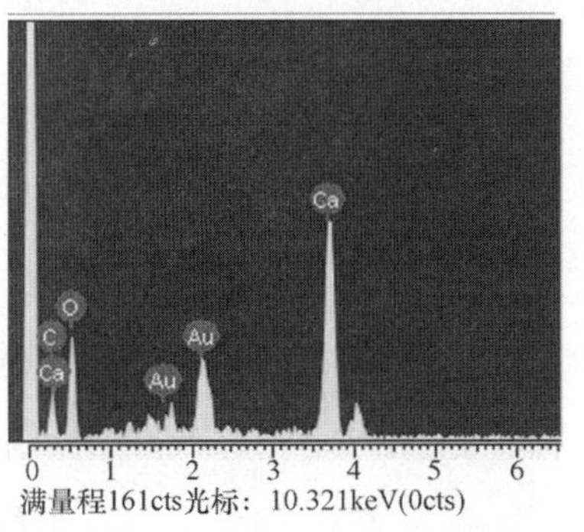 满量程161cts光标：10.321keV(0cts)
O K	142.91	61.07		
Ca K	98.79	17.35		
Au L	9.66	0.36	 3μm 电子图像1	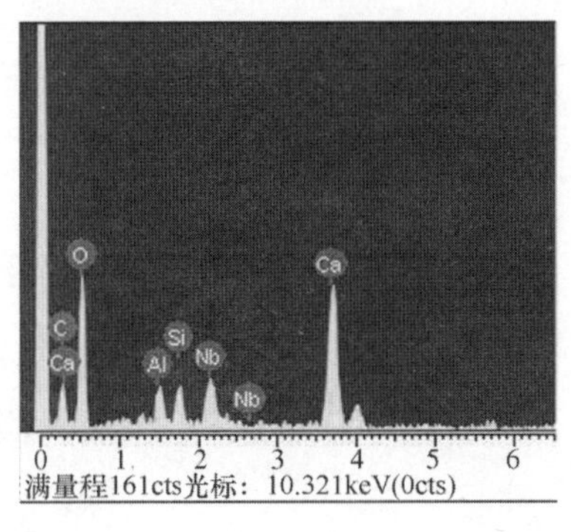 满量程161cts光标：10.321keV(0cts)
Al K	2.83	0.68		
Si K	3.13	0.72		
Nb L	8.60	0.60		
总量	300.00			

石灰和极少量砖粉，黑色的斑点说明骨料砂中可能掺杂煤屑、岩石碎屑等。

在样品②的显微图片（见图3-2-6）中可见彩色的斑点系石灰中掺杂的细砂骨料、砖粉、氧化铁等。

图 3-2-5 样本①显微放大图

（彩图见书后）

放大65倍

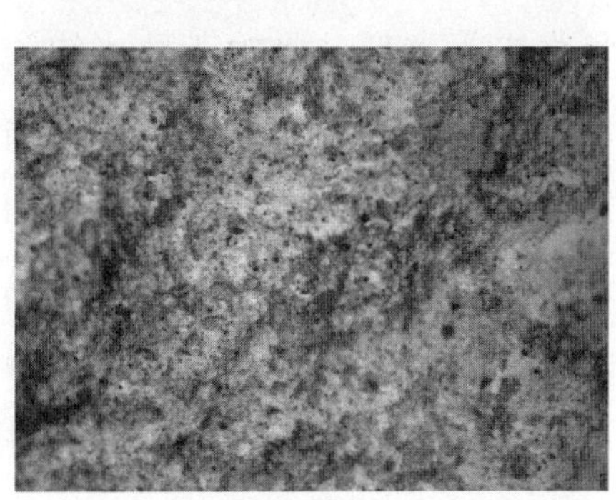

放大250倍

图 3-2-6 样本②显微放大图

（彩图见书后）

（2）砂浆组分分析（见表 3-2-4）

表中：

M_0：所取样品烘干后的质量（g）；

M_1：样品经盐酸处理烘干后的质量（g）；

M_2：样品经饱和碳酸钠处理烘干后的质量（g）；

G：现有黏结剂含量（wt%）；

U：原始黏结剂含量（wt%）；

B_1：测定灰砂比；

B_0：原始灰砂比；

S_1：黏结剂中现有水硬性组分（wt%）；

S_0：黏结剂中原始水硬性组分（wt%）。

对两样品进行酸、碱和烘干、称重、筛分等处理后，测定该两种样品主要成分均为石灰膏，且原始的黏结剂中水硬性组分含量都较低，为纯气硬石灰的砌筑砂浆。其中样品①的原始黏结剂总含量为95.69%。测定原始水硬性组分含量为中等到低，原始灰砂比约为20 ：1（重量比）；样品②的原始黏结剂总含量为58.20%。测定原始水硬性组分含量为中等到低，原始灰砂比约为3 ：2（重量比），且样品②中掺有少量的砂石碎屑。

（五）店头村建筑材料综合评价

建筑材料是建筑空间围合的物质基础，也是建筑性格表达的直观方式，它不但直接关系到建筑物的结构安全，而且建筑的外在形式直接受到建筑材料特性的影响，还直接影响到使用者的心理和生理健康。

店头村建筑所用的石、木等建筑材料均为绿色环保材料。取材于大自然，而且不需要过多的加工就可以直接利用，在整个建造过程中，不会对环境造成新的破坏。同时石材还可重复利用，只要不破坏河刨石的原有结构，旧的窑洞拆毁后，可将一个个的河刨石重新用于新石碹窑洞的砌筑中，达到建筑材料和建筑形式的循环更新。

从建筑美学的角度，石材粗犷、自然，青砖庄重、质朴，木材温婉、复古，店头村的建筑以石、砖、木为主要建筑材料，充分尊重了每种建筑材料的特性，将它们恰到好处的结合在一起，将建筑的承重与维护结构充分暴露给观赏者，不需要刻意的雕饰和华丽的彩画，而用原始材料组成窑洞的肌理，使

石灰砂浆物质材料组成实验　　表 3-2-4

编号	M_0	M_1	M_2	G	U	B_1	B_0	S_1	S_0
①	25.57	1.05	0.82	96.78	95.69	0.03	0.05	0.86	0.89
②	29.06	10.34	10.09	65.29	58.20	0.53	0.72	0.88	1.35

得建筑发挥出自身真实的魅力。而砖、石两种砌体材料的组合，又使建筑表现出一种重量、厚重和沉稳的感觉，当阳光洒在其上又起了一定的软化效果，使其变得温暖、柔和，使建筑散发出其柔情的一面。

三、石碹窑洞建筑结构分析

（一）石碹窑洞拱券分类及特点

石碹窑洞结构体系与中国传统木构形式不同，没有梁架支撑，也不同于生土窑洞的土拱支撑体系，而是以“石碹拱”为主要受力结构。拱券作为一种重要的建筑结构形式，只承受压力，具有良好的竖向承重特性，同时兼有美化装饰的作用。店头村石碹窑洞以拱券为基本结构形式，在统一中寻求变化，根据不同的建筑类型，采用了多种拱券形式。按拱券的功能可主要分为筒拱和伏壁拱两种。筒拱是店头村石碹窑洞最基本的结构形式，也是使用最多的一种模型，主要用于普通民居住宅（见图 3-3-1）。扶壁拱主要用在正房与厢房（或暗房）的衔接处，以扶壁拱代替完整的筒拱，可以节约建筑空间，又可为进出暗房提供交通空间并使之接受天然采光。大部分石碹窑洞楼梯下面也采用扶壁拱结构，以平衡窑洞拱顶的横推力，这样一来可节约材料，减轻楼梯自重，二来可形成一个储物和躲藏空间，增加实用和军事防御功能（见图 3-3-2）。

石碹窑洞是将石材与拱券技术完美结合的产物，通过石材的砌筑和不同拱券的组合，创造了丰富的建筑使用空间，弥补了传统木构建

图 3-3-1　筒拱

图 3-3-2　伏壁拱

注：[1] 拱券，百度百科，http://baike. baidu. com/view/335994. htm.

筑需要巨大天然木材做梁才能满足大空间需要的弊端。

此外还可以按拱券的形状进行分类，主要有以下五种：半圆拱、双心圆拱、三心圆拱、抛物线拱和内斜墙双心圆拱。其中以半圆拱和双心圆拱较为常见，应用于大多数石碹窑洞结构体系和门窗发券中。三心圆拱和抛物线拱因施工较为繁琐，不易成形，数量较少，如 25 号院与石木居中的石碹窑洞采用的是三心圆拱的形式。抛物线拱主要用于楼梯间或过道等小空间中，如 12 号冰洞西侧通道内就采用了抛物线拱的形式。内斜墙双心圆拱为变形拱券，主要受墙体不规则砌筑的影响而形成的（见图 3-3-3）。

店头村石碹窑洞以拱形曲线为主要造型，拱券不但是结构体系，还是立面构图的点睛之笔，它们以窑洞门窗为构图中心，形成店头村石碹窑洞建筑的统一风格，但不同的拱券造型使得这份统一中又富有变化，拱形曲线与石砌直墙形成柔与刚的对比，更增加了石碹窑洞的审美情趣。

（二）石碹窑洞结构受力性能

1. 拱体结构优缺点分析

所谓拱是指支点为固定铰支座，主要承受竖向压力，水平方向上产生内向反力，由两侧推力保持受力平衡的曲杆结构。券是一种砌筑方法，利用块料之间的侧压力建成跨空的承重结构[1]，如窑洞内部砌于墙上做门窗洞口或屋顶等弧形的部位。拱券则是由拱和券两部分组成的跨空砌体。

石碹窑洞为拱券式结构，它没有梁架支撑，利用河刨石块体材料粘结砌筑成跨空砌体，完全依靠拱券结构受力自支撑结构体系，拱结构对竖向荷载具有较好的承受能力，因此窑洞的结构安全性能主要由拱肩剪力决定。

为获得更好的受力效果，在筒拱石碹窑洞结构中，用石头砌成多道券并列的形式，并且石头间相互咬合攀联，使拱体内的弯拉力转化成压力，受力更加均匀合理。通常砌一道拱券，若上部荷载较大也可设置多层券以增加结构强度。

而且不同形状的拱券受力也

半圆拱

双心圆拱

三心圆拱

三心圆拱

抛物线拱

内斜墙双心圆拱

图 3-3-3　拱券类型图

有差别。一般情况下，半圆形拱会产生较大的水平侧推力，因此两边需要较厚的墙体来支撑，半圆拱拱高与拱跨相等，空间上受到一定的限制。双心圆拱由两条等半径圆弧相交而成，顶部较尖，可使拱券顶部挤压更为密实，产生的侧推力较小，在力学性能上比半圆拱更加坚固牢靠，而且双心圆拱顶部尖点是拱的最高点，纵向高度可在一定范围内变化，拱高与拱跨之比不受限制，可获得更为自由的室内空间。

2. 石碹窑洞结构受力分析

将店头村石碹窑洞建筑结构抽象为两部分来研究，窑洞下部为石砌体结构，窑洞上部为石拱券结构，两者结合起来共同构成安全性能良好的石碹窑洞结构体系。

石碹窑洞结构受力主要表现为受压和受弯两种作用力。

下部石砌体结构受到压力的作用，主要为轴心受压，可产生压缩变形。石砌体可使荷载均匀分布到各个石块内，石块间的间隙通过石灰砂浆进行填充，以补偿各石块的角度变化，砂浆还可将集中的应力分散，使力从一个石块传递到另一个石块，获得砌体受力平衡。

上部拱券结构是主要的受弯构件，集中在窑洞顶部，主要承受均布荷载与自重。墙体对其施加一定范围的压力，有利于石块挤压紧密，防止砌体之间因热胀冷缩发生变形，拱券正是通过石块的相互挤压，彼此之间产生摩擦力，抵抗上部结构传来的垂直压应力以保持结构的稳定。

拱券结构产生较大的水平推力往往需要较大的窑腿来抵御这种力量。为很好地克服这一问题，又使空间不被浪费，古代工匠巧妙地采用横纵窑洞相连的形式使彼此受力相互平衡。如郭家西院一层的石碹窑洞，中间为一个长18.4米，宽3.9米，高4.9米的巨大的枕头窑，若采用单孔窑洞建造，这样巨大的窑洞的窑腿要达1.2～1.45米才能实现，但该横窑与三口纵窑组合在一起，纵窑可很好地抵御中间横窑产生的侧推力，同时这三口纵窑彼此形成独立空间，使建筑平面得到更细致的划分，建筑结构和功能都得到更合理的满足。

3. 结构计算

石碹窑洞均是由古代工匠凭借经验建造起来的，其结构安全性虽已经受住了实践和时间的检验，但按照常理人们还是习惯用理论计算验证其安全性。笔者也进行了这方面的尝试，由于现实条件限制，结构体中存在的参量多变，古窑洞的建造本身又缺少规范标准可依，因此需对窑洞计算模型进行简化，均假定为理想均匀的条件，借助经验和计算机模拟对结构进行验算。

为研究方便，我们将拱券与窑腿连接处及窑腿与地面的连接均简化为固定铰支座，拱券及拱券顶部覆盖的土体视为均布荷载，按自重加雪荷载考虑。窑洞四壁为均匀石砌体，以实际窑洞测绘几何参数进行定性分析，得到如下计算简图（见图3-3-4）。

利用Ansys12.0有限元软件进行力学分析。由于石碹窑洞拱券是以石块砌筑成弧形壳体，因此我们将该结构定义为薄壳结构进行计算。取拱跨为3.45米，窑腿高为1.95米，拱矢高为1.95米，圆心半径为1.917米，窑洞进深为4.0米，拱券壳体厚度为30厘米，建立好实体模型。查得石灰岩弹性模量为 3×104MPa，泊松比 μ=0.2。依据石灰岩及土的密度和实际测绘覆土厚度估算石碹窑洞最大应力处为 4000N，对模型施均布荷载 4000N，得到如下分析结果（见图 3-3-5）。

石碹窑洞变形主要有水平变形、曲率变形和倾斜变形三种。从结构变形图中可以看出，在外力影响下，石碹窑洞的拱券结构顶端发生明显变形，变形从拱顶向底部逐渐减小。从等效应力分布图中我们可以看出，石碹窑洞拱顶承受应力最大，从拱顶经拱肩向拱脚处应力逐渐减小。经实地调研发现，店头

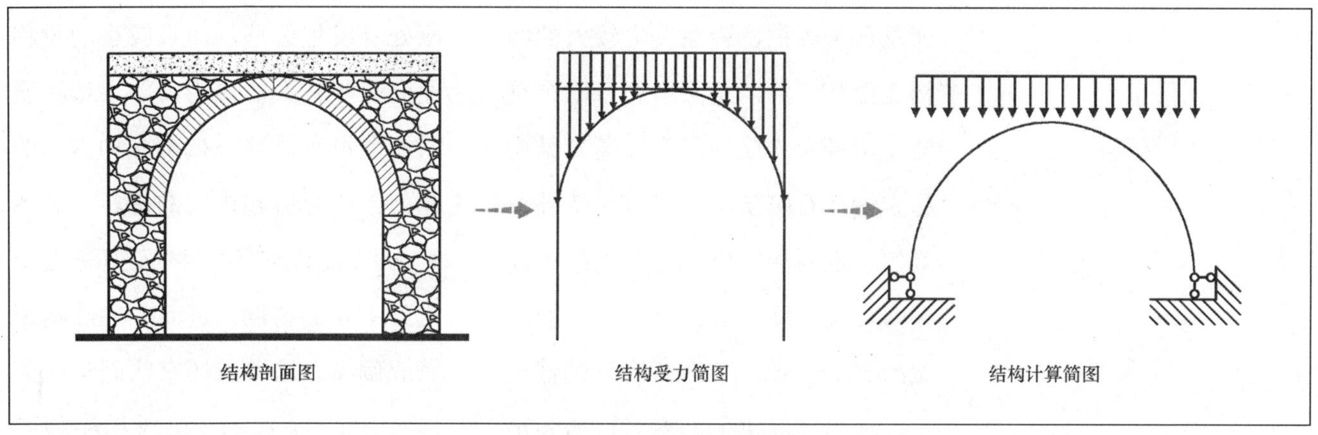

图 3-3-4　拱券结构简图

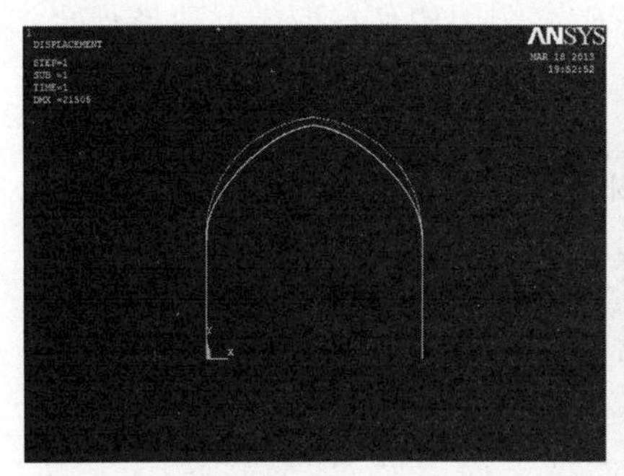

结构变形图

结构变形实例

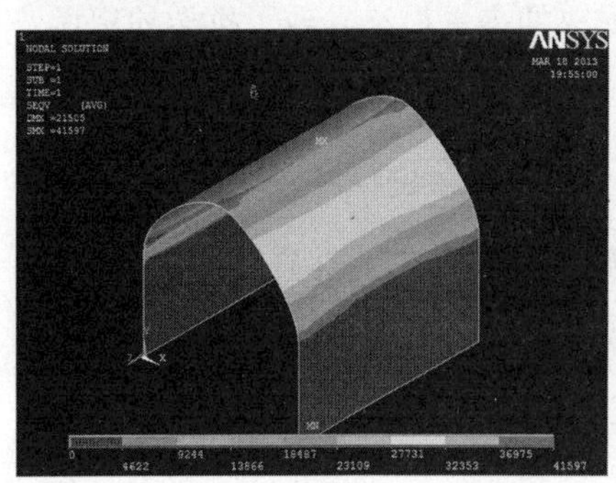

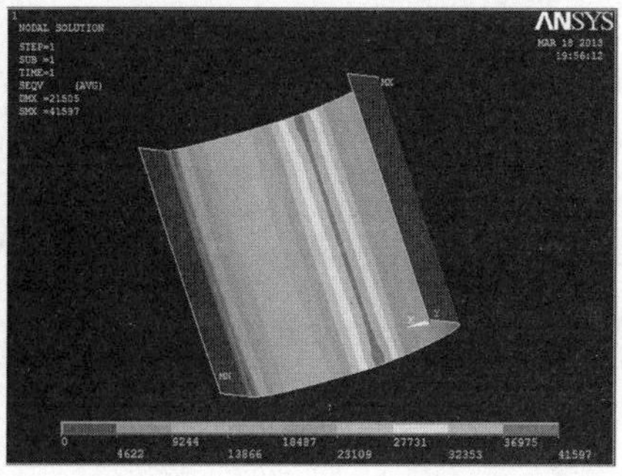

等效应力分布图

应力破坏实例

图 3-3-5　有限元结构分析图

村商业街处的石碹窑洞拱券已经发生类似结构变形，拱券顶部石砌筑结构发生向下的结构位移，偏移原位置约 8 厘米。受拱肩处应力较大的影响，16 号 C 院前部石碹窑洞拱肩处发生结构裂缝。从计算机模拟分析和实际情况判断，今后我们应当加强窑洞拱顶和拱肩的结构设计及日常养护，避免发生较大的结构变形和破坏，从而增加石碹窑洞的使用寿命。此外，为提高其结构稳定性，石碹窑洞拱券应保持外形均匀、规则和完整，窑洞顶部不宜过薄，覆土厚度应大于等于窑洞净宽的 3% ～ 5%。在条件允许的情况下，适当提高拱矢高度可以增强窑洞的受力性能，要注意开洞的位置及尺寸，避免结构局部发生突变造成破坏。

（三）石碹窑洞破坏形式分析

店头村石碹窑洞由于年代久远又长时间无人居住，部分窑洞发生了破坏，其主要破坏形式有拱券塌落、裂缝和砌体松动等。

1. 拱券塌落

拱券塌落为石碹窑洞常见的破坏形式，分局部塌落和整体塌落两种，店头村 88% 的窑洞毁于此。局部塌毁是指石碹窑洞部分发生坍塌变形，局部塌毁的位置不定：有拱圈坍塌，拱顶石头松动塌落，或窑洞的窑腿、直墙、转角处坍塌。窑洞整体没有发生大的破坏，经修缮填补后仍可重复利用。

整体塌毁破坏最为严重，表现为石碹窑洞整体倾斜或整体倒塌。此种破坏是因为窑洞某侧石块松动发生侧向位移，打破原有的受力平衡所致。该破坏在边跨窑洞中发生的机率较大，这是因为拱券结构支座处易发生位移，而且较小的位移便会引起较大的内力，如果边跨窑洞侧壁没有足够的抵御此种内力的能力，便会引起拱圈的破坏（见图 3-3-6）。而边跨窑洞发生破坏就会牵连到中间的窑洞，进而产生结构裂缝或倒塌。这种破坏有些因年久失修而引起，有些则是遭到人为破坏。因生活需要，村民会无计划性地在石碹窑洞周边私挖取土，建造灶台、鸡舍等辅助用房，这种无意识的行为对窑洞安全造成隐患，严重的可导致拱脚发生位移，若再遇上雨雪等天气的作用，拱券上部砌体内水分趋于饱和，使拱顶荷载增大，抗压抗剪性能降低，而窑脚处固定铰支座的丧失最终导致了拱券的坍塌。

2. 裂缝和砌体松动

裂缝和砌体松动为石碹窑洞主要的破坏形式，存在于大部分窑洞之中。裂缝主要是因缩胀不均匀而导致的墙体或拱券发生局部开裂，在边跨窑洞和中跨窑洞中都有发生。有些裂缝是由于温度变化、结构收缩而引起的，此种裂缝较浅且轻，有些裂缝则由结构的开裂、错位造成，缝隙较大且深。此外，由于石碹窑洞建筑年代久远，长期的风化作用和雨水侵蚀使得砌筑砂浆酥软脱离，其黏结力和抗剪强度变低，承载能力变差，加之石块形状不规则并含有砂粒等杂质，对砌体密实度造成一定影响又加剧了这一破坏。而且局部危险的块体产生的破坏会引起连锁反应，因此要及时纠正局部块体的松动。在部分石碹窑洞的窑脸处，由于窑口敞开，使窑洞内部暴露于干燥环境中，砌筑砂浆的干缩、拱圈松动导致这一破坏的发生。因此要及时采取护顶加固措施，用顶部设有水平支架的木柱支顶（见图 3-3-7）。

图 3-3-6　拱圈破坏

图 3-3-7　拱顶支护

3. 石碹窑洞破坏影响因素分析

建筑材料力学特性，石碹窑洞自身结构缺陷和周边环境的改变，都会对石碹窑洞造成不同程度的破坏。石碹窑洞的安全主要是由石拱券肩剪力决定的，从石碹拱的稳定性和工程地质特征分析，若砌筑砂浆的黏聚力越大，石块间的摩擦力就越大，则结构越不容易发生破坏。在砌筑石碹窑洞时，上部形成卸荷拱，其形成条件与石块的质量、密度和砌筑排列方式有密切关系。拱轴线的几何尺寸、拱腿的宽度、拱的跨度和高度、侧壁的高度等对窑洞的稳定性和抵御灾害的能力都有一定的影响[1]。店头村处于季节性冻土地区，反复的冻融作用也会引起建筑材料微结构的改变，严重时可引起融塌。此外由于古村落周边采矿等人类活动又加剧了地层结构的破坏，形成地下采空区，造成地基不均匀沉降，产生结构裂缝，也间接影响着建筑结构的安全，对石碹窑洞造成一定威胁。

注：[1] 童丽萍，张晓萍. 濒于失传的生土窑居营造技术探微[J]. 施工技术，2007, 36（11）：90-92.

四、石碹窑洞构造技术分析

（一）石碹窑洞施工工艺

众所周知，拱券是西方建筑中常有的形式，在中国传统建筑中则较为少见，窑洞是将拱券运用于居住建筑的最好实例，石碹窑洞又是这类建筑中别具特色的一种。目前国内外对石碹窑洞构造技术和施工工艺的研究十分欠缺，因此从这一角度着手，对展示这类传统建筑类型和保护该建筑的生命安全具有十分重要的现实意义。

1. 靠崖石窑施工工艺

店头村靠崖窑为石质窑洞，位于山体向阳面裸露的基岩上（见图3-4-1）。该窑洞纵向深入山体中，直接将山体作为窑洞室内墙壁，圆拱形屋顶，进深9.35米，外侧开间5.5米，内侧开间2.3米，平面呈外大内小的葫芦形（见图3-4-2），窑洞室内净高沿进深方向从3.52米递减至0.9米，形成一前高后低的异形空间。窑洞外部空间高大，用做生活起居，内部空间低矮，可用来存放生活物品。据推断应该为古人利用天然山洞，又用锤子、凿子等工具削平洞穴内壁得以建造而成。古人还在窑脸处砌石并安置门窗，以保护崖面。

靠崖石窑的修建省工省料，但石材坚固，开凿石质窑洞比传统黄土结构较为困难，但石质靠崖窑却具有不易塌落和耐火性好的优点，营造出相当耐久的建筑空间，店头村周围山体为基质较好的石灰岩，岩层较厚，又使得该建筑具有良好的保温性能，室内冬暖夏凉，居住舒适。

从窑洞不规则的剖面来看，形

图 3-4-1　靠崖石窑洞

状酷似远古人类的穴居洞穴，具有“远古遗风”。在石窑洞外的山体上还有明显的木栓铆钉的遗迹，怀疑洞外原先存有木构建筑。据专家推测，该靠崖石窑年代较早，约为北齐时就已开凿。形制较为简陋，或许由于当时人力物力条件的限制，未能开凿为完整的矩形平面的拱结构体系，仅是粗略地满足了人类生活的最低保障，这也与当时不发达的生产力有必然关系。

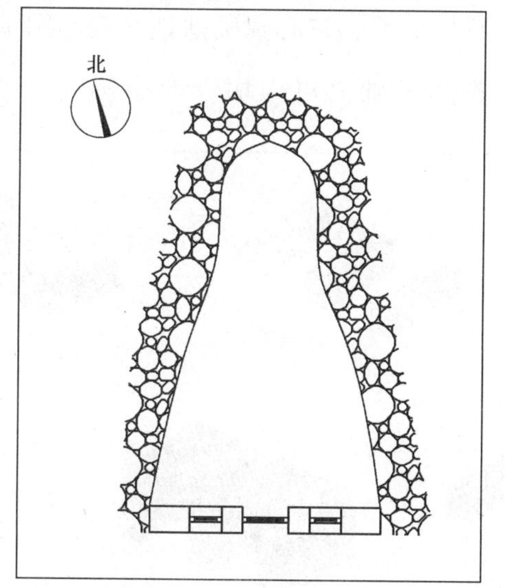

图 3-4-2　靠崖石窑洞平面图

2. 传统石碹窑洞施工工艺

传统的靠崖石窑均为开凿山体挖掘而成，易受地质地形等自然条件的限制，而在平地上砌筑石碹窑洞，则能将建筑从狭小的山体中解放出来，获得较大的使用空间，因此成为店头村主要的建筑形式，它具有瓦房的某些特征，但却比瓦房节省工料。

店头村石碹窑洞是用河刨石、水、石灰砂浆和土等主要材料建造的。其施工步骤如图 3-4-3 所示。

在砌筑石碹窑洞时，首先要平整场地，用灰土夯实地基。确定好窑洞的平面形态和尺寸，向下挖出窑箱。然后在潮湿松软的地基上“坐浆”，以保证建筑基础扎实稳当，然后开始垒平装，层层错缝搭接砌筑石块。在起到1.9米左右的高度，开始碹拱券，即“揉旋”。这个做法也十分讲究，现以双心圆拱为例介绍拱券放弧线的方法：首先要确定交口（两圆心之间的部位）位置，在窑口平装高度水平线上居中位置取O_1、O_2两点，设窑口线段两端点为A、B，以O_1、O_2为圆心，$AO_1=BO_2=R$为半径做弧，两弧相交于一点，即组成为一完整的双心圆弧线（见图3-4-4）。其起拱高度与O_1、O_2点之间的间距成反比关系。三心圆拱则是在双心圆拱的基础上再内切一个小圆，三个圆的边缘彼此衔接平滑（见图3-4-5）。由于拱券砌筑时下部有模具支撑，上部未承受负荷，所以在拆模后拱券因自行承重会产生结构变形。为避免此种现象发生，工匠常在砌筑时有意增加拱矢高度，以便在拆模后拱券经变形可回归到原设计位置。

放线完毕后进入“支穴”阶段，即在窑洞内部用木椽和黄土等搭建拱形的模具作窑洞坯子，衬于窑腿中间。然后在支好的模具上铺放河刨石，这段砌好后，向前移动模具再砌筑下一段，直到全部砌完。拱券为横向砌筑，受石块自身

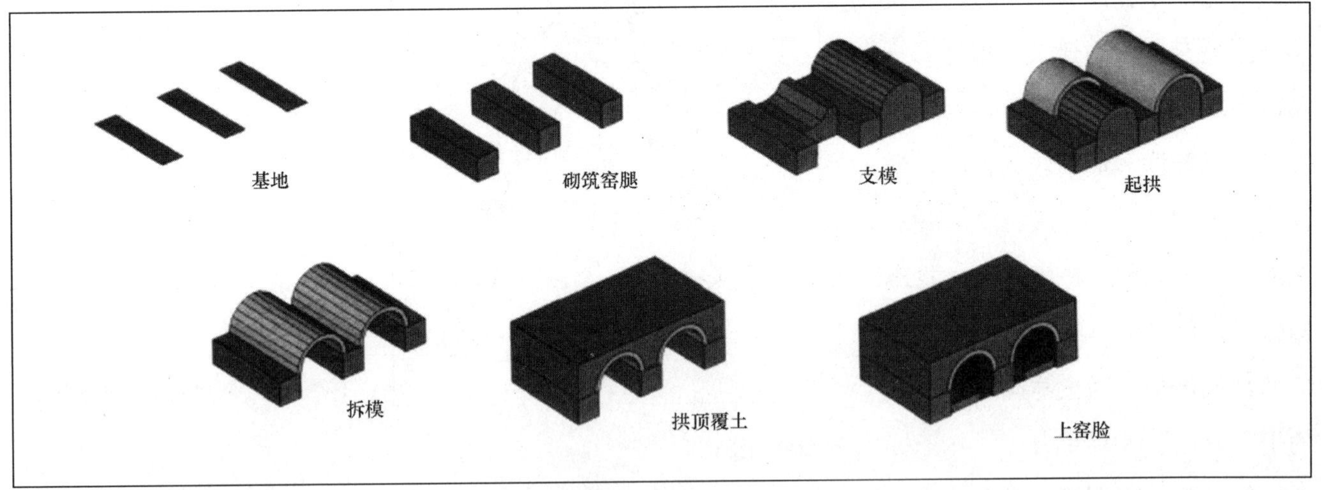

图3-4-3　石碹窑洞施工过程示意图

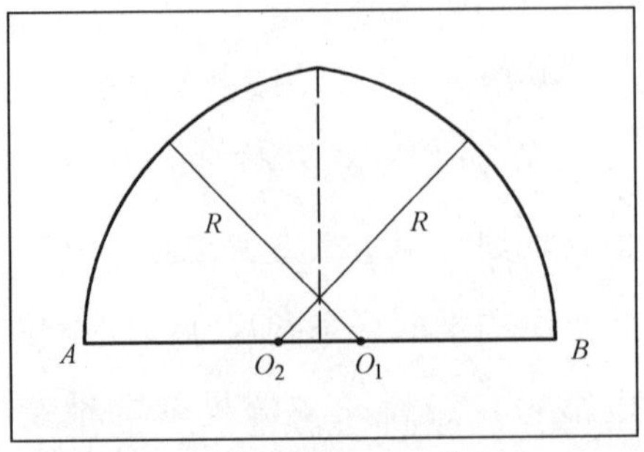

图3-4-4　双心圆拱起拱示意图

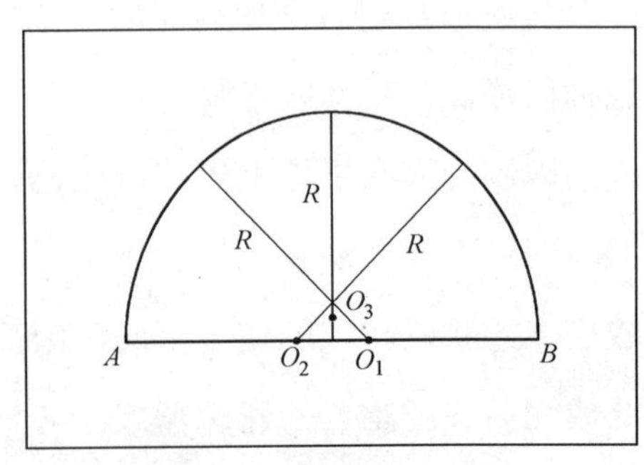

图3-4-5　三心圆拱起拱示意图

重力和外部荷载的影响，窑洞顶部易发生较大竖直向下位移，会产生拉应力。为保持拱顶结构的稳定，接近顶部的石块需逐渐变小，形状接近长条形并前后交错排列，用砂浆粘合，成为整齐密实的拱顶结构，注意灰缝应均匀、饱满并采用上宽下窄等腰梯形的咬接方式，最后合拢后将模具取出即可。在部分拱顶脆弱的地方可覆 20 ～ 40 厘米左右的土，称之为“垫背”。用土替代石头覆盖拱顶，可节省材料，并使拱顶自重大大减轻，顶部荷载更加均匀，又可减少侧推力，有利于加强窑洞的稳定性（见图 3-4-6）。最后再用石头砌筑窑脸，使之形成一个封闭完整的窑洞空间。

为提高窑洞室内空间的利用率，在建造过程中常在石墙壁上预留各种尺寸的壁龛，供日后放烛台或储藏物品之用（见图 3-4-7）。石碹窑洞四周都可开窗，室内通风和采光远胜于靠崖式窑洞。由于建筑材料质感或经济条件的限制，石碹窑洞窑脸和室内的装修十分简朴，几乎不作什么装饰。只有少量窑洞

图 3-4-6　拱顶覆土

图 3-4-7　各种尺寸的壁龛

室内由后人涂抹白灰，进行了简单粉刷，大部分为裸露的原生态的石砌墙壁。

3. 窑上房施工工艺

窑上房结构保持了传统石碹窑洞建筑形式，在此基础上又进行创新，修建为层楼式建筑，延续了窑洞建筑的优点，并创造了多变的建筑空间组合形式。

下层窑洞均为石砌筑结构，上层房屋有些为石砌筑结构，有些为砖砌结构，但无论何种墙体的房屋，均采用木屋架体系。古代工匠们将石砌体结构作为竖直方向的受力构件，充分利用了石材良好的抗压性能，而且窑上房的建造对石料要求并不高，普通质地均匀的河刨石即可满足；他们将木材作为平面受力构件，很好地展现其抗拉性能，扬长避短，充分发挥了两种材料的优越性，又可获得较大的室内空间，使建筑平面更为灵活。这种建筑省工省料、建造方便，而且从外观看石碹窑洞与窑上房组成统一整体，使得建筑显得十分高大阔气，是当地具有代表性的建筑形式。

但窑上房不可避免地暴露了木构架的结构缺陷，受木材使用寿命的限制，又加上当地夏季潮湿多雨，严重影响了木材的耐久性，店头村的窑上房都有不同程度的破坏。

（二）石碹窑洞细部构造

在传统结构技术条件的限制下，为追求较好的艺术效果，提高建筑的审美要求，古代工匠凭借其聪明才智，通过各种手段利用现有建筑材料，来达到他们的目的，在店头村中也不例外。

1. 屋檐构造

（1）砖仿木披檐构造

披檐是店头村石碹窑洞少有的建筑构造，人们出于防护窑面和追求造型美观的目的而设置它。砖瓦披檐仅见于郭家西院的第二层石碹窑洞上。该披檐下部砌有六层条砖，组成枭混线脚，上部为砖仿木结构，用砖砌成檐椽式样并设置瓦当和滴水，最上层横向覆盖筒瓦，以圆弧形曲面结束。披檐坡度约为35°，出檐较浅，约40厘米，这样一方面可使雨水沿披檐的坡度自然排向地面，使窑脸免受雨水冲刷，另一方面不会遮挡阳光，以免影响到窑洞室内采光。整个披檐造型精美、简洁大方，在具有一定实用功能的同时又使窑洞立面造型层次更加鲜明，为窑洞民居增添了不少传统木构民居的韵味，体现了店头村石碹窑洞别样的艺术风格（见图3-4-8）。

（2）石仿木披檐构造

石材坚硬、耐久，但却不易于加工。木材富有弹性，易于被加工成各种精美且富有美好寓意的建筑构件，因此木结构建筑也成为中国传统建筑的主流。随着人们审美水平和建筑技术的提高，大量石材被加工成建筑构件，出现“石仿木”的现象。

店头村建筑善于用石，为追求美丽的艺术效果也采用了石仿木的手法。例如紫竹林寺龙王殿上的石质披檐（见图 3-4-9），该披檐总长 4.0 米，出檐深度为 35 厘米，由 8 块厚度为 25 厘米的砂石板拼接而成。这些石板完全仿造木结构披檐制造，被打磨雕刻成瓦垄、瓦当、滴水和檐椽等造型，每 4 个瓦垄组成一组，十分精美且便于施工。这种石仿木披檐构造既继承了木结构精巧美观的优点，又发挥了石材耐久的特点，相对于木结构披檐来

图 3-4-8　砖仿木披檐

图 3-4-9　石仿木披檐

说，石材质披檐更能长久抵御住风雨侵蚀。该石质披檐上部留有4个排水口，这样二层大殿的雨水可通过该洞口沿石披檐排向中心庭院中，既解决了上层排水问题，又很好地保护了龙王殿建筑立面。

（3）石碹窑洞砖挑檐构造

店头村石碹窑洞的砖挑檐造型和构造都十分简单，有的砖挑檐仅设置两皮砖，下皮砖顺砌，上皮砖丁砌，组成水平的两道横线条，作为屋檐收口。有的披檐在此基础上在中间增加一皮砖，成45°角斜向砌筑，外立面上形成凹凸的效果，使得檐口造型更加丰富（见图3-4-10和图3-4-11）。

（4）窑上房屋檐构造

窑上房普遍采用平屋顶构造，

图3-4-10　石碹窑洞砖挑檐构造1

图3-4-11　石碹窑洞砖挑檐构造2

其做法是在砖或石墙上架设檩条，再将圆椽整齐码放在檩条之上，然后铺望板砖，上覆草泥和石灰炉渣等材料作为保温隔热垫层，最后用石灰砖渣抹面即可。屋檐出檐较深，约 75 厘米。为保护墙面，常在望板上再架设一皮砖以增加出檐深度并起到保护木望板和椽子的作用（见图 3-4-12 和图 3-4-13）。

2. 洞口及其过梁构造

出于军事防御的考虑，店头村的建筑大多彼此相连，因此在窑洞内部开洞是常事。按功能分类，洞口主要有向上逃生洞口、向下逃生洞口和瞭望用洞口三种（见图 3-4-14）。

（1）向上逃生洞口：主要开设在窑洞侧墙上方靠近顶部的位置。

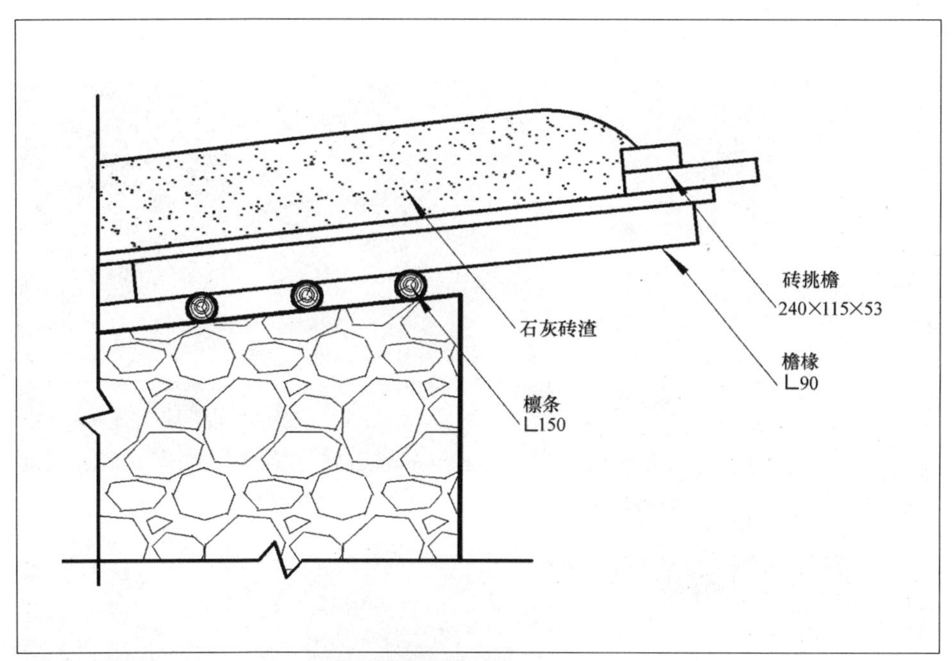

图 3-4-12　窑上房屋檐构造示意图

图 3-4-13　窑上房屋檐

如郭家西院二层窑洞内的洞口，该洞口开设在距离室内地坪2.1米高度处，洞口宽75厘米，高1.05米，大小刚好容一人轻松通过。洞口四周十分平整，顶部设置一根长90厘米，宽7厘米，厚10厘米的木过梁，以支撑上部荷载。当敌人来袭时，人们便可在洞下架设梯子，从洞口爬出向上层逃跑。

（2）向下逃生洞口：该类洞口开设位置较低，如14号院洞口，该洞口紧贴室内地坪设置，洞口宽75厘米，高85厘米，上部石过梁尺寸为90厘米×18厘米×15厘米（长×宽×高）。人可匍匐从该洞口逃到室外。

（3）瞭望用洞口：该种洞口用于军事瞭望，具有一定的隐蔽性。

向上逃生洞口

向下逃生洞口

郭家东院二层窑洞瞭望口

瞭望口由南向北拍摄　瞭望口由东南向西北拍摄

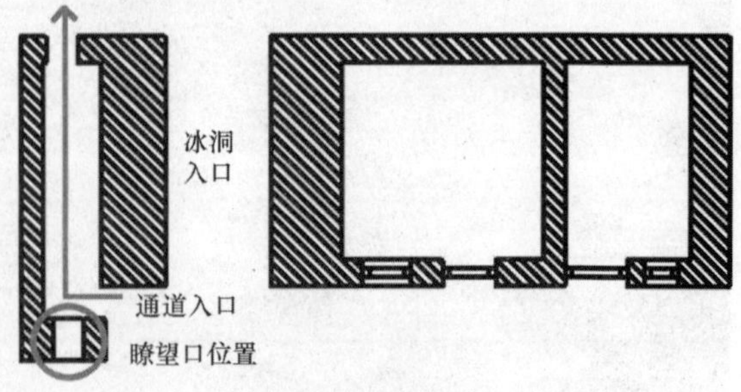

12号冰洞西侧窑洞瞭望口

图3-4-14　开洞类型图

如12号冰洞西侧窑洞瞭望口。该洞口设在一入口通道前方，从外观看仿佛是房间的小窗，对入口起到遮挡和掩饰作用。又如郭家东院二层窑洞瞭望口。该石碹窑洞东侧专门设有一个1米见方的小空间，高于室内地平0.75米，从室内看仿佛是一储物空间，但实际为一个瞭望台，瞭望口设在南墙上，洞口长0.5米，高0.6米，宽0.5米，从洞口可以清晰地观察室外情况。

3. 地面及楼梯构造

（1）地面处理

多数石碹窑洞底层室内为素土夯实地面。楼层地面做法是在土层楼板上采用30厘米×30厘米的方砖或15厘米×30厘米的条砖错缝铺墁。这样可以起到较好的防潮隔热效果。

院落多为土质地面，少数院落经后人用条砖墁地，采用常见的顺丁对缝或错缝铺装。遇院落高差处用粗石板镶边，起保护作用（见图3-4-15）。

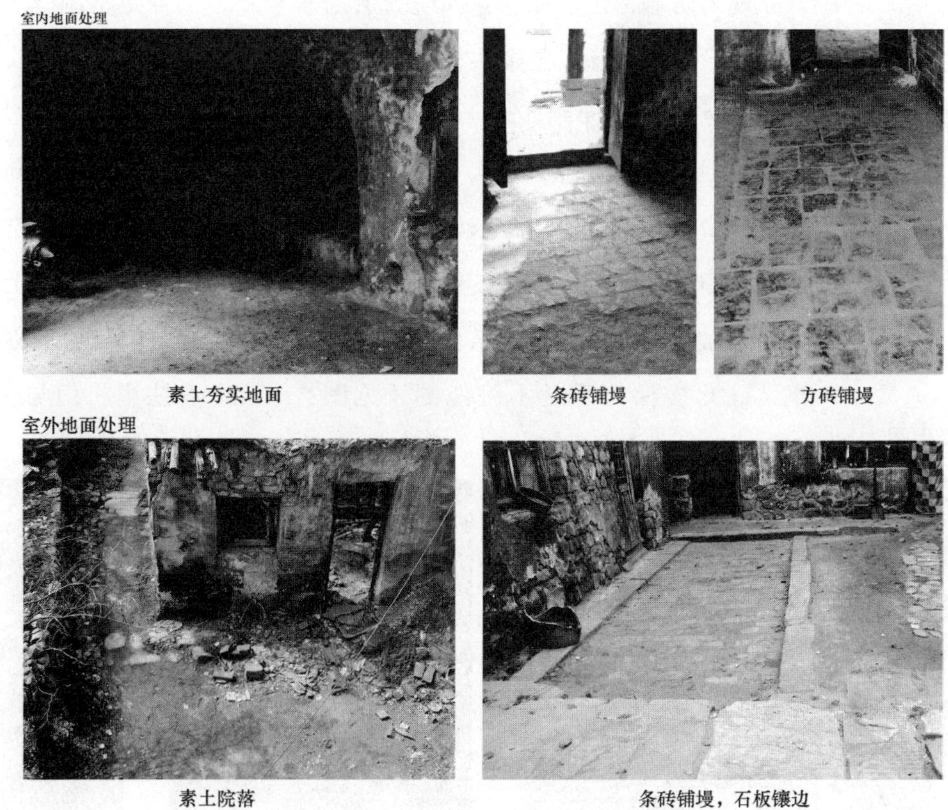

图3-4-15　地面处理方法

（2）楼梯构造

层楼式是店头村石碹窑洞的一大特色，因此楼梯成为窑洞内联系上下交通的主要构件，其形式也多种多样。就布局形式分主要有“U形”楼梯（如郭家东院由二层通往三层的楼梯）、“L形”楼梯（如郭家西院由二层通往三层的楼梯）和直跑楼梯（如郭家西院一层通往二层的楼梯）三种。楼梯踏步用条形砂石砌成，坚固耐用，整体性好（见图3-4-16）。

店头村是一个军事防御性聚落，因此在楼梯的设计上也处处体现出防御特色，如郭家西院二层通往一层的楼梯，整个楼梯空间尺度非常小，楼梯踏步长78厘米，高15厘米，受空间限制，踏步宽度较窄，为19～22厘米不等，楼梯间净高最高处仅为105厘米，一个正常成年人若想以正常姿态快速通过此楼梯几乎是不可能的（见图3-4-17和图3-4-18）。人们必须正面走下楼梯，到达休息平台后调转身姿，微微弯腰低头，侧脚踩着踏步，以倒退姿势走完其余楼梯。这样设计并不是为偷工减料，不舍得砌筑大的楼梯空间，而是为了增加建筑的防御性。当敌人从山上袭来时，知道此楼梯间奥秘的主人只要将顶部盖板打开，便可从此通道迅速而轻松向下部逃跑。不知内情的人便会在此费尽周折，撞的头破血流，从而为主人逃生赢得更多时间（见图3-4-19）。

4. 门窗构造

门窗是窑洞建筑立面造型的重要组成部分。在店头村漫长的历史发展过程中，受到当地自然环境、民俗文化、价值取向和审美演变等因素的作用，石碹窑洞的门窗在构造技术和造型艺术上存在不同的差异，有些门与窗单独券砌，彼此独立，有些则将门与窗组合在一起，

图3-4-16　楼梯类型图

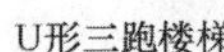

U形三跑楼梯

L形双跑楼梯

直跑楼梯

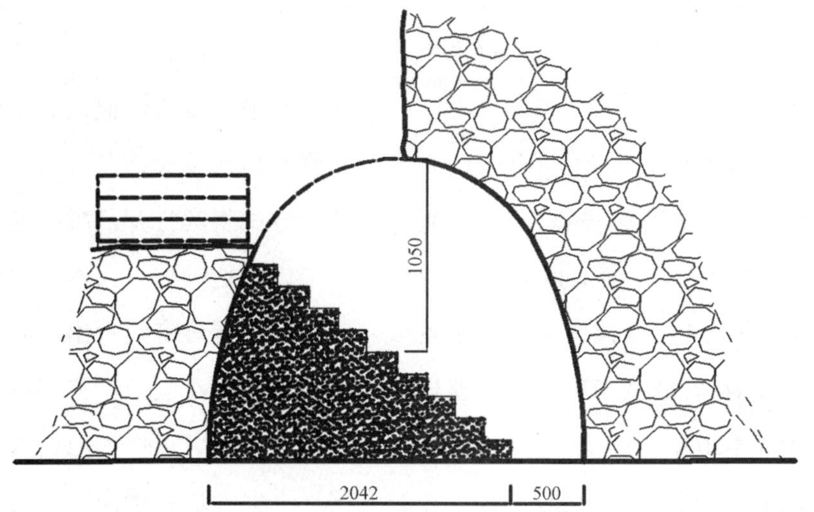

图 3-4-17　郭家西院楼梯剖面图 1

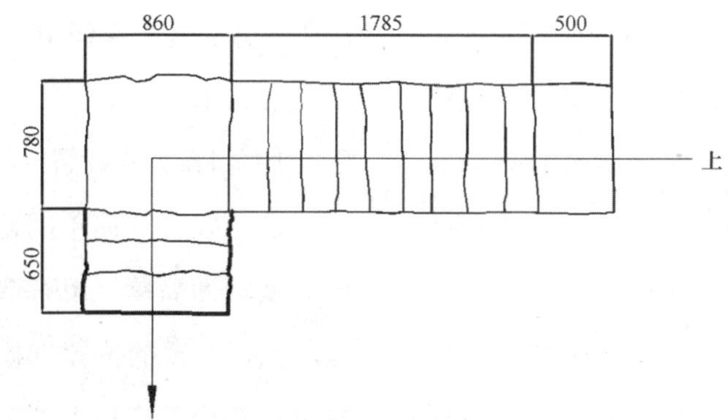

图 3-4-18　郭家西院楼梯剖面图 2

正常姿势开始下楼

迎面下楼会碰头

背转身子下楼

轻松完成

图 3-4-19　郭家西院楼梯尺度真人示意

共同构成美观的窑脸，表现出门窗造型由简到繁，门窗材料由笨拙到精巧的变化趋势。

（1）石门窗

据悉，店头村最古老的窗棂为石质构件，现存在于 24 号王家院和靠崖石窑中，取材为当地人所谓的“奇石”，呈灰白色，石材表面有斜向纹理，质地坚硬，石窗均为榫卯构造。

24号王家院的石窗构造较为简单，仅为一石质窗框，长87厘米，宽15厘米，高1.45米，石窗框内部安装3根4厘米见方的木条（现已不存），组成简洁大方的窗棂（见图3-4-20）。

靠崖石窑的门窗构件总高3.32米，宽5.2米，券边为石砌，平戗不是一根完整条石，而是分为左右两截，嫁接在门框的平梁上，与门框成榫卯连接。平戗将窑脸分为上部“半圆形窗”和下部“门加窗”两部分。上部“半圆形窗”部分又被天窗戗（垂直于平戗的两条栋梁）划分为左、中、右三部分对称结构，配有弧形边梁，即“圆戗”，仅存于天窗戗上部，长1.35米，厚0.15米。天窗两侧的斜窗用青砖填实。下部“门加窗”部分从地平线起1.2米高的石槛墙，上边用200毫米×200毫米×860毫米（长×宽×高）的土戗支撑门框平梁，中央预留长88厘米，高约1.5米的小门洞。门左右两侧座窗各用一个类似扇形的石柱填补支撑，分割为规则的方形以便于开窗（见图3-4-21）。

16号李氏密道院中的石门也颇有趣味。该石门原本为一个石磨盘，被古人巧妙地用于地道入口（见图3-4-22）。该石门直径为1.5米，厚度为20厘米，墙体一侧开有凹槽，将石门嵌入其中。由于石磨盘质量较大，一般人难以用推拉的方式将其打开，聪明的古人充分考虑到这一点，人们只要轻轻旋转磨盘，就可将其拉出，石门便恰到好处的卡在洞口，将洞口封闭起来。采用石磨盘作为地道入口处的门，不但合理利用旧物，而且石磨盘厚重，可有效阻挡地道内传来的冷风，并起到隔声作用。

（2）木门窗

1）门窗独立设置

在一些形式简单的窑洞中，门窗造型较为简单。用石墙填补好窑脸，在门、窗的位置支模，用石头券出拱券用于支撑上部荷载。为施工方便，门窗部位的拱券常采用易

图3-4-20　24号王家院石质窗框

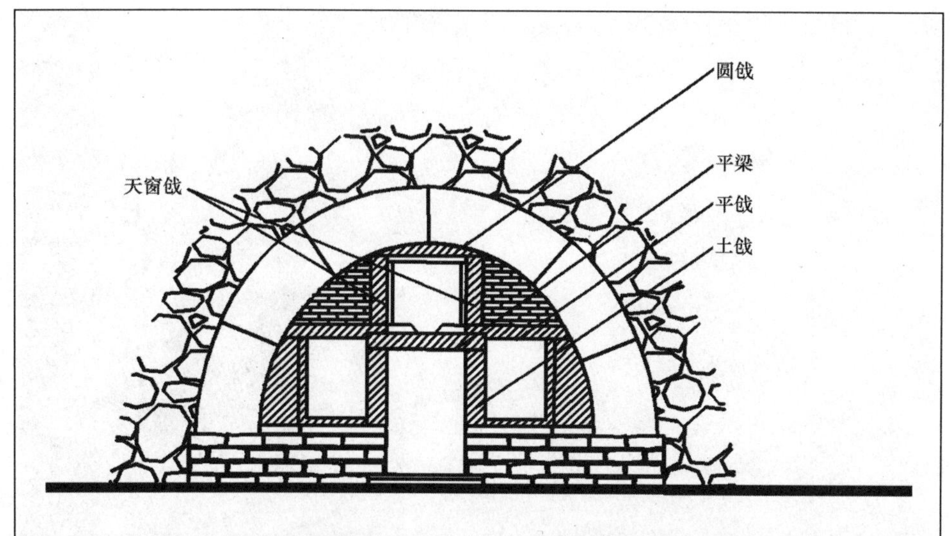

图 3-4-21　靠崖石窑石门窗构造示意图

图 3-4-22　16 号李氏密道院地道石门

于成形的半圆拱形式，然后将木质门窗嵌入拱券中即可（见图 3-4-23）。

位于店头村商业街两侧的窗户设计更费了一番心思。在木质窗扇两侧各设置一个半圆形的台面，起到窗户把手的作用，可方便开关窗户。而当窗扇打开时，可在两个半圆形台面上架设木板，一来可以牢牢支撑住窗户使之不会随风摇摆，二来木板可以充当货架，店家站在屋内，通过窗口便可进行商品买卖（见图 3-4-24）。

2）门窗组合设置

在一些大的窑洞中，工匠将门与窗组合在一起设置，共同构成美观大方的窑脸。这样的门窗构件主要由顶窗、脑窗、大耳节窗、斗窗、小耳节窗、天窗、坐窗组成[1]。

木门窗配置的基本要求是：石碹窑洞门窗的尺寸配置需与窑洞顶部拱形形状完全吻合，镶嵌充实，不得出现“侵框”和“缺框”的情

注：[1] 韩亮．陕北窑洞门窗装饰纹样的观念研究及应用探索 [D]．西安：西安美术学院，2009.

图 3-4-23 门窗独立设置

图 3-4-24 窗扇半圆形台面

况。在选材上，门窗所用材料要求宽厚，材质均匀细密，纹理顺而枝节少。

店头村石碹窑洞的门窗造型也多种多样，装修不求奢侈，形式繁简得当，朴素中表现出一定的艺术性。有的门窗为各自独立发券设置，有的则将门窗组合在一起设置，形成 3 ～ 4 平方米的巨大半圆形窗（见图 3-4-25）。窗框通常为素木色，以普通方格组成简洁的骨架，在骨架内以水平线、垂直线、对角线或弧形曲线等对窗格进行严谨的几何分割，在圆窗、方窗内以

某一点为基准做“＋”、“－”“|”或“×”的对称或旋转布局，造型以抽象的方格纹、交差斜纹为主，打造强烈的秩序感，在平衡稳定中透出一股生动与活泼。一般来说，大耳节窗和小耳节窗因处于边界位置，面积较小，多采用这种图案。为追求美好寓意，较为讲究的窗格采用具有象征意义的“回字纹”、“万字纹”、“寿字纹”等吉祥艺术纹样，造型美观大方。主要用于斗窗、天窗、坐窗和脑窗内（见图 3-4-26）。

此外，店头村石碹窑洞窗户都不装玻璃，而是用麻纸或纱布粘贴密糊严实。之所以这样做是因为在寒冷季节里，石碹窑洞室内外温差较大，会导致玻璃雾化结冰，融化后的水滴到木头上易使木质窗框变形开裂，缩短其使用寿命，而麻纸和纱布则比较透气，不会出现这种问题。

5. 墙体砌筑方式

墙体受力强度的大小直接决定着建筑物的坚固程度，它不但与建筑材料自身强度有关，也与其砌筑方式有很大关系。店头村石碹窑洞经历上百年而坚固不塌，墙体砌筑方式蕴含了很多科学性。在统一采用河刨石这一面性构件的情况下，对其进行不同的排列组合砌筑，构建出整体结构良好的建筑，而且不

图 3-4-25　门窗组合设置

图 3-4-26　门窗吉祥纹样

回字纹

寿字纹

万字纹

同的墙体砌筑方式，展现出石碹窑洞不同的韵律感和秩序感。

按砌筑形式分，店头村建筑砌筑方式主要有：无规则砌筑、错缝砌筑、人字形砌筑、混合型砌筑四种。

（1）无规则砌筑

这种砌筑方式对河刨石大小、形状要求较低，只是将各种石头按照其体型合理堆叠起来，并用石灰砂浆将其粘结牢固即可，墙体砌筑纹样呈无规则状态。

（2）错缝砌筑

这种砌筑方式较为简单，多用于石块大小、体型相差不大的情况。在水平方向上，上层石块和下层石块形成一定的错位关系，在立面形成具有一定效果的几何式排列。

（3）人字形砌筑

这种砌筑方式常选用较薄、呈扁片状的河刨石，将石头每层间隔砌筑，向左或向右倾斜45°角，上下两层形成“人”字形排列关系，使立面造型上富有一定的秩序美感。

（4）混合型砌筑

混合型砌筑即在同一面墙上呈现出多种砌筑形式，根据石块的实际情况而定，往往墙体某部分为错缝叠砌，某部分又为无规则砌筑，在墙体上部夹杂某些人字形砌筑间层，在一定程度上影响了墙体美观，但这种砌筑方式最大限度地合理利用了已有的建筑材料。

6. 排水技术构造

（1）村落排水

店头村建于山上，村落最高海拔954米，最低海拔931米，建筑、街巷之间存在自然高差，相对高差为23米，村落大部分排水顺应山势，沿道路由高向低排走。经水流常年冲刷，土路面上自然形成凹痕，成为天然的排水沟，降水便顺着这些小沟自然排走。此排水方式较为原始、简陋，但却十分经济、环保。

店头村独具特色的排水构造是紫竹林寺下部的石拱券通道。该通道后面筑有台阶，平日里该通道用作疏散空间，行人穿过石拱券通道拾阶而上便可来到紫竹林寺北侧的街道，当雨季来临、山洪暴发时，该通道则行使其泄洪功能。该通道由3个纵窑拱前后连接而成，总长12.03米，依据地势高差，3段拱券彼此做降层处理，通道北侧宽2.6米，南侧宽2.1米，最大泄洪能力为13.8m³/s，这样后山的雨水就可以顺着赛马坡和上街片区之间的冲沟而下，经过该洞口，顺利地排向村前风峪河内，从而有效缓解险情。但近年来人们出于对店头村进行环境整治的目的，将上述冲沟修建为水泥材料的几何式样的人工排水渠。经时间证明和实践检验，这样做的科学性较差：与传统天然冲沟相比，过于标准的现代式排水渠削弱了土壤对水流的渗透吸收作用，使得水流更快速地沿沟渠排泄而下，在排水的同时也将山上的泥土、石子和树枝等杂物一起冲下，造成排水渠的堵塞，易引发山洪危险。

（2）院落排水

店头村院落排水主要是在院落中设置排水口和排水沟。分暗沟排水和明沟排水两种。院落排水口宽度在 15 ～ 30 厘米之间，暗沟排水沟宽 15 厘米，上铺石板。雨水落向地面，顺院落自然坡度聚集到院落低洼地带，由排水沟导向排水口，将雨水排出院外。

富有当地特色的一种院落排水形式当属郭家东院的“龙尾道”，龙尾道有效解决了院落间的垂直排水问题。龙尾道总宽 1.4 米，上下总高 4.75 米，中间为楼梯，为联系上层窑洞的垂直交通枢纽，共设 24 个台阶，台阶宽 26 ～ 30 厘米，高 9 ～ 18 厘米不等，尺度宜人，行走舒适。龙尾道两边用宽 10 厘米，长 115 厘米的细条石拼接，并砌筑成两条宽 18 厘米的排水沟。每当降水来临，雨水便可有序地沿龙尾道两侧顺利排向下层，以保持院落干爽。而且该排水沟略有弧度，可使水流缓缓排下，减小对下层地面的冲蚀。

（3）屋顶排水

店头村石碹窑洞多采用平屋顶上覆黄土的屋顶构造，由于黄土本身为多孔材料，部分窑顶上的黄土暴露于空气中，常年风化作用加剧了孔隙的增大，一旦降雨，若不及时排走雨水土壤层中的含水量便急剧增加，当土层中含水量达 20% 以上，屋顶抗剪性能便大大降低，甚至丧失承载能力，从而造成屋顶坍塌的危害，因此做好窑洞屋顶的排水处理十分必要。

常见做法是在平屋顶上找坡，坡度约为 2% ～ 5%，在屋檐处设置排水管，直径 XX 厘米，材质均采用耐冲刷和侵蚀的材料，多为石质或陶瓷质地，一般排水口要超出屋檐 40 ～ 50 厘米，预留足够的距离以保证雨水自由下落不会溅湿窑洞墙壁，其形状样式也不等，有尖头形和圆筒形等。此外在窑脸墙角部位也要找坡，以便排走雨水。有些窑洞主人较为讲究，将石碹窑洞建在 20 ～ 30cm 厚的石质台基上，增加室内外高差，以达到保护建筑不受雨水侵蚀的目的。

（三）防火技术

1. 村落总体布局与防火

中国古村落的总体布局考虑因素很多，不但要受自然地理环境的限制，顺应实际地形要求，还要受到军事防御、传统思想和堪舆风水的影响。店头村在选址上则考虑到“倚山近水”的因素，四面环山，冬可避西北风，夏可避东南风，当火灾发生时，大山成为天然屏障，可防止火势借风力蔓延，达到避灾的目的；村落沿风峪河水布置，远眺店头村全景，整个村落仿佛一艘1千米长的大船行驶在风峪河上。紫竹林寺为船的心脏，古民居分布于船头和船尾，远处的文昌宫、真武庙和七层宝塔（宝塔现已不存）仿佛缆绳以稳住船身，使之不被颠覆。从风水上看，这样的村落布局实属风水宝地。从建筑防火的角度看，村落“船形”且近水的布局，也表达了古代工匠望以近水来解火急的心理需求和美好愿望，风峪河为店头村居民提供了丰富的生活和消防用水，在发生火灾时可最大限度地利用河水扑救火患，以达到消除火灾的目的。

村落的街巷布置也十分灵活、合理，以紫竹林寺为中心，形成了柴煤大道、入村主街、商业街上街和下街4条主街道和贯穿于各个窑洞院落的若干小巷。主街长度为35～50米，宽度1.5～3.5米不等，小巷随地形蜿蜒曲直，长短不等，宽约在1米左右。这些街巷纵横布置，不但起到联系交通的作用，而且将古村分割成几个部分，使得在建筑密度相对较大的条件下，建筑可沿街巷合理扩展，并进行有效的防火分割，保留一定的防火间距。街巷两侧，石碹窑洞外墙自然形成高大、厚实（厚度达60～80厘米）的“封火墙”，大大提高了耐火极限，为整个村落的防火提供了保障。

2. 建筑布局与防火

谈到店头村的防火技术，从建筑材料角度，其建筑以石材为主，与传统砖木或土木结构建筑相比，抵抗火灾的能力已大大提高。此外，从建筑布局上也十分讲究，在满足使用功能的条件下也兼顾到建筑防火需要，以普通院落构成建筑防火的基本单元。部分民居沿纵深方向展开，建筑之间预留狭窄的小巷，即作为联系前后两进院落的交通空间，也作为“火巷”，起到消防安全的作用。有些民居则是沿山体垂直展开，为层楼式布局，组成上下垂直状态下彼此独立的防火空间，以自然山体为上下分隔物，在竖直方向上可有效阻挡火灾的蔓延，以保护建筑和居民人身安全。如店头村的郭家别院，一层窑洞半隐于山体中，二层建筑由底层暗道贯通，依靠山体呈退台式建于山坡上。一、二层建筑以天然山体为分隔屋面，形成较厚的耐火屏障，十分有利于建筑的防火安全。

此外，层楼式石碹窑洞外墙高大，二层建筑的高度可达11米以上，以入村主街道两侧的建筑为例，其外墙均达到5.0米高，建筑外墙越高，就越类似烟囱的作用，可迫使火焰向上部空间发展而不向四周扩散，防火效果越好。

3. 石碹窑洞室内配套设施

火炕和灶台是石碹窑洞室内必备的生活设施。火炕是冬季石碹窑洞室内取暖的主要设备，常设置在窑洞南面紧靠窗户的位置，有“U形”（火炕三面临墙）和“L形”（火炕两面临墙）两种布置形式。中国北方长期以来形成独特的炕文化，人们喜欢盘炕，常在炕上进行聚餐、聊天等日常活动，这样布置便于采光。有些火炕很大，如25号石木居内的火炕尺寸达4900毫米×1700毫米×550毫米（长×宽×高），形成“一幅炕半间房”的局面，大部分火炕约为一张双人床大小，宽与长分别控制在1.7～2.0米和2.0～2.4米范围之内。店头村的火炕为上台式炕床，有些用河刨石砌成，炕体坚固，炕面散热、受热性能良好，有些窑上房的火炕为砖砌，炕高约0.55～0.6米，砌8层砖为宜。火炕上铺炕面砖或薄石板，内部设有炕间墙和烟道，外部炕墙用泥灰抹面或勾缝，炕面用黏土砂浆抹平并压光，泥厚约50～60毫米，最后将炕边用炕檐木包砌一圈，两端嵌入墙内固定，起到保护炕沿的作用。火炕一侧设有烧火口和灰道，烧火口大小为270毫米×385毫米×450毫米，在烧火口处放入柴火，其燃烧产生的热气沿灶间墙充满火炕内部，从而烘热上部石板使火炕变暖。火炕内产生的烟雾通过烟道经窑洞顶部排向室外，烟道为石碹窑洞砌筑时在墙壁内预留的通风孔道，内径约30毫米×30厘米见方。有些烟道从屋顶排烟，有些烟道在窑脸处设出风口排烟。灰道主要用于清理火炕内燃料燃烧后的灰渣，通常长60厘米，宽50厘米，深50厘米，平日用木板遮盖。

另外一个是灶台，为方形或圆形，高600毫米，常用河刨石围砌而成，中间挖空用作炉子。灶台还设有烟囱与之相连，使室内空气保持畅通。灶台尺寸不大，可充分利用建筑的狭小空间而置：有些设置在室内的次要空间里；有些设置在室外与院落正房与厢房相交处的狭小角落中或是楼梯下部的三角空间里。

五、石碹窑洞物理环境分析

石碹窑洞作为居住类建筑，是日常生活使用频率最高的建筑，人一生中约有65%以上的时间会消耗在其中。一个良好、舒适的物理室内外环境关系到使用者的切身感受和身体健康，也关系到建筑节能和生态可持续发展大计。我们知道，传统生土窑洞具有通风不良、室内采光较暗、易潮湿发霉等缺点，但店头村石碹窑洞却能很好地克服这样的弊端，为人民提供舒适的生活居住条件。从明代开始，当地农民都十分喜爱居住其中，直到2008年，因其地处煤矿采空区才被迫般离旧所。因此研究石碹窑洞声、光、热、湿等物理环境具有十分重要的科研和现实意义，可为现代人居环境营造提供借鉴和参考。

（一）石碹窑洞室内热环境

1. 石碹窑洞室内热环境测试

店头村石碹窑洞建造工艺古朴，但不失科学性和合理性。石碹窑洞可有效避免因气候原因引起的室内外大温差问题，具有舒适的室内热环境，继承了普通窑洞“冬暖夏凉”、恒温恒湿的优点，以石墙壁为外墙材料，具有良好的保温、隔热和调节室内小气候的特点，十分符合绿色、生态的建筑原则，并且有益人的身体健康。

根据 Ecotect 中的 Weather Tool 软件模拟分析得知，图中显示的黄色区域代表热舒适区，店头村一带的全年平均热舒适温度为 18.3 ～ 24℃，冬季热舒适温度为 15 ～ 19℃，夏季热舒适温度为 22.1 ～ 28.4℃，我们将以此数值作为标准，对石碹窑洞室内热环境作出评价（见图 3-5-1）。

为掌握真实可靠的数据，2012 年 8 月 11 日～ 9 月 21 日对店头村石碹窑洞温度进行了动态监测。

实验结果分析：由图 3-5-2 和图 3-5-3 我们可以看出，夏季石碹窑洞室内温度变化平稳，始终维持在 19 ～ 21℃之间，平均低于室外温度 3.61℃，十分凉爽。观察石碹窑洞室内外温度逐时变化图表我们发现，石碹窑洞室内最高温度出现在 0 点前后，最高温度为 21.50℃，室内最低温度出现在 17 点前后，最低温度为 18.6℃；室内全天最大温差 2.9℃；室外最高温度出现在 14 点前后，最高温度为

图 3-5-1　店头古村热舒适区分析（彩图见书后）

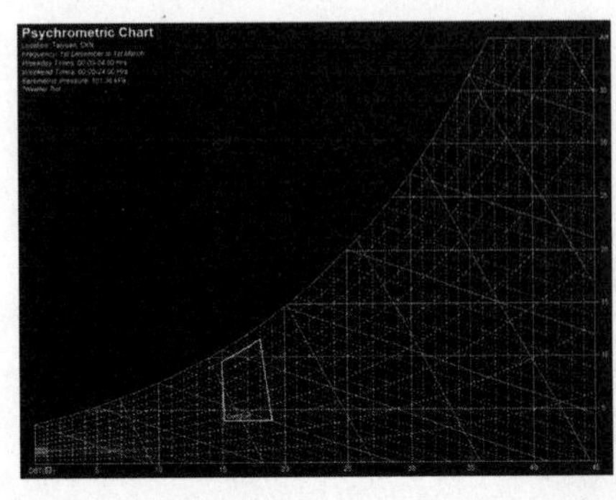

冬季热舒适区

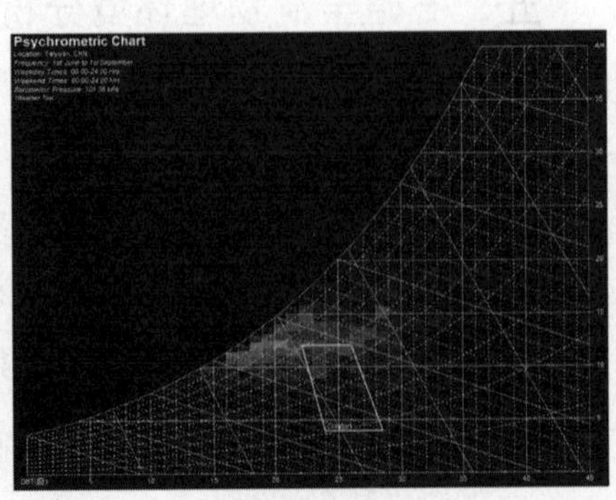

夏季热舒适区

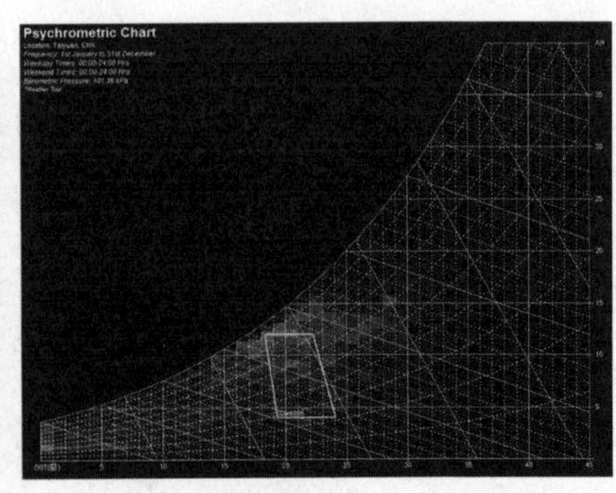

平均热舒适区

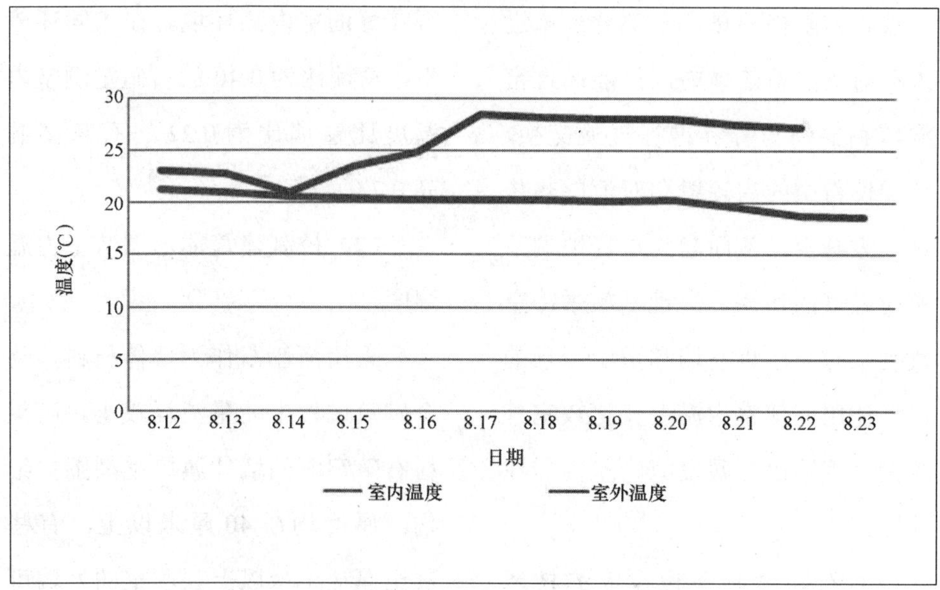

图 3-5-2 石碹窑洞室内外平均温度变化图（彩图见书后）

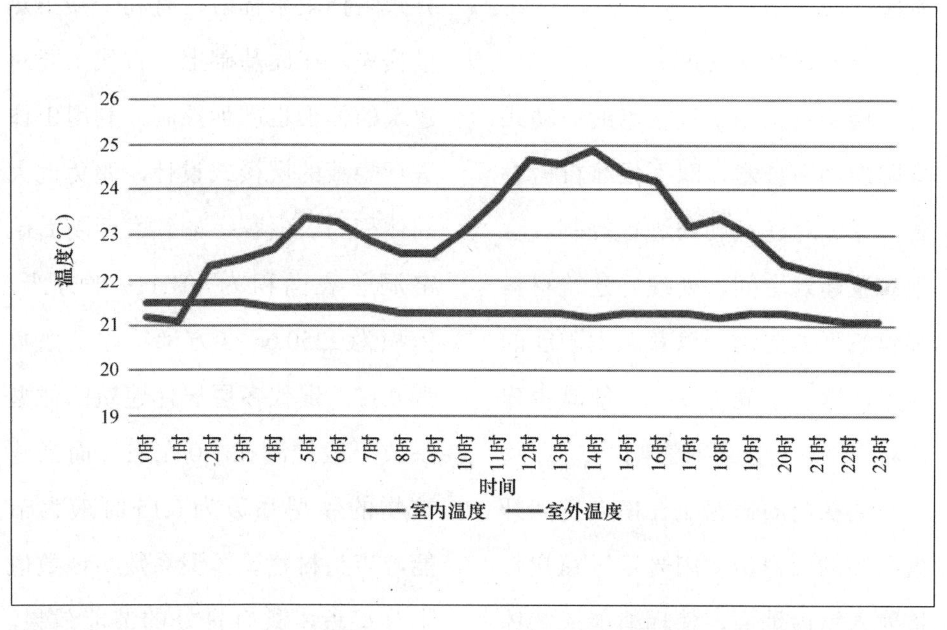

图 3-5-3 8 月 12 日石碹窑洞室内外逐时温度变化图（彩图见书后）

24.67℃，室外最低温度出现在 1 点前后，最低温度为 21.1℃；室外全天最大温差 3.57℃，该数值高于石碹窑洞室内数值 0.67℃。可见石碹窑洞室内外温度变化基本同步，但石碹窑洞隔热性能较好，室内温差变化相对室外要小，室内温度变化也较室外变化缓慢，有 3 小时的延迟。

2. 石碹窑洞冬暖夏凉热工性能分析

石碹窑洞由石头和土质层组成，两种材质都具有很好的保温和蓄热性能，热阻和热容量较大，使其能很好地适应当地气候条件。夏季室外气温偏高，大量的太阳辐射照射到石碹窑洞外墙壁上，由于石材具有热惰性，厚实的墙体可以有效吸收和阻挡热量，一部分热量进入石材这一蓄热体内，只能通过窑洞口和窗户与外界进行气流交换，这样使得空间内辐射和对流的热传递大大减少，从而起到很好地调节室内温度的作用。同理，冬季冷空气袭来时，厚重石墙和覆土屋顶的保温作用，使室内温度变化较室外缓慢，营造出冬暖夏凉的室内居住环境。

3. 石碹窑洞冬暖夏凉的技术手段

（1）直接获取式

店头村采用了最古老的被动式太阳能利用技术，即不依靠机械设备，通过对建筑朝向进行控制，合理布置建筑空间，处理好建筑材料和建筑形体比例，以获取太阳能的技术，这一措施可以尽可能减少建筑对周围环境的不利影响。

店头村石碹窑洞在南向房间开大面积的门窗，太阳光通过窗户直接射入室内地面，使辐射能被物体吸收或反射后转换为热量，形成室内热对流，使室内温度升高。由于石材是蓄热性能较好的重质材料，可有效保持窑洞室内温度的恒定。

根据店头村不同石碹窑洞室内温度测试可知，在未采暖状态下，窗墙比大的石碹窑洞比窗墙比小的石碹窑洞可使房间接受更多的太阳辐射，并增加室内外热量交换，获得较好的室内热环境。在相同环境下，窗墙比为0.40的石碹窑洞室内温度比窗墙比为0.22的石碹窑洞高0.7℃。

（2）控制建筑体形调节室内温湿度

采用河刨石作为墙体材料，整个砌筑过程中能量消耗较小。店头村石碹窑洞的墙体属厚重型围护结构，厚度均在40厘米以上，有些甚至厚达1米以上。厚重的外墙可有效阻挡太阳辐射，有利于减小热量损失。在此基础上，古代工匠对建筑的体形也严加控制，利用山体进行隐蔽的层楼式设计，避免过大的体积与表面积，如郭家西院石碹窑洞总表面积为401.119平方米，体积为2250.66立方米，体型系数为0.17。现代多层居住建筑的体型系数一般控制在3.0左右，而当建筑物的体型系数为0.15时最为节能，店头村建筑体型系数与该数值十分接近，具有良好的节能效果。窑洞北面开窗较少而南面开敞，以减小西北风对建筑的侵袭，增加自然采光和更多的太阳辐射热。而石材又是天然的蓄热性能较好的材料，可充分调节室内热环境，因此在寒冷季节，只需要辅助少量热源就可使室内温暖如春。

（3）具有透气性能的平屋顶

一个建筑中屋顶接受的太阳

辐射热最多，远大于同等面积的墙体。因此屋顶的热工性能直接关系到房屋室内热环境的舒适问题。店头村石碹窑洞建筑大多采用平屋顶结构，其层楼式的建筑布局使某些窑洞的屋顶隐于山体内，最大限度地减轻太阳辐射，利用山体作为保温隔热层，起到冬暖夏凉的效果。

对于裸露于外界的石碹窑洞其屋顶的传统做法是室内为拱顶结构，室外常在拱顶上覆盖土层、草泥等，它们共同构成屋顶与室内空气间的缓冲层阻挡太阳辐射，减弱了窑洞室内温度波动的频率和范围。某些石碹窑洞屋顶为上一层建筑的前院，屋顶或种满青草。通过这样的处理，使屋顶材料之间留有孔隙，增加了屋顶的透气能力，与外界保持湿度渗透，有利于营造较好的室内热环境。

（4）地下室成为蓄冷蓄热体

地下室是处于室外地平以下或半地下的建筑空间。店头村中某些石碹窑洞建有地下室，其建造坚固、位置隐蔽，使建筑空间可以充分利用，它类似现代人防地下室的作用，在古代为军事防御提供躲藏空间。大地是天然的蓄热体，在地平 1 米以下的室内温度基本保持不变，因此对改善室内物理环境而言，地下室起到重要的调节作用。对比 16 世纪文艺复兴晚期圆厅别墅建筑，帕拉迪奥特别设计了地下室，使冷空气由地下室产生，经由建筑的核心——中厅上升，最后从屋顶排出室外，形成室内舒适的热环境（见图 3-5-4）[1]。同理，在不进行军事防备的情况下，使用者可将石碹窑洞地下室门打开，形成地上与地下的冷热交换。如店头村郭家别院的地下室，该地下室呈长方形，高 3.5 米，长 4.06 米，宽 1.55 米，面积约 6.3 平方米，低于室外地平 1.95 米，夏季测得其室内平均温度为 14℃，比地上建筑室内平均温度要低 2℃，冬季测得其室内平均温度为 13℃，比地上建筑室内平均温度要高 1℃，地下室约 22.03 立方米的空间为天然的蓄冷蓄热体，好比一个简易的空调系统，自然形成的冷空气便通过门洞与地上室内空间进行热量交换，为室内带来清凉感受，之后再从门窗排向地上室外空间（见图 3-5-5）。在寒冷的时候，地下室可将白天输送的热量储存起来，到夜晚再补给到室内，从而调节室温变化，减少能源消耗。

（5）利用环境有利因素

店头村周边植被茂盛，植物的蒸腾作用为周围空气带来一定的水分，使人置身店头村有如置身森林的感觉。加之石碹窑洞建筑紧邻风峪河布置，由于水的比热大、蓄热

注：[1] 伍昭翰．夏热冬冷地区（湖南）居住建筑生态技术的应用与探索 [D]．南京：东南大学，2006．

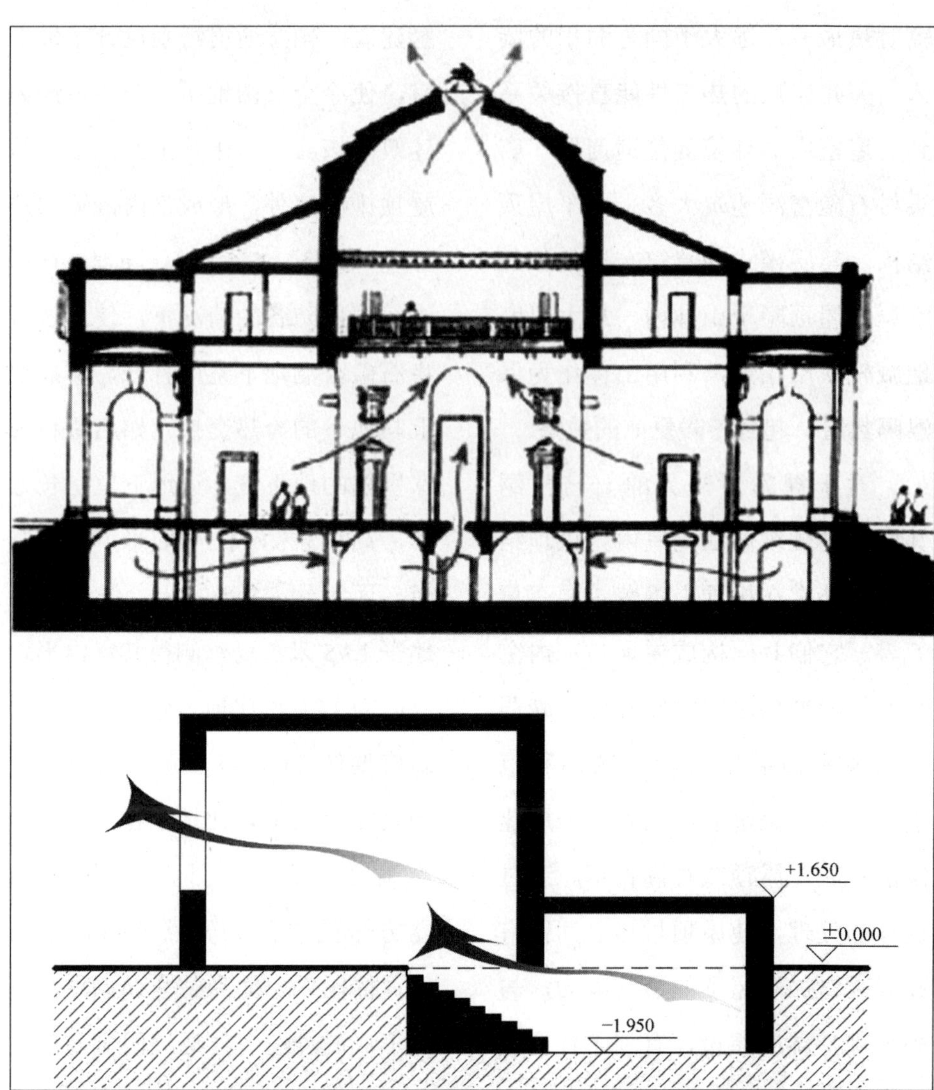

图 3-5-4　地下室空气循环图

图 3-5-5　石碹窑洞地下室空气循环图

能力较好，可随环境温度的变换吸收或散发大量的热。每当夏季河水蒸发会吸收周围环境大量的热，降温加湿，避免炎热干燥，为村落提供凉爽的热环境。而在冬季，河水日间通过接受太阳辐射来蓄热，到夜晚环境温度降低，河水则向外释放热量，从而达到减小昼夜温差，调节小气候的功效。店头村通过利用周边环境的有利因素调节大环境，以达到影响石碹窑洞室内“冬暖夏凉”的小环境的目的。

（二）石碹窑洞室内湿环境

1. 石碹窑洞室内湿环境测试实验

众所周知传统土窑或砖窑存在潮湿发霉的弊端。为研究石碹窑洞室内湿度，2012 年 8 月 12 日—9 月 15 日对店头村石碹窑洞进行了连续 35 天的室内相对湿度的动态监测，该时段正逢夏季向秋季过渡季节，实验获得了详实的数据，可真实了解石碹窑洞室内湿环境变化。

（1）石碹窑洞室内湿环境连续

监测实验

实验时间：2012年8月25日—9月15日（见图3-5-6）。

实验结果分析：石碹窑洞墙壁石缝中的湿度较大，始终徘徊在83%～88%的高位，受此影响，石碹窑洞室内湿度也偏高，夏季室内湿度保持在76%～84%之间，入秋后天气转凉，室内湿度普遍降到80%以下，并逐渐回归到40%～75%这一人体感觉较为良好的湿度范围。综合实验数据，石碹窑洞室内湿度维持在人体适宜湿度范围内的天数占到总监测天数的63.63%。

（2）石碹窑洞室内外湿环境对比实验

实验时间：2012年8月12日～8月23日（见图3-5-7）。

实验结果分析：夏季石碹窑洞

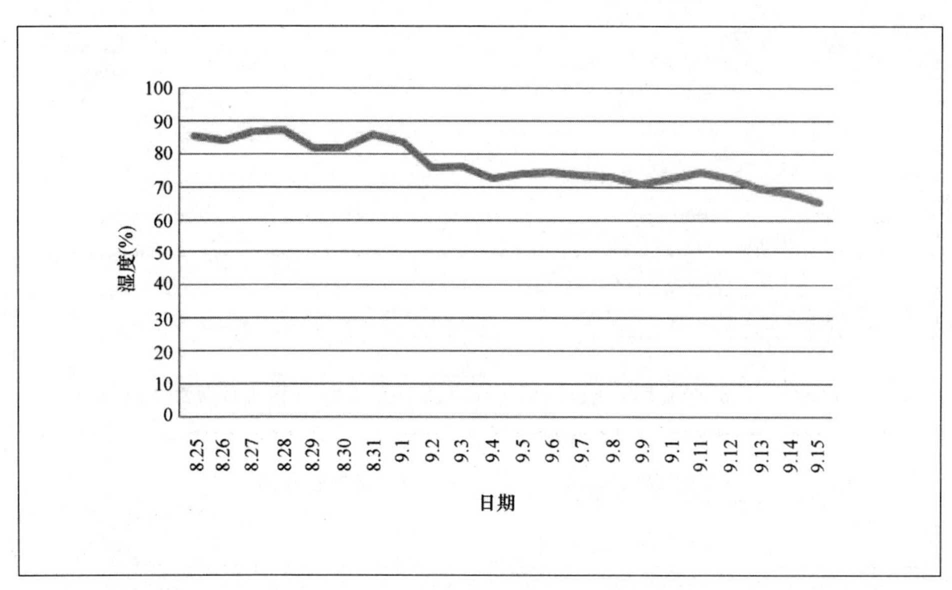

图3-5-6 石碹窑洞室内湿度变化图

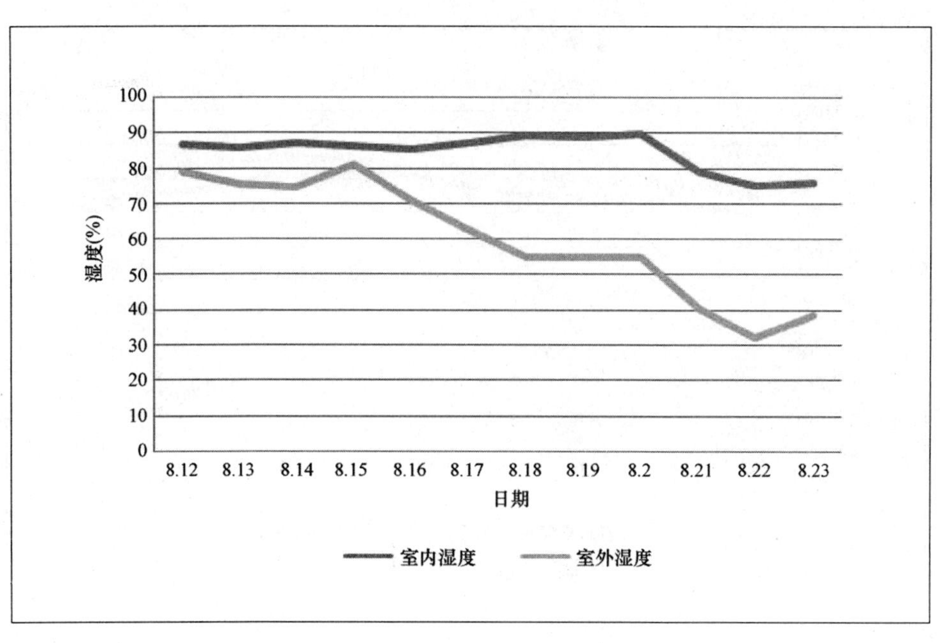

图3-5-7 石碹窑洞室内外湿度对比变化图

室内湿度较室外变化缓慢，但室内湿度比室外湿度偏高 14.8%。

（3）石碹窑洞室内湿环境与现代建筑室内湿环境对比实验

实验时间：2012 年 8 月 15 日～8 月 29 日（见图 3-5-8）。

实验结果分析：现代建筑室内湿度监测显示，其室内湿度变化较大，但基本能维持在 40% ～ 75% 这一舒适范围。石碹窑洞夏季室内较为潮湿，现代建筑室内湿环境总体优于传统石碹窑洞。

（4）石碹窑洞与砖窑室内湿环境对比实验

实验时间：2012 年 9 月 13 日～9 月 21 日（见图 3-5-9）。

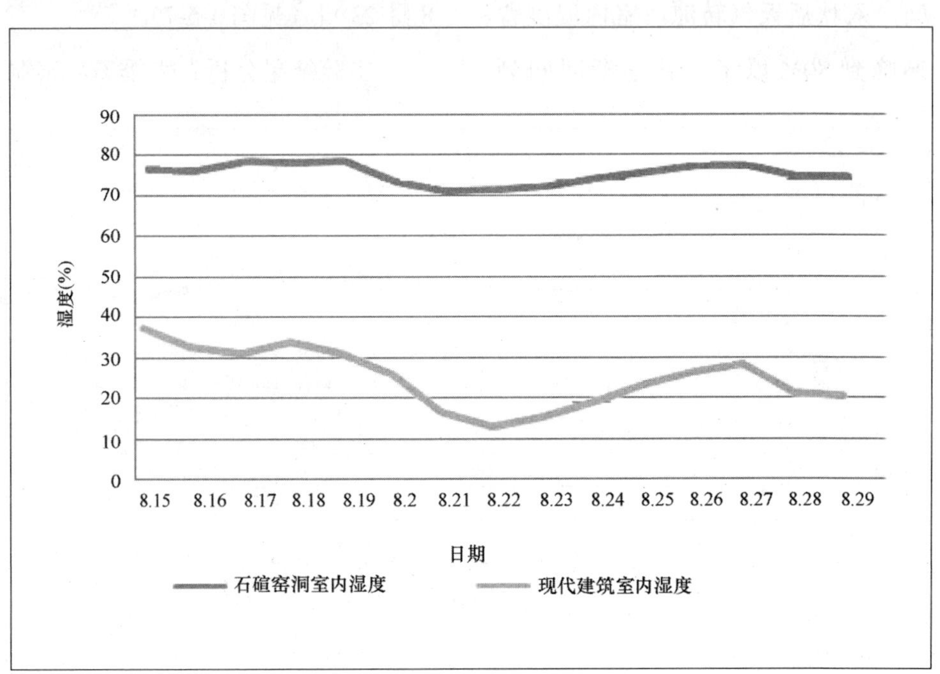

图 3-5-8 石碹窑洞室内湿度与现代建筑室内湿度对比变化图

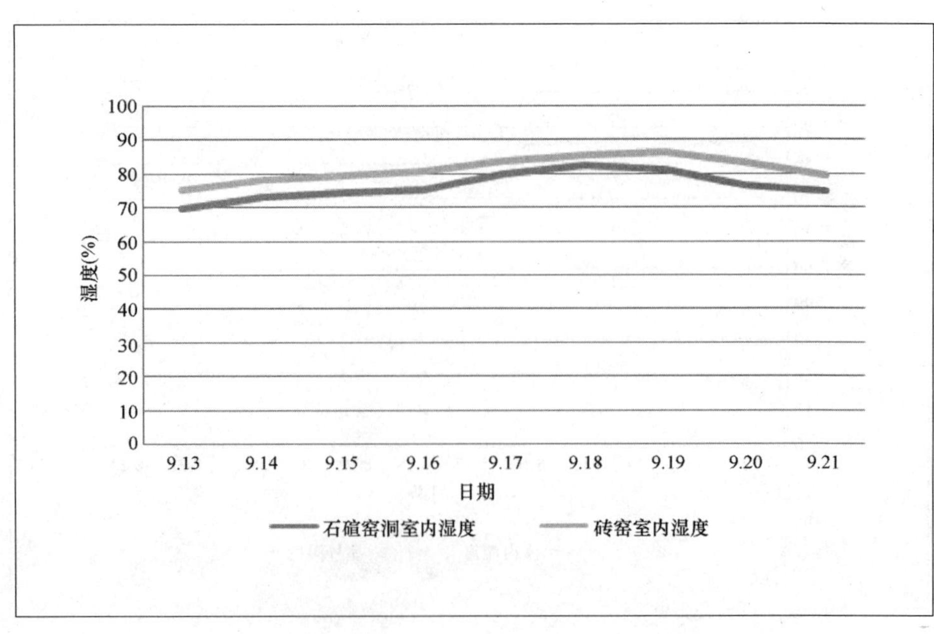

图 3-5-9 石碹窑洞与砖窑室内湿度对比变化图

实验结果分析：砖窑和石碹窑洞同样存在室内湿度较大的弊端，但相同条件下，砖窑的室内湿度较石碹窑洞偏高 4.8%，因此石碹窑洞室内湿环境略优于砖窑。对比二者的区别，我们发现石碹窑洞内设有多个通风口，而纯阳宫砖窑则没有设置通风口，紧靠有限的敞开的门窗进行通风。通风口面积不足或许成为其室内潮湿的主要原因。通过实践也证明，加强室内通风是改善室内湿环境的有效手段。

2. 改善室内湿环境的方法

为了营造出舒适的室内生活环境，工匠通过各种合理的设计来加强通风，尽量实现窑洞内产热与散热平衡，使室内湿度保持在合理范围内。

（1）从建筑选址上考虑自然通风

店头村石碹窑洞建筑均沿风峪河谷布置，充分利用河谷风除湿。白天山坡向阳面接受较多的太阳辐射温度较高，河谷内因缺少太阳辐射温度较低，在温度差的作用下，形成热力环流，向上运动的冷空气可为建筑带来清凉的河谷风。建筑坐北朝南，可充分接受阳光，又顺应当地主导风向，夏季清凉的河谷风从东南方向迎面吹来，可有效加强窑洞室内通风，起到降温去湿的作用。

（2）通过建筑布局组织通风

店头村的修建为整体规划，在建筑布局上也有利于组织通风，纵深的街巷是村落天然的引风口和出风口，对村落整体湿环境起着组织和疏导作用。村落中的建筑按一定的秩序相互组合，常在相邻窑洞间围合成小庭院，形成通廊或类似“天井”的空间。在冬天这种围合的空间起到保温作用。而夏季，自然风从通廊吹向“天井”庭院，在院落中形成小风场，再进入四周房屋内。南北通透的石碹窑洞，只要将窗户打开便形成前后空气对流，风从建筑北侧窗回归自然，很好地带走室内潮气，获得清爽舒适的室内环境。而若遇上异常炎热少风的情况，庭院中的热空气蒸腾上升，形成低气压，由于周边石碹窑洞内的温度较室外温度低，因此冷空气会自觉的向庭院流动，通过温度差形成空气对流，亦可达到通风的目的。

（3）设置通风孔加强通风

此外，通过设置通风孔等构造措施来加强室内防潮通风。店头村几乎每一座建筑都设有通风孔，这是一种廉价、原始但成熟的技术手段，通过充分利用自然通风，在冬夏季有效降低建筑能耗，达到改善室内物理环境并延长建筑使用寿命的效果。

石碹窑洞通风孔的构造十分简单，多为石砌墙面预留洞口，有方形和圆形两种，方形通风口尺寸约为40厘米×30厘米（长×宽），圆形通风口直径约在30～45厘米之间，通风口厚度与墙体厚度相同。通风孔通常设在窑脸上部和窑洞内外间的隔墙上部，这种通风主要是利用风压实现了室内与室外直接的气流交换。当风吹动时，建筑物阻挡风的直线运动，风被迫流向建筑周边，因此在迎风面形成正压区，风可轻松进入建筑内部，实现室内通风。而且这样的房间内常设火炕，火炕与通风口的距离较短，使炉碳产生的CO_2或少量CO及时排出室外，保证了人的居住安全。有的通风口设在窑洞深处，从窑洞顶部开通风口与外界联系。这种通风主要是利用热压实现气流交换。室内外温度差影响空气的垂直压力梯度，温差越大，热压越强，通过垂直的通风孔，形成室内外通风。

此外，层楼式石碹窑洞在楼梯等垂直联系的部位组成上下贯通空间，此处可使空气形成竖向流动。工匠将门窗或通风口放在较低的部位，排气孔处于较高的位置，只要室内存在温度差，就可以形成上下空气的流动，达到通风目的。此外设有套间的窑洞，在分割里外间的墙壁上也会设置通风孔，使空气产生里外对流，保证里屋良好的通风环境。

3. 石碹窑洞光环境

借助Ecotect计算机辅助设计软件，对店头村石碹窑洞物理环境进行模拟，以求达到较为真实和直观的环境分析。

（1）太阳辐射与建筑朝向分析

在计算机中输入店头村的地理坐标和海拔高度，便可得到其太阳辐射曲线图像（见图3-5-10）。依据不同角度太阳辐射动画场景，我们发现太原地区冬季曝辐射量最高点出现在195°，即南偏西15°，夏季曝辐射量最高点出现在243°，即南偏西63°，当地全年平均辐射量最多的朝向为210°，即南偏西30°，最后通过计算机权衡折中计算得出最佳朝向图（见图3-5-11），可知店头村地区最佳建筑朝向为190°，即南偏西10°，最差朝向为280°，即北偏西80°。

通过店头村地形测绘图的测量我们得知，店头村90%以上的房屋均为南向布置，与正北方向保持195°的夹角，即南偏西15°，忽略误差，店头村房屋所选朝向与计算机分析的最合理朝向几乎完全吻合。

至此，通过此科学计算，我们完全可以证明店头村建筑在选址布局上最大地利用了太阳辐射并争取到了合理的室内采光，具有很强的

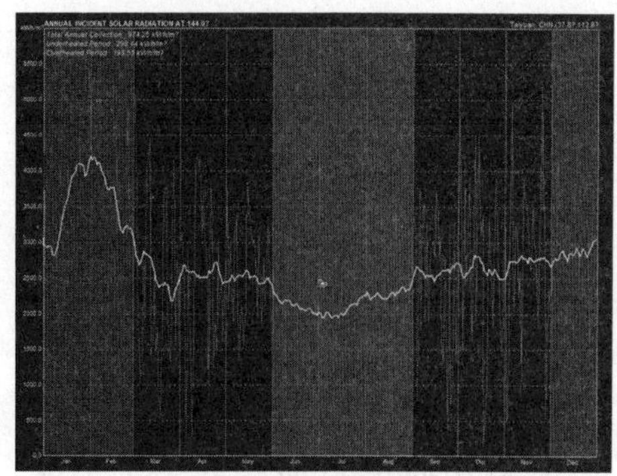

冬季太阳辐射曲线

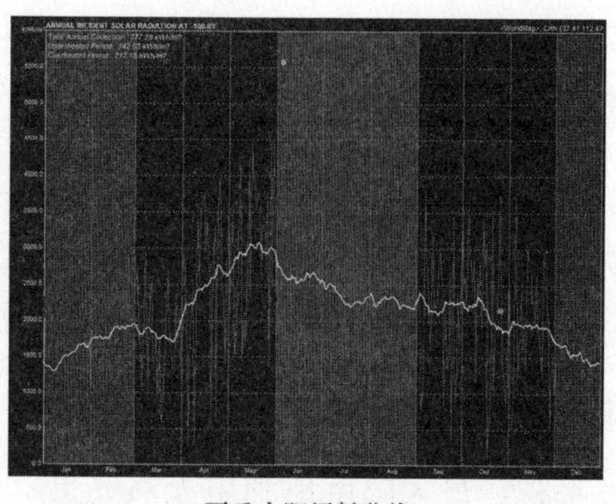

夏季太阳辐射曲线

图 3-5-10　店头村太阳辐射曲线图（彩图见书后）

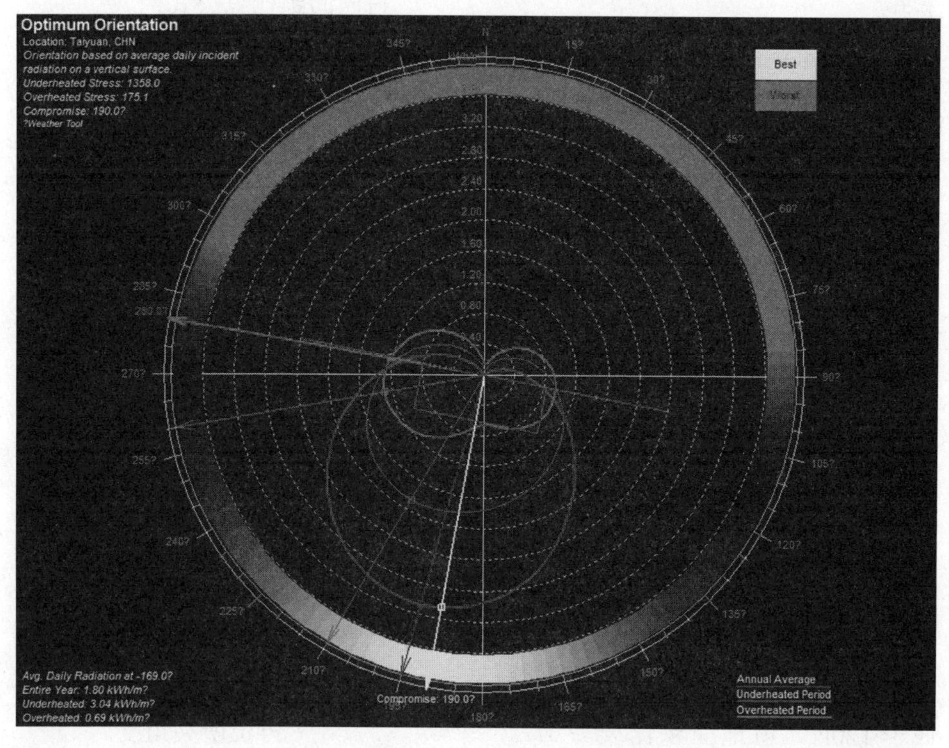

图 3-5-11　店头村最佳建筑朝向图（彩图见书后）

科学性。

（2）村落整体光环境研究

店头村石碹窑洞建筑群建于风峪河谷向阳的缓坡面上，该坡起伏舒缓，坡度约为 20%，这样的地形条件十分有利于增大太阳入射角度，建筑沿坡面铺展开来可以更充分地接受阳光照射。

为使全村获得良好的采光效果，古代工匠对有限的斜坡场地进行合理规划和设计。为此我们对店头村场地进行了计算，结果显示店头村边坡设计的坡面比在 1 ∶ 0.39 ～ 1 ∶ 0.43 之间，通常边坡设计的坡面比不宜大于 1 ∶ 0.6，符合设计要求。在坡地上每 5 ～ 7 米高设置一个阶梯面，阶梯宽度为 13 ～ 17 米，留出足够的空间使建筑获得充足日照。

（3）石碹窑洞室内光环境研究

1）我国现行建筑采光和日照标准

天然光是最健康、最环保的可再生资源，目前已得到人们的高度重视，最大限度地利用天然光采光是建筑设计和节能改造的又一着手点。

为能合理规范地评价居住环境的舒适性问题，我国制定了《住宅建筑规范》GB 50368—2005、《城市居住区规划设计规范》GB 50180—1993（2002 年版）、《建筑采光设计标准》GB 50033—2013 等。

依据规范查得，太原属于Ⅱ类建筑气候区，取大寒日为日照标准日，日照时数应≥ 2 小时 / 日，有效日照时间为 8 ～ 16 小时，计算起点为底层窗台面。对于卧室、起居室等活动区的房间平均照度不得低于 120lx，窗地面积比要≥ 1/7。其侧面采光设计标准见表 3-5-1。

2）石碹窑洞日照间距计算

前后两排南向建筑物之间保持一定的距离，是保证后排建筑获得良好日照的必要条件，为此我们以郭家西院的两座石碹窑洞为例，对店头村建筑的日照环境进行分析（见图 3-5-12）。

日照间距计算公式：

$$D=(H_0-H_1)/\tan h$$

$$L_0=D/H_0=\cot h\cdot\cos r$$

式中 D——日照间距；

H_0——前栋建筑物总体高度；

H_1——后栋建筑物窗台至地面高度（根据现行设计规范，取 H_1=0.9 米，H_1>0.9 米时仍取 0.9 米）；

h——太阳高度角；

L_0——日照间距系数；

r——后栋建筑方位与太阳方位所夹角度。

太原地区住宅侧面采光标准参照表 表 3-5-1

采光等级	房间功能	最低采光系数 Cmin（%）	室内天然光临界照度（lx）	Ⅱ类光气候修正系数 K 值	室外临界照度 E_w（lx）
Ⅳ	起居室、卧室、书房、厨房	1	50	0.90	5500
Ⅴ	卫生间、过厅、楼梯间、餐厅	0.5	25		

经实地测量得，12 号郭家西院前栋建筑总高度为 4.4 米，太原地区冬至日太阳高度角为 29°。计算得出，郭家西院前后两栋石碹窑洞所需日照间距 $D=(4.4-0.9)/\tan 29=6.31$ 米，日照间距系数 $L_0=6.31/4.4=1.43$，经实际测量，郭家西院前后两排南向建筑之间的距离为 7.75 米，大于计算所需的 6.31 米的日照间距，符合设计要求。

3）院落日照情况分析

为获得可靠的日照分析数据，笔者选用 SUK 日照分析软件对店头村院落日照进行模拟分析。选取 25 号石木居院落为研究对象。该院落为两进院落，一进院落为四合院布局，院落较为宽敞；二进院落空间十分狭小，仅由两条狭长的走道

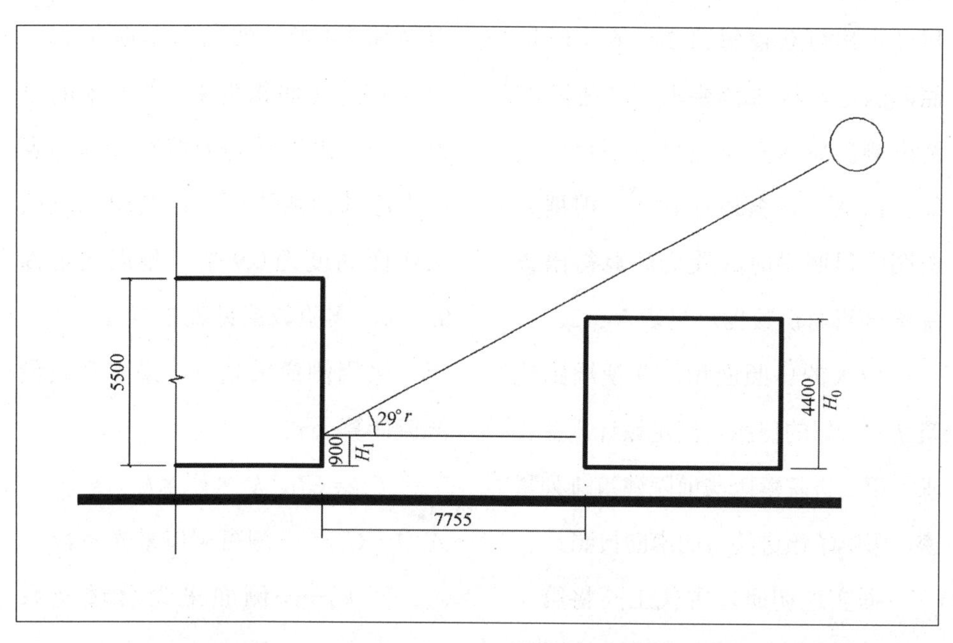

图 3-5-12　郭家西院两座石碹窑洞位置关系图

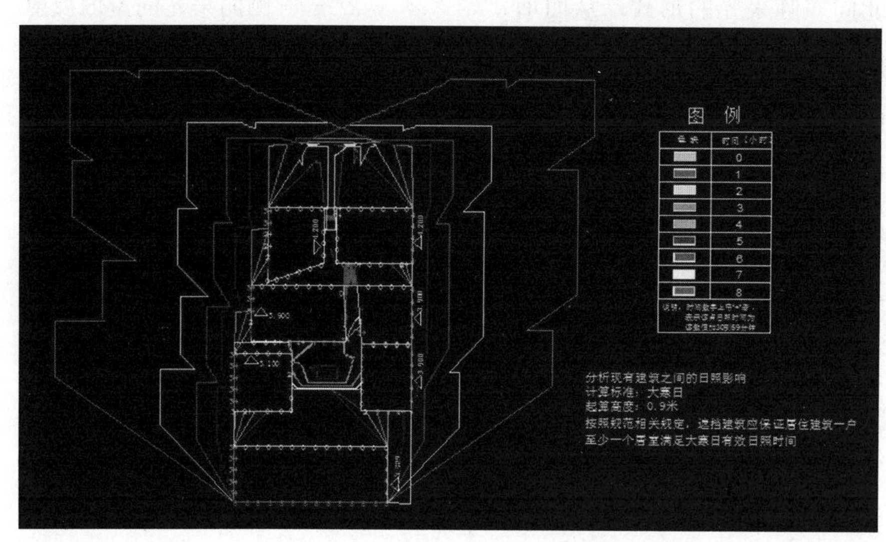

图 3-5-13　25 号院日照分析情况图（彩图见书后）

组成。

本研究只选取25号院作为独立研究对象，分析同一院落中建筑彼此间的日照影响，研究对象周围拟定为理想环境，未考虑周围建筑对其日照影响，以大寒日为计算标准，起算高度为0.9米，其院落日照分析情况见图3-5-13。

从图中可知，一进院南向倒座可接受8小时的充足日照，东西厢房及正房可获得每日2～6小时日照，满足现行规范要求。二进院的两座侧房屋南向日照严重不足，仅能在山墙上开窗进行弥补。根据分析图中日照等时线我们计算得出该院落日照面积数据，见表3-5-2。

较大的日照面积，并使周围建筑获得较好的日照，满足设计规范要求。第二进院落因与前院建筑排列紧密，影响了该进院落的南向日照。

据实地调研，古代工匠将第二进院落的两座房屋内采用山墙开窗和南北向双侧采光的形式，从而增加室内采光并使石碹窑洞内获得东西向的日照，以此方式缓解第二进院落日照采光不足的问题。

（4）室内自然采光测量实验

实验设备：本次测量选用0～50000 lx数位式照度计，该照度计设有2000/20000lx和50000lx三段量程，精确度为±(4%rdg+2dgt)。

实验数据参照标准：《建筑采光设计标准》GB/T 50033—2001。

实验条件：测量时间：2002年12月15日；测量环境状况：多云天气，室内气温13℃，室外气温4℃，测量人员均着深色衣服。

1）石碹窑洞横窑室内采光测量实验

选取郭家别院夹层石碹窑洞为研究对象，该石碹窑洞为横窑，窑洞净开间11米，净进深3米，室内净高3.4米，朝向为东偏北27°。南向开两孔面积为1.6平方米的方窗，其室内墙壁为天然石砌体，表面未涂抹白灰饰面。该实验选取的工作面高度为0.9米，测点间距为0.5米，实验数据见表3-5-3。

采用侧窗采光时，采光系数最低值计算公式

$$C_{min}=C'_d \times k'_i \times k'_e \times k_w \times k_c$$

式中 C'_d——侧窗洞口采光系数；

k'_i——侧面采光总透光系数；

k'_e——侧面采光的室内反射光增量系数；

k_w——侧面采光的室外建筑物挡光折减系数；

k_c——侧面采光的窗宽修正系数。

依据侧面采光计算图表查得$C'_d=7$，经计算和查表得$k'_i=0.49$，$k'_e=2$，$k_w=0.93$，$k_c=0.18$，因此该石碹窑洞室内采光系数最低值

C_{min}=7×0.49×2×0.93×0.18=1.15。

实验结果分析：窑口处采光良好，随着窑洞进深的加大，石碹窑洞室内采光急剧下降，室内光线分布不均匀，在窑洞最内部光照十分昏暗。经计算得该石碹窑洞室内采光系数最低值为1.15，大于规范规定的II类光气候所要求的最低值1，其室内采光满足现行规范设计要求。

2）石碹窑洞纵窑与横窑室内采光测量实验

选取郭家东院二层横窑和23号李氏忠魂居纵窑为研究对象，横窑净开间4.0米，净进深3.6米，室内净高3.9米，纵窑净开间4.45米，净进深5.55米，室内净高3.9米。实验数据见表3-5-4。

25号与石木居院落等日照面积表 表3-5-2

日照时数（小时）	1	2	3	4	5	院落总面积（平方米）
该日照时数面积（平方米）	60.5	49.95	42.24	29.78	10.78	127.35
占院落总面积比例	47.5%	39.22%	33.17%	23.38%	8.46%	

石碹窑洞室内采光测量数据统计表 表3-5-3

测量点距窗口的距离（米）	0	0.5	1	1.5	2	2.5	3
室内照度（1x）	760	570	350	150	40	8	5
	650	540	350	140	40	16	4
	713	490	420	200	33	8	3
该测点照度平均值（1x）	708	533	373	163	38	11	4

石碹窑洞纵窑与横窑室内采光测量表 表3-5-4

研究对象	房间室内面积（平方米）	采光方式	窗地面积比	室内墙壁	平均照度（1x）	采光系数最低值
郭家东院二层横窑	14.4	南向单侧采光	7.48/14.4=0.52	未粉刷	254	1.45 满足规范要求
23号李氏忠魂居纵窑	24.7	南向单侧采光	15.26/24.7=0.62	未粉刷	235	1.23 满足规范要求

实验结果分析：随着窑洞进深的加大，窑洞室内照度均迅速下降，但横窑室内采光照度较纵窑变化缓慢。相同光照条件下，由于横窑开间较大，其室内照度要优于纵窑。

3）不同饰面的石碹窑洞室内采光测量实验

分别选取16号A院和16号C院（即王家院）为研究对象，二者均为单层联排式石碹窑洞，16号A院石碹窑洞净开间4.45米，净进深4.70米，室内净高4.6米，窗地面积比0.41，朝向为南偏西7°。其室内墙壁为天然石砌体，表面未涂抹白灰饰面。16号C院石碹窑洞净开间4.2米，净进深4.5米，室内净高3.6米，窗地面积比0.39，朝向为东偏北9°。因后人使用需求，该石碹窑洞室内墙壁被粉刷成白色。实验结果见表3-5-5。

实验结果分析：因为石碹窑洞灰黑色墙壁的光反射率（ρ=0.1）远小于白粉刷墙壁（ρ=0.75），因此在窗地比基本相同的情况下，对室内墙壁进行浅色饰面处理，可提高光反射率，有利于室内采光。

4）实验结果总结

受到天空乌云、空间中反射面和遮挡物等因素的影响，室外光气候常变化不定，具有瞬时性。为求得较为准确的照度数据，我们采取对每组实验进行多次测量取平均值的实验方法，按照“太阳光源—大气光环境—采光口—窑洞室内环境—工作面”这一采光照射线路进行测试。从实验结果汇总看，某些传统石碹窑洞采光洞口小、进深大，其室内照度明显低于现代建筑，尚不能达到现行国家标准的要求。但就窑洞自身之间比较，不同形式的石碹窑洞其室内光照存在一定差异。

影响石碹窑洞室内光照环境的主要因素有：自然环境、门窗开洞尺寸、窑洞平面形状、窑洞室内墙壁饰面材料等。此外，由于石碹窑洞内部为深灰色石砌墙体，部分窗户蒙有纱布，这些材料的反射率和透射率较小，大大影响了石碹窑洞的室内采光。

不同饰面的石碹窑洞室内采光测量表　　表3-5-5

研究对象	房间室内面积（平方米）	采光方式	窗地面积比	室内墙壁	平均照度（lx）	采光系数最低值
16号A院	20.91	单侧采光	0.41	未粉刷	268	1.33 满足规范要求
16号C院	18.9	单侧采光	0.39	未粉刷	320	1.57 满足规范要求

5）室内自然采光的影响因素和改善措施

为获得更好的室内光照效果，窑洞多横向发展，通过增加开间尺寸，提高南向光照面积。或对室内墙壁进行处理，涂抹浅色涂料，使石砌墙面尽量平整，可增加墙壁漫反射能力并使光线反射更加均匀，减少眩光。在窗户面积相同的情况下，增加窗户高度也可以有效改善进深方向照度降低问题。此外，一般古建筑山墙不开窗，但店头村石碹窑洞建筑有些在山墙上也设置了窗户，一方面有利于室内通风，另一方面可使房屋侧面与外界互通接受光照，或采取双面采光的方式，对增加房屋内采光有很大帮助。古人还通过设置窗台炕的方式，将室内主要活动区域设在靠窗的位置，以便更充分的利用光照，满足人们的生活需求。

第四章 店头村的环境景观研究
Landscape Research of Diantou Village

村落景观是由当地独特的地理环境、经济发展状况、传承的历史传统、社会风俗等多方面因素共同作用所形成的。传统村落景观不仅是指在形式上的和谐与呼应，而且指更要符合地方的自然、社会、经济、资源等条件所构成其发展的可能性。[1]

依山而建、临河而居的山西太原店头村村落景观独具特色。

注：[1] 王婧．风景名胜区村落景观的特色与整合 [D]．南京：南京林业大学，2007.

一、店头村环境分析

（一）自然环境

自然环境要素是指店头村内部及外围有特征的地形、地貌、山体、河流等自然景观。店头古村四周山岗环绕，绿树庇荫，村前有小河，背山面水，负阴抱阳，自然环境较为优越。古村落的建筑大多顺应山势，依山而建，构筑了与众不同的自然与人文融合的景观。

1. 山形地势

店头村坐落于吕梁山支脉太原西山“九峪之首”的风峪沟（见图4-1-1）进沟不远处，四周群山环绕，山体浑圆，形态舒展，山岭轮廓柔和。村落坐北朝南，背靠蒙山、面向龙山，沿蒙山坡度平缓的呈阶梯状分布其上，又顺应东西向狭长地形，形成了南低北高且呈东西向线性布局的村落形态。这种中间低两边高的凹形地貌使得店头村处于较为封闭的空间中，给人以安定之感。周围山体又构成了店头村独特的天然屏障，能有效阻挡外界的干扰和直接吹袭而来的寒风。村落所处地势西高东低，村前有季节性河流——风峪河自西向东流过，最后汇至汾河。从村庄南面向北眺望，整个村落以重重山岭丰富的视觉轮廓为背景，与其高低错落的屋顶互相交融，形成虚实的天际线，韵律感极强，而且在蒙山绿树丛生的掩映下，村落景观显得十分秀美（见图4-1-2）。

2. 河流水系

（1）店头村前有风峪沙河，属季节性河流（见图4-1-3）。发源于庙前山，向东南汇入汾河，全长20千米，在店头村一带河床最宽达40米。每到多雨时节，河道内充满流水，整个村落在风峪河水的衬托下，更有生气。微风拂来，水中倒影荡漾，微波粼粼。

（2）村对面属龙山山脉的南

图4-1-1　风峪沟

图4-1-2　群山环绕

山，有一些垂直于风峪沟走向的小沟，同样属季节性排水小溪沟。其中南山的井儿沟中，有两眼古井（泉），是店头古村村民的主要吃水来源。泉水来自太原组砂岩裂隙水层中，可口甘甜。

（3）紫竹林寺东侧有一处天然形成的水帘洞口瀑布。据原先记载瀑布高达15米、宽约7米、深5米，洞口瀑布如水帘般倾泻直下，像一丝丝银线，瀑布声充满整个山谷，增添了些许意境情趣。现今只在雨季的个别时间可能会出现此盛景。水的来源是村北的季节性溪水。

图4-1-3　风峪沙河

3. 植被生态

店头村一带气候温和，适宜生长在此地的植物种类颇多。植物主要包括自然植被、经济林木、农作物、药材等。自然植被主要有刺槐、油松、侧柏和杨树等多种落叶、阔叶树，还有一些以黄刺玫、狗尾草、白羊草、荆条为主的灌木丛；经济林木主要有苹果、桑葚、沙棘、核桃、杏树、枣树等十余种；农作物主要有谷类、豆类、薯类、莜麦、高粱、玉米等二十余种；药材主要有柴胡、紫苏、蒲公英等二十余种野生药材。除此之外，店头村还拥有古槐、古松、黑枣树、走柏树等古树名木16株（见图4-1-4）。

图4-1-4　村中枣林

每到春夏时节，店头村南北山坡随处可见山花遍野、百鸟争鸣、果实累累、松柏苍翠的景象。丁香花、鸡梢花、马务花漫山遍野，清香四溢，沁人心脾，南侧龙山被乔灌木覆盖，北侧蒙山松柏吐翠，小太山乔灌林交错。秋季蒙山红叶与龙山红叶争俏，枫叶映美，层林尽染，西山红遍，似一片晚霞，又似花簇锦毯，远眺迷人。这些都使得村落所处的自然生态景观具有独特的审美价值。

4. 矿产资源

风峪山谷蓄藏有大量的矿产资源，主要有煤炭、石膏、石灰石、硫磺、石材、铁矿石等，尤为煤炭，峪内大小煤窑数十处，这些矿产的开采，也曾形成地方政府的主要经济产业。近年来政府已加强对此区采矿的严格控制。

（二）人工环境

人工环境要素是指人们创造的物质环境。店头古村主要的人工环境要素包括：古驿道、古民居、祭祀建筑（有紫竹林寺、文昌宫、真武庙、山神庙、石佛洞等）、商业建筑（有商铺、驿站等）、古井、排水渠（见图 4-1-5）及其他生活设施，等等。

图 4-1-5　排水渠（南向北）

图 4-1-6　紫竹林寺（西向东）

这些建筑除村内的紫竹林寺（见图 4-1-6）、文昌宫、部分民居建筑保存尚好外，其他建筑的人工环境并不乐观，有的已为遗址或遗存。

店头村周边人工景观也十分丰富，除村东二里许有太山龙泉寺、李存孝墓、黄县令庙、盘石、锢拢堰等，还有位于店头村北蒙山山巅的“北汉刘薛王”的蒙山寨避暑行宫遗址，店头坟上的明代工部尚书王永寿墓葬等。

二、店头村地质分析

（一）地质特征

1. 地貌

地处太原西山地区的东南端，有著名风景区太山、蒙山及龙山围绕。在此之间的低山地带有一长沟，即历史悠久的风峪沟。风峪沟主沟长约 10.5 千米，走向东偏南，沟中发育有一条季节性河流——风峪河，店头村就处于距风峪沟口约 3 千米处风峪河的北侧（见图 4-2-1）。

风峪河发源于庙前山东南侧，从风峪河沟口以上算起，流域面积约 39.45 平方千米，河床纵坡降 52.0‰。从店头村水文站以上算起流域面积约 33.9 平方千米。

2. 地层

在店头古村一带的基岩地层主要有奥陶纪、石炭纪与二叠纪出露（见图 4-2-2）。

其村南侧的沟底出露地层为奥陶系中统峰峰组（O_2f）地层：下部岩性以浅灰、灰色角砾状泥灰岩、白云岩质灰岩为主，夹脉状纤维石膏层；上部岩性为灰色厚层状石灰岩夹白云质灰岩。该组地层厚约 120 米。

从沟底向两侧山坡向上依次为石炭系中统本溪组（C_2b）地层：下部为铁质黏土（局部可赋存窝子状的山西式铁矿）、铝土岩、黏土岩；上部由煤线、石灰岩、砂质泥岩组成。该组地层厚约 25 米。

再沿山拾阶而上，出露有石炭系上统太原组（C_3t）地层：从底部的晋祠砂岩开始，至顶界的北岔沟砂岩底结束，中含岩性为深灰砂质泥岩、页岩、石灰岩（4 层）。煤层 7 层，分别为 5、6、7、8、9、10、11 号（从上到下排列），其中可采煤层为 6、8、9 号煤 3 层（属全区稳定的中厚煤层）。该组地层厚约 85 米。

在太原组地层上出露有石炭系上统山西组（C_3s）地层（另一种

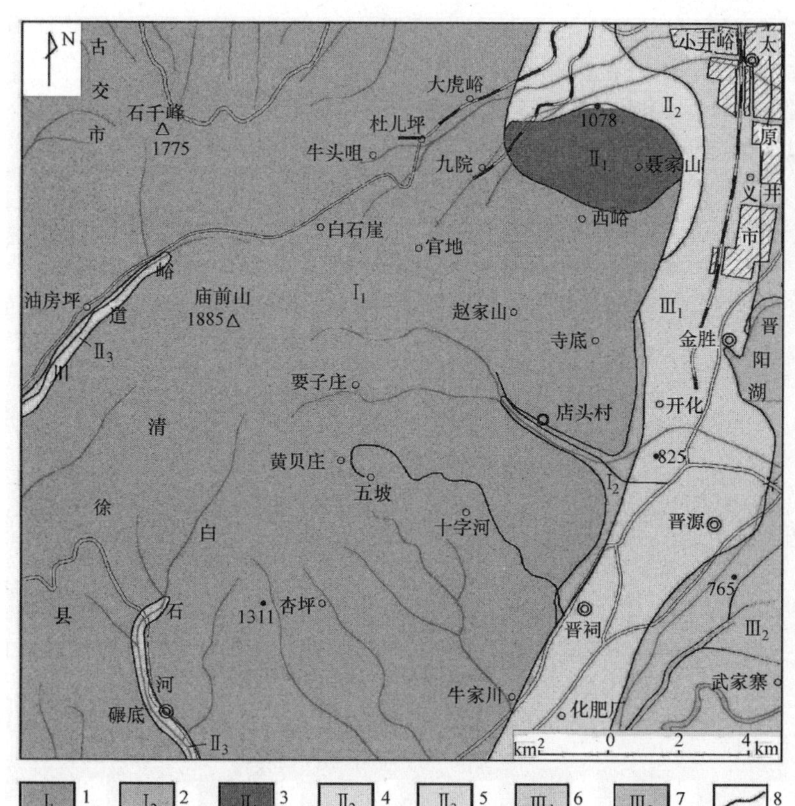

图 4-2-1 店头村一带地貌分区简图

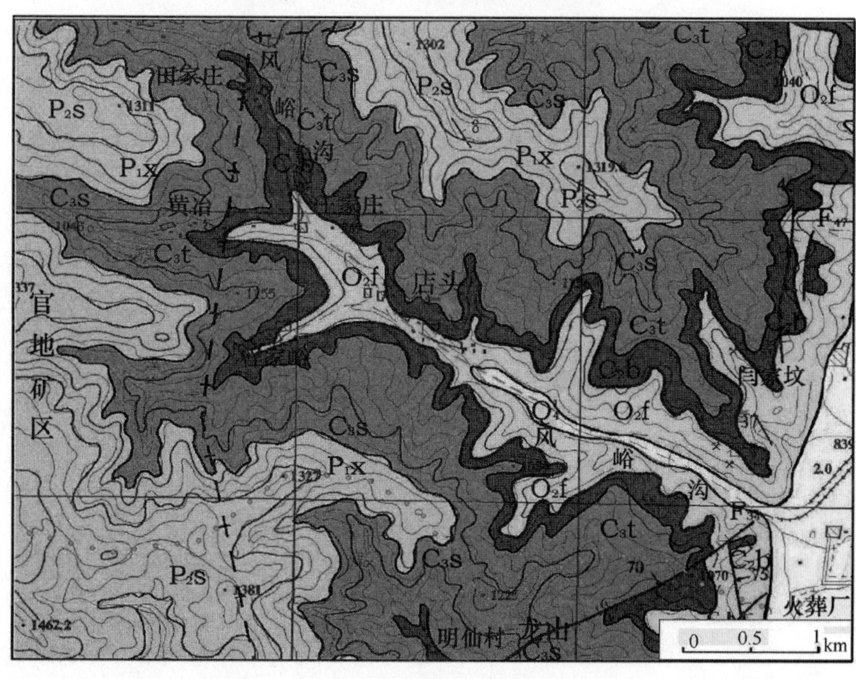

图 4-2-2 店头村一带地形地质图

1—第四系全新统；2—二叠系上统上石盒子组；3—二叠系下统下石盒子组；4—石炭系上统山西组；5—石炭系上统太原组；6—石炭系中统本溪组；7—奥陶系中统峰峰组；8—断层；9—矿界

注 :[1] 山西省地质矿产局．山西省区域地质志 [M]．北京 : 地质出版社，1989.

地层划分是将山西组归入二叠系下统，本书采用山西省区域地质志[1]中山西组归入石炭系上统的地层划分）：以底界的北岔沟砂岩（灰白色含砾中砂岩）开始，由灰色泥岩、炭质泥岩、煤层组成。含煤 5 层，其中 1、2、3 号煤为全区可采煤层。该组厚约 60 米。其太原西山煤电集团官地煤矿的官地矿区东边界距店头村西约 1 千米。

在山西组的上部赋存有非煤系地层的二叠系下统下石盒子组（P_1x）及其山峰地段上覆的上统上石盒子组（P2s）地层：岩性主要以陆相的砂、页岩为主。

松散沉积物为第四系全新统。

3. 构造

店头村周边的地层产状平缓，地层倾向 280°、倾角约 2° ～ 5°。因地质调查工作程度低，其周边尚未发现大的断层，但有资料表明该区已有滑坡构造的存在。

上述可采煤层的煤类均为 PM，均是优质的动力用煤。

在奥陶系中统峰峰组（O_2f）地层中，局部赋存有透镜状的石膏矿体。在石炭系中统本溪组（C_2b）地层与奥陶系中统峰峰组（O_2f）地层不整合接触面上，局部可赋存窝子状的山西式铁矿、透镜体的铝土矿、耐火黏土等矿产，但构不成工业开采矿体。

（二）矿业活动

在店头村的南、北两侧景区的山谷中，常见一些以往的小型采矿活动的痕迹。在古代就开始开采的矿产有煤、石灰石矿。据有关县志记载，在店头村西部附近的明仙峪，在宋代就开始进行采煤，大规模开采是从明代开始的。由此可推断店头村一带的采煤活动时间，也大体应与明仙峪一致。新中国成立后至前些年，店头村一带还开采过石膏、铝土矿、建筑石料等。近代具有一定规模的采煤活动是在 1958—2005 年间。在距店头村西北侧 500 米的后面山区就有 2005 年才关闭的年生产能力达 3 万吨的原秋花坝煤矿。在距店头村西约 1 千米以上地带区内也曾存在多个小煤矿与民采小窑（近年来均已关闭）。风峪沟内采石膏的矿山在 2006 年关闭前最多曾达 15 个。尽管这些以往的矿业活动现已禁止，但由于长期采矿活动导致的山上植被被破坏、水系的污染，加之采煤等活动均不同程度地遗弃有大量的废渣、矸石等物，一旦遇到季节性洪水将会对山下的店头村等数个村庄造成严重的威胁。以往的采矿活动造成的环境破坏等也会造成店头古村的安全隐患。

（三）地质灾害

1. 洪水与泥石流危害

据太原西山地区地质灾害危险

性分区图资料（见图 4-2-3），店头村及周边属风峪沟泥石流地质灾害危险性中等亚区（$Ⅱ_2$）。

主要地质灾害表现为洪水与泥石流灾害。其中太原 - 古交公路的店头～庙前山段的修路切坡和采空引起的滑坡、崩塌、路面塌陷和地裂缝等灾害大多数仍处于不稳定状态，危害隐患较为严重。

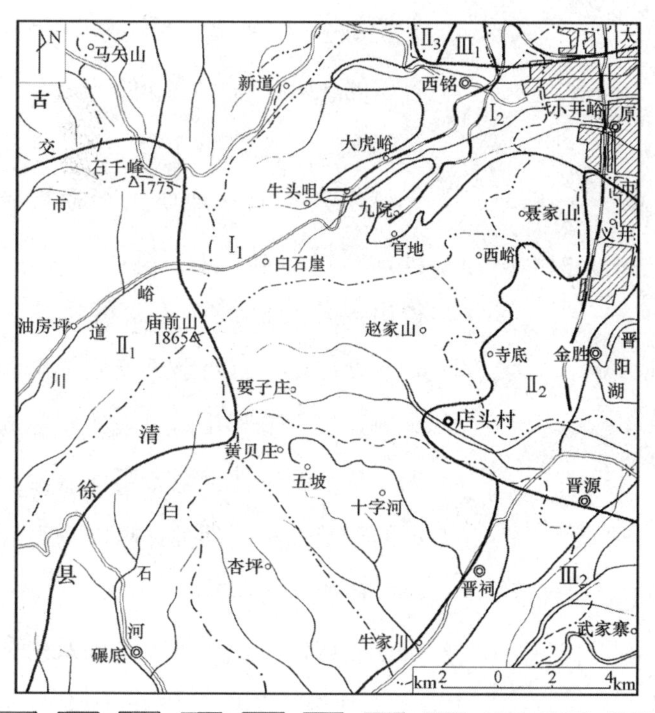

图 4-2-3 店头村一带地质灾害危险性分区图

风峪河在历史上曾多次发生过洪水（或泥石流），如 1668 年、1775 年风峪沟山洪均有冲毁过古晋源城南部数个村庄的记载。据道光年间的《太原县志 • 祥异》一书记载，从金代开始，由于采煤导致山上植被破坏以及自然气候变迁，西山九沟里面的季节性洪水开始严重威胁山下村落的安全，到乾隆年间，风峪沟的洪水曾经 10 年内两次冲毁了原晋源镇的西门。即使坚固的晋源镇西城门都不可避免的遭此横祸，更不用说山下洪水流经的数个村庄了，多多少少都会受到洪水（或泥石流）的侵袭。1929 年 8 月 10 日风峪沟王家庄洪水流量经推算可达 $448m^3/s$ [1]。新中国成立后通过对西山峪水进行多次大规模的治理，虽有一定成效，但这种“峪水为灾”现象也仍没能彻底根除。据当地地方志记载，1956 年 8 月的暴雨使得风峪沙河等三条沙河 13 处决口，沿途很多的村子受灾严重；1975 年 8 月底，西山与晋祠一带连降了两日暴雨，沙河再次决口，冲毁了 150 亩土地；1981 年 7 月，风峪沟山洪又一次暴发，引发了泥石流，洪流速度达 $40m^3/s$。卷走马车 2 辆，拖拉机 3 台。[2] 最近发生的一次大的洪水灾害是 1996 年 8 月 3—4 日，太原西山地区以庙前山、石千峰为中心降了特大暴雨，梅洞沟雨量站实测 40 小时降雨 314 毫米。虎峪沟、风峪沟、九院沙河均暴发了山洪和泥石流，以风峪沟北侧相邻的虎峪沟泥石流最大，形成多处漫堤决口，给沿河的太原市居民及厂矿造成了重大损失。其时店头水文站记录流量达 $92.7m^3/s$。风峪沟洪流期间实测洪流最大含沙量

注：[1] 山西省水利厅水旱灾害编委会．山西水旱灾害 [M]．郑州：黄河水利出版社，1986．
[2] 太原市南郊区地方志编撰委员会．太原市南郊区志 [M]．北京：三联书店，1994：133．

为 324kg/m³，平均 149kg/m³，约占容积的 5.6%，输沙量 49.3 万 t，平均每平方千米产沙 1.45 万 t。据此资料山西省第三地质工程勘察院进行的模拟岩、土、水混合试验，得出风峪沟洪流流体密度重约为 r_c=1.229t/m³。山西季风气候暴雨的集中发生季节和暴雨呈现的年际周期，从水源条件上限定了泥石流形成的季节性和周期性。风峪沟泥石流区特征见表 4-2-1。

本区降雨及洪水流主要发生在 6—9 月份，其中发生在 7—8 月份的机率可达 80% 以上。据太原市 1996 年 8 月 4 日特大泥石流地质灾害调查报告的初步显示，认为本区暴发泥石流的雨强条件为：10分钟、1 小时、24 小时、72 小时降雨量限界值分别为 15 毫米、40 毫米、120 毫米、250 毫米。也就是说，离店头村不远的西山一带的降雨量在 10 分钟内不得超过 15 毫米、1 小时内不得超过 40 毫米、24 小时内不得超过 120 毫米、72 小时内不得超过 250 毫米，否则此地区就极可能暴发洪水或泥石流灾害。店头村位于风峪沟下游一带，洪水或泥石流来临必然会给店头古堡带来巨大的破坏与损失。因此，从古至今风峪沟发生洪水与泥石流灾害是不以人的意志为转移的。

2. 滑坡与采矿弃渣隐患

在店头村西、风峪河南部沟口，地质调查已存在中小型土体滑坡，包括前些年采矿活动的弃渣废物均是该区不容忽视的安全隐患。

3. 采矿塌陷隐患

在一个流域面积不到 40 平方千米的风峪山区，曾分布有百余座煤窑、石膏窑、石料场。原官地煤矿的井田边界距离店头村最近的地方仅 1 千米。20 世纪 90 年代的采矿活动曾疯狂的在西山地区展开，由此造成了采矿区严重地表塌陷和地面裂缝的后果。据 2000 年的一份调查显示，在店头村河谷上游最近的周家庄和要子庄两个行政村地表塌陷最大长度达 500 ～ 600 米，宽 120 米左右，要子庄东南面也出现了严重地面裂缝，在约 35 米宽度范围内有四条平行排列的地面裂缝，裂缝宽度在 1 米左右。[1] 地表塌陷不仅使土壤退化和土地生产力下降，而且使地下水和地表水发生

注：[1] 王献民（晋源区国土资源局局长）：《土地复垦项目状况》，见《晋阳文史资料》第七辑，“风峪专辑”．第 133 页．

风峪沟泥石流区特征 表 4-2-1

总面积（平方米）	总沟长（米）	出山前		形成区		流通区		堆积区	
		沟域面积（平方千米）	主沟长（米）	面积（平方千米）	主沟长（米）	面积（平方千米）	沟长（米）	面积（平方千米）	沟长（米）
83.90	18840	39.45	10100	38.95	7250	0.50	2850	12.99	8740

不同程度的泄漏，进而影响水循环，导致井泉干涸，水源枯竭，环境恶化，居民生存生活的基本条件受到威胁。

三、村落本体环境分析

店头村内的构成要素如村落入口、街巷、院落民居、节点景观等都是重点保护的对象，尤其是形成这些传统历史风貌的一草一木、一砖一石等小环境，更需要悉心保护，如古树名木、石子路面、院落环境，等等。

（一）村落入口环境

跨越风峪沟的桥目前是外来游客进入店头古村的唯一入口。桥宽 4.5 米，柏油路面，两侧栏杆为红褐色的铁栏杆，桥北端有一座用木头临时搭建的简易门楼，上面写着“晋阳店头古堡”六个醒目大字。但作为古村的入口，显得过于简陋，与古村历史背景不符合（见图 4-3-1）。

（二）街巷道路环境

店头村中历经数千年形成的道路网，相当于整个村落的骨架，对古村空间形态的形成起着至关重要的作用。村内道路形式主要有街、巷道、小道三种，层次分明。据统计，村内横向主要街道有四条，纵向巷道有六条，其余小道有数条。从组成路面的材质上分，主要有柏油路、碎石路、土路三种。

1. 横向主要街道

横向的主要街道有四条。

（1）柴煤大道（古时称驿路），即现在的进村道路，紧邻古村南侧、风峪河沟北侧而建，宽度为 4 米（见图 4-3-2），它是通往古村内的必经之路，也曾是联系晋阳古城

图 4-3-1　店头村入口

图 4-3-2 柴煤大道（深色线框标识区域）

与古娄烦等地的唯一交通要道（形成时间在春秋末到战国初），可见其历史悠久，文化底蕴厚重，重要性不言而喻。现如今存在的一些问题不得不引起人们的注意：

1）路面材质缺乏文化内涵。柴煤大道从村入口处向西至戏台南侧的路段已被硬化成现代化的柏油路面，与古村的建筑特色格格不入，而再向西的路段又骤然转变为土路，致使路面不统一，打破了路面的完整性。

图 4-3-3 商业古街

2）道路两侧缺乏具有古村落特征的路灯、指示牌等小品设施。现代化风能发电路灯其造型对店头村景观是一种破坏。商业古街缺乏照明设施。

3）道路两侧缺乏绿化。局部路段两侧未经过绿化，风沙较大，导致灰土现象严重。

（2）商业古街，东起紫竹林寺的山门前，西至砖砌灯山（建于清雍正七年）和紧邻灯山南侧的石砌古戏台（清嘉庆十三年建），此段位置间，有一条宽不足 2 米，长不足 80 米的巷道，即为曾经的古商业街。商业古街路面为碎石路面。巷道两侧有很多店铺，传说太原老字号“六味斋”店铺最早就开于此，如今商业古街已废弃，两侧店铺的门窗大多损毁，室内漆黑。村落中部分无组织排水使得路面损坏严重，大多已不平整（见图 4-3-3）。

（3）商业街西段，是商业古街向西延续的部分路段，从灯山和戏台后向南信步而下，紧邻古村的柴煤大道，其宽度为 1.5 米，现在路面杂草丛生（见图 4-3-4）。

（4）还有一条西起戏台向东经过紫竹林寺北侧一直延伸至后山的路（见图 4-3-5），此路起始段的前 10 米为碎石路面，宽 1.9 米，之后路段均为土路，平均宽度为 2 米。

2. 纵向巷道

南北向的巷道有六条，均垂直于主街柴煤大道，这些巷道起着联系主街与宅院、庙宇等的重要作用。其中最重要的一条是通往紫竹林寺的人行巷道。

图 4-3-4　商业街西段

在紫竹林寺山门下的半圆形石碹排水洞（洞口高 2.3 米，宽 2.2 米）南侧，有一条用河卵石铺砌而成的长约 60 米、宽 2 米的人行巷道，其入口处与古驿路（即柴煤大道）相接。巷道北高南低，两侧是布有采光口或是通风口的院墙，幽深狭长，加之两侧挂着的红灯笼，

图 4-3-5　土路

深隐其中，会让人涌现出一种“问古风之悠远、寻流韵之长传”的雅兴情思。此巷道是店头古村的一道重要历史文化景观，体现着村落沧桑古朴、质朴凝重的特色（见图4-3-6和图4-3-7）。

这条巷道也称排水道，路面均用河卵石铺砌，体现着其排水的另一功能。雨季时节山上流下的雨水部分通过此处分流，经过紫竹林寺山门下的排水洞，沿着北高南低的巷道排入村南的风峪河沟中。巷道经长年累月的雨水冲刷，部分河卵石地面磨损严重，两侧建筑墙体下部酥碱。

3. 小道

散布在院落间的小道有数条，是联系宅院与宅院、宅院与街巷的中介。小道主要是土路，有的土路两边长有野草，有的土路一边是窑洞建筑、一边是树木植被。

（三）建筑院落环境

院落是构成店头村建筑群体空间的基本单元，是在长期的村落和自然界的相互作用中形成的具有浓郁人文气息和自然气息的重要空间。然而随着店头村村民整体搬至新村使得古村越来越趋向“空心化”，长期无人使用以及管理不到位等多种因素的影响，在导致建筑功能衰退、人文气息渐逝的同时，也加快了庭院损害的速度。目前店头村的整体院落环境不容乐观，破坏较为严重，主要表现在以下方面：

（1）很多院落现已不完整。院墙高度随着垒砌石头的松动正日渐减少变矮，一些院落院墙已经坍塌成堆，一些院落的院门已损毁，还

图4-3-6　排水洞

图4-3-7　巷道空间

有一些院内的建筑局部坍塌等，都严重影响了院落的完整性。

（2）院内地面不整洁，凸凹不平，路面无铺装，影响排水（见图4-3-8）。一些院内大小石子散落地面，煤堆堆放凌乱。院内排水方式是自然下渗和无组织排水，然而有些院内被建筑残骸、坍塌的土石、杂草等废弃物占据，使得地面高低不平，大雨来临时院内积水多，排水不畅，甚至会加重建筑墙体剥落速度。

（3）环境卫生差，缺乏环卫设施。由于几年前店头村村民都已搬往新村，古村老宅几年都无人居住，导致院落内杂草丛生（见图4-3-9），有的院内还扔有塑料袋、烂皮包、旧鞋等废弃物，废煤堆也随处可见。院内无顶茅厕简陋，院墙过低，大部分存在堵塞现象，环境卫生极差，院落内缺乏应有的垃圾桶或垃圾箱。

（4）院内缺乏座椅等休息设施。调查发现，院落对于人们的利用率最高，站在院落内，可以看到周围的建筑与眺望到远处的风景，停留时间最长，但没有相应的座椅供人们休息。

（5）电力线网布置凌乱，设施简陋。院内电力线路布置杂乱，主要供室内照明。线路均为明线，在院内随意拉扯，有的已经掉落，影响着院内景观，而且线网长期暴露于院内，不符合对建筑的防火要求，随时都有安全隐患。

（6）院内缺乏必要的消防、安防设施。院内无任何消防设备，而且缺水，完全不具备消防自救能力，一旦出事，将会对文物建筑造成不可预计的损失。院内还缺乏防盗感应报警器和监控设备，对文物建筑起不到及时监控、保护的作用。还有村内所有建筑均没有任何避雷、防雷设施，存在着安全隐患。

（7）院落环境除了包括院内的完整性、地面平整情况、环境卫生、排水、管线布置等状况，不能不说还包括每个院落内的建筑外立面现状。院子中的建筑外立面已有不同程度的损坏，总体而言，破坏较为严重：建筑局部有裂缝产生，甚至局部出现坍塌现象；建筑外墙皮剥落严重；建筑外墙皮有斑驳污化现象，墙面上乱写乱画；建筑外立面的木构架、门窗等构件出现不同程度的腐朽、断裂和缺失现象（见图4-3-10）。

（四）植被、水景环境

1. 古树名木

在《中国大百科全书》中解释“古树名木”是“树龄在百年以上，在科学或文化艺术上具有一定价值、形态奇特或珍稀濒危的树木。”

历史文化名村的评审条件明确

图 4-3-8　院内地面

图 4-3-9　院内杂草丛生

图 4-3-10　墙面破损

规定，村落应拥有一定数量、体现村落传统特色和典型特征的环境要素，其中拥有100年以上的古木数量是评审条件中一项重要的环境指标。据统计，店头村中共有树围在2米以上（树径达1米）的古槐树8棵，黑枣树1棵（树围2.15米）、走柏树1棵、松树3棵、桑树3棵，一共16棵古树分布在全村的各个角落（见图4-3-11～图4-3-21）。这些树木形态各异，有的形如骆驼、有的高大挺拔，它们一同见证着店头古村的沧桑变化，可以说是店头村不可或缺、不可再生的绿色瑰宝。它们作为景观树与其他杨树、柏树等众多树木，一同构成了村落生态植被和环境景观的重要组成部分，见表4-3-1。

据统计，店头村现有汉代古树1棵，唐代古树9棵，金代古树1棵，元代古树1棵，清代古树1棵。一级保护的古树有9棵，三级保护的古树有3棵。

如此珍贵的古树资源近年来也出现了一些问题，如古树减少、古树衰败。分析产生此问题的原因，虽然也受雷击、地质灾害等一些自然因素的影响，但主要还是人为因素所致。

（1）古树减少

村中原有古树16棵，现今只留下13棵。减少的3棵古树主要因人为因素而致死。

在看台（位于戏台对面）西北角原有一颗古槐，枝叶繁茂，树径有1米之多，树荫可遮戏场。听当地老人讲述，此树受过雷击但并未致死，只有部分枝干枯损，后来是因一村民吸烟不慎引起火灾将其彻底烧毁，如今只剩下枯木横躺在看台前。

在文昌阁前一左一右屹立着两颗高约8米的松树，树径半米有余，树龄已有300多年。但在20世纪90年代，由于人为对环境的破坏和管理不善等原因，两棵古松相继枯死，只剩下枯枝枯干仍挺拔的屹立在那里，实在令人惋惜。

（2）古树衰败

病虫害对古树造成的损害不可

图 4-3-11　古槐树

图 4-3-12　管理用房旁古槐树（下图左）

图 4-3-13　驼峰古槐树（下图右）

图 4-3-14　驿站旁古槐树

图 4-3-15　紫竹林寺院内古槐树

图 4-3-16　黑枣树

图 4-3-17　冰洞旁古槐树

图 4-3-18　看山上走柏树

图 4-3-19　文昌阁前古树

图 4-3-20 店头古村的古树名木（彩图见书后）

店头村古树一览表　　表 4-3-1

序号	名称	年代	保存状况等级	简介及主要特色	备注
1	走柏树	汉	一级	看山上，树围 2.5 米	承载传说
2	古槐树	唐	一级	冰洞旁，树围 2.1 米	
3	古槐树	唐	一级	管理用房旁，树围 3.4 米	
4	古槐树	唐	一级	驼峰槐，树围 2.8 米	
5	古槐树	唐	一级	紫竹林寺内，树围 2.6 米	
6	古槐树	唐	一级	驿站旁，树围 3.4 米	
7	古槐树	唐	一级	石佛洞前，树围 2.1 米	
8	古槐树	唐	一级	郭家院旁，树围 2.6 米	
9	古槐树	唐	三级	看台旁，树围 3.4 米	雷击、烧毁
10	黑枣树	金	—	李家院旁，树围 2.15 米	
11	桑树	元	—	郭家院旁，树围 2 米	
12	松树	清	三级	村对面龙山文昌阁前两棵，树围 2 米	均已枯死
13	松树	清	一级	风峪沟南侧，树围 1．3 米	

低估，需要及早防治，而由于人为管理不善导致古树衰败加重的现象却大有存在。例如位于村对面看山上的走柏树，由于去那儿的路难行导致人员对其疏于管理，并且古树因其高大使得树冠部位病虫害防治较困难，常年失管而导致树木枯枝现象加重，呈衰败趋势。

2. 水景环境

在紫竹林东面不远处，存在着

图 4-3-21　水帘洞现状

图 4-3-22　水泥蓄水池

一处天然形成的洞口瀑布，据记载其瀑布原有 15 米高，7 米宽，5 米深。听村中的老人讲，原先洞口瀑布如水帘般倾泻直下，瀑布声充满整个山谷。如今天然形成的瀑布景观已悄然消失，主要表现为以下三方面：

（1）瀑布水流已断截，岩壁流水面缩小。瀑布已不再是常年有水，只有雨季时节才有潺潺流水。而且瀑布水面宽度也明显变窄，洞口已裸露在外，从岩壁上留下的水流冲刷痕迹来看，即便有水时，水流面宽也只有 2 米左右，其余岩壁面如今已渐渐被野草及一些小灌木丛所遮盖（见图 4-3-21）。

（2）瀑布下方的蓄水池突兀简陋。瀑布流下处，新建的两个间隔 5.2 米、直径约 6 米、壁厚为 0.5 米的水泥蓄水池高出地面半米，非常生硬。这两个蓄水池全然失去了水帘洞天然性的景观特色，不仅破坏了水帘洞景观的意境，而且与大自然环境风貌极不协调（见图 4-3-22）。

（3）洞内损毁严重。洞顶局部出现坍塌现象，洞内乱石堆砌，地面满是碎石土屑，靠近洞口位置长满杂草，还有乱搭乱扯的管线，使得原有的水帘洞景观荡然无存。

四、村落周边环境分析

店头村周边环境目前存在着一定的缺陷：山体有不同程度的破损；绿化面积达不到优美环境所必需的要求；周边环境及其配套设施与建筑本体不相适应，配套设施不够完善；村内大部分为无组织排水，且由于地面凹凸不平，排水不畅；风峪河水质污染严重；太古运煤公路从村前通过，造成村内严重的大气粉尘污染，这些都使得店头村周边的环境质量和外部形象不佳。

（一）山体、植被

1. 山体

在《晋阳文史资料》第七辑

（2003年12月“风峪专辑”）中《风峪沙河水利资源》一文中写道：“流域店头村以上为沙页岩土石山区，一般杂草、灌木植被较好，沟掌有少许森林，地下多煤层，沟底煤窑较多，约60～70座，沟内到处可见矿口，煤堆、矿渣、污水，又黑又脏。店头村以下为页岩土石山区，植被较差，因此石料场较多，可以说到处开山采石，植被破坏严重，石料场约有20余个，石膏窑6～7个，沟内开窑开矿，尘土飞扬。”[1]一个流域面积不到40平方千米的风峪山区，却分布有百余座煤窑、石膏窑、石料场，其山貌可想而知，必定是满目疮痍、千疮百孔。

注：[1]见《晋阳文史资料》第七辑，“风峪专辑”. 2003，12.

20世纪90年代初在“有水快流”思想的倡导下，带动了西山地区疯狂的采矿活动，由此也造成了地表塌陷和地面裂缝的严重后果。导致风峪沟内井泉干涸，水源枯竭，环境恶化。包括店头村在内的“风峪九村”均已迁出沟外另辟新村了。

店头村周边山体中也分布着一些废弃的老、小煤窑，开采中的采矿弃渣、煤矸石丢在山上、道路两旁或河沟里，污染着环境。这些老、小煤窑的开采，因要外运矿产，又开挖山体修建了临时通道，采矿活动及这些临时道路的修建，导致山体出现疮面、垮塌、断崖等现象，严重破坏了山体面貌。虽然近年来，通过植树造林，山体的可视环境有了一定的改观，但以往采矿活动造成的恶果治理与消除还需要很长时间。

2. 植被

首先，店头村处于群山怀抱中，山体自然成为古村重要的环境要素，依附于山体之上的植被就成为衡量店头古村环境的一项重要指标。植被存在如下问题：

（1）森林覆盖率不高，天然林木少

自然植被中，位于海拔1000米以下的森林植被主要有油松、白皮松、侧柏、白桦、旱柳、家榆等，它们是本区森林植被主要的优势群种。20世纪以来，西山生态环境已大不如从前，由于开山采石、采煤及人们乱砍滥伐等人为因素使得山体植被破坏严重，森林植被数目减少。如今除个别山间可以看到少量油松、侧柏、枣树、杏树、核桃树等人工林外，大部分地区已无森林可言，山间大多只剩下荆条、荆棘、胡枝子等灌木丛和一些杂草，山体也呈现出许多创面甚至光秃现象。

（2）古树名木保护不够重视

店头村内古树名木数量也是一项重要的环境指标。古树素有“活化石”之称，它见证了店头古村的历史变迁，保护古树名木对店头古村自然景观的完整性有着重要意义。如今店头村虽已是中国历史文化名村，但人们对古树名木的保护力度远远不够，一来因为人们保护古树名木的意识不强，毁坏树木案件时有发生；二来由于古树名木的保护管理制度不完善，责任没有具体落实到集体或个人身上，虽然村中对许多古树已进行了挂牌管理，但仍停留在表面上。文昌阁前的两棵百年古松就因管理不当而致其枯死，造成了历史文化资源的遗失。

在村对面的南山（古称看山，当地人又称东华茂）山坡台地上，屹立着一棵枝繁叶茂的古柏树，在店头村又称其为“走柏树”，树身、树根处钉满了蘑菇钉、火柱，这样的做法与走柏树流传着的古老而美丽的传说有关。相传此树原先会走，将其用蘑菇钉和火柱固定下来，就是为了防止古柏树行走和生长时吸走店头古村的龙脉灵气。如今的走柏树郁郁葱葱，树围 2.5 米，树高 6 米，树冠达 30 平方米，在此处可清晰眺望到店头村全景，可成为供游人观赏店头村风景、遮阴避阳的绝好休憩地，它像一株迎客松似的敞开双臂迎接着四面八方的客人，走柏树构成了店头村的一个靓丽景点。

店头村如此重要且蕴含着民俗文化的走柏树景观，如今却处于随时会滑坡的岌岌可危的状态，情况不容乐观。由于 1999 年山前太古公路的修建，切开了走柏树所在的山体，造成走柏树侧前方山体局部坍塌，裸露出大面积的岩石断面，严重影响了山体景观的质量，而且断面坡度陡峭，山上一部分土壤已滑落下来，一旦暴雨来临，极易造成水土流失和滑坡灾害，进而堵塞公路、河道，甚至威胁着人们的生命安全。

（二）河流水系

这里提到的河流主要指流经店头村前的风峪河，水系主要说的是店头村南山井儿沟的两眼井泉和一些从山上流下的小溪。目前它们都存在一些环境问题，共同点是水质或多或少都被污染，不同点是它们各自还存在各自的问题。

1. 流经村前的风峪河河道情况

风峪河为沙质河底，发源于太原市南郊区庙前山，流经店头村南、晋阳古城遗址之西，由西向东注入汾河。它属流域狭窄、流量微小的季节性河流，枯水期与汛期流量悬殊；夏秋两季时水流湍急；暴雨时洪水汹涌；冬春两季干旱时变成干涸的河谷；在雷阵雨倾盆降落时，时有泛滥成灾的洪水。

风峪沙河负责排泄风峪沟、开化沟两峪之水。风峪沙河在宋朝以

注：[1] 陆严司，程秀龙，吕福利. 读史方舆纪要 [M]. 山西：人民出版社，1978.

前史无记载，只知晋阳城"西北外有罗城，以御西山之水，俗呼长龙城"。[1] 历史上，风峪水灾时有发生，摧毁力极大，严重时可以将居民庐舍顷刻摧毁。店头古村就坐落于风峪河畔，风峪水灾对村落建筑演化有着重要影响，水灾使店头古人想到用河道内洪水冲刷山石形成的河卵石来建造住所。

风峪沟中原先煤窑较多，现已关闭，但沟内仍到处可见矿口以及河道中堆砌的煤堆、矿渣，还有山体滑坡落入河沟的大块土石，河道淤积，这些都是造成河沟内堵塞的隐患（见图 4-4-1 和图 4-4-2）。

煤矸石及采矿弃渣丢在道路两旁及河道里。在大气氧化环境中，堆放在山上、河道的煤渣及煤矸石等极易受到氧化作用。由于煤层中含有硫铁矿等有害物质，其化学氧化和生物氧化作用在不断进行着，在水中产生了硫酸根及二氧化硫，一部分被淋滤进入地下水，另一部分随山势流入山间的小溪中，最后流到山谷的风峪河沟中，天长日久使地表水和地下水渐渐受到了污染，也使得风峪河沟底呈现出黄褐色的不雅景观。

店头村一带的风峪河河道两边的护岸是硬质石砌护坡（见图 4-4-3）。河道北侧护岸局部采用阶梯形石砌护岸，在中间阶梯形的平台上每间隔 3 米种有 1 棵松树。河道南侧护岸又兼作山腰上太古公路北侧的护坡，故护岸较高较陡（见图 4-4-4）。站在风峪河北向南眺望，大面积的石质护坡裸露在绿色山体下，明显的人工痕迹与周围生态环

图 4-4-1 河道内土石堆积

图 4-4-2 河道内散置的煤堆

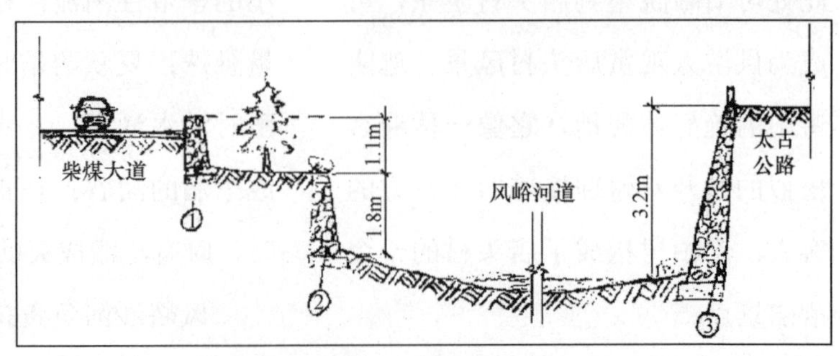

图 4-4-3 石砌护坡及剖面图

图 4-4-4　河道南侧护坡

境极不协调，严重影响了视觉景观效果，需要进一步整治。

2. 南山井儿沟的两眼井泉

两眼井位于村对面南山的井儿沟中，前后相距 20 米。该井处于石炭系地层中，井水属于砂岩裂隙水，水质尚可，水量不大。因早已无人使用，两眼井口又无遮盖设施，现井中水面上漂有落叶、杂草。

3. 山涧小溪现状

一些从山上流下的山涧小溪的溪水较清澈，但河床呈黄色，是因水中的含硫物质沉淀所致。原采煤废水是其主要的污染来源。

（三）道路交通

20 世纪随着“要想富先修路”的口号渐渐深入人心，太原市政府于 1996 ～ 1999 年在紧靠风峪沟南侧山体上修建了一条太原至古交的二级公路，路基宽 9 米，它是村落对外交通的纽带。公路的开通带动了其沿线地区的经济发展，但在发展的同时也给周边地区带来了一些负面影响：山体断面裸露在外，滑坡坍塌偶有发生，水土流失逐年加剧，空气质量每况愈下。这无疑对店头村景观风貌和生态环境造成了严重影响，具体表现如下：

1. 影响景观风貌

1999 年太古公路的修建使店头古村周围的景观风貌受到严重影响。它作为一条人工廊道生硬的被嵌入村落周围的山水自然环境中，不仅割断了原有的大地景观，遗留下许多山体疮疤，将大量岩石边坡裸露在外，造成破碎的景观，与整体环境极不协调；而且与公路紧邻的山体一侧缺乏护坡，还极易引发滑坡坍塌灾害，加重景观破碎化程度，甚至威胁行驶车辆的安全。

以走柏树下公路段为例，公路切断了走柏树所在的山体，造成树下山体裸露出大面积的岩石断面，既影响了公路的视觉环境，也影响了店头村的周边景观风貌。而且断面坡度陡峭，遇上暴雨，其上松脱岩土极易随雨水冲刷而造成滑坡地质灾害，进而堵塞公路、河道，甚至威胁人民的生命安全。在紧靠公路北侧的河道堤岸旁（即公路边沟处），还可见土块从山上滑落的迹象。

2. 破坏区域生态环境

公路修建从附近山体挖用了大量土方、开采岩石来填筑路基，造成山体地表植被的破坏，也改变了原山体地表的坡度、坡长，在水力、风力、重力的作用下，加大了水土流失量。[1]

公路的运营又给店头古村带来一系列环境问题，造成附近扬尘过多、空气质量下降、噪声污染，进而又间接影响到村落的居住环境。

（四）大气质量

店头村一带地区的大气环境质量欠佳，存在一些大气污染物，主要是煤烟型污染和机动车污染。

1. 煤烟型污染

堆积的煤矸石经长期日晒会产生自燃，排放出的气体对环境的污染相当严重，主要是二氧化硫、一氧化碳和烟尘对大气的污染。特别是店头村处于藏风聚气的风水宝地，排入大气中的污染物不易扩散，进而损害人体健康，被污染的大气再通过降水，污染了靠大气补给的地表水和地下水，再次抑制植物生长，日积月累还会通过雨水腐蚀建筑物。

2. 机动车污染

自从村前的太古公路开通后，每天有大量的机动车从此经过，很多都是尾气排放不合格的老车或是拉煤拉货的超载柴油车，它们排放的尾气污染物严重超标，对空气质量造成了一定影响。

（五）其他历史环境

店头村作为我国首批传统村落，目前还缺乏一些富有地方特色的环境景观资源。这就需要对古村内及村周边的一些有发掘潜力的历史环境要素进行开发、利用，只有在搞清楚这些历史环境要素的现状后，找出其现实存在的问题，才能对症下药将其治理好，并充分利用起来。如村对面南山中的井儿沟及村北通往蒙山寨的道路就具有发掘与治理的潜力。

1. 井儿沟

店头村对面的龙山山脉间有一条自然形成的沟，因其沟内有两口

注：[1] 韩丽君，郝向春．公路建设对环境的影响及防治对策研究 [J]．北方园艺，2011（2）：115-117.

水井，故人们称其为井儿沟（见图4-4-5）。其大致呈南北走向，沟长大约1千米，南高北低，弯弯曲曲由北向南延伸。沟内植被茂密，种有大量黑枣树、核桃树等，景致宜人（见图4-4-6）。但如今去井儿沟的人已越来越少，经实地考察发现其存在的一些问题可能是导致其人烟稀少的主要原因。

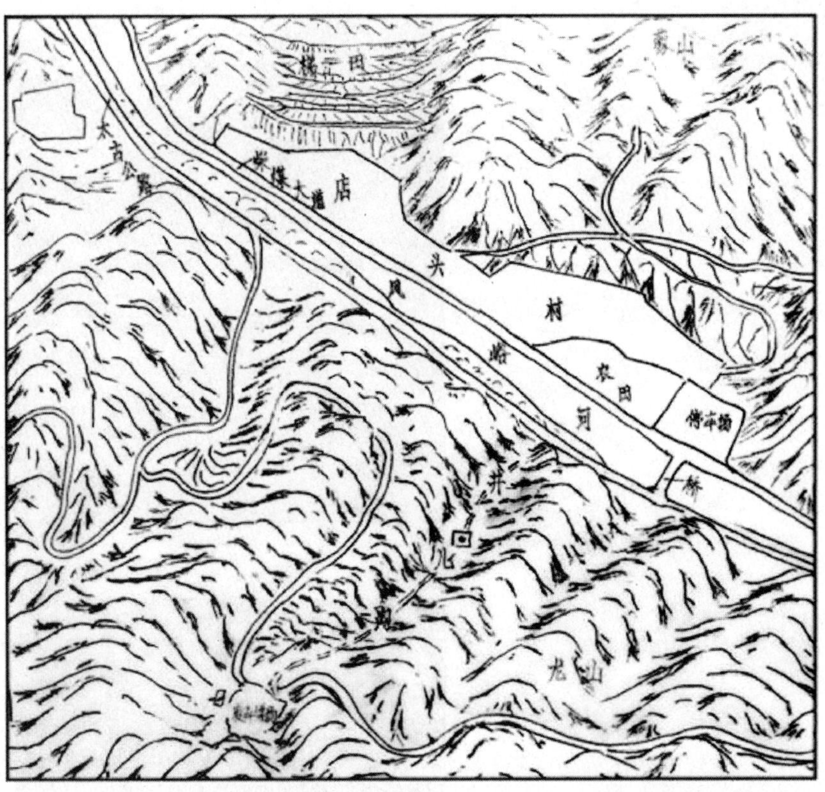

图4-4-5　井儿沟位置示意图

（1）沟口难找，道路不畅。据实地考察，在井儿沟的北端即沟口的位置，曾有一座小石拱桥，但1999年修建太古公路时将其损毁，如今遗迹无存，沟口位置也就不宜被人发觉。现在从店头村去井儿沟要走排洪沟（见图4-4-7），穿过风峪河沟才可到达井儿沟口，行走非常困难。首先要从柴煤大道进入风峪沟中，然后踩着河沟水溪中的石块，跨过河道中的水流，穿过太古公路下一个满是垃圾泥土的排洪洞口，再向上爬一段石坡才可踏上井儿沟的小道，实属不易。

（2）沟内山路崎岖难行。沟内山路变化多端，进入沟口首先有一段拾级而上的岩石路，宽不足1米［见图4-4-8（*a*）］；上有深深的车轮印记，再向前行走不远，山路变为一段狭窄的土路［见图4-4-8（*b*）］，行走片刻后便能见到那两眼古井；继续向前行又变为羊肠小道，大概行走半小时后路迹豁然开朗，但是不时有大块石头散落于路中［见图

图4-4-6　沟内景色

图4-4-7　排洪洞口

(a)　(b)　(c)　(d)

图 4-4-8　井儿沟中小路的变化
(*a*) 沟内碎石路（沟口）
(*b*) 沟内土路（沟前段）
(*c*) 沟内土石路（沟中段）
(*d*) 沟内石块路（沟后段）

4-4-8 (*c*)、(*d*)]。据店头村的村民介绍，明代开始这里便有了小型煤窑，工人通过手推车在井儿沟山路上进行煤炭运输。当时人来人往，好不热闹。但由于煤矿资源枯竭，这条运煤道路才变得荒芜起来。

（3）沟内井水受到轻微污染。在靠近井儿沟口约 200 米处有两眼古水井，两口古井直径为 1 米、深 5～6 米，有人推测它是凿于隋唐或更早时期，其相距不到 20 米，但两口井内的水面却明显不在同一水平面上。先前店头村村民的饮用水即取自井儿沟的这两眼古井，村民挑水用水都非常艰辛。细细观察，会发现在第一眼古井旁的岩壁中，有一个砖砌的高不足半米的井神庙（见图 4-4-9）；第二眼古井右侧岩壁中有一个用来放打水木杆的小洞，平时木杆不用时就插在岩壁洞中，此木杆一端有一长约 20 厘米的木钩（由天然树杈作成），是专门为从井中提水桶所用（见图4-4-10）。可见，这两眼古井是与以往当地村民的生活及生产活动息息相关的，可谓是本土文化与当地生活的一个集中体现。然而由于这两眼井口上方均无遮盖设施，常年井水裸露在外，使得井内不免会漂有落叶、树枝等杂物，水面表层浮有油迹，井水受到轻微的污染。

（4）在沟的南端有废弃煤窑口与堆放煤的场地（见图4-4-11）。煤窑口西侧有原先拉煤的土路还可通往山上、山下，站在沟口山丘之上可以一览无余地俯望到店头村的全景，令人心旷神怡。这里地势相对比较开阔，是让人们停留歇脚的好地段，但废弃的小煤窑洞口外留有大量的碎石废渣与矸石，沟口山丘上植被破坏严重。

从目前发现的古井、废弃的煤窑以及路径等遗迹，证明井儿沟自历史上就一直与村民生活密切相关，是店头村聚落环境中不可割裂的重要组成部分。

2. 蒙山寨

据史料记载，蒙山寨是北汉英武帝刘继元在位11年间修建的避暑行宫遗址的所在地。避暑行宫位于晋阳古城西北侧（店头村之北）的蒙山最高峰，俗称蒙山寨，海拔有1325米。[1] 蒙山寨的峰顶，宽阔平坦，东西长约100米，南北宽约60

注：[1] 清道光《太原县志》卷二，山川.

图4-4-9　第一眼古井

图4-4-10　第二眼古井

图4-4-11　井儿沟南端口场地（左图为西南 - 东北拍，右图为东北 - 西南拍）

米，随处可见避暑宫的残砖碎瓦、石质莲花柱础、基座、柱石等遗迹，还有两处宫门遗址尚可寻觅。除避暑行宫遗址外，寨顶还曾有堡寨和烽火台，属于保卫晋阳古城的一处军事要塞，与店头村北仅距2.5千米，蒙山寨与店头古堡曾一同构成保卫晋阳古城的军事堡垒，护卫着晋阳古城的西大门。在20世纪40年代后期的解放战争时期，阎锡山军队曾在这里修筑碉堡，妄图阻挡解放军摧枯拉朽式的进攻，至今还能看到石头上的弹痕和残存工事。若置身于蒙山寨，会让人有种豁然开阔之感，可眺望到开化寺、蒙山大佛，而且太原市的全景也可尽收眼底，景色十分壮观。

从店头村北通往蒙山寨仅有一条山路可蜿蜒抵达，但由于村北山路不止一条，山路岔口又多，况且通往蒙山寨的山路中又无任何指示牌等引导标志，很容易让人迷路。山路途中植被稀少，缺乏景致，也无任何供游人休息的凳椅等服务设施。

总之，店头村周边的环境问题错综复杂，两类因素相互制约，综合治理难度较大。在环境整治中，环境保护宣传力度需要进一步加大，以提高周围居民对保护环境重要性的认识；还需要制定一个总体长远的规划。规划不仅要考虑到周边生态环境的恢复，还要考虑到如何充分利用周边的环境，发掘其中的经济效益，形成一个可持续发展的保护模式。

五、环境景观整治分析

（一）环境整治原则

《村庄整治技术规范图解手册》[1]一书中指出，村庄整治应因地制宜、量力而行、循序渐进、分期分批进行，并应充分传承当地历史文化传统。提出了村庄整治的四个步骤：一是要恢复那些因为私搭乱建和堆积垃圾而破坏了的公共环境原貌；二是要维护那些生态敏感的水源保护区、河道沟渠、山坡、洼地的原始状态；三是要提高村庄基础设施与公共服务设施的水平；四是要保护好现存的历史 文化遗产和乡土特色。因此，在综合考虑是否具有悠久性、完整性、与村落协调性以及文化传承等方面因素后，提出店头村环境整治原则如下：

1. 保护自然生态环境

对店头村而言，其环境整治应以原生山水为依托，重视维护原有的山形地貌，严格保护绿色生态环境。在保护整治中，要保护店头古村周边的山势、绿化和自然景观，要保护村内依山而建的窑洞形式、建筑四周的自然环境特色。古村落四周严禁开挖山体，破坏特色

注：[1] 叶齐茂. 村庄整治技术规范图解手册 [M]. 北京：中国建筑工业出版社，2009

景观与传统风貌，杜绝采矿活动，鼓励发展与古村落风貌相协调的产业。

2. 风峪河沟不宜搞造河工程

凡旅游之地，只要有河、有水，其景色就自然有了生机。风峪河道系间歇性的山洪沟，排洪防洪是其主要功能。雨季一遇暴雨，山洪即至，洪峰高而延续时间较短，倘若设计营造人工河工程必然会影响排洪功能，排泄不畅就极易形成决堤毁坝隐患。因此，防洪排洪功能应放在第一位考虑。根据风峪沟防洪排洪中现存问题，必须要顾及全山洪沟道疏通整治，保证有足够的行洪断面。对于处于店头村一带的排洪沟，其河道在清理整治后需结合其环境的美化，堤防的形式以采用高标准、质量较高的砌石护岸为宜。除此之外，还应加强非工程防洪措施，如采用自动测报系统进行雨水情检测和洪水预报，也是做好店头村防洪非常重要的一项措施。

3. 整治前要进行地质灾害隐患调查

在店头古村沿途需开发的古景点甚多，周边山上也有大量历史文化遗存。由于本区从历史上一直在进行着矿产采掘活动，采矿形成的隐患如地裂缝、塌陷、人工弃渣都应是整治前需查清的对象。只有查清这些，才能做到从根本上进行治理与整治。单纯考虑古建文物的修复保护与开发整治是不妥当的，在景区古建筑、连接道路下及周边，是否有采空区，是否存在滑坡、崩塌隐患危害，有无断层存在都非常重要。调查清楚才能做到整治后的长治久安。如店头村西南侧的山神庙西侧沟口边坡就存在滑坡需要进行治理。

4. 村落景观设计遵循的原则

（1）坚持社会性原则。赋予环境景观亲切宜人的艺术感召力，通过美化生活环境，体现当地文化，促进人际交往，并提倡公共参与设计、建设和管理。

（2）坚持经济性原则。顺应市场发展需求及地方经济状况，注重节能、节材，注重合理使用土地资源。提倡朴实简约，反对浮华铺张，并尽可能采用新技术、新设备，达到优良的性价比。

（3）坚持生态性原则。应尽量保持现存的良好生态环境，改善原有的不良生态环境。提倡将先进的生态技术运用到环境景观的塑造中去，利于人类的可持续发展。

（4）坚持地域性原则。应体现所在地域的自然环境特征，因地制宜地创造出具有时代特点和地域特征的空间环境，避免盲目移植。

（5）坚持历史性原则。要尊重历史，保护和利用历史性景观，对于历史保护地区的居住景观设计，更要注重整体的协调统一，做到保留在先，改造在后。

景观设计的原则尽管多样，但最终的目的也无非是使建筑与环境相统一。在建筑物的配置上也应尽量顺应自然、随高就低、蜿蜒曲折而不拘一格，从而使建筑与周围的山、水、石、木等自然物统一和谐、融为一体，并收到“虽由人作、宛自天开”的效果。

5. 绿化整治原则

绿化整治以人与自然的和谐共生为目标。绿化系统按照点、线、面三个层次进行绿化，绿化中可结合建筑小品或景观一同塑造。

点：在窑洞建筑院落内，种植自然形态的花草、灌木、藤架等，并结合建筑小品加以处理，成为融休息、观赏、活动、交往为一体，富有特色的庭院绿化。

线：道路两侧绿化，绿化系统贯穿整个村落。

面：依山就势，形成不同高差的台地，由建筑围合成大院，形成大片集中绿地，为住户的休闲、交流和沟通提供了安逸亲切的场所。

灌木和树群根据不同的季节性，错落有致地穿插在院落绿地之中，演绎出不同的景观风格，使来到此地的人们感受到空间带来的宁静与自然。

（二）环境整治内容

店头村环境整治的内容主要从以下两个方面考虑。

1. 环境质量的提升和改善

（1）消除直接危害建筑遗产的环境因素

自然因素。主要是自然灾害、生物侵害等，要及时地进行治理，要建立防御和监测体系应对存在的隐患。

景观污染。主要是建筑景观的不协调，主要为旅游公害造成，如影响遗产景观的广告牌等构筑物，造成建筑风貌的不协调，专为商业性旅游开发所进行的不合理规划设计，损害与影响了遗产与其历史环境的文化内涵。

环境污染。主要是指空气、水体、生活垃圾污染等。

基础设施不完善。主要是其排水给水系统、电力电信系统的不完善等，这是保障建筑遗产是否能健康存在、周边居民是否能安定生活的必要条件。

（2）空间景观的整治以及绿化生态环境规划

1）空间环境的整治不能只着眼于景观效果

在整治的同时，不能只着眼于景观效果。要强调建筑遗产区域的自然、环境景观特征的整体性、延续性和协调性，找出遗产与环境景观的共性，尝试用景观特色去反映环境特征文化内涵和注重社会人文环境的创造。尽量避免造成对环境的不利影响。

2）绿化及生态环境规划

保护整体历史环境的有效手段之一就是搞好生态环境的设计，因地制宜地尽量保持自然环境的原生态，要在保持真实性、完整性方面体现原生环境的特色风貌。

2. 历史环境的保护

对历史信息的真实性，我们不应当仅仅局限在实物遗存本身。凡是能够准确传递历史信息的载体，不论其是否原有遗存，我们都应当视为历史文化要素的组成部分。

历史环境的保护主要是指历史、文化环境要素的保护，它所涵盖的范围较广，从有形的自然和人工的物质形态上，如村落传统空间布局、建筑格局、街巷及历史遗存的传统宅院群落、古树、古井等；到无形的与历史时期、社会文化有关联的人文背景、历史信息上，如名人、名事、街巷历史名称，等等。

因此，店头村环境整治的内容主要包括：山体、植被、河流、道路、古树名木、建筑风貌协调等内容。从区域上将其整治内容具体划分为两部分：一是村落的入口、村内街巷道路、院落环境、节点景观等的整治及改造；二是村落周边的山体、风峪河道、村外太原 - 古交公路、大气环境质量的整治。所有措施都是基于对各种环境因素的现状评估结果所制定。

（三）村落入口整治与景观设计

村落入口主要具有三方面的功能。首先是解决村落交通的功能；第二是标志村落领域的功能；第三是回家的归属感功能。村落入口是门的象征，除防御、出入外，也是村民迎、送客人的公共活动场所。

村口的景观设计应当能够代表人们对于村落的感情认同，并要加强对外界的注意力与吸引力。设计入口景观可采用植物营造入口、建筑营造入口、构筑物营造入口等方法。

1. 植物营造入口

在进入店头村的柴煤大道上，距离现售票点不远处，可以种植冠大荫浓的高大乔木，如槐树、枫树、香樟等作为村口标志，也可以通过植物配置与景石小品形成色彩醒目、层次丰富的入口小景，从而达到烘托入口的效果。

2. 建筑营造入口

民居宅院、寨门等地域风情突出的建筑物作为突出入口形象，能加强入口景观的导向性。同时充分考虑村口所起作用，如集散功能，则要合理安排场地、停车场的位置，强化入口与主干道之间的联系。

现店头村入口只有一个简易的木门架，与其厚重的历史文化底蕴不相称。故在此设计了一座门楼。店头村起初是一座军事古堡，在宋毁晋阳城后才演变为居住村庄。入口处门楼设计就是考虑到这两点因素，以店头村历史功能的演变与进化为基本设计理念，取其意，沿着历史文化脉络继承与创新。将古堡形象与村落形象相融合。

首先，考虑到店头村最初是一座军事古堡，是驻军之地，它的城防应该是完善的，因此在设计时，融入有军事防御特点的女墙、垛口、城台等元素后，再结合店头当地独有特色来考虑。一是采用两处对称的梯形墩台置于桥两侧，墩台上周边围墙设计成带垛口的女墙样式，均意在让人看见它就能感受到它曾是一座军事古堡。二是将两侧墩台先用当地黄土夯实，再用当地河沟中的石头包在其外，下部采用大的砖石垒砌以加固其身。

其次，考虑到在店头村演变为居住村庄后，随着其军事作用的消逝，慢慢荒废。村入口渐渐向城楼发展，而有城楼的地方也多半和庙宇合为一体，如主体建筑建于唐代的开阳堡，城楼上就是玉皇阁，蔚县西古堡城楼上则是观音殿。因此，笔者又在左右对称的墩台上加了一座古建筑。这样，让人们产生一种店头是古堡也是村落的初步印象。这种将古堡形象与村落形象融合为一体的设计，不仅与店头风貌极为相符，最重要的是意在让人们通过此入口设计感悟历史，体会店头村文化。

3. 构筑物营造入口

村口构筑物的营造，要充分利用村口的地形地貌高差变化，外观特征，结合山石、亭廊、桥等景观元素，传达出村落文化内涵。

桥是一系列空间序列的界线，也是最佳的观景点。当站在桥上依栏眺望远处时，美景一览无余。在山区，山体层次清晰，桥梁跨越山谷，则是“一桥飞架南北，天堑变通途”。为了使桥与村落自然环境更加协调，古代大多数桥梁多采用当地自然材料，如石料、木料等。桥梁结构与形式一定要与当地的地形、地貌相结合，桥梁的材料一定要与当地的风土人情，地方材料相协调。

为迎合店头村的古朴氛围，其入口处桥栏杆需要改换成石栏杆。原因有两点：第一，店头村自古就是一座石头城堡，该村落建筑群最主要特点就是就地取材，用河沟中石头碹砌筑而成。为了迎合其村落建筑群的古朴氛围，应将桥两侧铁栏杆改换成石栏杆。第二，石栏杆古时就很盛行，一直沿用至今，在很多古村落的桥体改造运用中取得了较好的效果，如榆次后沟古村石桥（见图 4-5-1）。因此，选用石栏杆这种与店头古村相匹配的石材，这样使古村落风格面貌更加统一和谐。

（四）街巷道路整治与景观设计

村内道路是连接不同场所内外空间的线性单元，它是一个动态三维空间景观，具有韵律感和美感。在对街巷道路进行整治与设计中，要特别重视整体形态与道路景观设计。

首先要从整体考虑村落形态的合理有序排列，要着重体现村落街巷景观的人文轴线，对街巷的连接及其相互渗透形成完整的街巷空间结构系统，营造出景观的空间变化。

其次要重视道路景观设计，需与周围环境相协调。人们行走在村落道路中时，道路把不同景点连接成了连续的景观序列，使人产生一种累积的强化效果，同时道路本身又是景观的视线走廊。它的布局是一个动态的景观序列布局。因此，村落道路既要有变化，又要有统一、协调，既要平缓，又要有起伏等特征。与此同时，道路景观要与周围环境相协调，并适应道路所在地的地形、地区特征、历史特点。路面整洁平整，弯道曲线柔和，绿化装饰适宜，路灯配合协调，都可构成传统村落道路的景观美。

总之，如何更好地在不破坏古村落本来面貌的同时又融入新的创作元素是笔者在整治与设计街巷道路时所围绕的重心。在道路整治时可以将其划分成路面情况、道路公共设施、道路景观绿化这三方面来阐述。

1. 路面情况

店头村中的路面情况反映着

图 4-5-1　榆次后沟古村石桥

道路街巷甚至是整个古村的艺术内涵，主要表现在路面材质选用与道路原有风貌的保护上。因此路面材质的选择与道路原有风貌的保护要特别注意与周围环境的融合。其中，路面材质的选择应结合其主要用途、所处地形、自然环境因素以及是否与当地空间层次相吻合来考虑，不同的路面材质形成的性质和空间感也不一样，常见的面层材质及其特性见表 4-5-1。

图 4-5-2 青条石板路面

（1）柴煤大道

以路面材质选用恰当与否为切入点进行整治。柴煤大道（进村道路）是通向古村落唯一的主干道，为了更好地渲染出古村落古色古香的氛围，柏油路面可改铺砌青条石板路面（见图 4-5-2）。青条石街巷是清代鼎盛时期路面的常用做法，行在青石板路面上，会让人不禁有种置身于清代昌盛时期的感觉，古朴中透着历史风韵，而且铺砌这种路面还有一个好处就是下大雨时路面基本上不积水，小雨时候不湿鞋。国内有很多实例可参考，如北京前门大街为恢复明清皇家御道，路面改铺青条石。

常见面层材质及其特性　　表 4-5-1

类别	名称	特性
石材	大理石	多用于室内，只有汉白玉、艾叶青等少数质纯的种类用于室外，给人高贵华丽之感
	花岗石	花岗石不易风化变质，外观色泽可保持百年以上。花岗石硬度较高，而且耐磨，是较高级的石材
	乱形石	具有天然石材的形状和质感，色泽纹路能保持自然原石风貌。可以拼成各种图案，并可在石缝中种草，形式自然可爱
	砂石	常与其他石材结合做园路、人行道和汀步等
	卵石	耐磨、排水性好、装饰性强，具有中国南方水乡的特色。可以拼成各种图案。常见的有鹅卵石、海峡石、洗米石
地砖		各种预制地砖，颜色、图案、形状丰富多样
青砖		端庄，耐磨性差，在冰冻不严重、排水良好的地方使用较好，在阴湿的地段路面宜生青苔，不宜用于较陡的阴地
木材		形式古朴自然，与自然环境接近。适合反映自然情趣的地面铺装
水泥混凝土		平整，耐磨，给人冷清、无人情味之感
水磨石		装饰效果较好，粗糙度不够，可与其他材质混用
沥青混凝土		平整，养护管理简单，彩色沥青混凝土具有装饰性

以道路原有风貌破坏与否为切入点进行整治。柴煤大道（即古驿路）是进入古堡前展现在人们眼前的一条重要的道路，这条贯穿千年历史文化精神的主轴线承载着祖祖辈辈们的印迹，其历史风貌不容有半点破坏，一定要保持道路原有的空间视廊。

（2）商业古街及紫竹林寺山门下的排水巷道

依据《太原市晋源区店头村保护规划》，“商业古街、紫竹林寺山门下的排水巷道”两条特色街巷为店头村的重点保护对象，其街巷肌理反映了店头古村的特色。商业古街路面为毛石路面，毛石就地取材于风峪沟，不仅能体现店头古村的地方特色，而且置身于用毛石铺砌的古巷道中，可营造出一种寂寥中含着悠远的氛围，颇有意境。在店头村街巷道路整治过程中，作为商业古街这样有特色的历史保护区老街，其街巷原貌应予以保留，不得随意改变古街巷原有的方向、宽度、地表铺装及两侧的古建筑风貌。控制街巷空间的构成关系和尺度，控制新建建筑的高度、体量、形式、色彩等，维持古色古香的风貌。在维持原有古街格局情况下，还需进行一定的修缮和局部“补牙”工作，保留老街传统宜人的尺度和悠悠延续的界面。本着“修旧如旧，补新以新”的原则，以保护原真性、完整性以及生活的延续性为前提，针对街巷两侧建筑出现的问题，加以修缮，如修补墙面、安置门窗构件并要统一门窗风格。

恢复商业街的景象，最好将其做静态的作坊展示。一来因其街巷宽度有限，若真恢复其商业街当时人来人往繁华的景象，人多了难免会造成巷内拥堵现象，影响街巷空间景观；二来因商业街两侧的窑洞内部空间低矮狭小，不适合人在内部长久活动，也不适合当今商铺的使用要求。因此，不如将其作为一条静态的商业展示街，两侧商铺内可配一些展示内容，再放置一些与真人大小差不多的假人塑像模拟再现曾有的商业场景，形象的说明各自曾经的用途。如布匹店、六味斋店等。这样既可以让行人体会到商业街曾有的繁华，又不会因买卖在此逗留太长时间而造成人流拥堵。

（3）村内小道建议采用当地碎石铺设，与有铺砌材质的街巷道路有着一定的区分和界限。

2. 道路公共设施

道路公共设施，可采用传统的材料建设。形式上应具地方特色。因此对果壳箱、垃圾桶、围栏、公厕、指示牌、路灯等街道小品的设计，坚持不采用不锈钢、铝合金等现代材料。

（1）果壳箱、垃圾桶。为了让设计不破坏当地的原生态环境，在设计垃圾桶时应融入当地民俗文化，尽量使其与窑洞共同搭成一组活生生的生态展品。柴煤大道与商业街的垃圾桶设计中应运用单纯、朴实的设计手法，突出当地的“土味”，使景观区域更当地化、生活化，更贴切于百姓。

（2）围栏。可采用如木材、石材和绿篱等天然材料，实现简单、回归自然的感受，而不使用混凝土及砖砌的高墙。

柴煤大道南侧紧邻风峪河沟，目前是用间隔数米的小松树栽在柴煤大道南侧，起着分隔维护的作用。还可以尝试在松树间插入绿篱的办法，不仅使得界限更明确，弱化了水泥边沿，而且也增加了道路一侧的绿化面积，增加道路景观的可赏性。

（3）指示牌。在一些路岔口有必要增加一些指示引导标志，这样在无人导路的情况下，也可以让游人自己依照路牌指示游览全村各处景致，尤其要突出村落中特色景观的位置。其作为一种小品景观，样式、外表、色泽要与店头村环境协调。

（4）路灯。路灯是构成街道景观不可缺少的要素。村落街道的尺度偏低，在照明方面要求给人感受到亲切和舒适。在灯具外型的选择上，以能展现出特定环境特色及文化内涵作为挑选灯具的标准。

柴煤大道两侧应配合要置换的青石板路面以及考虑古村建筑群的特点，选用一种既能突出店头村特色又有历史文化内涵的路灯。

3. 道路景观绿化

沿途绿化能给无机的道路添上有机的自然色彩，也是形成舒适的环境景观的主要因素。村落景观中的道路绿化，要避免刻意强调绿化，主要通过自然的灌木及草坪来分出界限。对花池、花坛、花盆的绿化景观，应尽量避免采用砌筑形式，通过有效的绿化设计来改善沿线环境。

柴煤大道从入口到古村建筑群还有一段距离，这段距离可以说是一种连续的、动态的过渡空间，因此在柴煤大道两侧可适当设计一些节点景观。一来能丰富道路层次，增加美感；二来能缓解人们行走途中的劳累感，为其停留片刻提供场所。笔者在路右侧做了一处局部景观设计，在地面材质选择上，采用了与主街不同材质的铺装样式即用青砖做地面，因其色泽与大面积的青条石色泽一致，因此虽然材质不同却不会破坏整条街道的统一沧桑感，无形之中还起到在地面上作空间分隔的效果。用这种在统一中求变化的处理手法，来烘托柴煤大道景观的文化韵味。

（五）院落环境整治与景观设计

院落空间在中国传统建筑中具有无可替代的地位，在农村中它是生活和生产场所的一部分，院落里可以安排生产、起居、用餐、休闲、储藏、晾晒等多项用途。店头村中的每个院落空间都经历了漫漫历史岁月的考验，累积了丰富的人文气息，所以在景观整治时应重视这一空间。

（1）要保证院落的完整性。修缮破损的院墙、院门，对于院内坍塌的建筑应采用当地建造技术手段按照建筑修缮设计对其进行复原。

（2）清理院内的杂草、煤堆以及影响院落景观的杂物，平整地面，疏通院内排水系统，防止雨水侵蚀建筑基础。院内主要行走路径选择与院内建筑风格相吻合的石材、石头铺路（见图 4-5-3）。这样做不仅能避免在雨季时院内泥泞不堪，有利于院落排水，而且无形中也起着引导人流方向的作用（见图 4-5-4）。材料以粗毛石表面为基调，部分有斜纹的毛石表面也可以。进一步说，即使有凿痕、钻痕等加工痕迹的石头，只要不妨碍步行就可以用。

（3）为妥善处理垃圾堆、柴草堆、粪堆等影响院内环境卫生的杂物，适当增设一些环卫设施。对于院内垃圾、废弃物的处理可考虑增设垃圾桶或垃圾箱。对于院内茅厕可进行改建，一方面可适当加高茅厕院墙，在隐蔽处摆设一些木质纸篓，另一方面还要配备相关人员负责定期清扫、消毒和垃圾清运工作，保持院内卫生干净整洁。

（4）可适当增加一些石桌、石凳、石碾、石磨等庭院设施。它们是村落庭院中具有人文历史色彩的主要景观要素，也是具有明显乡土特色的农村小品景观，对店头村院落景观风貌的塑造具有画龙点睛的作用（见图 4-5-5 和图 4-5-6）。

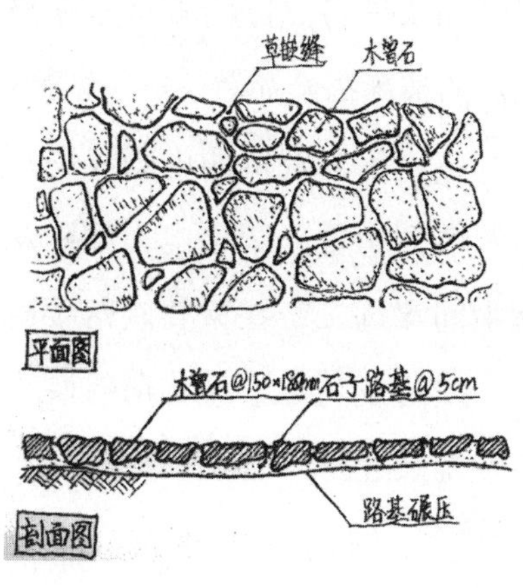

图 4-5-3　庭院道路铺装实例

图 4-5-4　庭院道路铺装做法

图 4-5-5 桌凳实景图

图 4-5-6 桌凳手绘图

庭院内的石桌、石凳一定要就地取材，石磨是过去生活加工粮食的用具，要保护好这些实物遗存。在一些重要院落内可考虑在树下或较为空旷的位置增设一些桌凳，作为人们休闲、聊天、纳凉的合适场地。桌凳应就地取材，宜采用自然形态的仿树墩桌凳或石桌石凳。仿树墩桌凳具有古朴生态、亲近自然之感，石桌石凳具有简洁实用、使用时间长等特点。两者可依据自身院落的情况搭配添置。

（5）每个院落的电力线网尽量沿着墙面布置，禁止电力线网从院落中间穿过。一些重要院落要配消防、安防及防雷设施。所有院内均应配备水缸。

（6）修缮院内建筑立面。对坍塌或有裂缝的建筑按照建筑修缮设计复原，更换原有房屋结构腐朽损坏的构件；对乱写乱画的外墙面要进行清洗；对缺失门窗等构件的建筑要更换原有结构腐朽损坏的构件，新做的门窗要按店头古村的传统门窗样式制作。

（7）加强院落绿化。村落住宅庭院要注重院落的绿化。院落绿化要注重绿地、树荫布置，它们可以增加生活气息。在庭院中主要通过种植经济型和观赏型植物进行绿化，达到美化庭院景观的作用。经济型植物有院内适宜栽种的枣树、花椒树，观赏型植物可栽一些低矮的灌木和盆景等，搭配种植既可形成丰富的景观层次，又能增加部分经济收入。在院墙脚下栽植爬山虎等攀援植物，亦可起到装饰美化院落作用，同时又能起到降温、增湿、隔声滞尘、净化空气的功能，达到一举多得的效果。

（六）植被、水景环境整治

1. 植被环境整治

在绿地建设中，首先需考虑到古树名木的保护；其次在村内适当的位置应多栽种一些店头村当地的花草、树种，这样一来，除能满足人们的美化、偏爱心理外，还能展现店头村本地的景观特色。

在进行绿地景观建设的过程中，需注意以下事项：

（1）严格保护村内现有大树古木。古树是古村落的重要有机组成部分，加强村落古树名木的保护，不仅有利于村落历史文化的沉淀，而且有利于村落景观环境的保护。现在店头村重点保护的古树有13棵，环境整治规划拟采取一系列有效的科学手段对这些古树名木进行精心维护。

1）要加强古树的保护宣传教育，制定相关法规，对攀爬、折枝、砍伐等破坏古树的行为实行相应的惩罚。

2）对古村落内20年以上的树木一律禁止砍伐；对50年以上的古树要一律挂牌保护，并设文字说明。对重要的古树还要设立专门的护栏保护。

3）可以组建专管人员，实行管养责任制，对古树保护的责任要落实到个人头上，对生长弱势的名木要加强土、水、肥管理以及树干损伤处理，包括各种病虫害的治疗和预防等，随时监控病虫害的侵蚀情况，一经发现及时治疗、修补树洞。

4）还可以利用卫星定位仪等先进技术，记录其周边环境的变化，拆除违章建筑，清理树基周边的垃圾杂物，增加树基周边的绿化面积。

5）在维系其生存的前提下，围绕村内的古树名木，根据它们的形态和寓意进行绿化景观设计，如“走柏奇观”、“卧龙昂首”、“黑枣迎宾”等。这样既恢复了原有生态植物的自然活力，同时也提高了村落内外的景观绿地品位和历史环境价值。还可以以大树古木为依托，在其周围建立休憩空间，营造生态人居环境。

（2）对已受损的古树名木实行复壮措施。

复壮工作首先是消除各种妨碍树木生长的不良因素。对已经受到影响的古树，主要是从地上、地下两方面进行复壮。地上枝干受创伤的，从浅表涂抹桐油、水泥补洞，直到用钢筋填充再水泥固封；树势衰弱的尚可用桥接、靠接小树等方法，增强树势。地下根系的复壮是根本性的措施，所用的措施是松土提高土壤气相比例，受污染的土壤则需要更新土壤；条件允许时，尚可对侧根嫁接细根，以增强树势。

施肥一般不是关键措施，尤其是树势极差、极弱的老树，更不宜施肥，须在生长势有所恢复时，才可施用腐熟有机肥。

要经常性地开展松土、除虫、修剪病虫枝、弱枝等这些基本性的工作。树木生长缓慢，所以复壮要持之以恒经常进行。幻想一喷就灵的复壮药液在目前是不存在的。

（3）周边增加公共绿化。

在一些重要节点处，如一些古树名木周边、紫竹林寺前、戏台前小广场等位置在不影响村落景观特色前提下，绿化应见缝插针，种植一些店头村本地植物，不搞现代规则的绿化形式。而且绿化要有利于展现店头村的艺术价值，不可随意堆砌。在增添店头村本地植物时，不得占用街巷、河道、公共空间的用地，不得阻碍交通，不得危害公共安全及引起安全隐患。

紫竹林寺院门前，可以利用其左侧死角位置种一小片竹子，衬托其寺的幽静氛围。戏台前小广场可以考虑划作公共活动场所之用，用来举行一些本地民俗活动或民俗表演。在村口西侧的农田、东侧的停车场及广场设置绿化带，美化环境，遮挡视线，尽量保持古村落原始纯朴的风貌。

（4）提倡就地取材进行绿地景观建设。

不得使用与周围环境不搭配的新颖建筑材料及小品摆设，提倡就地取材，用石头、青砖、阶砖、麻石板、木头、锈铁等具有古村特色的材料进行绿地景观建设。

2. 水景景观整治

水帘瀑布属于店头村的一处自然环境景观，它可以为村落局部环境带来清新、别致、有趣和富于亲切情调的景观特色。恢复以往情趣无穷的盛景：从游道入洞，水帘漫顶而下，隔着玉洁晶莹的飞瀑水流向外眺望，瀑布对面的青山、绿树、游人若隐若现，置身其中如置人间仙境。

（1）通过人工设计与施工，恢复水帘瀑布景观。人造瀑布[1]的原理是将水用水泵提升到一定高度，然后靠其自身的重力作用向下跌落（见图 4-5-7）。

在设计中需要注意几点：所需水量与瀑布落差成正比，且水量和循环速度靠水泵调节，所以选用容量较大的水泵为好。水槽一般设在山上较隐蔽之处，水通过水槽后在槽口位置下落。为了效仿天然的自

注：[1] 易新军，陈盛彬．园林工程 [M]．北京：化学工业出版社，2009．

图 4-5-7　瀑布构造

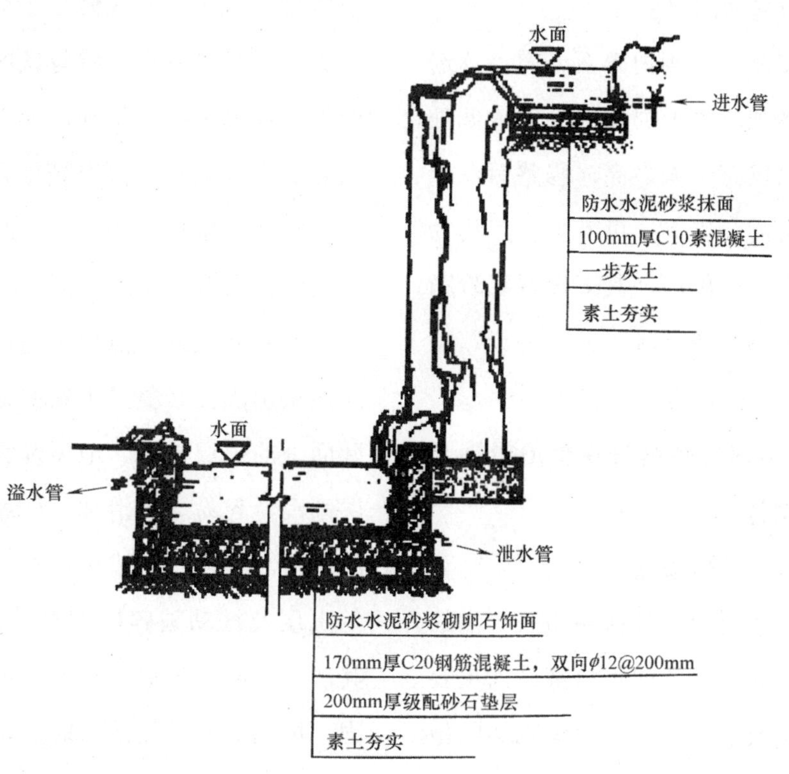

然式落水，出水口最好用灌木或岩石加以隐蔽。为恢复瀑布原来水面宽度，水槽口宽度至少需加至 7 米才可，在水流面经过岩壁的地方，草皮可作为点缀保留，灌木植物类应予以清除，在瀑布面外的上端及左右两侧可多栽植灌木，这样会使瀑布水色更为壮观。若想恢复原来瀑布的哗哗响声，可以采取适当减少水量的办法，使瀑流呈幕帘状，同时瀑身和岩壁间就会形成低压区，导致部分瀑流向中心聚集，从而发出哗哗作响的声音。

（2）拆除瀑布下方的两个水泥蓄水池，沿着水流经过的岩壁面重建一个大的蓄水池，一直通向洞内，同时应适当加大蓄水池的进深。蓄水池形状应自然弯曲，避免使用规则图形。蓄水池底和池壁应避免使用生硬平滑的水泥抹面，可考虑选择园林湖池最常用的工程做法，例如用防水水泥砂浆砌卵石作饰面，或是利用大块石的自然纹缝进行拼接镶嵌，石块前后错落。池边采用天然山石，不经人工整形，顺其自然石形砌筑成曲折、凸凹变化的自然形态。

由于水帘瀑布暂时还恢复不到天然状态，故人工水量小，可适当缩减蓄水池的宽度。池中可散布少许石块，种植少量水草，再放养一些五颜六色的金鱼，阳光照射过来，不仅池中水面会光彩闪烁，而且瀑布水流也会显得晶莹剔透，为水景效果增添更多生气。

（3）清理洞内碎石土屑，营造洞内景观。由于坍塌的洞顶最低处离地面仅有一人之高，修整后在保证安全的前提下，可考虑将其作为通向山上的出口，其下设置石阶踏步，试图营造一种“天外有天、山外有山”的意境。

（七）山体、植被景观整治措施及景观设计

1. 山体整治措施

店头村由于处在两山夹一沟的地势之间，山体即是村落最为重要的环境要素。依附于山体表面的植被既承担着保持水土、调节气候的功能，又担当着衬托建筑、美化环境的作用。风峪沟南北两侧的蒙山和龙山二脉是远近闻名的煤山、石山，自古山峦叠嶂、林木郁郁葱葱，适于生长的植物主要有松柏、枫树、桃树和灌木等。但由于以往的修路、采矿活动和过度的林木砍伐，使山体植被遭受了一定程度的破坏。环境整治规划拟采取一系列措施，全面恢复村落周边的山体植被。具体措施有：

（1）杜绝开采风峪沟内的煤炭、石料等矿产；恢复断流的河道、泉水等自然水系。这是保障环境生态恢复的基本措施。

（2）对山体的各种疮面如陡面、断崖（面）及地面凹陷进行景观修复。山体的景观修复指根据目前的区域环境特点，修复该区域上的生态环境和视觉景观，使之生态恢复能力与景观价值得到提升，并与其整体环境相协调，与此时的社会发展状况相呼应。[1]

针对露天采矿点挖矿遗留下的陡面采用固化修复技术较好，因为陡面上的矿层松动、地裂及大量土层倾泻，容易导致滑坡、坍塌等地质灾害。具体修复措施：首先，倾泻土层及松动破碎矿石要做清理；其次，上层地裂可用水泥、钢钉加固，再贴上专门的植草砖，表面覆土，种植豆科或是藤蔓植物。[2] 石质山体植被修复较难，拟采用鱼鳞坑换土、岩缝喷泥浆等方法，因地制宜，保土种植。

针对由修建太古公路导致的山体断崖（断面、垮塌面）的修复措施在后边的章节中有详细说明。

针对由开挖煤田导致的地面凹陷现象，首先要进行地形修复。修复措施为：将当地尾矿粉碎后，再与开挖泥土混合，进行回填修复工作。地形关系理顺后，在其表面覆土，土壤厚度不低于10厘米，其上移植店头村本土树种，最好是抗旱植物，如刺槐等。针对部分景观需求或水土流失区域，适宜在覆土层上种草。还可适当人工引进一些有利于生态功能恢复的媒

注：[1] 聂庆娟，韩炳越．生态恢复设计对被破坏地段的景观整合 [J]．工业建筑，2006，3（I）:211-213.
[2] 秦魏．矿山公园规划中生态修复及环境治理措施初探 [C]．第四届“U+L 新思维”全国学术研讨会，武汉，2010.

介，如蚯蚓等，并适量添加有机添加剂。

对一些有意义的地质采矿遗址，亦可考虑坑口整修，供游人了解此地质矿产。

（3）种树植草绿化周边山体，改善生态环境。店头村依附山体而存在，山就是古村的绿色背景，因此，村落周边山体美化显得尤为重要。在周围山体乃至整个村落的植物种植设计上，应充分考虑店头当地的地理环境及气候条件，以“因地制宜，反映民族特色”、“适地适树”、“适景适树”[1]为基本原则，修补植被，丰富林相，美化景观。在植物品种选择上，适当引种一些土生树种和景观树种，而且最好是耐干旱、抗污水、病虫害少，且不会产生其他环境污染、不影响交通的树种。如乔木主要以杨树、柳树、榆树为主，常绿树有乔松、侧柏、沙棘等植物。在植物搭配上还要结合一些常绿树、灌木丛考虑其季相变化、疏密高低、组合。

（4）适度开发山体空间，种植经济作物。这样有利于调动当地村民保护家园的积极性，也是古村落保护与合理利用较为有效的手段之一。在山坡的转弯处、背坡面等不影响村落整体环境景观的部位，将创面较大的山地修复成台地或梯田，经过换土等方法种植一些庄稼经济作物或多搞经济林，如结合山中景观及本土树种有意开发核桃园、枣园、果园等生态采摘园区。这样可以增加村民的收入和村落保护经费，同时也改善了山体植被现状，美化村落周边环境（见图4-5-8）。

2. 河道、护岸整治及景观设计

历史上风峪沙河时常泛滥成

注：[1] 赵文斌，李村东，史丽秀. 布达拉宫周边环境整治规划及宗角禄康公园改造设计 [J]. 中国园林，2009，25（9）：60-64 .

图 4-5-8　店头村梯田

灾，其治理一直是个难点。据道光《太原县志》载："洪水出谷口，汹涌如雷鼓，东下射城（太原县城），破门而入，荡坏宝庐。"虽历年筑堰，但仍未能消除水患。谷口的"锢拢堰"就是古人治河修建的工程，起着抗洪的作用。

对于处于店头村一带的受山洪威胁的排洪沟，要结合其环境的美化，堤防的形式应采用高标准、质量较高的砌石护岸、加防洪墙或放浪墙为佳。两岸要搞好绿化。

进行景观设计时要保证自然河道的防洪性能，不得向现有河、沟系统内排放污水，倾倒垃圾，要建设专用的排污管道，对妨碍主河道的建筑，一律予以拆除。沿河两侧空地可种植柳树等进行绿化，提高景观质量。

景观设计是在河道北侧仍采用硬质石砌护岸，以保障在太古公路上向北观望店头古村时，与石碹窑洞建筑群风貌协调统一，更显店头村的古朴特色。

对河道南侧的硬质石砌护岸，因较高较陡，影响视觉景观。可以将其改造成生态护坡，做绿化墙（见图 4-5-9），与山体植被融为一体，以保障从店头村向南眺望时的优美的生态景观。作为有高低差的陡坡的斜面处理，是由可以栽种植物的混凝土块堆积的护坡。照顾到与斜面上部植被的关系，栽种了构成树林边缘植被的多样化树种，创造出绿荫覆盖的连续景观。在选定树种的时候，希望以保持冬季景观的常绿树为主体。

（八）道路整治与景观设计

1. 道路整治

（1）边坡增加绿化防护措施，使其恢复原有自然景观风貌。

太古公路已经修建，对山体造成的破坏已是事实，可以采取一些补救措施使其自然景观尽量恢复。目前国内常采用路段边坡植被修复技术。这种技术在消除公路滑坡等安全隐患的同时又能恢复其生态

图 4-5-9 绿化墙实例

景观。

首先，需确定路一侧边坡采用的植被修复方法。植被护坡有很多种类型，见表 4-5-2。

20 世纪 90 年代以前我国多采用撒草种、铺草皮等护坡方法。到 90 年代后我国引进喷播植草技术，随后三维网、土工网等结合植草技术陆续得到应用，显示了更好的效果。经比较，店头村走柏树下公路南侧边坡适合采用的植被绿化方法有挂三维网、土工网、土工格栅。这里主要介绍下三维植被网护坡，它是 10 多年前开发的一项坡面植物防护措施新技术。由坡面加固和植物防护两项技术组成。该技术所用网材料是一种通过特殊工艺生产的三维立体网，在加固边坡的基础上，播种初期可起到防止冲刷，利于草籽发芽、生长，逐渐覆盖坡面的功能。之后生长出的植物与三维网就一同起到了对边坡长期防护、绿化的作用。

无论采用哪种方法，都必须对岩石边坡进行锚固。锚固常用方法是锚杆与挂网结合法，这种方法能紧密连接岩体坡面和基材，有效避免种植基质因重力作用而引发局部甚至整体塌落的情况。锚杆长度一般都不小于 50 厘米，先将其埋进钻好的锚孔内，然后在锚孔周围缝隙处灌注水泥砂浆，用来固牢锚杆，最后挂网。锚杆与网的使用期限依岩体结构类型而定，见表 4-5-3。

边坡绿化防护方法对比表　　表 4-5-2

绿化方法	概况	优点	不足	适用边坡
挂三维网，喷播植草绿化	挂三维植被网，喷播植草	植草效果好	三维网强度低	缓于 1 ： 0.75 的路堑及路堤边缘
挖沟植草绿化	在边坡上挖沟、回填土、挂网喷播植草	施工方便	劳动强度大、施工缓慢	缓于 1 ： 0.75 的软质岩及土质路堑边坡
挂上工（网）格栅，喷播植草绿化	挂上工网、上工格栅后喷播植草	土工网抗剪强度向	植草效果不理想	土质边坡，局部溜坍边坡，坡率 1 ： 0.75
骨架护坡内植草、植树绿化	在原设计拱形护坡内植树、植草	美观	固土效果较差、施工缓慢	缓于 1 ： 0.75 的堑坡
上工格室植草绿化	土工格室内填土，挂三维网，喷播植草	施工方便，绿化效果好	高边坡运土困难	1 ： 0.5 ～ 1 ： 16 勺堑坡或路堤边坡
有机基材喷播植草绿化	用水泥、树脂为粘结土工格室植草绿化	施工方便	施工技术要求高，绿化效果依赖于施工质量	1 ： 0.5 ～ 1 ： 16 勺砂岩、灰岩、泥岩边坡
骨架内加上工格室植草绿化	钢筋混凝土骨架内填上、挂上工格室植草绿化	绿化效果好，尤其适用于高陡岩质边坡	骨架施工缓慢	1 ： 0.5 ～ 1 ： 16 勺砂岩、灰岩、泥岩边坡
垂直绿化法	栽植攀缘、垂币植物遮蔽污土砌体表面	绿化、美观	生长缓慢	需遮蔽的物体表面
骨架内填上反包植草绿化	钢筋混凝土网格内填上、用上工格栅反包，喷播植草，陡边坡应设锚杆	高陡岩质边坡绿化效果好	施工缓慢	1：0．5～1：0.75 的岩质边缘

方法确定后，边坡种植基质的配制和护坡植物种类的选择是修复技术的核心。

配制基质的材料通常有日常生活中常见的锯末、谷壳、壤土、泥炭、生物垃圾等废弃物与化肥。它们按一定比例混匀，再加入适量保水剂、酸性中和介质后，用水泥作黏结剂粘结而成。基质配制研究的关键是其黏结度、酸碱度及其营养与水分的长效供应问题。对上述材料经工业化特别处理，实现植被护坡基质产业化生产是可行的。

护坡植物常选用草本植物，其品种与对环境的抗性见表 4-5-4，除草本植物外，也有结合灌木和乔木的做法。

从表 4-5-4 不难看出，以上植物单一做护坡植物使用时各有利弊，可利用其优势互补选用多种草籽混合搭配，要特别注意尽量选择适应北方气候的植物以增强适应

不同类型边坡的锚杆与网的使用期限及初步选型　　表 4-5-3

边坡类型	锚杆及网使用期限	锚杆初步选型	网初步选型	备注
硬质岩边坡	永久	A3 钢，ϕ12，沥青防腐，钢或塑料垫板，尺寸 60mm×60mm×30mm，水泥药卷成砂浆锚固	土工网或 14 号镀锌焊接（或机编）铁丝网，网孔 50mm×50mm	锚杆长度根据坡面岩体破碎情况，一般为 30~60 厘米
软质岩边坡	临时	A3 钢，ϕ12，钢或塑料垫板，尺寸 60mm×60mm×30mm	14 号镀锌焊接（或机编）铁丝网或 14 号普通铁丝网，网孔同上	
土石混合边坡	临时	A3 钢，ϕ12，直接打入	14 号普通铁丝网，网孔同上	
瘠薄土质边坡	临时	A3 钢，ϕ12，直接打入	14 号普通铁丝网，网孔同上	

常用草根系状况、生长高度和对环境的抗性　　表 4-5-4

名称	根系状况	生长高度（厘米）	抗旱性	抗热性	抗寒性	抗贫瘠性
多年生黑麦且	艮好	45 ～ 70	C	B	B	B
草地早熟禾	良好	50 ～ 75	C	C	A	B
高羊茅	发达	60 ～ 80	A	B	A	B
狗牙根	发达	10 ～ 30	A	A	B	A
弯叶画眉草	艮好	90 ～ 120	A	A	C	A
巴哈雀稗	良好	75 ～ 90	A	A	B	A
结缕草	发达	12 ～ 15	A	A	C	A
马尼拉结缕阜	发达	12 ～ 30	A	A	C	A
白三叶	一般	15 ～ 30	B	B	A	B
紫花苜蓿	良好	30 ～ 100	A	B	A	B
野牛草	一般	5 ～ 25	A	A	C	C
假俭草	一般	10 ～ 15	A	A	B	B
地毯草	良好	8 ～ 30	B	B	C	B
马蹄金	良好	5 ～ 15	A	A	B	A

性，如狗牙根、高羊茅、结缕草等。同时，考虑到草本植物虽然生长快、覆盖快但其根较浅，且冬季会枯黄，而灌木根较深能更好地固土护坡，且灌木常绿，因此，为避免植草护坡与山上一些常绿灌木有明显分界，可大力开发店头村抗旱性强的乡土植物包括草本、灌木、小乔木种子在内进行混合喷播，既能节省资源，又能与当地周围环境相协调，慢慢与其融为一个整体。

预计采用此种方法，公路全线边坡植被覆盖率会大大增加，人工痕迹会降至最少，岩石裸露面基本消失，很快会变成一条绿色通道，再现自然景观风貌（见图 4-5-10 和图 4-5-11）。

公路两边选择适宜边坡种植的植物是以其坡度的陡缓来作依据的。种植山葛藤等藤本植物适合急陡坡下部的垂直绿化，种植小叶榕、剑麻、匍茎榕等木本与藤本植物的组合适合中部较陡边坡部分的绿化，种植台湾相思、香根草等木本和草本植物适合上部较缓边坡的快速绿化。

（2）公路两侧结合绿化设计，改善生态环境

植物对二氧化碳、一氧化氮等有害气体具有有效的吸收作用，也具有防治水土流失、固沙防风、减噪、调节小气候、美化公路景观等多种功能，因此，公路绿化是改善生态环境、治理污染的重要手段。[1]

公路绿化早在 2000 年就已引起国家重视，出台了《关于进一步推进全国绿色通道建设的通知》，对新建、改建、扩建道路的沿线绿化带宽度做出了规定，每侧严格按 5 ～ 10 米进行规划，有条件的地区加宽到 10 米以上。[2]

2. 景观设计

公路景观设计主要是生态绿化设计。

（1）解决社会的交通是公路的主要功能。公路及两侧的环境景观可反映出地方的经济特色。因此，公路景观设计中要体现公路的功能性、观赏性、游览性特点，依据公路沿线的地形地貌特征，选择植物

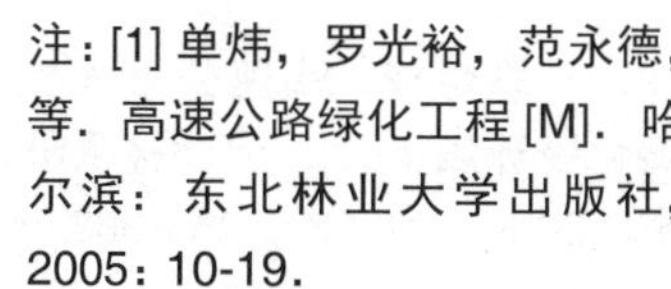
注：[1] 单炜，罗光裕，范永德，等. 高速公路绿化工程 [M]. 哈尔滨：东北林业大学出版社，2005：10-19.
[2] 中华人民共和国国务院办公厅. 国务院关于进一步推进全国绿色通道建设的通知. 中华人民共和国国务院公报，2000（35）：27-30.

图 4-5-10　公路边坡现状

图 4-5-11　公路边坡修复效果图

品种进行生态绿化设计，在点、线、面结合上充分协调公路主体与周围环境，构成一幅优美的自然风景。

（2）绿化要充分考虑选用的绿化植物是否具有生态防护功能，是否具备保证生态系统的稳定性和多样性。一般宜采用常绿树种，选择适量落叶树种和开花树种，辅以百态千姿、缤纷色彩的灌木与花草点缀。利用不同物种的差异性来配置植物，达到形成乔、灌、草结合，层次配置丰富，合理的复合植物生态群落。力求提供一个高效和谐的交通环境。[1] 实现调节乘驾人员在景观视觉上的心旷神怡的目的。

注：[1] 陈金成．高速公路生态绿化设计浅析 [J]．河北林果研究，2006，21（3）：351-353.

（3）在选择绿化植物时，环境特性与土质也是考虑的重点。抗干旱、根深、固土性能好的植物品种是首选。较好的护坡植物如荆条、扶芳藤、锦鸡儿、沙地柏等，应在公路绿化中加以应用推广。适当种植红刺玫、黄刺玫等乡土品种的小灌木，可防止物种过于单调而引发虫害的发生。因公路两侧地形存在变化，因此具体绿化设计方案也就不同。以正对店头古村的公路西段为例，其公路南侧有一块宽 8 米、长 20 米左右的空地，可利用这块空地来做绿化，多种植常绿植物，如松树等。治理前后对比见图 4-5-12。

（九）大气环境质量防治

1. 煤烟型污染防治

（1）迁走对环境影响较大的工业、矿业，并大力清理常年堆积在山上、河道中的煤矸石，恢复山清水秀的环境，植被在光合作用下吸收二氧化碳气体，释放出氧气，大气质量自然会随之变好。

（2）禁止秋冬季节的秸秆及其他有机垃圾的焚烧，尽量减少二氧化碳等有害气体的排放。

（3）保护区内绝对禁止一切烟花爆竹的燃放，建设控制地带内严禁土炮、两响炮等大型的爆竹燃放。

2. 机动车污染防治

（1）提高、完善机动车尾气污染物排放标准，采取措施加快老旧车辆淘汰，保证在车辆总数增加情

图 4-5-12 公路北侧局部治理前后对比图

况下污染物排放总量减少。这需要加大交通管理部门的执法力度，保证尾气排放合格的机动车才能上路行驶。

（2）店头村入口处的水泥空地应合理设置公共停车场，调查研究制定出公路合理的车流量。发展公共交通，提倡用自行车作代步的交通工具。

（十）其他历史环境整治与景观设计

1. 井儿沟

对井儿沟的环境整治规划拟采用修复与景观设计相结合的手法，将井儿沟的生态人文景观资源规划利用。整治措施是要认真保护井儿沟内的岩体、植被、水系等自然资源。在保持植被和水土自然形态的基础上，从人员安全角度出发适度恢复原有的人文景观。整修沟内道路，整修古井及其周边环境。添置部分人工景观，使整条井儿沟形成一个完整的，集自然和人文于一体的特色园林。

对于井儿沟中的景观设计，是要在进入井儿沟前风峪河道上铺架木栈道或铺设卵石小径（见图4-5-13），清理太古公路下排洪洞口内的堆积物。在进入井儿沟沟口后，在原有小路的基础上铺砌一条可以拾级而上的用自然山石做成踏跺的石级，在紧靠小路的路缘处，选择用低矮的灌木再配置一些花草点缀作绿化，能起到更好的视觉效果，自然美观。

对沟中第一口古井要结合地形设计一些悠闲景观（见图4-5-14），可以在井口上方搭建一个木制小亭，减少雨水、飘落物对井水的直接污染，在井口南侧的小井神庙前设置一石阶供人们放置敬神的供品。对第二口古井（见图4-5-15），可设置围栏便于游人体验从井中用长木杆提水的生活场景，不易搭建亭等有屋顶的设施，以避免用长杆提水时候的不便。在两井之间可选择一处空地设置木凳、石凳等生态休闲设施，给人们提供一个恬静的歇脚、观景场所（设计见图4-5-16）。

对井儿沟南尽端的废弃煤场平台，设计一处园林景观，在煤场南侧的沟陡坎处可设计一处小型瀑布景观（见图4-5-17），流水瀑布在处理时可采用循环水方式，尽量节省水资源，符合当地的实际情况。在瀑布的东北侧设置一观景亭，可向北远眺到村北蒙山上的蒙山寨，其上有避暑行宫遗址、碉堡，供游人风峪怀古。

在设置井儿沟回程路线时，可结合其南尽端场地西侧的环山路，与同处龙山上的走柏树、山神庙等景观连成一条旅游路线，以此盘活周边整个店头村地区的旅游系统。

2. 通往蒙山寨道路

山路口与山路途中每间隔一定距离树立一个引导指示牌，尤其在岔口位置要特别注意，一定要有引导指示牌，而且指示的方向要清楚。指示牌的选择也要符合景区风

图 4-5-13　石头小路

图 4-5-14　第一口井景观

图 4-5-15　第二口古井景观

图 4-5-16　休闲登凳椅

图 4-5-17　小型瀑布景观

貌。由于蒙山寨与著名景区蒙山大佛同属于蒙山体系，从店头村通往蒙山寨的道路还未充分开发，因此指示牌样式借鉴蒙山大佛风景区中好的指示牌样式最为合适不过。

针对山路途中植被稀少现象，可以鼓励村民或志愿者每年植树节前后栽种适宜店头村生长的本土物种，主要是松柏、枫树、桃树和一些灌木。

在通往蒙山寨的山路中，山路西侧有一刻着文字的磐石，可以利用此处结合店头村所在风峪沟的历史人文主题设计一处景致，如北汉刘继元蒙山避暑的历史或是设计一处诠释店头村石文化的景观设计，在磐石不远处设置一些凳椅等服务设施，供人们休息停留片刻。

第五章 店头村的装饰艺术与民俗文化研究
Decoration and Folk Custom of Diantou Village

受地域、环境、文化、传统思想等因素的影响，中国各地有着各种各样的地方民俗节日，如藏族的“藏历新年”、“酥油灯节”、“浴佛节”，傣族的“泼水节”，侗族的“冬节”，等等。由这些民俗节庆又衍生出了各地丰富多彩的节庆活动，如“藏历新年”吃“土吧”，举行赛马、射箭、唱歌、跳舞等文娱体育活动。店头村有极具地方特色的节庆和习俗。

一、店头村的装饰艺术

（一）三雕一塑

1. 木雕

所谓木雕装饰，就是在房屋木料上的装饰，它们或刻或雕或画，手法不一，形式多样。店头村以石碹窑洞建筑为主，但也有窑上房的形式，比如紫竹林寺、文昌阁等，木雕装饰主要集中在门窗、挑梁头、博风板、雀替等上。店头村的这些装饰大部分是在具有结构与功能作用的基础上进行加工而成的。内容有卷草纹、龙头、莲花等纹样，这些多样的装饰纹样使建筑显得生动活泼。

（1）紫竹林寺内的木雕

在紫竹林寺二层正殿后部，由侧门进入有一如云大师殿堂，该殿堂门前为清代木雕雀替，主体内容表现“琴、棋、书、画”（见图 5-1-1）。木雕琴棋书画各自表现形象确切，色彩表现丰富，充分利用木雕方式表达了安排者的设计初衷。

紫竹林寺龙洞上部殿堂的门窗也很有地方特色，为三交六椀菱花的格心图案，木材雕刻细致，图案简洁大方。

观音堂为紫竹林寺的正殿，其木雕是整个大殿最具特色的部分，檐部斗拱的形态与其他古建筑大不相同，一层的斗拱为大象的形态（图 5-1-2），二层的斗拱为龙的形态（图 5-1-3），均为手工雕刻的木质雕刻品；雀替的雕刻也极具特色，同一根柱子两侧的雀替不相同，而是一侧为龙头，一侧为云形表示龙尾，两侧合起来就是一整条龙的形状（见图 5-1-4）。这些木雕保存完

图 5-1-1　紫竹林寺雀替

好，还依然保留着原有的形态，尽管有些部分存在开裂的情况，依旧可以看出古代工匠们的智慧和高超的手工技艺。

（2）匾额

除了木雕雀替以外，店头村还存在大量的匾额。匾额内容言简意赅，蕴含丰富的社会文化内涵，多为道德修养、兴家立业之句，反映了平常百姓的文化追求和生活情趣（见图 5-1-5 ～图 5-1-9）。每一款匾额通常都具有多样的社会及生活的功能属性。匾额木雕也是店头村木雕的一种形式，门额通常位于院墙大门上方，内容题注有两种形式，一种是房屋的名号，如“与木石

图 5-1-2　紫竹林寺象形斗拱

图 5-1-3　紫竹林寺龙形斗拱

图 5-1-4　紫竹林寺雀替

图 5-1-5　忠魂居匾额

图 5-1-6　与木石居匾额

图 5-1-7　从古居匾额

图 5-1-8　忠恭敬匾额

图 5-1-9　光裕匾额

居”、“从古居”；另一种是赞誉与勉励，如“忠恭敬”、“光裕”等。在一定程度上体现着主人的内心追求与审美取向，还具有较高的书法艺术。、

1）光裕

“光”，继承、光大；“裕”，充裕、发展。意：光前裕后。又引，“光”，继承、光大先祖家风；“裕”，充裕、富裕、发展。意：光大家风，充裕生活；或光宗耀祖，造福后代。《国语·周语中》：“叔父若能光裕大德，更姓改物，以创制天下，自显庸也。”晋陆云《吊陈伯华书》之一：“大君远资，高数世之瑰玮，当光裕大业，茂垂勋名。”

“光峪”匾额在山西明清以来的大院中较为常见。譬如乔家大院“明楼”二楼的主楼上，挂着一块“光前裕后”的牌匾，丁村的民居建筑中也有一块相同的门匾。目的在于提醒人们时时刻刻不忘光宗耀祖，造福后代。此外，也有的大家族还把“光裕”作为宗祠堂号。

2）忠恭敬

宣讲忠恕之道。“恭敬”对尊

注：[1]《二曲集》卷三十八“四书反身录·子路篇”.

长贵宾谦恭而有礼；尊敬或尊重地对待他人；对人谦恭有礼貌；谓虔诚敬肃；尊敬。“忠敬”忠诚恭敬。匾额内容出自《论语·子路》“居处恭，执事敬，与人忠”之句。忠、恭、敬三者当中，恭有恭敬、端庄、庄重等含义，敬、忠则发自内心对事对人，恭为其表，敬、忠则为其里。明清儒家学者李颙认为在修养上它们缺一不可。他解释说：“此操存之要也。独居一有不恭，便是心之不存；遇事一有不敬，便是心之不存；与人一有不忠，便是心之不存。不论有事无事，恒端谨无欺，斯心无放矣。”[1]

3）忠魂居

指忠勇志士（忠烈者）的英魂居住的地方，这说明这处院子的拥有者家里曾有过忠烈的勇士去世，建“忠魂居”作为纪念英烈的场所，所以这处院子原本应该是作为祠堂使用的。

4）与木石居

孟子曰：“与木石居，与鹿豕游。”用这几个字作为门匾题字，以表现主人是志向不俗之人，情趣卓异之家，志向在深山之中与木石居，淳朴自然，与世无争。这几个字同时也可以认为是从建筑材料而来，此处院落下层为石质窑洞，上层为标准的四合院形制，由石质的墙体和木构的屋面组成，“与木石居”正好表明了建筑是用石材和木材建造而成。

5）积善余庆

谓积德行善之家，恩泽及于子孙，可理解为：为子孙后代祈求幸福吉祥。语出《易·坤》：“积善之家，必有余庆；积不善之家，必有余殃。”《后汉书·杨彪传》：“《周书》父子兄弟罪不相及，况以袁氏归罪杨公，《易》称‘积善余庆’，徒欺人耳。”南朝梁刘孝标《辩命论》：“‘积善余庆’，立教也；‘凤鸟不至’，言命也。”《旧唐书·薛收顾胤传论》：“顾胤清芬，可观彝范，积善余庆，其有子哉！”明刘基《祖永嘉郡公诰》：“刘基祖父刘庭槐，志乐《诗》《书》，义孚乡里，积善余庆，发于孙枝。”《英烈传》第六三回：“朕家本农桑，屡世以来，皆忠厚长者，积善余庆，以及朕躬。”

除遗留的匾额外，店头村曾经历商业辉煌时期有过大量的店铺，店铺名称也都很考究，清捐款碑中记载有曾经部分商铺名称，如“泰兴当”、“自新当”、“德升号”、“四合馆”等，据当地村民回忆，太原许多百年老店均在此开设分店，从这些都可以间接反映出店头村曾经的商业盛况。

2. 砖雕

砖雕主要在檐下的墀头部分，

简单的有叠涩纹样，复杂的分三部分。

店头村紫竹林寺南偏殿殿堂正面墀头处砌有古砖雕（见图5-1-10），最上翻花，其面倾斜，翻花下面是长方形的垂直面，雕葡萄样式，下面的墀尾雕宝瓶图案，形态为成串的葡萄，象征多子多福、长寿，有佛“八室”等寓意，刻工精巧，葡萄粒粒饱满。北殿堂内中间塑地藏菩萨坐像，其两侧塑道明、闵公站立像，外部墀头处砌有刻着狮子的砖雕（见图5-1-11），狮子形态描绘准确。龙洞上方的木构

图5-1-10　紫竹林寺墀头

建筑顶部依旧保存着明清时期的砖雕吻兽，刻工优良，融入龙的形态，与修葺时后来加上去的吻兽相比，形态更鲜活。

砖雕还用于门墙和照壁上，装点门面给住宅提升品位，增加喜气。雕刻内容有花鸟鱼虫等，加工工艺有浮雕、阴刻等形式。

图 5-1-11　北殿堂墀头

3. 石雕

石雕是在石材上用刀刻的方式进行的装饰。紫竹林寺正门前的台阶处有一古狮子（见图 5-1-12），刻工粗放，狮子憨厚可爱，栩栩如生，技艺高超。在龙洞上方的栏杆顶部两侧各有一沙石雕刻的寿桃，表现方式与石狮类似。其东出口处的拱形边框下方为半圆形沙石雕凿的花卉图案，上方有沙石雕刻“南海”二字，再上方为八块沙石雕成的瓦当和石雕的围栏、寿桃（见图 5-1-13）等构件。此面上的石雕刻工细致、图案精美、技艺高超，瓦当、勾头、滴水整体雕刻而成（见图 5-1-14），是古建筑中极其少见的雕刻艺术精品。

4. 塑像

紫竹林寺观音堂内塑观音、文殊、普贤三大仕骑朝头吼、白象、

图 5-1-12　紫竹林寺门前狮子（左）

图 5-1-13　石雕寿桃（右）

青狮。两侧塑有十八罗汉，身态各异。顶部的悬塑独树一帜，内容为观音“度八难”的神话故事。

（二）壁画

在紫竹林寺有一石碹拱洞——龙洞，龙洞是进入紫竹林寺内院的入口之一，洞内壁上绘有雷公、电母、风婆、龙王兴云布雨图，八条龙盘旋在云雾间，形态各异，图案本身具有极其浓厚的山西地方特色（见图 5-1-15 和图 5-1-16）。该布雨图与晋祠明代的水母楼的极其相似。

图 5-1-14　石雕瓦当、滴水

图 5-1-15　紫竹林寺龙洞壁画

（彩图见书后）

观音堂内四壁为紫竹、花卉、山水以及各种具有佛教色彩的壁画，画工娴熟，画面精美。

文昌阁、真武庙墙面上还绘有壁画。在文昌宫一层石碹窑洞内的残墙壁上，依稀可见壁画，墙的南北两侧各绘有四条张牙舞爪的腾云巨龙（见图5-1-17），正面墙上绘有大小幅面不等的12幅壁画，画中有农耕、读书、救人、礼教等体裁的人物场景（见图5-1-18）。工艺为水墨线描，形态生动写意，具有一定的历史研究价值。真武庙墙面上各绘有两个武士身穿铠甲，头带将军帽，手持兵器、法器（见图5-1-19）。正面的墙壁与拱形顶墙壁上均绘有龙腾云图。

图5-1-16　紫竹林寺龙洞模型

这些装饰艺术不仅给人以艺术欣赏的价值，而且往往寓教化于其中，陶冶人的性情。对于空间而言，装饰赋予了空间生命力，使居住空间朴实而不呆板。

二、民俗文化

受地域、环境、文化、传统思想等因素的影响，中国各地有着各种各样的地方民俗节日，如藏族的“藏历新年”、“酥油灯节”、“浴

图5-1-17　文昌宫石碹窑洞壁画巨龙（彩图见书后）

图5-1-18　文昌宫石碹窑洞壁画人物（彩图见书后）

图 5-1-19 **真武庙壁画**（彩图见书后）

佛节”，傣族的“泼水节”，侗族的“冬节”，等等。由这些民俗节庆又衍生出了各地丰富多彩的节庆活动，如“藏历新年”吃“土吧”，举行赛马、射箭、唱歌、跳舞等文娱体育活动。店头村有极具地方特色的节庆和习俗。

（一）地方节庆

店头村的地方节日主要是由宗教信仰的需要形成的，现有的地方节日有灯山节（正月初三到二月初二）；二月初三的文昌君（即梓潼帝君）祭；三月初三的真武帝祭；农历二月十九和十月十五是当地传说中范姑姑的送花日和生诞日。

（1）每逢正月初三至二月初二，店头村主事都要组织本村按姓氏、家族排列轮流在古戏台旁的灯山 22 个隔层上每层摆 15 盏油灯，顶部依次摆放 35 盏油灯共摆放 365 盏油灯。并在灯山的正前置一大供桌，桌上摆上鲜果、猪头、点心、酒水类供品，村民老少轮流焚香祈祷，以求众神保佑全村村民年年五谷丰登，身体健康，国泰民安。

（2）文昌君祭在文昌阁举行。相传，店头村及风峪其他七个村的学子在应试和科考前，必先带供品、香烛来文昌宫焚香祈祷，许愿，以求文昌君，魁星君保佑其金榜题名，功成名就。流传至今，每年的二月初三，村民都会带着供品来烧香拜神，希望家里的子孙能够学有所成，光宗耀祖。

（3）真武帝祭在真武庙举行。传说中，真武帝是镇守北方的神灵，三月初三是他的生辰。在这一天，村民也去烧香拜神、摆上供品，祈求平安、福禄。

（4）“送花花”。每年的农历二月十九，成为给范姑姑的送花日（送花者一般为久婚不育的妇女，求子的父母，病愈的患者等），农历十月十五是范姑姑的生诞之日，这两天也演变为店头村的庙会日。范姑姑据说是店头村紫竹林寺的“如云”尼姑，为人治病只需用手抚摸便可治愈。她圆寂后，每逢庙会之时，除了在紫竹林寺有烧香拜佛的宗教活动，村里还会请来戏班在戏台唱戏酬神，同时兼有买卖土特产、生活必需品等商品交易活动和当地特色的文娱活动。庙会一连数日，十里八乡的人们都会赶来，使古村充满了生机和活力。

以上节日有些是店头村特有的，如灯山节、送花花、庙会等，反映本村、本地人特有乡俗，反映当地人勤劳、善良、纯朴。有些节日各地都过，但当地人讲究不同，如正月初一早上吃宽心豆面，冬至“熬冬”有明显的地域特色，有的节日与佛有关，如浴佛节、冬至供佛等，反映佛教文化对人民生活的影响，这与当地很久以来佛教传播广泛，皇家寺院历史久远，影响巨大有关。此地不仅山中有寺，而且村中有寺，寺庙文化一度很发达，所以融合在当地人民的生活中，有迷信，也有善良。人们对范姑姑的纪念则更多是善良，是崇尚范姑姑济世救人，为人民做善事，对当地文明的进步有积极的意义。

（二）民俗演艺

店头村有“闹红火”的习俗，平时村里组织有一个十几人的秧歌队，农闲时排练，过节时走村串户。此外，“闹红火”的民俗演艺还有锣鼓、高跷、旱船、背棍、铁棍、舞龙舞狮、猪八戒背媳妇，等等。这些都是祖辈相传的一些民俗演艺，村里备有这些民俗表演所需要的服饰、器械，每年正月十五或各个节庆时，村里的艺人都会进行排练，在节庆时带给人们欢乐。

（三）饮食特点

自古以来太原市晋源区百姓就最爱喝牺汤。牺汤开始于周代，当时只限于贵族享用。北齐开始，大量的少数民族拥入晋阳，并带来大量的羊及饲养技术，随着民族大融合的进一步深入，羊逐渐用于寻常百姓怀念祖辈，盼望风调雨顺的活动中。活动之后，全羊煮熟，连汤一起分给全村百姓享用。太原县（今晋源区、小店区）的牺汤与其他地方的羊汤、羊杂割，基本上大同小异，为什么叫牺汤呢？因为古时候把为祭祀而宰杀的牲畜称为“牺牲”，所以太原县就把上供以后熬煮成的羊汤称为“牺汤”。喝羊汤、羊杂割的习俗各地皆有，但在大伏天里喝，却仅限于太原县一地。一般地区羊肉是冬季食用佳品，用于驱寒和暖胃。牺汤是夏季食用的美食，特别是三伏天小麦收割之后喝上一碗牺汤，全身汗水湿透顿觉神清气爽、精神倍增。它还有驱除瘟疫的作用。农田里的害虫闻到牺汤的味道后会被熏倒。常食用牺汤者，脾胃和健、面色红润、精力充沛，是不可多得的健身美食。清代的傅山先生就是在牺汤基础上研制成享誉全国八珍汤的。

做法 1：

主要原料：优质羊肉、羊头、羊脸、羊骨架、肝、脾、肾、肺、血。

制法：先把所用原料在开水中浸一会，血水出尽后，开水锅加料煮。调料有小茴香、花椒、葱、姜、辣椒。肉熟汤浓后，把肉捞出。调好汤，肉切片，加热后即可食用，调味品为盐、味素、楜椒、辣椒面等。吃的时候加入香菜，并用本地特产切饼佐食。

功效：和胃、健脾、美颜、美容、排毒等。

做法 2:

主要原料 : 羊脊骨（含尾骨）1 具，面条适量，调味料各适量。

制法：将羊脊骨加生姜、辣椒、大小茴香、桂皮等同煮。先用武火，后改文火，熬至汤成浓白。每次取适量做汤面，亦可以此汤加糯米、小枣煮粥。

功效：补肾温脾。

用法：随量服食，每日 1 次。

应用：适用于脾肾阳虚腰膝酸软者。

（四）当地民俗

1. 婚嫁

晋源一带自古流传下来大致有七个程序：提亲、相亲、定亲、送彩礼、娶亲、成亲、拜亲。

提亲：当媒人接受一方任务后，以“门当户对”为原则，进行物色、挑选，物色好合适对象，就对男女双方进行游说。当双方有意向时，就进入提亲程序。

提亲一般选在上午进行（意喻蒸蒸日上），由媒人引路，男方家父上女方家提亲，女方父母应酬（女儿不得露面）。双方在交谈中相互了解，权衡。提亲结果以男方是否当天中午在女方家吃饭来表达：如两方对亲事比较满意，则交谈中女方母亲会悄悄走开，到厨房做饭，男方则欣然用餐，提亲就告成功；若男方对女方不满意，即谢绝进餐，婉言告辞。若女方态度表现为敷衍了事，漫不经心，毫无准备做饭的迹象，这时男方一般知趣而辞，这就意味着提亲失败。

相亲：提亲过后，女方也要择日在媒人的引见下来到男方家，这叫“相亲”。女方到男方家登门拜访主要看男方的家境，女婿的模样等。男方则要张罗着炒菜，做饭。主食一般是小拉面，喻意要把这门亲事拉住，如女方执意要走，就说明相亲失败，反之说明相亲成功。

定亲：也称定婚。通过提亲、相亲后，婚事可以明确敲定了，于是要“定亲”。定亲要举行仪式的。定亲这天女方家的亲戚（俗称七大姑八大姨）集中到男方家，男方同样由家人与本家兄弟等亲戚参加。饭菜有凉菜，热菜，主食是油糕（喜事席上不吃蒸馍，喻意带气的东西不吉利）。席间双方相互介绍各自亲戚。饭后，男方要根据女方不同的身份送些礼物，以示认亲，以前定亲仪式上见不到嫁女，因古传“嫁女未娶之前不得入男方家门”。现在定亲仪式多在饭店举行，男女两方都参加。

送彩礼：定亲后，男方根据儿女两方生辰八字选定良辰吉日以定婚期，之后由男方父辈及媒人带上聘礼到女方家送彩礼。同时就所定婚期征求女方意见。

娶亲：俗称“引婊子”，分“大引”，“小引”两种。

大引：男方备四抬花轿两乘，新郎坐轿亲迎，同去引客三人（多为新郎的叔、舅或姐夫、表哥等），女方则需派送客四人（送客辈分与引客相似），称之为“三引四送”。娶亲队伍有一班或两班响工开道助兴。这种方式多为富贵人家所取。

小引：新郎不亲自迎娶，由姐夫或表哥等同辈代之，无响工与花轿。穷苦人家多取小引。

实际上多数人碍于脸面，采取介于“大引、小引”之间，所谓“不大不小”。备花轿一乘，引客二人，响工一班或无，新郎与引客或骑驴或骑马（多为骑驴）。

娶亲当天新娘里里外外要换上新装，要盘头。迎亲队伍到后，娘家人在招待新女婿一行的同时，也开始给出嫁女送饭，前后共送十次，种类不能重复，喻意十全十美。

娶亲走时，新娘要换上大红绸棉衣棉裤，盛夏亦然。喻意红红火火，活的厚成。出门时由伴娘搀扶，其他同辈提拿陪嫁物品送行；男方引客拿出准备好的红包（包有数量不等的钱币）相赠女方送行者。新娘上轿前，娘家人要陪送一块新褥子折叠在花轿里，让女儿坐上（喻意娘家人永远是女儿的厚墩，谐音：后盾），当女儿上轿时，才由嫂子或姐妹提着新鞋让新娘换鞋（喻意离别娘家水土）。

成亲：当娶亲队伍回到男方家大门口时，鞭炮，鼓乐齐鸣，女方送客由男方引领到大客接待处款待（一般不进男方院，为男方向邻居借用房屋），新娘则由属水命、金命的伴娘（从嫂、姐中挑选）为其搭上红盖头，然后搀扶下轿，俗称“拖婊子”。从下轿处到院内“天地会”（俗称“爷爷会”，传说是管天地的神，多数人家建屋时会在两孔窑洞的“中腿”上凹进去一块长方体的格供奉“天地会”，以求一生平安）的通道上，有钱人家铺红布，平常人家铺麦秸（喻意黄道，为使新娘在进洞房前鞋上不挨土），新郎、新娘由此走到“天地会”前。常规是“天地会”前摆一张长桌，两边各放一把木椅，在事筵总理的司仪下，新郎父母入座。新郎、新娘一拜天地，二拜父母，再夫妻互拜即告成亲。然后入洞房。一般是新郎抱新娘入洞房。

入洞房后，新郎亲手掀起新娘的红盖头，然后拿起木梳在新娘的盘头上，发辫上连梳三下，俗称“破头”。从此新娘的发型改为脑后盘发，俗称“吊头”（闺女与媳妇的区别）。到此时看新娘的人们才可以进屋。晚饭，新郎、新娘就在洞房内吃，饭的主食仅一种，叫“没头子拉面”：做法是把一根拉面的两头捏在一起，形成一个圆圈，喻意圆圆满满，相爱无尽头。

晚饭后，同辈亲友闹洞房。闹洞房中途新郎、新娘要吃一顿饭——拌汤（俗称疙瘩汤），喻意儿孙满堂。大嫂在往锅里拌面疙瘩的同时新娘要念念有词：“一搅两搅，儿多汝（指女儿）少（重男轻女）；三搅四搅，儿能（意聪明）汝巧；五搅六搅，越活越好；七搅八搅，儿孙满堂；九搅十搅，白头到老。”半夜时分，新郎、新娘要吃第三顿晚饭了，这顿饭意味着闹洞房结束。第三顿饭吃水饺，包饺子时新郎的母亲会偷偷在馅中放一枚小铜钱，喻意“钱到福到”，新郎、新娘谁先吃到铜钱谁有福。饭后就寝，要好的朋友悄悄来到洞房前“听房”，俗称“听门子”。有讲究：如有守一夜的听房者，清早新郎的父母还要给予犒劳。如遇雨雪天，听门者无法听时，新郎的母亲还得在半夜拿一把扫帚立在洞房门口，冒充“听门”者。传说，新婚之夜无人“听房”，有碍于后。

拜亲：俗称“见大小”。即新媳妇过门后拜认婆家亲戚。拜亲仪式在婚后第二天早饭后进行。地点：院内“天地会”前。事先在“天地会”前放长桌一张，桌上摆放酒具一套，凉菜一盘，然后司仪宣布拜亲开始。司仪照单依序请被拜者，被拜者端坐正中，由新郎、新娘上前满盅敬酒，再退后行礼。受拜者都要当场给新娘赠送或钱或物的见面礼。在内亲中，见面礼给多少和婚礼上一样，一般不能超出也不能等同于舅父的见面礼。行礼的规矩是：长辈坐上，行跪拜礼，同辈坐上，行作揖礼。拜亲结束，标志着婚礼程序全部完成。但结婚过程还有两道程序要走。

（1）回门。婚日第三天，新郎偕同新娘一起回到新娘的娘家，礼拜岳父母及妻室亲戚。俗称“回门”。按传统规矩，回门这天，无论路有多远，新郎、新娘须当日返回。

（2）回娘家，俗称“叫几”。回过门后，娘家人要就近择日（一般取三、六、九）叫新出嫁的女儿回娘家小住几日，一般最多不能超过九天，因此也有称“叫九”的。一般“叫几”的任务由娘家的叔父或大哥担当。到达新郎家后，通常不进新郎的洞房，而径直到新郎的父母家，之后由父母把小夫妻唤来会面。“叫几”启程也是从父母家动身。“叫几”过后，整个结婚过程圆满结束。

2. 丧葬

晋源地区的丧葬程序大致如下：

穿罩：老人临终时，子孙应尽可能守在身旁。一旦过世，亲人不准大哭，据说怕惊动了亡魂。当务之急要为逝者擦脸，洗手脚，剪指甲，如系男性，还要为其剃头。接着穿罩寿衣，寿衣穿单不穿双，如穿三件或五件等；穿蓝不穿青；毛衣，铁扣禁忌着身。穿毕用麻辫固定其手脚位置，将遗体放置在七星板上，脸上盖麻纸一张，头向锅台方向横置于炕头。最后儿女们开始“化纸”，亦称烧“到头纸”，喻意相亲相处已到尽头，化纸开始，全家人方可放声尽哀。

入殓：俗称“成含”。入殓时间一般在星辰齐全时为佳。先将遗体和七星板用麻辫固定，之后把七星板与遗体放入棺材内，头部用香把，下部用干草把棺材四周空隙处塞满，谓之“卧香坐草，福泽子孙”。这时再给逝者口中放一枚硬币，俗称“口含钱”，手里执一串小面饼，俗称“打狗饼”，怀中揣一包纸灰（烧“到头纸”后的纸灰），还要把逝者生前不离手的或者最心仪的小物品同时放入棺材。然后盖棺。棺材横置于室内门前，再搭灵堂，设香炉，摆贡献。最后在门幡（一岁一张麻纸，外加两张，即天一张地一张）顶部束上死者生前帽子一顶挑于大门外告丧，分男左女右。

成服：入殓后，孝子们开始轮流守灵。同时在灵前跪辫麻辫，穿孝服，包头，孝女们开始缝纳白鞋。

卜吉：逝者入殓后次日一早孝子就要上门请堪舆（阴阳先生）卜吉送殡吉日，确定墓穴吉地。

报丧：确定送殡吉日后，长子要披麻戴孝亲自上门磕头告之间家（方言，父亲的娘舅家）和娘家（孝子的娘舅家），其他内亲，可由其他孝子分头告之或捎话。

事筵：一般分大、小两种。大事筵多为有钱人家所为，操办三日。请八音队（俗称响工）两班，礼生四名（通赞、引赞、文赞、哑赞），宰猪一口，悬塔，拜榜，出祭。小事筵是穷苦人家无奈之举，操办最多两日，礼生、杀猪、悬塔、拜榜、出祭等皆无，响工一班只是在出殡时吹打。一般介于两者之间：操办两日或三日，请响工一班，礼生或请两位或不请，不宰猪但买猪肉，悬塔、拜榜、出祭都有。

治丧：以大户人家的仪式为蓝本。

起事：俗称开皮。响工奏哀乐。标志着事筵已起。

迎间家，娘家：这是两门最重要，最高贵的内亲。尤其是娘家，如不能按时来，悬塔就不能进行，整个事筵进程就会受阻。

迎祭：凡是有送祭的内亲，孝子代表偕响工要在村口迎接。

成孝：孝子由响工开道，长子托盘呈孝服到间家、娘家住处为他们披穿孝服。

开奠：也称开吊。由主丧人（亡者胞弟或堂弟）开寝门，由先生开沙醒灵，并致开吊文，宣布整个悼念仪式正式开始。

祭风神：祈祷事筵期间风和日丽。

祭菩萨：祈祷菩萨保佑事事顺利。

悬塔：据传说，塔在阴间代表田地，喻意“人间悬高塔，阴间有地种”，又由“驾鹤西去”联想，把塔顶原绑的笤帚换为仙鹤，意指亡魂随天梯驾鹤西游去了。

拜榜：事筵总理宣读榜示，告之各服务人员岗位与职责。

出祭：出祭分家祭、娘家祭、女婿祭、外甥祭等多种，家祭最为隆重，娘家祭次之，女婿祭再次之。出祭是表达逝者及后代人财兴旺的一次大型展示活动。队伍大致分六部分：一乐队，二供品，三穿孝的内亲（间家、娘家、女婿），四纸扎、挽幛，五亲朋，六孝子。孝子头戴灵冠，手持哭丧棒。

午奠：祭奠仪式中最隆重的活动。顺序：一般由亡者配偶开奠，接着是主丧奠，孝子奠，娘家奠，其他亲友奠。整个仪式由四位礼生共同司仪。祭文可散文也可韵文，韵文届时配有曲调说唱，唢呐伴奏。其内容有：开吊文（主要介绍事筵规模，有关事项等），配偶文（抒发难舍难分的夫妻恩情），主奠文（介绍死者生平事迹），娘家文（抒发亲戚之间感情），女婿文（抒发抚育，关怀之情），笑文（以先生的口气取笑女婿与外甥，起调节灵前太过压抑悲伤气氛作用）。

收夜祭：也称“摆路灯”。晚饭后，孝子、内亲及好友等人手执火把按白天出祭路线原路逆行。沿途抛撒用油浸泡过的纸钱、纸元宝等。队伍行进到街头路口时，多有人或然柴火或扳桌拦路，这时响工会很卖力地吹上一番。

晚奠：由礼生住持，读晚奠祭文以奠亡灵，读告迁文意与死者告别，读忏悔文代表丧主答谢所有参与帮忙的人。

开脸：晚奠结束后，孝子们开棺，让内亲最后瞻仰死者遗容。之后由长子手拿棉球，蘸白酒，轻擦死者面部，谓之开脸。开脸后即把棺材盖实裱严。

哭明路：出殡当日凌晨（鸡叫时分），孝男孝女们开始在灵前不间断跪哭，直到早奠开始。

早奠：孝子行叩拜礼，读早祭文。

出殡：早奠结束，扶棺上罩，化烧门幡、纸塔。男孝子以白布为绳拉灵柩行走，孝女在灵柩后哭灵，内亲及亲朋或帮忙扶灵或沿路撒纸钱。

摆路祭：出殡沿途，乡邻会摆一小桌，摆上酒具、香炉、烧纸，路祭断断续续地一直摆到接近坟墓处，孝子见路祭就得跪拜，但灵柩不能着地。

下葬：灵柩到达墓地后，先由长子下墓穴扫墓，经阴阳先生肯准后，响工奏乐，下葬开始，棺材落位后，由阴阳入穴，安置“镇物”等。事毕用干草封墓门，接着由孝子添土填坑，堆起坟头，摆上贡桌，进行最后的祭奠。

服三：死者入土第三天，孝子们带上纸扎、贡品上坟祭奠。服三的主要任务是：烧串院（阴间住处），立“饭窗”（坟前长久的贡桌）。

过七：从死者过世当天算起，每七天为一个七，按习俗要过七个“七”，每逢“七”孝子们都要到坟前祭奠。

过百日：死者逝后一百天祭日。孝子们比较隆重地上坟祭奠。

小祥：俗称“头周年”，祭日当天孝女们要从院内一直哭到村口后才上坟祭奠。

大祥：俗称“二周年”。增加了“脱服”仪程，即脱孝服。女儿、侄子女、孙子等“脱服”。“脱服”一般在坟上进行。

服阕：俗称“三周年”。这是整个丧事祭奠活动的最后一次，通常要请一班响工，祭奠队伍绕村半周，然后到坟地举行祭奠仪式。三周年的祭奠标志着“守孝三年”的结束，所有孝子皆脱孝服。

三年祭奠结束，生活又恢复了原来规律。最明显的是春节贴对联的变化：从治丧时的白纸对联到头周年变为黄色对联，二周年变为绿（蓝）色对联，三周年变为粉色对联，三周年过后变为正常的大红色对联。

当地风俗比较古朴，可能是离古晋阳城近的缘故。正因为古老文明悠久，所以古代一些行之有效，文化深厚的乡俗被一代一代传下来。除婚丧、嫁娶这些重大礼节活动外，还有生育、读书等许多方面与众不同的乡俗。此处只对重大礼仪活动给以介绍。可见其民风淳朴厚重，文明源远流长。

附录1　店头村遗留碑刻一览

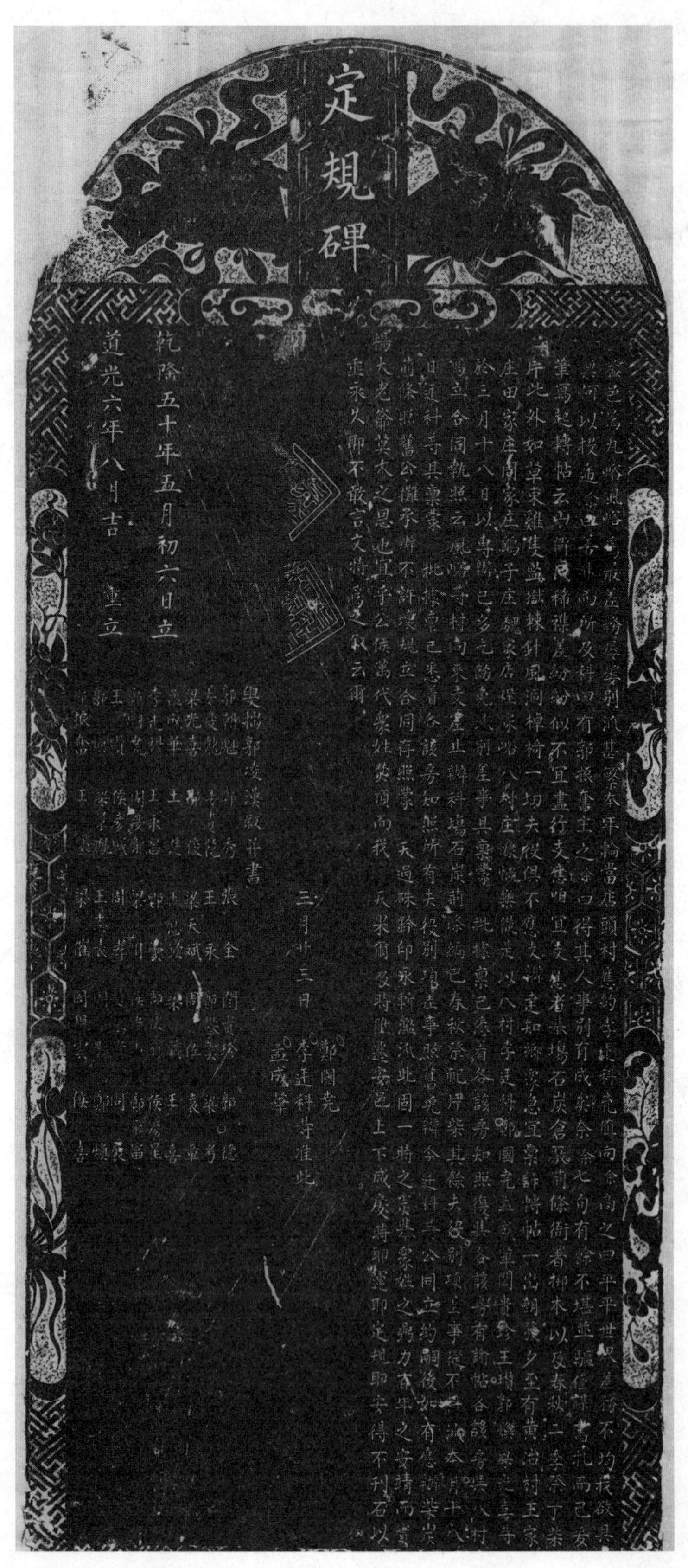

定規碑

益邑属九峪风峪為最差務屡屡別泒甚繁本年輪當店頭村應李廷科充値向余商之曰平平世界差務不均我欲具禀何以投遞余曰善非而所及科曰有郭振奮主之余曰得其人事別有成矣奈余七旬餘不堪並驅僅謀書扎而已爰筆寫起轉帖云山僻民稀襍差紛紛似不宜盡行支應者舉場石炭倉厫荆條衙署挪木以及春秋二季祭丁柴片此外如草束雞隻監獄棘針風洞棹椅一切夫役俱不應支辦達知鄉衆急宜禀訴轉帖一出朝發夕至有黄冶村王家庄田家庄周家庄鵶子庄魏家庄程家峪八村庄慷慨樂從是以八村李廷科鄭國尭孟成華閆貴珍主瓚郭煥梁光喜等於三月十八日以專辦已多乞飭免泒別差事具禀蒙批據禀已悉着各該房知照復

具該房有諭帖各該房具八村寫立合同執照云風峪等村向來支差止辦科場石炭荊條編巴春秋祭祀片柴其餘夫役別項差事從不科泒本月十八日

[illegible]科等具稟蒙批據稟已悉着各

該房知照所有夫役別項差事照舊免

辦今

[illegible]科等公同立約嗣後如有應辦柴

炭荊條照舊公攤承辦不許壞規立合

同存照蒙天[illegible]硃鈐印永斬濫派此

固一時之美舉衆姓之弼力百年之

安靖而實楊大老爺莫大之恩也不宜

乎公侯萬代衆姓焚頂而我天果爾及

時陞遷安邑上下咸慶時耶定規

耶安得不刋石以垂永耶不敢言文特

為之敘云爾

乾隆五十年五月初六日立

道光六年八月吉日重立

記碑

重粧觀音堂碑記

壽巖之西為店頭其山自西南諸峯蜿蜒而來靈秀之氣多聚於此居民从山附壁資其物產之奇以致饒裕邇來屋舍參差□復如層巒叠嶂續紛掩映迫非陶舊矣而山之半嶺有觀音堂顧聽其歲□彫殘闇然無色何以崇祀享肅觀瞻耶□丑夏山人之好善者先粧菩薩大像以為之倡而衆亦翕然同心各出貲力共襄辰厥是不數月而金容王座未經采飾者靡不煥然而□變夫斯舉也制椎仍舊工非創當有締造之費刻鏤之繁也然自玆以往遊歷斯境者升其崇椒挹其奧美則見金煌映晴嵐之蒼翠丹黄璀呈靄瑞之祥光登覽之頃氣象聿新迴憶向日之所□為之改觀也哉而冥冥中所為默連慈航以作一方利頼者又不待言矣事□□□費者皆不可以無紀爰勒諸石以紀之

雍正拾□年孟冬吉日穀旦

捐助姓名

九品庠生

郭壆 十五兩　李馥 八兩　郭里 □兩　李貴林 五兩三錢　郭昌富 四兩七錢　王富枝 三兩貳錢　郭門劉氏 三兩　泰興當　五兩　郭文山 三兩貳錢　李貴有 二兩六錢　郭振貴 二兩六錢　李貴金 二兩五錢　王善继 二兩四錢　張榮 二兩四錢 李棋二兩三錢　李貴喜 二兩三錢張全 二兩二錢　王成 二兩一錢

白新當 四兩　李榆 一兩八錢 袁清 一兩八錢

九品武生

王永德 一兩七錢　王仁 一兩八錢　郭振勛 一兩六錢　王敬 一兩五錢　李貴沂 一兩五錢　姜法有 一兩三錢　王永昌 一兩二錢　郭萬年 一兩二錢　王善斌 一兩二錢　袁展 一兩一錢　韋喜 一兩一錢　楊生枝 一兩一錢　王有夏 一兩一錢 郭振奮 一兩一錢　李貴芳 一兩　李瑞 一兩　王伸 一兩　李殿 九錢　王利 八錢　許法綸 八錢四分　李□ 八錢三分　李振　八錢三分　李貴和 八錢

萬古㳬芳

風峪古稱靈邱峪唐以後始易今名緣峪外風洞起義店頭居峪之前風俗淳厚崇尚佛法前明時村之震方止石洞壹間供　大士像青山為屏白雲作障而已迄於　本朝有尼如雲以菩提之性投甘露之門始大興土木展拓地基建大殿於石洞之上塑　三大士像下院南北各起精舍祀釋迦法　王地藏菩薩邇來歷年已久北面精傾圮里人思易以洞而建閣於上衆議既協或輸金錢　助人力不數月而功已告竣於是移塑

釋迦聖像於其中暨　地藏諸佛像皆從新粧飾鎔金範素寫臒圖青𦈡象浦之靈珠瑑龍泉之羽璧鮫人織　水競送霜縑篙蠶客抽絲爭投雪綫七重交映百寶□嚴實相端凝粹容圓備似伋利之飛來如化城之湧出開光之日善南信女奔走偕來塵機不染弘上善於慈心勝果爭攀察中乘於惠眼挹蒙山之清風與鷲城無異仰明鏡之明月視鶴嶺何殊至於化愚為智回貪為廉求子得子求福獲福果報之無差信法華之非誣此固 神之賜也而亦諸君子經理之功及衆姓玉成之力也謹将糾首布施人姓名備書於後以誌不朽云　邑庠生郭文山撰文

大清嘉慶伍年歲次庚申蒲月吉日

重觀音堂基產碑記

本寺土產悉載正殿碑陰，但年久漫漶筆畫不分，又兼續置地畝止有契具恐難傳遠，故合新舊基業石載禪住持世守永無訛云計開對面南山頂大栢樹壹，廟前正洞壹間，五道祠下面洞壹間，樂台下面洞弍間，東西兩面□路三个。乾隆四年七月十三日買到北面山地肆，將原契註明立永遠死契，人叚尚同侄叚進忠自因錢粮緊急無□起兑会將自巳祖業山地肆，山廠壹所，上下樹木黑白相連開列四至，東至溝，南至李，西至豆車溝，北至山頂。叚家除去墳地東西闊九丈五尺，南北闊十丈五尺，四至開明，会立死契出賣與店頭合村民人楊金、李思與王昌、李思華、王宗威等承業眾言，議定死價絲銀陸拾兩，食盒畫字一並在內，錢糧隨契過割，日後如有戶族一應人爭碍，尚一面承當並不干買主之事，恐后無憑立死契存照。錢糧叁錢陸分。見人崔貴喜十郭，郭汾全十郭，華十清十 蘇眉山 。木廠頭潘家園沙地四畝三分五厘係東西開列四至，東至道，西至渠，南至潘，北至孟，此係孟光國孟光王所兑。又有潘家門沙地壹畝南北東至孟，西至孟，南北至渠。姑姑寨孟家門前地弍畝東至孟，西至張，南至渠，北至沙河。孟處西河湾地叁畝。以上数村地畝俱係范師傅所施。本村南崖底地伍畝。枣間溝地壹。陳家峪口地壹所。南坡地半。錢糧玖錢貳分七厘。東至道，西至崖，南至崖，北至天河。

风峪之中有店頭小聚落也村鎮方有廟供

大士諸神□每歲春秋間里人崇祀典且獻戲馬□戲以敬神非以瀆神歷□祭唱優久，在廟中安置譁□且蹲踞無□於神甚屬不便，特綠樹小力薄，累年起佛閣造戲樓不能兼及於此□為□事□丑春村人始备出資□另置兩處房屋妥優人正以安神明所係豈淺鮮哉，自兹以往□漢□繩寶筏不雜囂塵真是晉□之法物貝葉曇花彌昭潔淨無殊西藏之莊嚴視向之紛紜嘈雜氣□不大相懸殊乎彼俅優之□遲□得我□乃其後焉而不足道者耳□將糾首□施人□名開列於左以示敬神之意云

邑庠生□文山篆額□，邑庠生安民□文并書丹，稷山岳重才鐫。

糾首：李棟、王□寶、郭安遇、郭士美、楊青、郭安于、王仁、郭士龍、郭廷綸、李貴印、郭晉元、郭廷綒、王善斌、王格、李璋、李根、李貴金、李珩、袁進、王崇德、郭梅。

立永遠賣契人□□□□□□今將原買到戲臺前高房五間下洞三間開列四至。東至李，西至臺底，北至李，南至天河，四至俱明。□願出賣與本村□□堂永遠承業同中，言定賣價紋銀貳佰肆拾兩整，其銀當交不歉，倘有戶內人等爭碍并不干買主之事，賣主一面承當，盒食畫字一並在內，恐后無憑立永遠賣契以照，隨老契一張。

說合人：王訓、王得壽、廷綸□兩□□錢施於公中

嘉慶二十二年四月二十二立

大清嘉慶二十三年吉立住持溫光喜，□徒□得貴

風雨口係南北往來柴煤大路，奈山水浩大，道路維艱。本村舊規每年社首八家，從八家內公舉地方一人設一窩鋪修理道路，每車索錢壹文以助修道之資。不料敝百出，於是閤村重議擇村中正直者公舉地方以便差使，勤慎則留、不法則口易至於修道之事着。觀音堂住持經理大家公議每年作課錢叁拾仟，與村中二十仟，與地方公食錢一拾。婚尚有郭家善橋一座，亦施村中錢一拾仟，紅上但觀音堂所管之地勿論何人開一口租錢伍仟。臺前臺下所得房課多寡以上數項銀錢一並付與年社首管事人經理存貯當鋪，以備村中使費，不許暫借分文。閤村老幼俱願是以刻石以垂永久云。

邑武生郭士龍撰序，里人董志傑謹書，稷山任幸鐫。

經理管事人：王春、李照、張信、張照、王廷桂、李進元、李貴仁、郭安和、郭大德、郭安富、李忠、王信。

年社首：張有富、郭創業、李健、郭進業、雷會、郭思儀、閆仁慶、郭三多。

地方：李旺、仝立

大清道光貳拾肆年歲在甲桂月下浣穀旦旹

住持李現，門徒張令泰

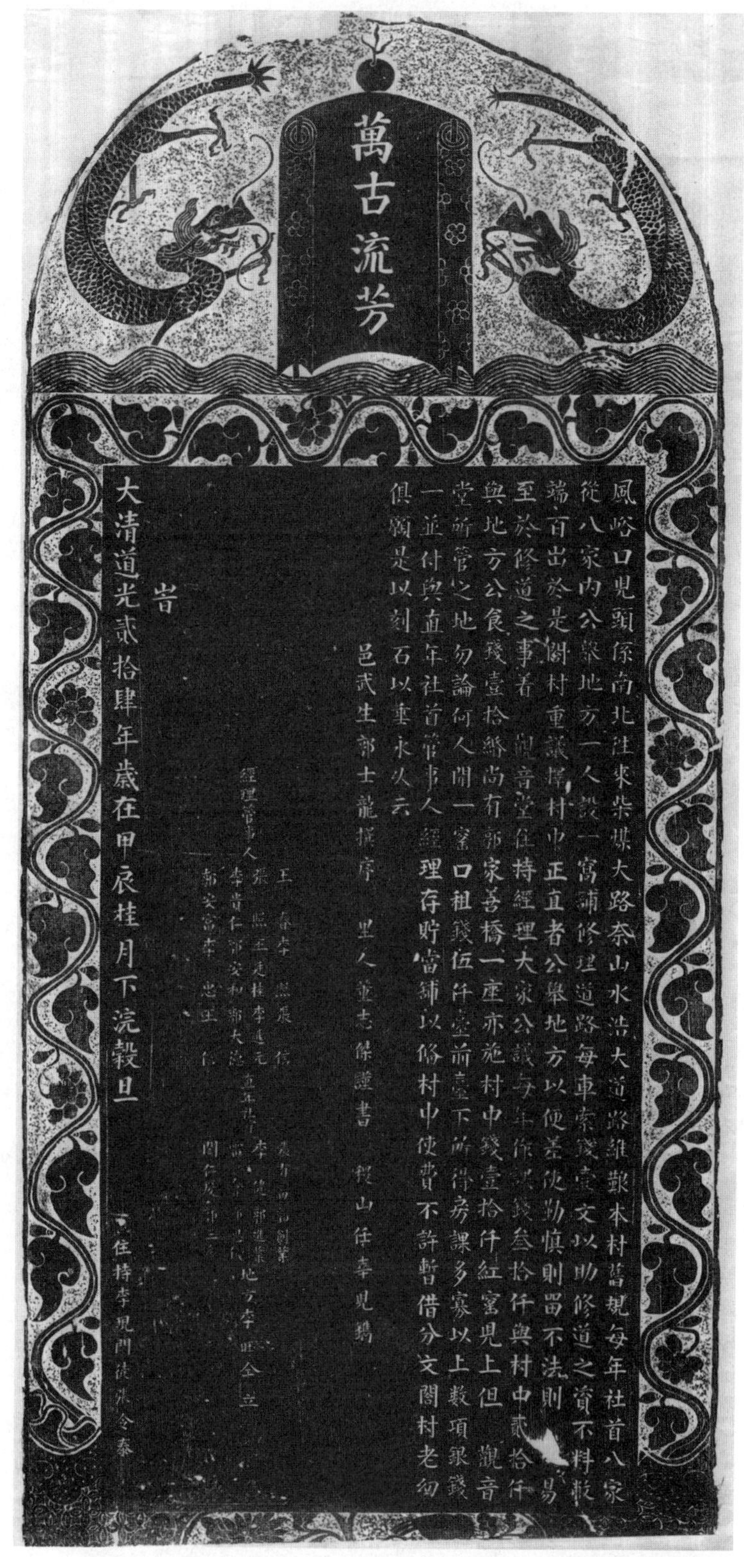

重修文昌宮真武廟碑記

聞之戴筐六星宰人間之祿命璿璣七宿壯元武之崇隆昭於回天既無暇而不矚鑒觀在下亦有感而斯通。原邑店頭村舊有真武殿文昌宮，紫殿建諸坎位，福耀騰祥，行宮竪於撰方文光聚秀千載而下澤潤蒼生。所謂民到於今受其賜也特以年深歲久漸蝕金碧之輝煌，更兼雀角鼠牙難禦飄搖之風雨棲。神非所福佑安邀將何以崇祀典而肅觀瞻乎。丁巳郭安富、王廷桂、郭創業、李進福等不忍坐視傾頹，捐助村人信士並借四方客商共積資金一百二十餘緡重修兩處大殿各三間特。文昌宮之舊基係郭創業之地，雍正壬子伊五世祖郭永真所修，乾隆元年伊四世祖郭壆復加補葺山下止石洞一間，青山為屏白雲作障而已甚非所以壯文風也。郭安富、王廷桂等欲廣前人之業增建魁星寶閣于其上而眾亦翕然同心，郭創業亦將此地慷慨樂施，各出資力共襄盛世。不數月而前籌借筋更幸他山之有賴越俎代謀，深喜眾腋以成裘偏者補而廢者修舉向日之未經采飾者無不煥然而一變，夫斯舉也功難創始制仍舊貫，又何嘗有紛更之擾改革之繁也。至此以往登斯境者升其崇椒挹其奥突，見夫層巒疊嶂眾峙争奇，未嘗不喟然興嘆曰形勢蜿蜒聳其東者嵃山，也崢嶸突兀壯其南者明鏡也，洪流巨浸掩而映者汾水也，或方而堊其堞或曲而崇其墉碁布於平壤沃土之上者城堡也，山隈水曲煙樹如簇者村落也，盤盤焉囷囷焉繽紛相映矗不知其幾千萬落耳，登覽之際氣象聿新，廻憶向日之所見不更為之改觀也哉。至於以妥以侑以介景福而托庇於一方者更不待言矣，此固諸君子經理之功而亦眾信士玉成之力也，功竣求序於余余不文，謹將以出過布施者興董事諸君子並記之以垂不朽云。

增廣生李芳撰文。

業儒李馥明書丹。

經理人：王廷桂、李進泉、郭三多、張禮、郭安富、郭創業、張金錄、韋全、李進福、李進書、李連生、王鴻。

故經理：王春、李忠、王魁、鄭本植、李貴仁、郭安和、郭大德、李進元、張照、李照、王信、王廷喜。

稷山任秉和鐫

勒石

大清咸豐十一年嵗次辛酉桂月穀旦

住持善友張鴻恩

附录2 民间传说

1. 店头坟上

店头村西有一酷似龟形小山，在“龟”头之上居住着王氏后人。地名店头坟上。在“龟”背上建有王尚书墓并建有王氏祠堂，王氏祠堂依山而建，坐西面东，凿石料与木料搭硬山顶前后出檐式建筑，蓝瓦盖顶，面宽三间，进深两间，高约5米，祠堂后面直面王永墓。1958年王氏祠堂被毁，现在还能看到祠堂的遗址，以及砌垒在梯田地堰上的石猪、石马、石羊、石人、石雕、石碑等遗物。据说王尚书墓保存尚好，据王氏老人们讲：王永寿墓在石灰岩上凿成，棺木置于其内，墓室内壁上有壁画，墓中有大量的金银财宝和随葬品，墓室内置有几个大瓷缸，盛满食油，缸盖中心有一小孔，穿一根麻绳灯芯，点燃后叫“万年灯”。在墓道口处设有多种机关、暗器，防止盗墓人盗墓。从墓室口筑有一条墓通道通至祠堂后门。祠堂正中向西置一供台，供台上依次竖立着王永寿等王氏祖宗的牌位。供台前放大理石供桌一个，供桌前置一三足的石雕香炉，两侧立有两通石碑。祠堂正门前竖一块赑屃驮碑，正门两侧分立石马、石猪、石狮、石羊、石人雕像10尊，祠堂周围是一座座王氏墓、墓碑，植满了松柏树。可惜于1958年大炼钢铁时毁于一旦。

据王氏先人讲，王永寿去世后，其侄王琼差知名的风水先生选定坟址。墓地和祠堂建好后从河东刘家堡村花钱雇一户李姓人家在改姓王后住在祠堂附近看坟。主要工作为清扫祠堂卫生，维修祠堂，在坟里种树，防止盗墓等。闲时开荒种地，这样年复一年过去了。突然有一天傍晚，看坟人收工回家时，就在祠堂附近一脚踩空，摔倒在地。起来后往踩空处一看，顿时吃了一惊。踩空处露出一小洞，往小洞内看，只见有许多生了绿锈的铜钱。他听说王永寿墓道中铺埋有三尺厚的墓道钱，眼前所见可能是这墓道钱，于是不管三七二十一，叫来家人，担着箩筐，拿着铁锹、镐头，赶忙往家运铜钱。天快亮了，怕别人看见，便在发现铜钱处作一记号，等晚上人静时再继续偷运铜钱。好容易熬过白天，到了夜深人静时，突然一阵狂风大作，风止后这家人带上家俱来寻找记号时，却怎么也找不到发现藏钱处。这家人联想到刚才一阵狂风，心想着难道我家就这一夜外财命？回到家他们决定不看坟了，怕是有一天让王氏族人发现，会吃官司。于是去店头车马店雇了几辆马车，连夜把所得铜钱及家中物什拉上，急匆匆地偷奔他乡隐居去了。数日后王氏族人闻听此事，此后王氏族人不再雇佣外族来店头坟上守坟、看坟。而改用本族几户人在王氏祠堂不远处选址砌窑洞定居下来，一边看护坟茔、祠堂，一边开荒种地，至今店头坟上王氏一脉人丁兴旺，搬迁前拥有占全村 1/3 的人口。从那时起一支太原王氏后人在店头村繁衍下来。

2. 范姑姑

姑子地，如云大师的墓地。据清道光《太原县志》记载："尼僧如云，俗姓范，生有佛性，年未笄即落发出家店头村观音寺（紫竹林寺），募金重修寺院，颇称壮丽。晚年善治疾，不以药饵，微微抚呵，顿失所苦。"

范尼姑原是本地古寨村（又名姑姑寨）人，据姑姑寨范姑姑后裔和店头村老辈人传说，范姑姑（名讳不详）相貌平平，皮肤黑。在孩提时就与佛有缘，具有佛性慧根，不食肉，心向善，乐于助人，得空便去村里庙堂听讲佛法，焚香诵经。从十四岁起到二十来岁到了该出嫁的年龄。本地有"十三岁留头，十四岁出嫁，十五岁养个毛娃娃"的风俗。但多少媒人上门提亲，她都不允。眼看着范姑姑成了"老姑娘"。父母着急了，不时地劝她出嫁均无济于事。不料就在这一年（乾隆年间）的一天，范姑姑突然失踪。一连几天家人到处打听也不知她的下落，最后才听说晋源风峪店头村紫竹林寺刚来了一位出家的尼姑。于是父母赶忙步行前来寻访。进得寺中，便看到一位青年尼姑正在观音像前焚香诵经。"那不是咱们的闺女吧？"看着尼姑那熟悉的背影父母不由说道。说话间父母来到尼姑身旁，尼姑听到背后熟悉的父母声音后，不由回头看去。顿时眼泪充满了眼眶。父母一边呼喊着范姑姑的名字，一边责怪着女儿。范姑姑双膝跪倒在地，声咽着喊着"爹……妈……"一顿责骂后父母扶起女儿，范姑姑把二老让到禅房坐定。父母怒气未消，又一顿严厉的责骂与规劝："爹妈不辞劳苦抚养你长大成人，只盼与你挑一婿成家以了心愿，谁知你辜负大人，伤风败俗，不打一声招呼，偷上家里的地契，跑来落发当尼姑，家里没有了土地，一家人以后怎么活？劝你还是拿回地契，立刻还俗，跟爹妈回家吧……"听了父母真诚相劝，范姑姑又跪在父母面前，连叩三个头向父母做了解释："恕女儿不孝，你们知道我从小就与佛有缘，经常梦到观世音菩萨在紫竹林寺传播佛法，造福万民，普度众生，并指引我来弘扬佛法，修缮紫竹林寺，我暗自打听，店头村就有一座紫竹林寺，于是我打定主意，不续尘世俗人之因缘，一门心思出家修行。临走本想与二老告别，怕你们不让我走。借机偷拿上家中大部地契以资修寺。出家后寺中住持赐我法名‘如云’。”随后范姑姑从禅房拿出一串铜钱，交给父母手中，同时表达了自己一心向佛，绝不还俗的心迹。并表示地契也不能退回，要用于修寺。让父母把铜钱带回家解决家中生活。这是民间流传的一段凄美的范姑姑出家的故事，它反映了僧尼一心向佛的决心与勇气，也反映了人民群众对佛教的理解与维护。一代一代地流传既美化了像范姑姑这样的僧人以身献佛的精神，也神化了范姑姑这位得道僧尼。传说范姑姑曾告诫父母这些铜钱不能一次花光，而要在这串铜钱的前后各取等量的铜钱花为妥，这种花法你们一辈子也花不完这串铜钱。这种说法显然有寓意，重在钱的花法上。

送别了父母，范姑姑回到寺中继续修行。据现存于店头村紫竹林寺内乾隆七月十三日重刻观音堂基产碑记：“木厂头潘家园沙地四亩三分五厘，系东西畛；潘家门沙地一亩，南北畛；姑姑寨孟家门前地二亩；孟虎西河湾地三亩……以上数村地亩俱系范师傅所施，立死契存照。”这是一段真实的故事。范姑姑在店头村紫竹林寺出家时所带地契载明的姑姑寨、木厂头9.35亩地，从清乾隆年间至1954年农业合作社成立以前，一直由店头村耕种收获。

传说：范姑姑出家后，除在店头村紫竹林寺修行外，还云游各地化缘，用化缘而来的钱重修了紫竹林寺。范姑姑出家紫竹林寺，住在寺内一处二层阁楼式的石碹窑洞内，至今这个阁楼的一层石碹窑洞保存尚好，二层阁楼已修复如初。据姑姑寨村范姑姑后裔讲，有一天晚上范姑姑托梦给他说：“姑姑佛堂圮漏，无法安身”。于是在1989年，1996年由姑姑寨范姑姑的后裔族人先后两次集资一千四百多元，雇工匠对范姑姑佛堂进行了修缮，竣工后在紫竹林寺对面的戏台上演电影一场，以示庆贺。

二百多年过去了，范姑姑仍活在族人心里，也活在当地百姓和善男信女心里，而且被当地百姓神化了。每年农历二月十九，这是范姑姑圆寂日，为纪念她，在当地形成一个约定俗成的节日——“送花节”。由此形成了店头村“送花花”庙会，这一天还会请戏班唱戏。究其原因，不是范姑姑一心向佛，始终不渝地对佛教的忠诚，也不是因佛教精神的感化，佛教文化的影响。因为当地的得道高僧很多，太山龙泉寺就出过一位舍利子享用五层金银棺的高僧，人们连他的名字也不知道。附近有名的寺院很多，很多村庄都有寺院，但唯有范姑姑名气如此大者，何也？二百多年的传说告诉我们：范姑姑出家后除每日焚香诵经做功课，潜心学佛，普度众生外，她还钻研医学，给人看病，在老百姓眼里她已不只是僧、尼、医生，她就是神，她是老百姓的保护神。传说她看病不论患者身份、性别、年龄，治病不需药品，只是用手在疾患处轻轻抚摸一阵，病即痊愈。在她圆寂后这种说法越来越神。这完全是当地百姓对范姑姑生前高明医术的长期信赖并由此升华所致。人世上本没有神，神或许是老百姓精神依托的需要，或者是对所敬仰的人的神化。近三百年范姑姑就成了当地百姓心中的一尊神。据当地人讲，范姑姑圆寂后，店头村、邻近村人病了，只需在如云大师（范姑姑）雕像前供桌上摆上供品、黄表纸，焚香跪倒，口中默念病患处，不一会儿患者将供桌上黄表纸取下，点着化为纸灰后，当时用水服下，病可不日痊愈。而姑姑寨如云大师的本家后裔有病时，便在正房墙上挂上如云大师骑马像，摆上供桌，陈列贡品，焚香后在一根香上挑上一个条状的黄表纸，放在大师骑马像的手指处，该纸条便被大师所接，这时患者口中默念病况，不一会儿黄纸条落下，患者迅速焚烧黄纸条，变成灰烬后，和水服下，次日即可痊愈。这种不近合理的传说在店头村流传已久，它可能反映一种对大师的精神寄托，但确实在老百姓中久传不衰。截至目前仍有善男信女去紫竹林寺求神拜药。

3. 送花花

同样具有神秘色彩的还有这“送花节”。送花起源于一个可悲的故事。相传如云大师在紫竹林寺修行时，有一天到店头村一位乔姓的武举人家，恰逢乔夫人正指挥佣人絮棉被，于是她主动过来搭手帮忙。絮棉被时佣人不小心把乔夫人的绵裙絮入被中，如云大师走后，乔夫人与佣人寻绵裙不见，便怀疑是“如云”顺手盗窃，于是在家中恶语相加。（这个故事有点不合情理，它涉及如云的品行，故事并没有说如云有前科，无端怀疑一个得道高尼，于情于理都讲不下去。）不久“如云”闻听此事后，便终日闷闷不乐，每日在自己的禅房自塑其像，像塑好后便端坐安详而逝。当天夜里乔夫人梦见如云大师对她说：“拆开你的被，寻见你的裙，范姑姑遇上恶咒神。”次日一早，乔夫人依梦拆开棉被，果然找到了那条丢失的绵裙。乔夫人与家人后悔不已，为了恢复“如云大师”名誉，弥补自家的过失，乔举人家把如云大师圆寂日——农历二月十九，定为给如云大师送花日。这个故事还有一个可疑之处，店头村乾隆年间是否住过一乔姓武举人，何年中举，叫什么，任何职，葬何处？没有查到文字资料。故事的真实性可疑。

但送花节却是真的，传了二百多年，过了二百多个节。送花日慢慢成了送花节。每年农历二月十九这一天送花的人手捧鲜花和供品来紫竹林寺送花上香。送花者多为久婚不孕不育者，求子的父母，病愈的患者。如想生一个男孩就送石榴花，想生一个女孩就送红花。送花时摆上供品，焚香祷告。想生男孩的在祀后摘一朵石榴花，想生女孩就摘一朵红花。然后把花揣在怀里，径直回家，路上遇到任何人都不得搭话，否则失灵。回家后，把所摘花朵置于炕（床）角，便可实现求子得子，求女得女，求福得福，去病康复的愿望。久婚不孕的妇女一般送“万年花”。即每年逢时必送，到死止，以圆其愿。这是一个真实的节日，蕴含着美好的愿望，我们只能是乐老百姓所乐吧。

农历十月十五是范姑姑诞生日，每年这一天店头村、姑姑寨范姑姑的后裔都会供奉全绵羊一只，糯米糕，大供花馍等，焚香供奉如云大师，以感谢她生前治病救人，弘扬佛法，积德行善。这一天也演变成店头村庙会。

如云大师圆寂后葬于店头村南山坡地，名叫姑子地。她的墓冢上至今长着一棵黑梨梨树和一棵毛旦旦树。两棵树枝繁叶茂，郁郁葱葱。

4.“走柏树”传说

据说很久以前太谷县城有一姓万的财主，做油坊生意，在祁县、平遥县城开有分店，雇工200多人，生意兴隆，可谓日进斗金，远近闻名。对这样大好的光景，万财主仍不满足。他听说灵邱峪（唐后易名风峪）属九峪之首，位于龙兴之地的晋阳古都之西五里，占据龙脉。灵邱峪矿山丰富，又是晋阳古都通往古交、娄烦和陕甘的西大门。于是他一心想把这龙脉的灵气占为己有，以使他的后代出将拜相。为满足此不可告人的欲望，他私下四处寻找法力高强的术士。几年后还真找到了一位。他把自己的心愿讲给术士，并给以丰厚的佣金，于是这位术士便择良辰，选吉日，沐浴更衣，斋戒三日后，在他家油坊大院中排开供桌，摆列供品，面向西山灵邱峪，万财主携全家跪拜，术士焚香舞剑，口念咒语，做起法术，经过九天九夜作法，万财主家的一个贮油大瓷缸内竟长出柏树的主根、侧根、须根。这些柏树根连到西山灵邱峪口之北的龙泉寺（又称太山寺）东面不远处山丘上的一棵硕大的柏树身上，通过这颗柏树吸取周围的龙脉灵气。刚开始，灵邱峪内八村乡民并未在意。五年后，店头村的一些村民突然发现，在该村东北蒙山之脉阳坡山上一夜之间生长出一棵硕大的，长势茂盛的柏树。这样一传十，十传百，很快传遍了峪内八村及周边村庄。于是店头村一好事之人便注意该树变化，三年，五年无变化，到了第七年春季这棵柏树突然不见了踪影。在村民寻踪过程中，有一位路过店头村的峪内王家庄的姓王的村民讲：在他们村东北面山腰不知何时长出一棵与店头村阳坡上一样的柏树。听了此话店头村村民恍然大悟，原来这棵柏树会走！又过了九年此柏树走到灵邱峪之内龙王庙之南山峰上。再过了六年，又走到峪内程家峪之南天龙山山脉上。又过了三年该树走到了店头村紫竹林寺对面南山（也称看山，当地称此地为东华茂）上。一天早上紫竹林寺的住持做完早课，在寺内二层行走时无意之中发现了这棵柏树。回想二十年来传闻柏树走动之事，老僧想到此树来路不明，柏树行走是否与吸聚灵邱峪内的龙脉灵气有关。于是便急忙与店头村里正说明情况，然后带僧尼、村民，手持斧头、火柱、蘑菇钉等工具朝东华茂的柏树而去。住持、里正命众人把携带的火柱、蘑菇钉钉到柏树的主干和根须处，从此之后这棵“走柏树”再也没有行走。紫竹林寺住持和店头村里正的这一举动破了太谷万财主的美梦，也破了术士的法术，保住了灵邱峪的龙脉灵气。

多年过去了，美好的传说承载了当地人民热爱家乡山川树木的浓浓情意。我们不必去追究传说的真实性，这毕竟是一个传说。但是今天我们走到店头村东华茂这棵“走柏树”跟前，却明显可看到这棵古柏树树身、树根处钉了许多蘑菇钉和火柱，这肯定是前人所为，与现代人无关。现在的“走柏树”郁郁葱葱，枝繁叶茂，树围 1 米有余，高 6 米多，树冠达 30 平方米。这棵长在半山坡上的树，水、肥并不充分，长到现在这个规模比长在水分充分的庭院要更艰难，生长时间更长些，这棵柏树也是店头村活化石之一。它记录着历史，叙述着古往。

5. 拖碑的传说——拖碑沟

走进太山龙泉寺可看到寺内前院东北侧古桧树旁矗立着一通巨型唐碑。据史料记载，该碑于唐景云二年（公元 711 年）所立。此沙石料巨碑通高一丈八尺，宽近五尺，厚约一尺。碑座为石雕的赑屃。碑座和半个碑多少年来一直被土掩埋。地表之上只露着高约九尺的一部分。由于年代久远，风雨剥蚀，碑文字迹大部分已泯矢，只有断续的只言片语可读，但碑额上雕镌的螭首还较清晰，形态生动，确有唐代风格。这是一件镇寺之宝，记录了龙泉寺的悠久。

这块巨碑重达五吨，还不是就地取材镌刻，那么这通巨碑由何处运来，又怎么运到这太山之上的呢？

据店头村老辈人传说：此碑在晋阳古城选料镌刻完成后，众人将它置于一个木制的百轮平板车上，用整匹红布盖住碑体，选一头大黄牛驾辕木制平板车，前有两头大黄牛被套牵引，专业车夫赶车，寺中僧人护碑而行。车出晋阳西门沿灵邱峪古驿道缓缓而行，半天工夫来到太山脚下。由于太山龙泉寺建于太山半山腰，西坪和两山之间寿岩之上，径直从太山沟口搬运如此大巨碑到寺中，路虽近，但沿路松柏林密，山路陡峭崎岖，根本无法行走。寺中住持、高僧想到龙泉寺西坪紧邻店头村东一条桃坪沟，可在桃坪沟与太山西坪之间开一条能走运碑车的山路，于是派人实地考察，运碑车暂停在太山沟口休息等待。看好线路后忙派弟子们到店头村及附近村雇来几十个民工，与寺中僧人一起修起路来。他们夜以继日地干了近两个月，一条由桃坪沟通往太山龙泉寺的运碑专线修成了，在一个晴空无云的日子，沿新修好的山路，牛拉人推向寺中运碑。近午时分，运碑车好不容易行至桃坪沟内约一半路程，突然天空乌云密布，狂风大作，电闪雷鸣，倾盆大雨下了起来，众人忙找就近山洞避雨，不到半个时辰，雨过天晴，山洪沿此沟倾泻而下，一条刚修好的山路被冲坏了，车不能前进。明天就是选好的立碑之日，寺中住持急得浑身冒汗，不知如何是好，众人只是埋怨雨下的不是时候。正在此时只听有人说："莫急，莫急，大家先消消气。"众人顺话音看到一位身着褴褛衣服，慈眉善目，面带笑容，花白胡须的老者，右手拿着一根羊鞭，左手牵着一只大黑山羊，站在众人身后的小山坡上。刚才大家只顾着急谁也没有留意老者什么时候来此放羊。住持随即向老者施礼说道："阿弥陀佛！施主，怎么能不着急呢？费了好大劲，刚修好的一条路顷刻被洪水冲成这样，如何才能把碑在今日运至寺中。"老者答道："路冲成这样，靠牛拉人推，此碑是不能按时运到寺里的。我有一法可试一下。用我身后这只山羊代替牛拉车，定能将此碑按时运到寺中。"住持说："老人家别开玩笑了。"老者应声道："怎么是玩笑，不信，我来试一试。"说着走到车前，解去牛套，随手将牵山羊之绳一头系在车辕上。老者又说："我用此法运碑，有一规矩，大家须闭目一会，不许偷看，此法即成。"住持与众人应允照办，刚一闭目，众人只听一阵和风吹过。不一会儿众人就听到太山西坪山顶处有一小和尚高声喊："住持、师兄快来看，不知何时，巨碑已在寺中前院。"听到小和尚喊声，住持和众人才发现，运碑车已不见，只看到三头大黄牛在山坡上吃草。众人匆忙回到寺中，只见运碑车已到寺中，巨碑丝毫无损。正当众人吃惊议论时，寺北半空中霞光万道，观世音菩萨骑着朝天吼兽，手持净瓶，腾云而行。众僧赶忙跪拜。这时住持、众僧人才恍然大悟，原来是观音点化相助，那只大山羊原来是观音菩萨的坐骑。一块巨碑运到了寺中，立在前院东北侧。为纪念观音菩萨点化相助拖碑之事，就把店头村东的桃坪沟更名为拖碑沟。

一则美好传说借助菩萨之名讴歌了劳动人民的聪明才智。拖碑沟让村民代代相传着这一美好传说，传承着古人的智慧。

6. 望都峰的传说

望都峰即眺望晋阳古都之山峰。该山峰位于太山东护寺坡之店头东坪地东北侧。此峰与蒙山、龙山鼎足而立，所见悠远。

相传唐显庆五年（660 年），高宗李治与武后来太原，在地方官员和随从陪同保护下，游历西山童子寺、开化寺，瞻礼龙山大佛和蒙山大佛后，游览太山。在游至太山较平坦的东坪地的东北角时停下脚步，面向晋阳，想借此登高远眺北都太原（晋阳），可就是看不到，武后（武则天）想着此事，不禁脱口而出，话音未落他们就觉得脚下山体在动，在不停地往高处长。武后与高宗皇帝即随着山体向上升。升着、升着，武后忽然高声说道："好了，好了，我已看清楚北都太原城的全景了！"话音刚落。脚下山体就好像听到停止的指令一般，立即停止了向高伸长。至此，就形成了太山东坪的望都峰。

望都峰什么时候长了这么高并不重要，只是登临此峰有一览众山小的感觉，主要是周围没有更高的山峰挡住视线，所以晋阳古城尽收眼底，这是一处登高远眺晋阳古城的好去处。当然也没有必要考查武则天是否到过望都峰。但有一点可以相信，武则天信佛，西山几处皇家寺院像童子寺、开化寺、龙泉寺、蒙山大佛等在唐朝时期香火旺盛是得到唐王朝重视的结果。当然也有武则天的功劳。武则天到过这些寺院参拜并不奇怪。不过当地人借武则天与高宗李治之名留下一个永久的传说，说明太山龙泉寺在唐朝有很高的地位。

7. 聚宝盆的传说

店头村老辈人传说：太山龙泉寺曾经规模很大，住持，僧人、俗家弟子众多，香火很是旺盛。

据说龙泉寺告竣之初，有一镇寺之宝——"聚宝盆"，由住持方丈藏于密室保管。此事只有寺内几个高僧知道，其他僧人一概不知。据说在此聚宝盆内放金生金，放银生银，放几粒粮食就能生一盆粮，取之不尽，用之不竭。寺中除供众僧人衣食，殿堂修缮外，逢灾年还要搭粥棚救济灾民，所以每年支出费用较大。支付这些费用来源有二：一是平时善男信女的供养钱，布施钱；二就是聚宝盆内生出的钱粮。如此日复一日，年复一年，寺内香火旺盛，日子还算平安。但是不知何时，太山龙泉寺密藏聚宝盆的秘密外泄，由此引来了一场灾难，太山也发生了一些变故。

有一天，一群江湖草寇手持刀、枪、棍、棒突然闯进龙泉寺，看门的僧人拦挡不住。这伙人进寺后分头寻找住持方丈。一小和尚见势不好，便转身跑去通报住持。住持正在坐禅念佛。得到消息立刻警觉起来，这伙人来者不善，可能是为“聚宝盆”而来。因为他立刻想起：去年春夏之交，他的首坐大弟子曾向他提出要一睹聚宝盆的真容。住持没答应，他当时很不高兴。当时住持也没往心里去。到了盛夏的一天晚上，住持洗漱完毕，准备回禅房休息，他推门之时，门突然开启，一个熟悉的身影擦身而过，迅速消失在寺中。住持也没多想，他径直迈步走进禅房，习惯性地查看了一下密室，这一看让他大吃一惊。因为在密室的石门上留有明显的用利器撬过的痕迹。这时他恍然大悟，这个熟悉的身影原来是他的首坐大弟子，他来此是为盗取聚宝盆。此事让住持吃惊不小，他赶忙让值日僧敲钟聚众僧于大殿之内。住持走到大殿佛祖像前双手合十，口诵“阿弥陀佛”，朝众僧巡视一遍，此时大弟子神态失常。住持将刚才发生的事从头到尾向众弟子讲了一遍。最后厉声责问首坐大弟子：“贫道说得是否实情？你身为佛家弟子，还有甚话可讲？”大弟子急忙狡辩、喊冤。住持本想“佛法无边，回头是岸”，还想挽救他，但看到他在佛祖面前巧言诡辩，不讲实话。怕无法教育，恐以后他有损佛门清誉，所以当即向众僧传寺令：首坐大弟子不讲实话，违反寺规，有辱佛门。从现在开始除其名，给予盘缠银两，赶出佛门。于是众僧人连夜将他逐出太山龙泉寺。

联想眼前发生的事，方丈立刻意识到歹徒一定是奔“聚宝盆”而来。于是他急忙叫来侍从小和尚，随他一同来到禅房，打开密室，小心翼翼捧出一个精致的木盒，顺手交给小和尚，急忙告诉他：“你立即将此盒藏起来，不要被人发现。”小和尚接过木盒快步出寺而去。小和尚刚走不久，歹徒便寻上门来。这时住持方丈已定神稳坐于蒲团之上，手拿佛珠正默念佛经，闯入住持禅房的歹徒一个头领开门见山对住持说：“我们兄弟是拿人钱财，替人办事，今天来就是要帮去年被你赶出山门的大弟子来取镇寺之宝——聚宝盆，交出来吧！”住持听后什么都明白了，便随口说：“阿弥陀佛！

善哉！善哉！哪有什么聚宝盆，那只是个传说而已，不信，施主可以随便搜。”说完继续闭目诵经。歹徒们无可奈何便在寺中各处翻了个遍，前后折腾了两个多时辰也没有找到聚宝盆，最后悻悻地离开了龙泉寺。

歹徒走后住持叫来藏宝的小和尚说：“本寺劫难已过，赶紧把那个木盒取回来吧。”小和尚按吩咐，拿上铁锹去藏宝处取木盒。原来为藏宝小和尚拿上木盒出龙泉寺跑到寺西南一里多的松柏林中一小山丘处，选了一棵锹把粗的柏树下挖了一个坑，随手把盛宝木盒埋于坑内。为了不被忘掉，小和尚左手握住这棵柏树主干，右手用力按顺时针方向把此柏树干扭了一圈，以便做个记号。现在要取木盒，地方找到了，但怎么也找不出原来的那颗柏树，他看到眼前满山的柏树都像他做记号的树一样，树干都扭成了顺时针形状。小和尚又找树下埋木盒时留下的动土痕迹，但找遍小山丘也看不到动土痕迹。小和尚便把他所见到的怪事报告给住持方丈。住持方丈便召集全寺僧众一起寻找埋木盒的地方，一连多日翻遍小山丘处所有松柏树下培土处也未见其踪影，最后方丈说：“此木盒内装镇寺之宝——聚宝盆，真乃佛祖神器，得之有缘，失之也有缘，出家人四大皆空，由它去吧。”

从此之后，太山龙泉寺西南处整个山丘上柏树杆都为顺时状扭曲，人们到太山龙泉寺一定会感到奇怪，为什么此地柏树树干不直，而成顺时针状扭曲呢？我们相信一定有它的生长原因。笔者 2008 年首次登太山，参观龙泉寺时，一个重大发现就是太山柏树很多，不乏古柏。而且上山沿途多见树干扭曲的柏树，心中甚是纳闷。听了当地人关于聚宝盆的传说也算一种解释吧。不信？你可以从山川地貌，周围环境，年降水量等各种因素中认真研究一下，一定会有更科学的结果。

8. 曜曜燕的传说

曜曜燕（绰号），店头村人，姓氏名讳不详，武术世家，据传为清末民初人。家住店头村赛马坡片石碹窑洞内。到他这一代家道中落。曜曜燕一人独居。他生性懒惰，但身怀武功绝技。

传说他每到一家闲聊时，就有意地凑到灶台旁，在不经意间暗自用硬气功于腰股间，往往把人家的灶台推得损塌，使人家不能正常生火做饭。所以平日里人们不欢迎他来家聊天。而他则自荐义务修筑灶台，不挣钱，只图人家管他饭食。

有一年七月初二恰逢晋祠赶庙会。这一天曜曜燕在口子外店头村六亩地沿着谷子苗垅从北向南戳谷苗。为了脚下凉快，他把鞋脱在了地北头，赤着双脚干活。这块地南北长一里有余，快手戬一畛谷苗也得半天多时间。时至午时，他戬谷也快半畛。此时店头村人三五成群地从晋祠赶完庙会回来途经此地，看到曜曜燕正在戬谷苗，有一好事之人便冲着曜曜燕开玩笑似地喊：“曜曜燕你在这戬谷苗没去晋祠赶会，我们在晋祠看到一伙打场子卖艺的，武艺高强，平时你说你武功好，我们看你的武功不如人家，不信你就去比比看，怎么样？”听了这话，激起了曜曜燕的性子，他站起身来，立刻想穿鞋就走，可回头一看鞋离他还有半里地，他怕耽误时间懒得去穿鞋，赤着双脚一溜小跑不到半个时辰就赶到晋祠。他按村里人说的地方，寻了一会，看到有许多人围成一圈正看热闹，可他个子矮，身体胖，看不到里面的情况。于是他用双膀稍用力，便分开人群往里钻。只听有人嚷：“哪里来的人，横冲直撞，难道你也想进去比一比？”“想看也想比，就是光着脚。”曜曜燕应道。“没穿鞋，好办，你要真敢比武，我立刻买双新鞋送给你。”刚才那人说。“真比，那还能哄你。”曜曜燕答道。不一会儿那人就买来一双新鞋送给他。穿上鞋，曜曜燕直奔场内，场内的班主正在做武术表演，还未愣过神来，只见一个矮子壮汉抱拳施礼，两个人便比起武来。班主使一根长枪一丈有余，曜曜燕赤手空拳，两人过招比武到几十回合后，班主瞅机会用力翻转枪杆向上一挑，当时就把曜曜燕挑到半空，摔到一丈之外的条石堆上，条石堆有七八层高，班主心想这一下准把他摔死了。不料曜曜燕在半空中使了一招，屁股稳稳地落到条石堆上。围观的顿时捏了一把冷汗。“这个后生完了！”没想到曜曜燕安然无恙，拍拍屁股站了起来。班主与众人朝条石堆一看，发现刚才壮汉坐的地方，一下坐断了三层石条。见此情景，班主赶忙跪在曜曜燕面前施礼：“壮汉，我拜你为师。刚才那一招要落在我身上，我已变成肉饼了。”此事当时就传遍了晋祠。此后每逢过年过节，这个班主都要买上酒肉、糕点来店头村拜望他的师父。只可惜曜曜燕的武功绝技并没有在店头村流传下来。使曜曜燕成了一个永久的传说。不过这一传说印证了店头村赛马坡早年居住着祖辈打把式卖艺的人，曜曜燕只是他们的传人而已。

9. 牺汤

相传很早以前，太原县遇上了百年不遇的大旱，连井里的水都快干涸了，各村老百姓头顶烈日向龙王祈雨，一连好几天过去了，天空仍然万里无云。龙王在龙宫中何尝不知道民间百姓在求雨，但他最近因母亲染疾愁得食不下咽，提不起一点儿精神。原来龙王的母亲患腹泻已近一个月，请过许多名医，可就是不见效果，人已瘦得皮包骨头，龙王哪里还顾得上给人间行云布雨呢？龙王手下的乌龟丞相计谋多端，看到龙王愁眉不展，连忙献计："主公勿扰，民间有许多能人，可趁他们求雨之机，让他们想办法给老夫人治病。哪里有人能治好老夫人的病，就先给哪里降雨。"龙王一听，连声说好，于是连夜给民间托梦，让人们想办法治疗母亲的病。

太原县有一老秀才，无儿无女，一生杂学旁搜，用偏方给人治疗过许多疑难杂症。当他听到龙王求医的消息后，就将治疗腹泻的偏方写在布帛上，拿到龙王庙神像前焚化。药方上的办法是宰一只绵羊，连同洗涮干净的心、肺、肝、肠、胃、头、蹄等杂碎下锅熬汤，一件也不能缺，就连羊血也不能扔掉，而且不加调料，待煮熟趁沸腾时取汤喝之（另一说法献方人是明末清初的名医傅山）。龙王随即按秘方熬制，让母亲趁热服用。还真管用，母亲的病一天天好起来。龙王高兴万分，赶紧给太原县下了一场普盖透雨，旱情终于得以缓解。

从此以后，龙宫里就开始喜欢喝全羊牺汤，每逢祈雨之时，全羊就成了必供之品。太原县的百姓知道了全羊牺汤能治疗泻疾，纷纷效仿，于是就留下了"大伏天六月里喝牺汤"的习俗。

10. 流涧村喝牺汤

喝牺汤起源于何时何地无从考究，不敢妄言。但是羊浑身是宝，肉：益气补虚，温中暖肾；心：解郁、补心、治惊悸；肾：补肾气，益精髓；肺：补肺气，调水道，治肺痿咳嗽；小肚：暖膀胱，缩小便；血：止血，祛瘀；脑：含蛋白质、脂肪、卵磷脂、脑酣和丰富的维生素 C……确是不争的事实，总之其药用价值不言而喻。

可是流涧村村民喝牺汤，除了品尝它的味美可口和有丰富的药用价值以外，还有其特殊的寓意，并且有一个美丽的传说：明洪武年间，太原县境内曾经多次蚂蚄（蝗虫）蔓延，所到之处庄稼被咬得一塌糊涂，农民辛勤劳动一年的果实往往付之东流，苦不堪言。这一年地里的高粱、玉米、谷子等五谷杂粮长势格外茂盛，秋后丰收在望，村民们看在眼里，喜在心田。不想六月初六拂晓，北格镇周围的村庄又发现了蚂蚄，尤以流涧最甚，这日流涧村有一村民一大早去地里劳动，发现蚂蚄后急忙跑回村里告知人们，于是村民便成群结队赶往村东驱赶蚂蚄……

再说，流涧村有一对年轻夫妻，丈夫叫"二楞"，生得浓眉大眼，膀阔腰圆，犁、耧、砘、耙样样精，乐施好善，是村里屈指可数的好后生。妻子名“巧姑”，生得眉清目秀，亭亭玉立，薄薄的嘴唇，一双水灵灵的大眼睛，谁见谁喜欢，并且贤惠孝顺，乐于助人，平时村里谁家有了事情，第一个前去帮忙的必定是二楞和巧姑。虽然小两口日子过的不算很富裕，但也其乐融融。

这日，丈夫走后巧姑一早起来心想：人们一大早出去驱赶蚂蚱一定又饿又累，为了让乡亲们喝上碗可口的午餐，于是她便约相邻的姐妹们过来帮忙，请人将自己家里的羊宰杀，熬了一大锅全羊牺汤。快近午时牺汤熬好了，便由巧姑担着两大罐牺汤（瓷罐）送往地里，可是眼看就要送到地头乡亲们跟前时，性急之余一不小心绊了一跤，不但把牺汤洒了一地，滚烫的牺汤溅洒在巧姑的身上、脸上，烫得巧姑面目全非，就在人们一筹莫展时，忽然见从东南方向黑压压飞来成千上万只白肚鸦（乌鸦），瞬时将地里的蚂蚱吃了个一干二净。人们兴奋之余，搀扶着巧姑回村疗伤。巧姑为了乡亲烫伤的消息如同长了翅膀，传遍全村、全镇、全县……可是人们实在是纳闷，怎么会突然飞来白肚鸦将蚂蚱吃的一干二净呢？真是不可思议。

过后有人猛然醒悟：“莫不是主宰蚂蚱的‘天神’喜欢喝牺汤，人们在丰收后却从未祭拜，怪罪下来，派蚂蚱前来兴师问罪？”于是太原县的人们便在当时山清水秀的王郭村修建了“蚂蚱庙”，并用木雕刻了像。从此附近村庄每当发现蚂蚱时便从“蚂蚱庙”里抬上“蚂蚱爷爷”（俗称抬神）在地里转悠，后面有人往地里抛洒牺汤，往往时间不长，铺天盖地的白肚鸦便会飞来将蚂蚱吃个干干净净。

其实并非“蚂蚱爷爷”降服蚂蚱。

原来白肚鸦是蚂蚱的天敌，过去人们做饭没有厨房，家家户户都是在院里垒个炉灶，而熬牺汤往往需要几个小时，全村有那么多人家熬牺汤，羊膻气早已蒸发到空中，所以正当人们抬着“蚂蚱爷爷”在地里转悠时，嗅觉特别敏感的白肚鸦从老远早已闻到由于夏日的高温蒸发到空中牺汤的羊膻气，飞来看到遍地的“蝗军”正好美餐一顿。

时至今日，好客的流涧村村民每年的六月初六这一天，他们总会邀约亲朋好友前来共同品尝味美可口的牺汤，因为这是他们延续数百年的隆重节日。烫伤的巧姑依然是美丽的，她永远活在人们的心中。

11. 烧石灰

石灰的发现据老年人讲，纯属偶然，在很久很久以前，古代先民们在学会用火期间，有一次先民们取来石炭，然后就地把沙石、石灰石等石头垒成一个圆形状的墙体把石炭围起来，取来柴火点着后进行取暖、做饭、保护火种，但炭火燃到十来天时，人们发现砌垒石炭的墙垮塌了，人们就近看时，墙体石散落四周与炭火之中，人们正在着手重新筑一炭火时，其中有一人说道：怎么这几块石头在炭火之中熊熊燃烧，炭火外的几块石头烧红一半还在烧着，烧过后的这些石头的颜色也发生了变化。人们围拢过来看时，确实如此。经过古人们现场辨识，能在炭火中或散落到炭火外燃烧的石头，颜色呈浅蓝色，不能燃烧的石头是白色、土色沙粒状的，石头区别后，先民们灵机一动，一次又一次地在用沙石围垒炭火堆时，把浅蓝色的石块找来适当地添在炭块当中置薪而燃，每次炭块燃烧后，添加的浅蓝色石头大部亦能燃烧，这些石头燃烧时还冒出浓烟，气味呛人，每次发现火灭后炭变成炭渣，浅蓝色的石头一部分焦着，一部分显白色块状，于是先民们把这些烧过变质的焦着的、白色的块状物置于一旁。有一日，天降大雨，雨后人们发现置于一旁的焦着的、白色的块状物发生了变化，它们经雨水冲刷膨胀，慢慢地冒着水蒸气化开，一直化为粉末状，先民们随手拿起用手搓时，该粉状物细而有黏性且洁白，于是先民们称之为石灰，并在砌墙盖房时逐渐使用起来，也就把在偶然中发现的，后经过多次实践的烧制经验变为最先烧制石灰的工艺技术并逐渐应用推广起来。

经过先民们的实践总结，烧石灰的原料主要是煤炭和石灰石。据店头村的老年人讲，在古时店头村的一部分人就学到了烧石灰的技术，一辈传给一辈，每代人里边都有几个烧石灰的大师傅。那么店头村烧石灰究竟从什么时代开始的，现已无从考证，但开采石灰石用于烧石灰的时间肯定是遥远的。

老年人传说，从明清时到20世纪50年代的五百多年时间里，店头村烧石灰，以私人小作坊为主，石灰窑场分布在村对面的南山畔和坟上对面的北山畔，石灰窑紧邻石灰石矿床和风峪沟柴煤大道（古驿路）旁侧，依山而建，形式主要有倒圆柱体和长椭圆形两种，高度在二丈多，一般倒圆柱体窑在底部筑一风道口，长椭圆形窑在底部对称各筑一个风道口，石灰窑墙体利用就地河沟内拾拣来的大小形状不一的沙石砌就，墙厚平均达1米以上，墙状为梯形，里外砌沙石，中间充填渣土，如依土坡建窑时，人工用工具掏成半圆形状的斜坡体后，用沙石沿半圆形状斜坡体砌一层墙，墙内充填沙土与斜坡体结合密实即可，剩余的另一半圆形窑体砌梯形墙与之连接成一体即成灰窑。店头村的灰窑采用此种形式占多数。一般倒圆柱体灰窑白灰产量30吨左右，长椭圆灰窑产量可达100吨左右，石灰石与煤炭的大体比例为3:1，那时开采石灰石全靠人工使用铁钎、铁锤、铁楔子循石灰岩体裂隙“剃头式”进行剥离，在确实难以剥离时，有条件的矿主才购些黑火药进行打眼爆破，三四个采石工连续开采半个多月，才够装一个灰窑的石灰石，装石灰窑从底层铺通风石炕开始到一层煤炭一层石灰石有序地装料，到装至灰窑一半时投薪点火，到装满窑顶部呈圆丘状结束，每天用6～8人紧张搬运料也得需要10多天时间，从点火之日到石灰石烧成白灰需要20天左右时间。当时店头村的石灰窑有六个，石灰主要供应当地的县衙、科场和建筑之用。据店头村紫竹林寺内现存的一块清乾隆五十年（1785年）五月初六立的定规碑记载：“风峪等村向来支差，只办科场石灰荆条编巴春秋祭祀片柴……”这充分说明店头村及风峪其他村的石灰生产历史悠久。

12. 防盗门

店头村紫竹林寺山门为两扇，其门后的栓暗藏机关、奥妙有趣。随手掩闭两扇木制门后，看到每扇门后三分之二高的位置对称分设着门栓的构件，左边门设木制栓口，右边门设木制栓架及门栓，顺手将门栓推至栓口栓住门后，想退出栓来开门，无论你怎么用力退栓，门栓就是打不开，不论怎么观察，也看不出门栓有什么特别之处，即与普通农户家使用的门闩形制一样无差异，所不同之处就是栓住后打不开，真是百思不得其解，猜想该门栓内是不是装有机关，于是，我们几个人一边仔细观察，一边用手在门栓的构件周围摸索起来，观察摸索一会儿后，我们其中的一人就像发现“新大陆”一样高声叫道：“我发现机关了！就在门栓架下面的隐蔽处”。我们几个人争着围拢过来查看，果不其然。就在门栓架下面紧靠门板之处，有一指甲大小的用手指一拨可活动的小型木构件，于是我们几个人争着一手用手指左右拨动该构件，一手随势退门栓，可忙了一阵还是打不开，真是怪哉！今天一定要打开它，把个中奥秘揭开。抱着这种信心，我们继续试着开门栓，试着、试着我们其中一人不经意间突然打开了门栓。我们问他时，他说：“我在用手指左右拨动时，无意间向上拨了一下，门栓就开了”。门打开后，我们仔细地观察分析起此门栓来，经过观察发现，我们刚才拨动的活动的小型木构件就是打开门栓的暗开关，再仔细观察才发现，此暗开关与控制门栓的机关连在一起，都秘置于门栓架内，门栓的上部留有一个小型凹形槽，在门栓关闭后，控制门栓的机关依靠自身的重力自动落下，正好落道门栓的凹槽之内控制门栓，开启门栓时，只能用手指向上拨动开关，才能使落到门栓凹槽内的机关构件向上退出，门栓才能打开。我们惊叹，这不就是古代的防盗门吗！像这种在明清之时，匠人通过力学、自由落体、杠杆联动等原理制作的门栓，真是非常科学、精妙。

附录 3　历史名人与诗篇

历史名人

1. 李存孝

五代后唐李克用义子，祖籍代州飞狐，本名安敬思，位列十三太保之一，官至骑将、汾州刺史等职。唐景福（894 年）三月被李克用捆绑于囚车，押回晋阳刑以“车裂”而死。死后葬在店头村太山脚下，现存墓穴。

2. 王永寿

店头村坟上世代居住着王氏后人，他们占店头村人口总数近 1/3。王氏的祖辈中名人辈出，这一支脉首推王永寿。字延龄，太原王氏后裔，永乐二十一年癸卯科乡试举人，是明代正德年间户部、兵部、吏部尚书王琼的叔父，祖籍姚村蚕石村，后迁至汾东柳林（今小店区刘家堡乡），明朝中叶又在太原县城（今晋源街办）建起宅院。明正统间王永寿任饶州府推官，后提升广西道监察御史，山东、贵州、苏松等巡按，天顺年间升任南京工部尚书并巡抚湖广监督军务，从一品奉。天顺间初调南京卒。死后遗体装殓，运回故里，葬于风峪店头村坟上，南京国子祭酒吴节撰神道碑。并建王氏祠堂，现仅存墓穴。

明正德二年，吏部尚书李东阳受王永寿的侄子王琼所托，撰写了《太原王氏柳林世墓碑铭》，碑铭中清楚地记载了王琼的家族历史，详细地介绍了太原王氏家族的起源及家族人员埋葬之地，是研究太原王氏的珍贵资料。碑铭中记载：“尚书公（王永寿）之卒，朝廷赐葬于邑西店头村之原，其子孙皆袝之，别自为序。”

3. 王琼

1459-1532 年，字德华，号晋溪，晚年别号双溪老人，明朝人，出身于富有的官宦之家，“幼承父训，精于理学”，四岁能书，八岁通读《尚书》。成化十六年庚子科乡试举人，成化二十年甲辰科李旻榜中进士（1484 年）。起家户部郎中。武宗朝拜侍郎，转兵部尚书。凡天下兵马数多寡强弱，及塞隧夷险，偏裨否才，一览悉记。时政在宦竖，上多游幸，饥民揭竿称乱者数万，横行天下。彭泽、陆完先后平戢，余党次起。琼授以方略，随就歼。夷宸濠反，报至，举朝皆惧。琼徐曰：“竖子素行不义，其反必矣。吾乡假王守仁便宜正为此，料成擒耳。”守仁果执濠。后代杨一清总督诸军，边人建祠祀。进太子太保，复改吏部。卒，赠太师，谥恭襄。琼邃于理学，诗文高古，与乔自严、王虎谷同榜，时号“河东三凤”。

王琼一生留下不少著作，其中奏议类有《晋溪奏议》十四卷，《户部奏议》二卷，纪实类有《西番事迹》和《北边事迹》各一卷，图志类有《漕河图纸》二卷，《双溪杂记》一卷。

王琼明世宗嘉靖十一年出资创办了晋溪书院，地址在晋祠庙内王恭襄祠东。晋祠有“晋水七贤祠”祀七贤为：周义士豫让，唐学士李白，太傅白居易，宋范文正公仲淹，欧阳文忠公修，明少保于中肃公谦，少师王恭襄公琼，均木主，其后妥朱衣神像。现在太原晋祠有王琼祠，门前有古银杏树两株，雄、雌各一株。祠东有晋溪书院。

4. 范姑姑

俗姓范，名讳不知，生于清雍正年间，金胜姑姑寨村人，据清道光《太原县志》载曰为木厂头村人。范姑姑生有佛性，于清乾隆年间携带木厂头、姑姑寨家中拾亩三分五厘地的地契来到店头村古村观音寺（紫竹林寺）出家，法号如云，出家后将四处化缘得来的银钱用在修缮明代始建的大部已倾圮的寺中殿堂上，并在此基础上增建了寺中的二层殿堂，到了暮年，在寺中焚香诵经之际给众施主医病，医病之法，不施药，经她手在患者病处轻轻抚摸，病即可痊愈。范姑姑圆寂后，葬于店头村坟上斜对面的南山坡地。

诗文

和黄花老人开化寺作　王琼　明

风景凄凉正暮秋，故人相伴出城游。
山迎晓日寒烟散，叶落空林宿雨收。
禾黍故宫增感慨，云泉僧舍足清幽。
他年愿得辞官早，卜筑西岩最上头。

刘大尹邀游晋祠次韵　王琼　明

山城西去未十里，风景修然趁野心。
古寺楼台行处近，前村烟树望中深。
闲情似可忘声利，世事何劳问昔今。
珍重吾邦贤令尹，四郊春雨布棠荫。

崇福田庄　王琼　明

小雨才收暖更晴，笋舆轻度碧沙平。

塍间有地皆流水，寺外无山不绕城。

蒲茁炊香晨馔美，藤枝翻影午尊清。

会须尽滴京尘浣，更待他年结揽成。

注：崇福田庄，在晋祠东二里北大寺村崇福寺旁。

晋溪别墅　王琼　明

家山谁用买山钱，竹坞当溪亦胜缘。

菡萏池通萍水叶，垂杨门府稻花田。

烟霞柏塞藏诗索，鸥鹭将迎载酒船。

我已得归宁更出，北庭休勤草堂篇。

明仙寺　王瑄　明

古寺寻僧入碧山，乘云高步数层峦。

清泉幽鸟琴中听，老树巅峰画里看。

砖甃几年龛尚在，碑镌千古字多镘。

嬉游未徧祇园景，凛凛松风午昼寒。

注：王瑄，明成化乙酉科乡试举人，王永寿之子。

昊天观　王瑄　明

出郭西行路几弯，崎岖石蹬蹑崇山。

烟笼柳色增春色，日烁花颜映客颜。

今古兴旺归品藻，河山苍翠自回环。

倾怀且尽登临趣，赢得人间半日闲。

题风穴　郭恬　明

古祠王岭下，一穴自虚中。

独擅吹嘘力，因知神妙功。

时闻疑沸水，秋至若鸣虫。

造化有奇秘，探之渺未穷。

曲庄次文衡山韵　王朝立　明

群峰矗矗遥周环，草阁正当清濑间。

花无漂泊赴春水，树复老瘦如秋山。

林深不辨世今古，地僻自无人往还。

披缄爱诗亦爱意，日日小窗相对闲。

注：王朝立系王琼长子。

寄题王内泉曲庄　文徵明　明

五原南下势回环，汾晋风烟萃此间。

见说名园依绿水，还开别墅占青山。

春风把酒林花发，落日凭栏倦鸟还。

荫茂濯清幽兴足，尽输高士百年间。

注：王内泉指王琼长子王朝立，内泉是朝立之号。曲庄：疑指晋溪园。

太原途中联句四首之四　朱彝尊

一百二十六，石柱刻作经。

会须抉风峪，移置水边亭。

送吴瀳入太原三首之三　朱彝尊

周郎近在莲花幕，点笔题诗兴不孤。

暇日经过烦闻讯，硬黄曾榻石经无。

注：硬黄：经过黄檗染色及涂蜡的纸，善书者多取来临帖作字。

附录4 晋阳战事

三晋古称用武之国，太原其首郡也，东倚太行，西连五寨，可战可守，尤历代之所必争。据《太原府志》、《太原县志》记载：

1. 周穆王西征，获其五王，又得四白鹿，四白狼，王遂迁戎于太原。

夷王三年，荒服不至，命虢公率六师伐太原之戎，至于俞泉，获马千匹。

宣王三十一年，遣兵伐太原戎，不克。

2. 晋荀吴败无终，山戎及群狄于太原。

3. 战国赵孝成王二十年，秦王政初立，拔我晋阳。

秦始皇元年，晋阳叛，将军蒙骜击定之。

4. 汉高祖七年，韩王信反，将军周勃破之于铜鞮，降太原六城。击信于晋阳，又破之，下晋阳。

延光元年冬，鲜卑攻太原，掠杀百姓。

初平三年，南部于扶罗与西河白波贼合，破太原（指黄巾起义）。

5. 晋刘琨杀护军令狐盛，盛子泥奔于刘聪，具言虚实。聪大喜，以泥为向导，属上党太守袭醇降于聪。雁门乌丸反复，琨率精兵出御之。聪遣子粲及令狐泥乘虚袭晋阳，太原守高乔（疑是张乔）以君降。

晋刘琨告败于代王猗卢，且乞师。猗卢遣子日利，孙宾六须及将军卫雄，箕澹等率众数万攻晋阳，琨为向导。至狼孟，刘曜及宾六须战于汾东，曜堕马，中流矢，身被匕创。傅武以马授曜，渡汾入晋阳，夜与刘粲等掠百，逾蒙山遁。（刘曜为匈奴王，攻占晋阳4个月后，晋阳城内被糟蹋的破败不堪。）

6. 陈天嘉四年五月，周师与突厥入并州，大战城西，伏尸百余里。

7. 北齐太宁元年十二月，周武帝遣将与突厥合众逼晋阳。既而交战，大败之，敌前锋尽殪，余军宵遁。

河清二年十二月己酉，周将杨忠帅突厥阿史那术可汗等二十余万人，自恒州分道下晋阳。又遣大将军达奚武帅众数万，与突厥相应。

三年，周及突厥来侵。

8. 隋仁寿四年，汉王琼反，命杨素为并州道行军总管，河北安抚大使讨之。琼遣将赵子开拥众十余万，遮绝径路，布阵五十里。素令诸将以兵临之，自引奇兵潜入霍山。缘崖而进，直指其营，一战破之。进围并州，琼穷蹙出降，余党悉平。

大业十二年四月，燕山贼魏刀儿所部将甄翟儿，率众十万寇太原。将军潘长文讨之，败绩死。十二月，唐公讨之，破翟儿于西河，获男女数千人。

十三年，五月丙寅，突厥数千寇太原，唐公击破之。冬十月，太原杨世洛聚众万余人，寇掠城邑。

9. 唐至德二年，史思明，蔡希德等将兵十万攻太原。（李）光弼出敢死士搏战，斩首七万级，希德弃粮遁走。

梁贞明二年梁匡国节度使王檀发河中，陕，同，华诸镇兵，袭晋阳。昼夜攻，城几陷者数四，张承业大惧。昭义节度使李嗣昭闻晋阳有寇，遣牙将石君立将五百骑来救，遂与共逐梁兵，梁兵死伤甚众。

10. 后唐清泰三年六月，太原四面招讨使张敬达兵围太原，石敬瑭求救于契丹，九月契丹自雁门入，与敬达战于西山。

11. 北汉乾祐七年，周世宗遣符彦卿等率师围晋阳。

12. 宋开宝二年三月，李继勋败北汉军于太原城下，又北引汾水灌城，会城中有积薪漂出塞之。

八年太祖又命党进，潘美等率兵分五道以攻太原。又遣郭进等攻忻代等州，所向克捷，旅败汉兵于太原城。

太平兴国四年，宋太宗自将伐汉，潘美等大败汉兵，筑长连城以围之，帝至城下，督战益急。汉主刘继元出降，……诏毁太原，……

13. 顺治五年冬姜瓖反，云中大乱。六年三月伪抚姜建勲既败于忻州，复入西山，从静乐，交城间小路趋攻汾州下之，乃引兵而北至太原，营于晋祠。夜半来攻县城，邑令郜焕元御之。会城坚猝不能下，已而端重亲王引兵至。与战于赤桥，花塔之间。贼败退保晋祠堡，我师围之五日。端重王恐堡破，玉石俱焚，故驰其南。建勲引兵马从南堡门冲出，逃还汾州。为我师杀伤甚多。贼之步兵从西山乱奔。我师追至花岩塔歼其什九。余者窜入交城山。

附录 5　明清太原县人口:《又一人口统计》

[A] 计洪武十一年终，军民等户四千二百四十六户，计男妇大小共二万七千三百九十七口。

[B] 洪武年 户九千五十三，口五万二千七百一十九。

万历年 户九千八百二十七，口七万三千四百三十八。

[C] 崇祯年 户九千八百，口八万一千二百。

[D] 顺治年 口二万七千三百三十九。

康熙年 口三万一千七百三十五。

雍正年 口三万四千七百六十一。

乾隆四十六年 户四万二百一十，口二十一万三千四百三十四。

[E] 太原府人口：

汉（汉平帝元始二年数）太原郡户一十六万九千八百六十三，口六十八万四百八十八。

东汉（顺帝永和五年数）太原郡户三万九百三，口二十万一百二十四。

晋 太原国户一万四千。

北魏 太原郡户四万五千六百，口二十万七千五百七十八。

隋 太原郡户一十七万五千三百。

唐 太原府户一十二万八千九百五，口七十七万八千二百七十八。

宋（崇宁元年数）太原府户一十五万五千二百六十三，口一百二十四万一千七百六十八。

金 太原郡户一十六万五千八百六十二。

元（至元七年数）冀宁路户七万五千四百四十，口一十五万五千三百二十一。

明（天启年数）太原府户一十二万一百六十七，口九十九万一百六十五。

清（雍正九年数）太原府实在人丁共三十二万八千四百七十九。

乾隆四十六年，太原府共户三十二万四千四百九十六户，共口一百五十七万五千七百七口。

历史上无论太原县还是太原府所辖范围经常变化，所以人口变化不太好比较。但还是能看出太原的人口增减。在朝代更替，少数民族统治时期，战争频发时期，北宋毁灭晋阳城时期太原人口锐减。北宋初赵光义毁晋阳烧死百姓无数，还从晋阳强迁 4 万至 5 万人到洛阳，晋阳曾为废墟，太原人锐减。太原人增加快的时期当在汉文帝时，北魏时，隋唐时，明朝时等阶段。相应时期周围村庄生活稳定，生产发展，人口增加。

主要参考文献

[1] 太原市地方志编纂委员会整理. 太原府志集全 [M]. 太原：山西人民出版社，2005.

[2] 負佩蘭 (清)，刘俊英. 太原县志 [M], 太原：山西人民出版社，2007.

[3] 左丘明 (春秋). 左传 [M]. 长沙：岳麓书社，2006.

[4] 李吉甫 (唐). 元和郡县图志 [M]. 北京：中华书局 ,2008.

[5] 王崇恩. 店头古村 [M]. 北京：中国建筑工业出版社，2013.

[6] 刘大鹏. 晋祠志 [M]. 太原：山西人民出版社 , 2003.

[7] 山西通史志研究院编委会. 山西通史 [M]. 北京：中华书局出版社，1997.

[8] 梁思成. 中国建筑史 [M]. 天津：百花文艺出版社，2005.

[9] 王崇恩，朱向东，赫宁宁. 层楼式石窑洞建筑群聚落调查报告 [J]. 中国名城 ,2011（7）：62-67.

[10] 王崇恩，李颖，朱向东. 层楼式石碹窑洞空间组合方式探析——以太原店头村郭家东西院及紫竹林寺为例 [J]. 太原理工大学学报，2013 44（5）：641-645.

[11] 张钦楠. 中国古代建筑师 [M]. 北京：三联书店，2008.

[12] 李允鉌. 华夏意匠 [M]. 天津：天津大学出版社，2005.

[13] 王崇恩 , 朱向东. 山西店头村古代石窑洞群营造技术探析 [J]. 古建园林技术 ,2010（2）：45-47，84-85.

[14] 王崇恩，朱向东. 特定历史环境下的居住建筑空间形态分析——以山西店头古村为例 [J]. 太原理工大学学报，2010，41（4）：376-380.

[15] 王崇恩，李媛昕，朱向东，等. 店头村石碹窑洞建筑结构分析 [J]. 太原理工大学学报，2014，45（5）：638-642.

[16] 王崇恩，李颖，朱向东. 层楼式石碹窑洞空间营造特色探析——以太原市店头古村郭家别院为例 [J]. 四川建筑科学研究，2014，40（4）：277-281.

[17] 傅熹年. 中国科学技术史 • 建筑篇 [M]. 北京：科学出版社，2008.

[18] 胡川晋，王崇恩. 历史文化名村保护中的植被修复与景观设计——以太原市店头古村落为例 [J]. 太原理工大学学报，2013，44（2）：223-226.

[19]李颖．太原店头古村聚落空间特征分析[D]．太原：太原理工大学，2013．

[20] 山西省地质矿产局．山西省区域地质志 [M]．北京：地质出版社 ,1989．

[21] 荣盼盼，王崇恩．山西店头石碹窑洞聚落价值分析与保护策略研究 [J]．南方建筑，2011（2）：75-78．

[22] 李佼，王崇恩．店头古村落地质环境分析 [J]．太原理工大学学报，2012，43（1）：55-59．

[23] 李佼．太原市店头古村落环境整治与景观设计初探 [D]．太原：太原理工大学 ,2012．

[24] 李媛昕．太原店头古村石碹窑洞建筑营造技术分析 [D]．太原：太原理工大学，2013．

后 记

时间一晃过去三年了，从2011年开始申报“层楼式石碹窑洞聚落形态及其保护利用研究”国家青年科学基金项目，并最终获得国家自然科学基金委的批准，今年已经到了需要结题的时间。历经三年的科研磨砺，我也终于完成了关于店头村的第二部成果。《店头古村研究》一书作为国家青年科学基金项目的结题成果，也是在多年研究工作的基础上撰写完成的。看着即将印刷的文字，感慨万分。回想自2008年开始，为了准确掌握店头村的全部信息，我们带领团队成员、数届研究生和部分本科生，对店头古村内建筑进行了多次反反复复的测绘，每年十余次奔波在店头村内进行调研工作，对店头村内的每一处窑洞、每一处建筑都进行了深入了解。当时最早参与项目的2006级建筑学本科生赫宁宁、段晓舟等同学也都已经读完研究生参加工作了；历届主要参与科研项目的研究生荣盼盼、李佼、李颖、李媛昕等同学也纷纷走向新的工作岗位。他们为店头村的保护和利用等研究工作付出了大量辛苦劳动；目前，还有两名研究生仍在继续店头村的研究工作，感谢全体参与店头村科研项目的老师和同学们；最后还要感谢店头村对我们的褒扬。在2014年9月29日，本人和朱向东教授当选店头村荣誉村民，这是多年对店头村研究的最好认可。

在《店头古村研究》的写作过程中，著者得到了项目组主要成员，太原理工大学朱向东教授、赵青教授的再次鼎力协助，得到了店头村村长李贵虎、文化员王春生等的大力支持和无私贡献；并且还得到了荣盼盼、李佼、李颖、李媛昕、赫宁宁、裴莹、刘柯新、李超、荆科、杜倩等多位研究生同学的热心帮忙，在此表示衷心的感谢！另外，在写作过程中，著者还根据需要，参考和引用了一些专家学者在相关领域已经取得的研究成果，在此谨向各位的辛勤劳动表示由衷的感谢！

希望广大同行和社会各界人士对《店头古村研究》一书多多关注，并提出宝贵意见，以使在今后的研究工作中加以改正或借鉴。

著者

2014年9月于山西太原

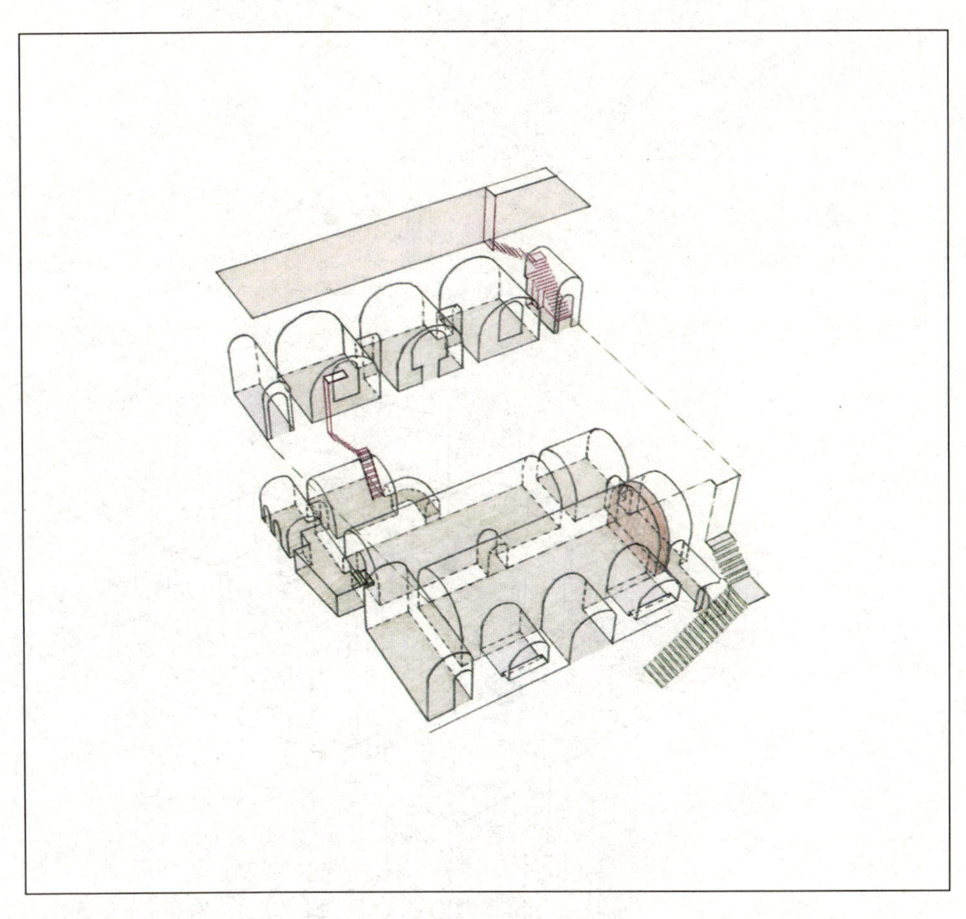

图 2-2-12　立体交通实例一

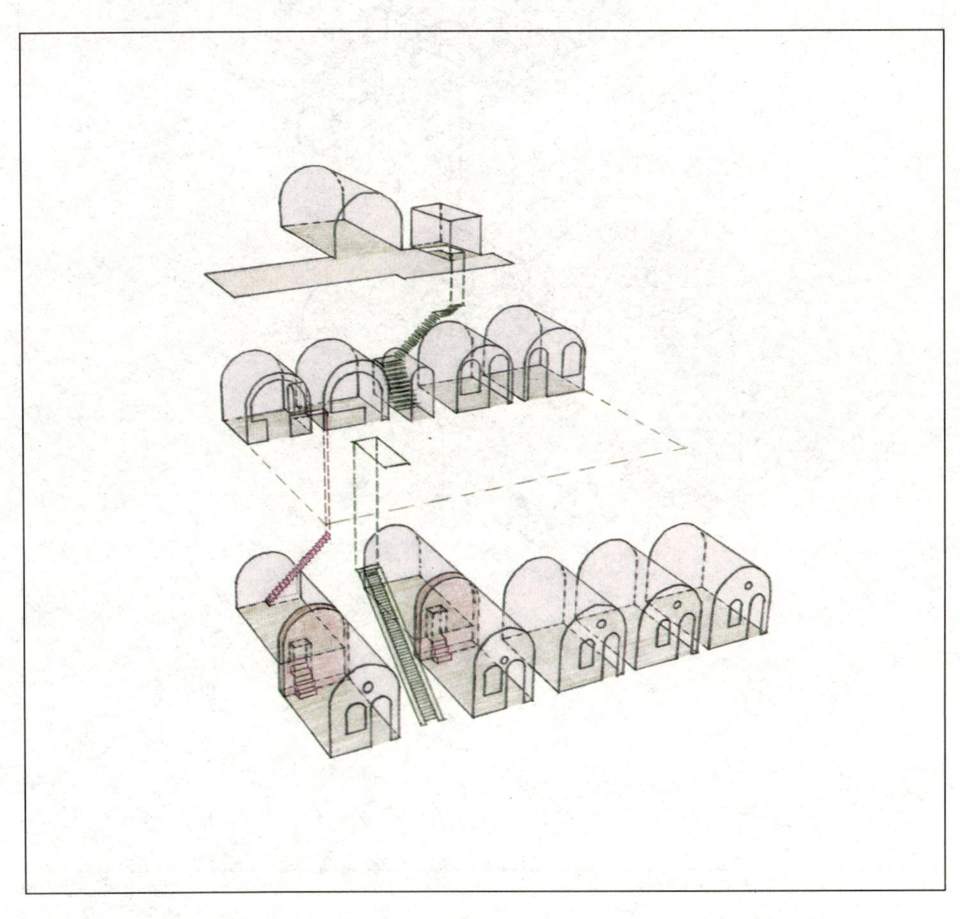

图 2-2-13　立体交通实例二

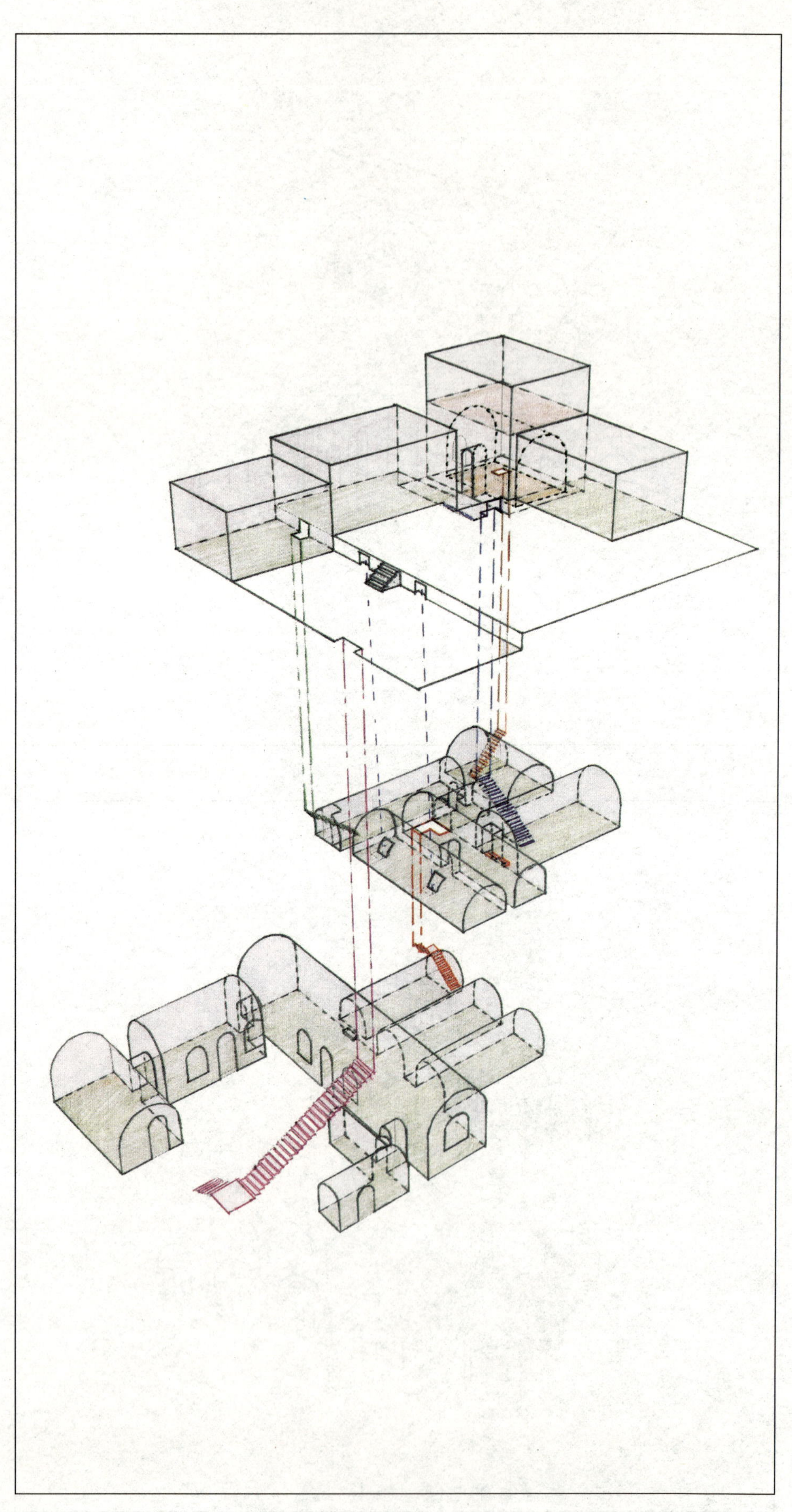

图 2-2-14　立体交通实例三

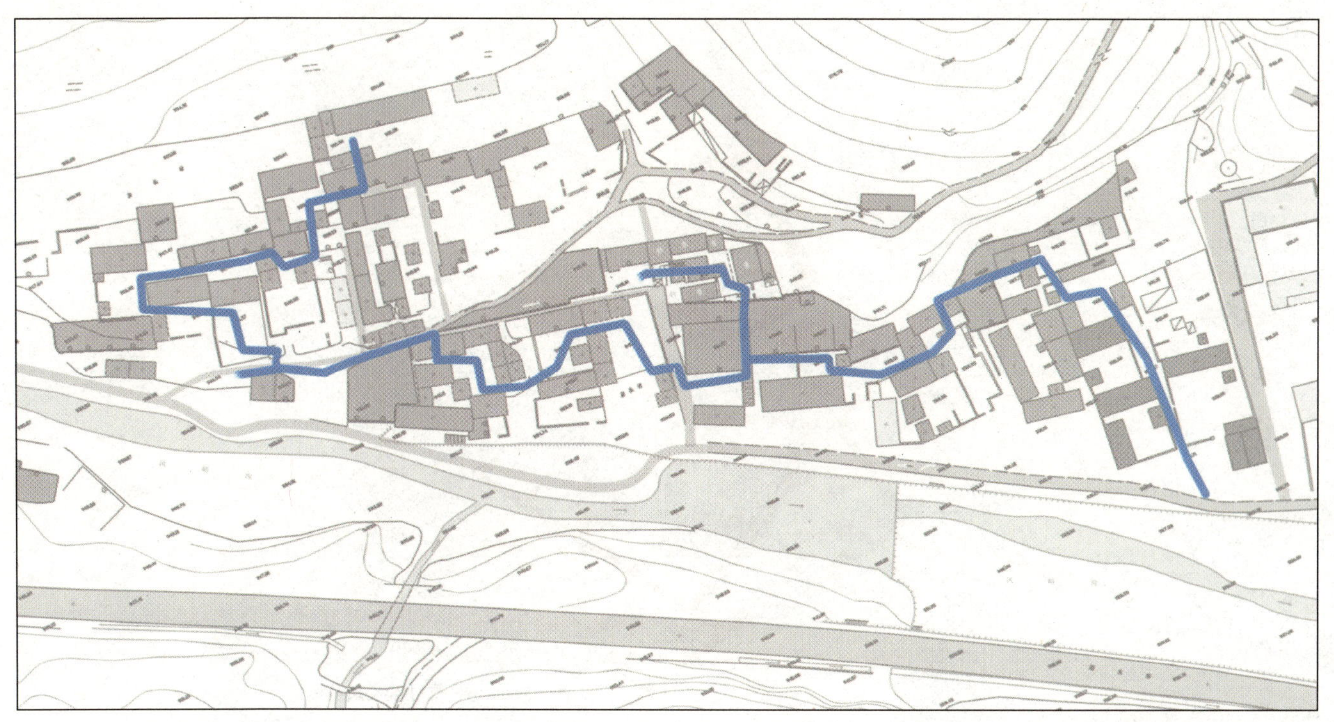

图 2-2-16　院落组团内部联系通道

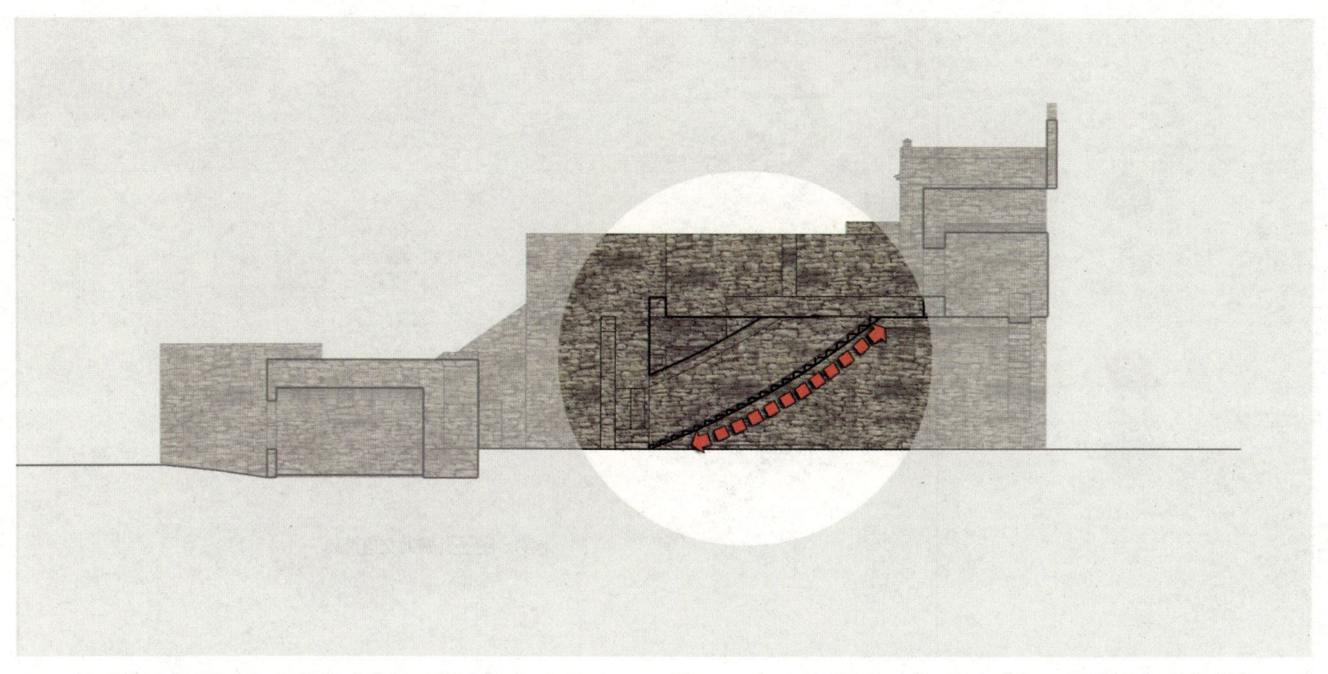

图 2-5-9　龙尾道剖面图

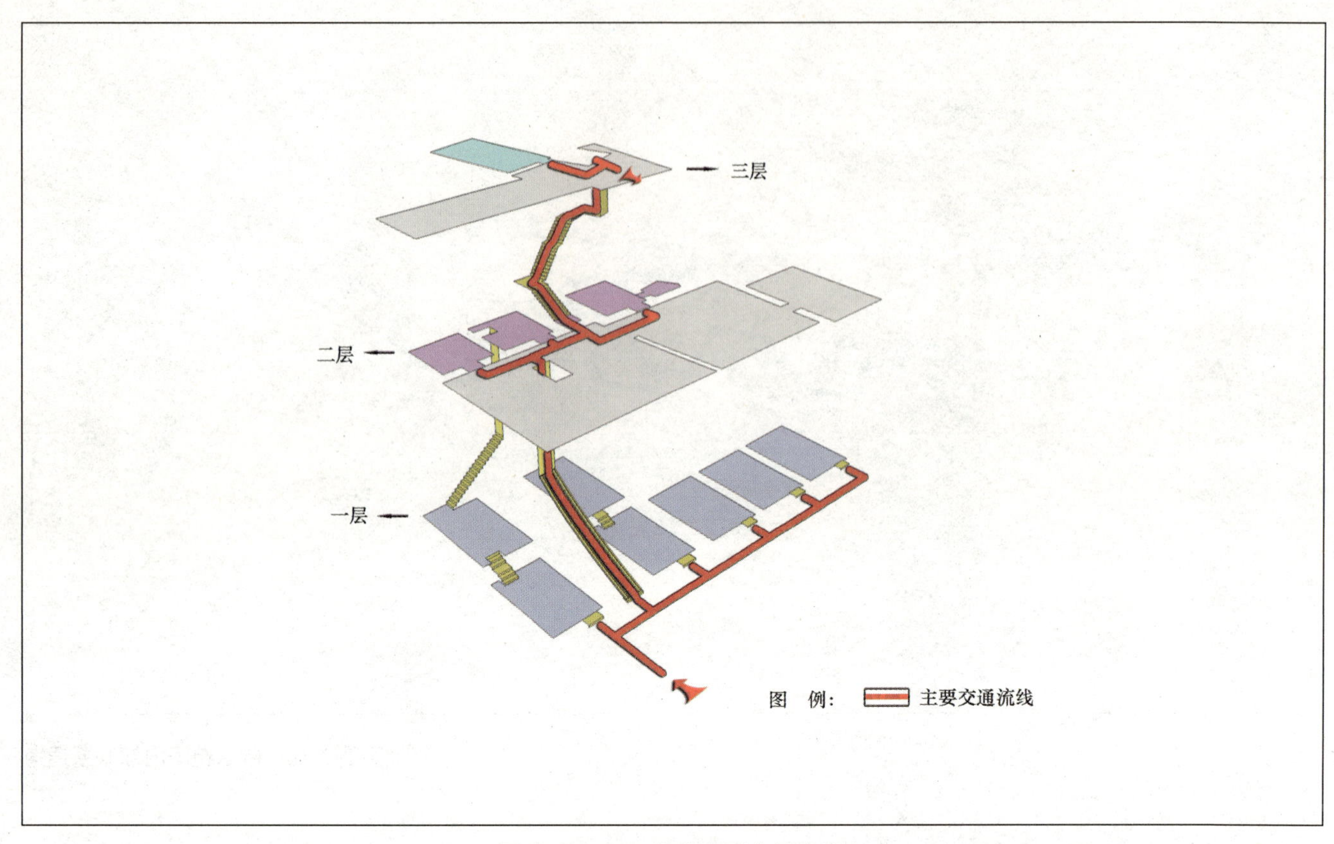

图 2-5-13　10 号院主要交通流线

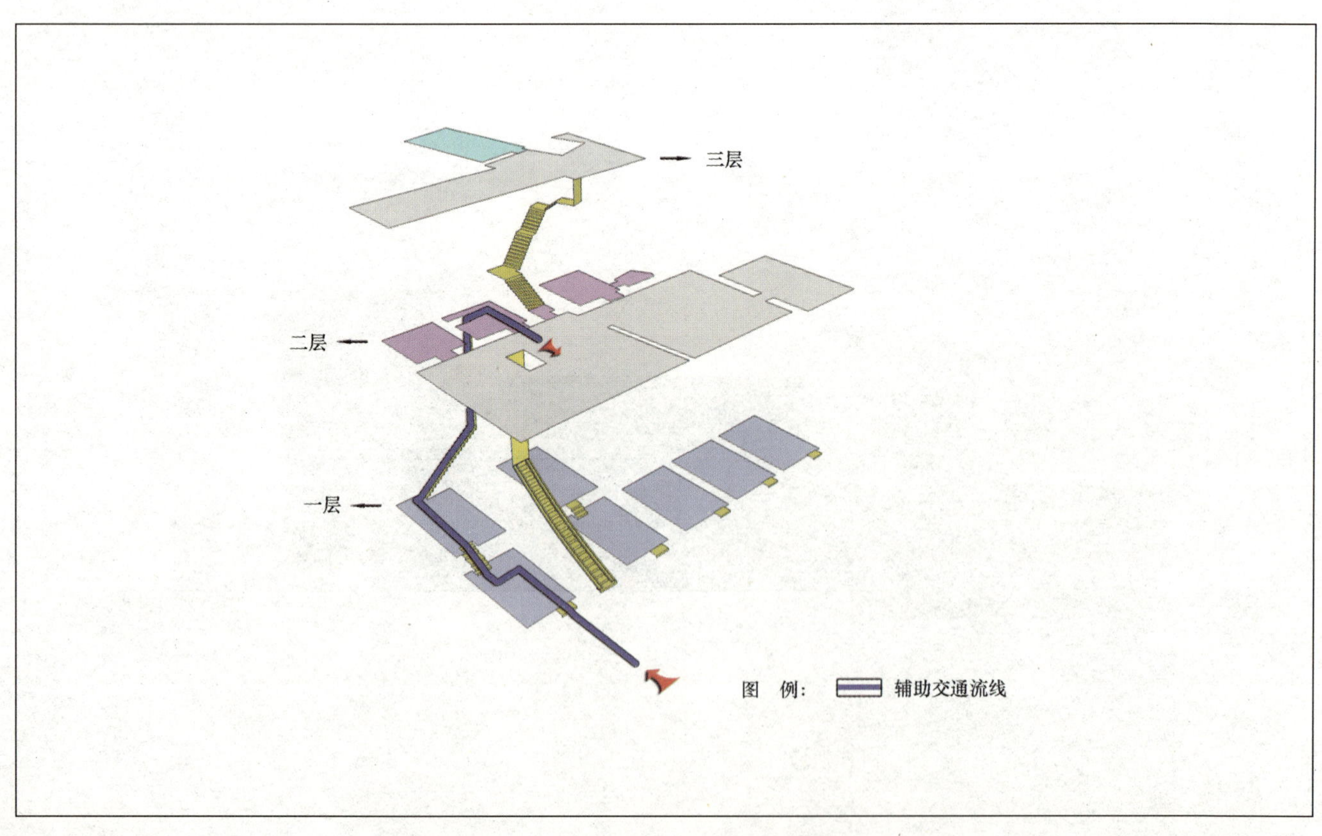

图 2-5-14　10 号院辅助交通流线

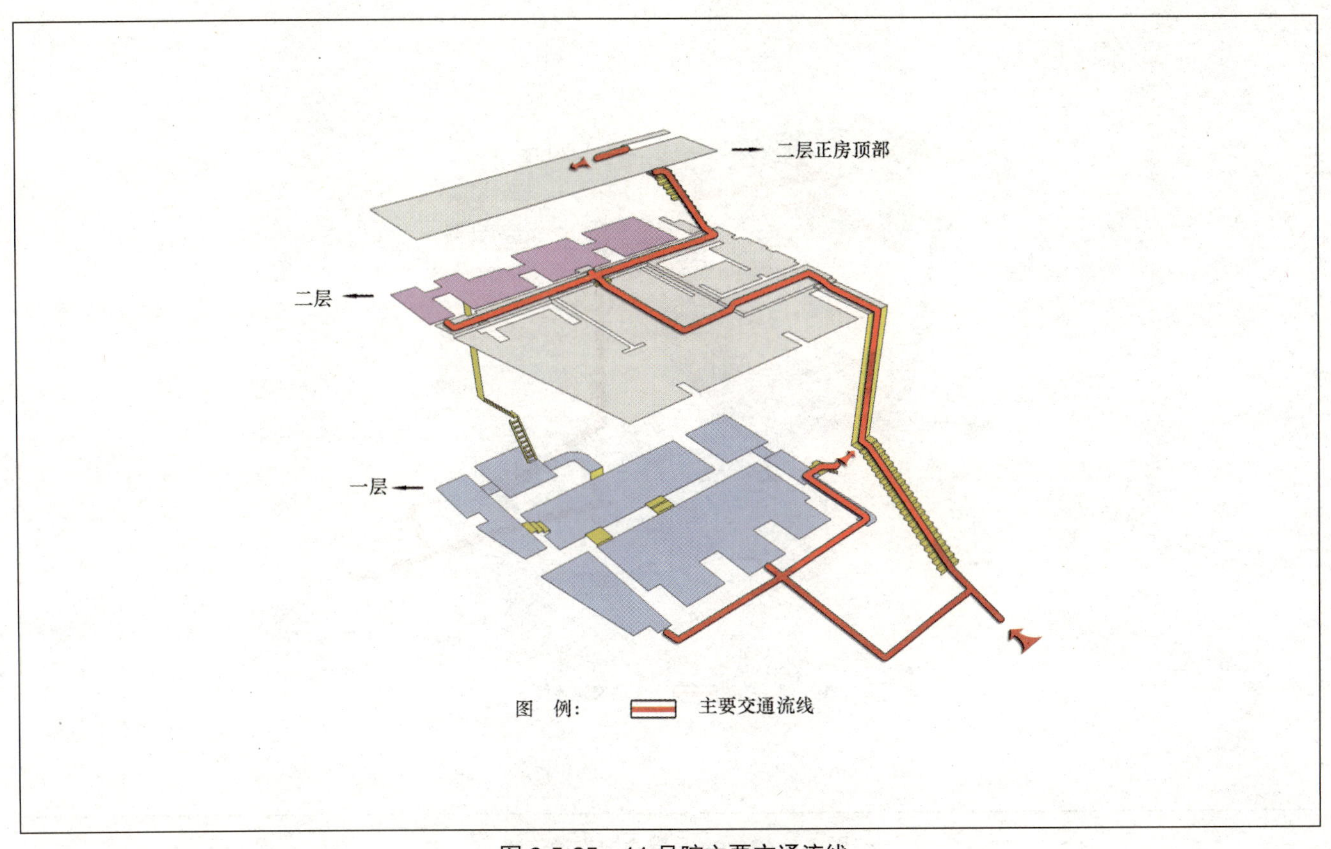

图 2-5-25 11 号院主要交通流线

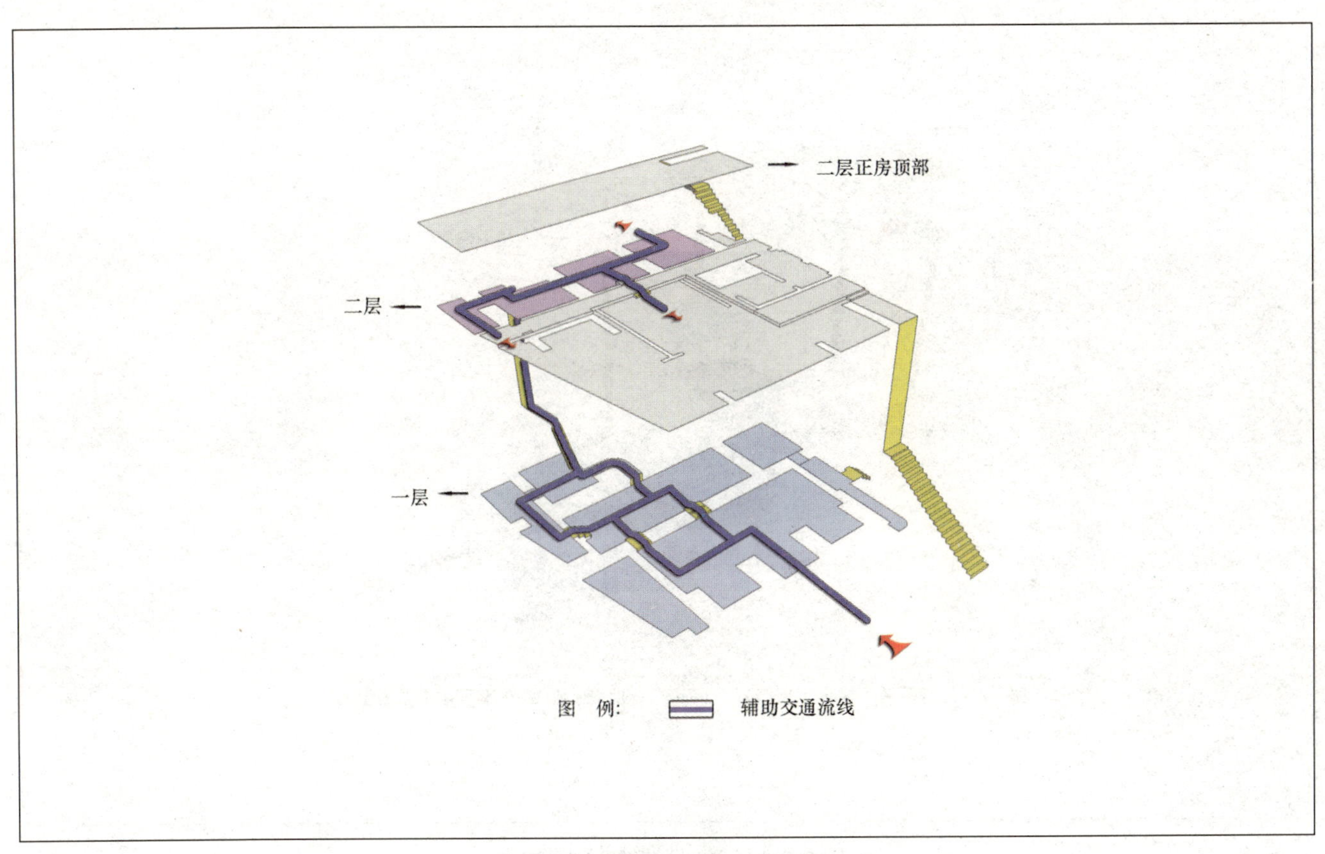

图 2-5-26 11 号院辅助交通流线

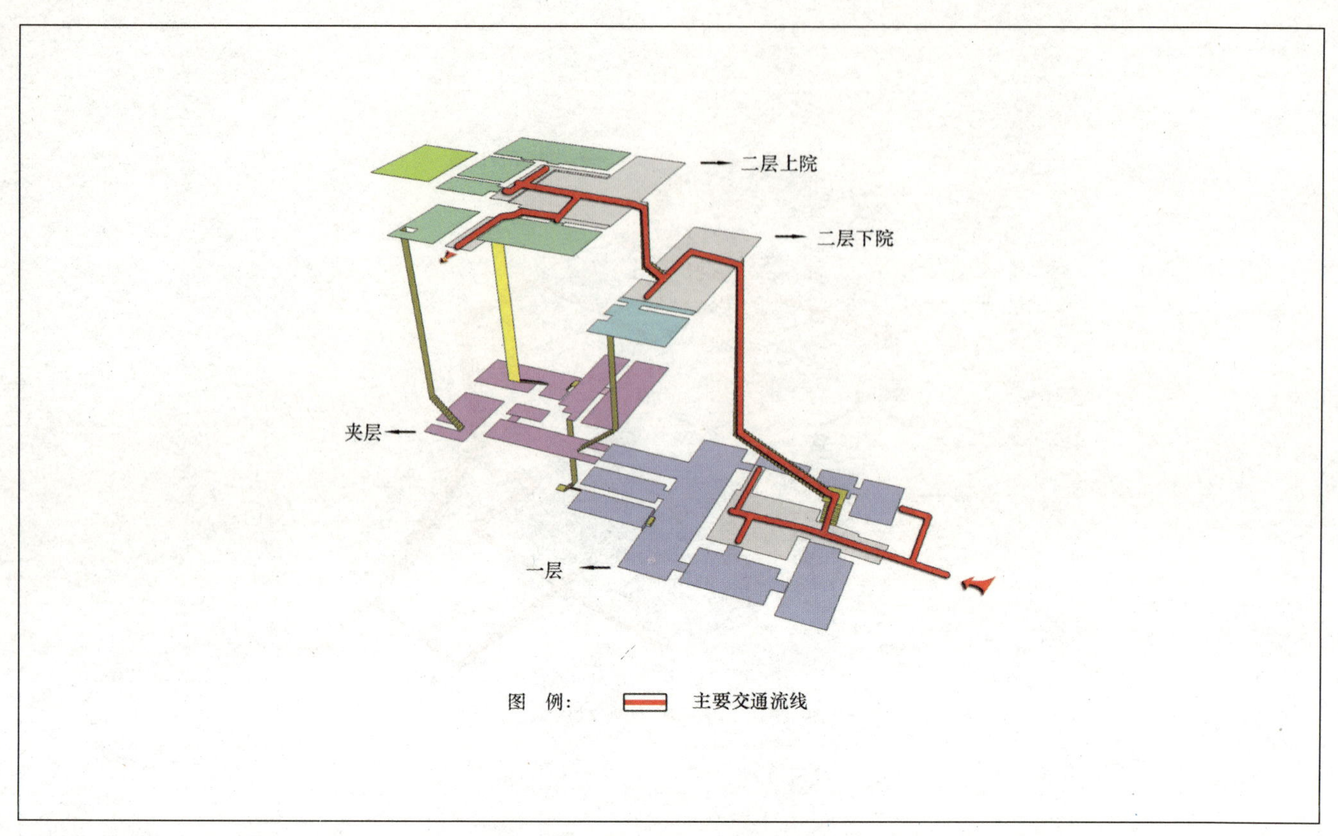

图 2-5-42　22 号院主要交通流线

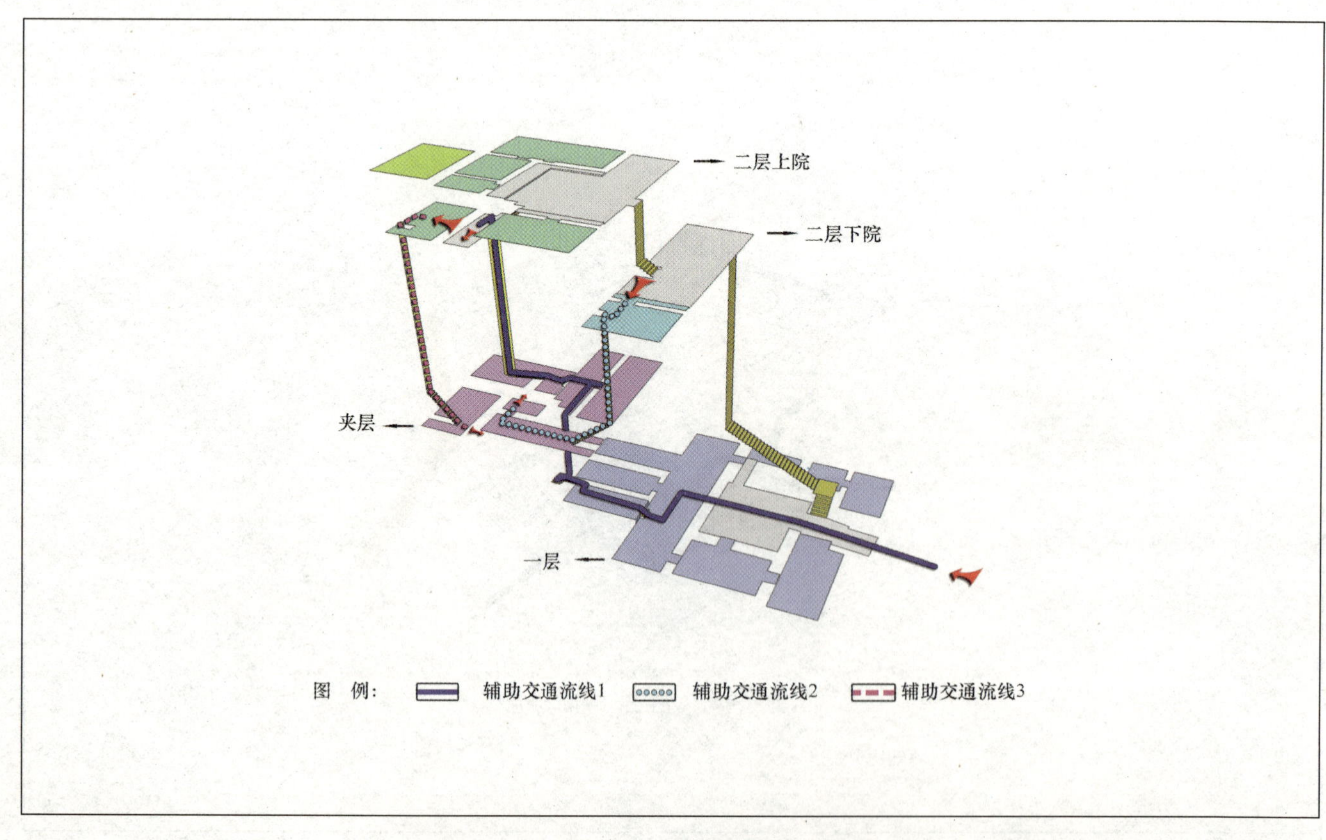

图 2-5-43　22 号院辅助交通流线

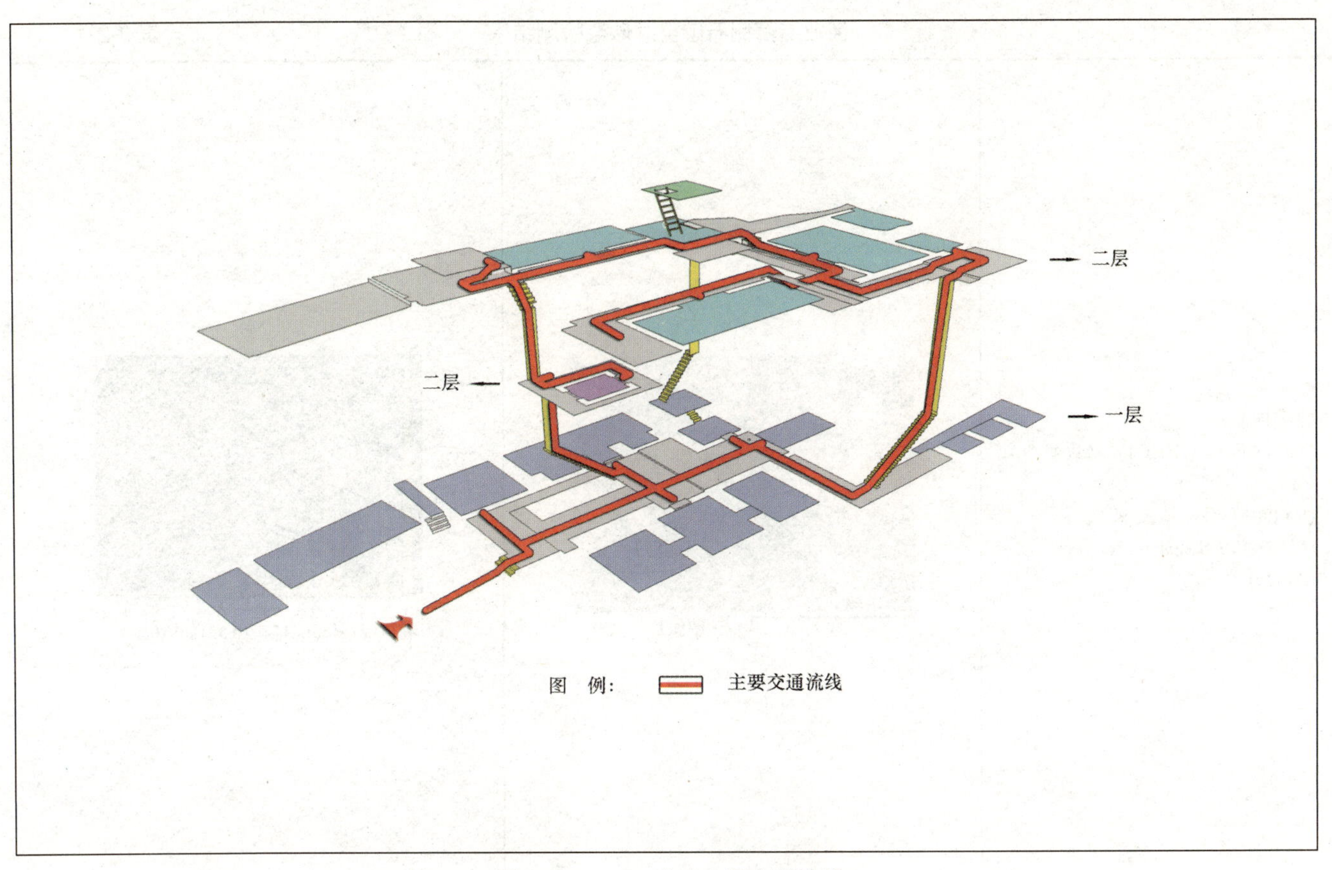

图 2-5-52　13 号院主要交通流线

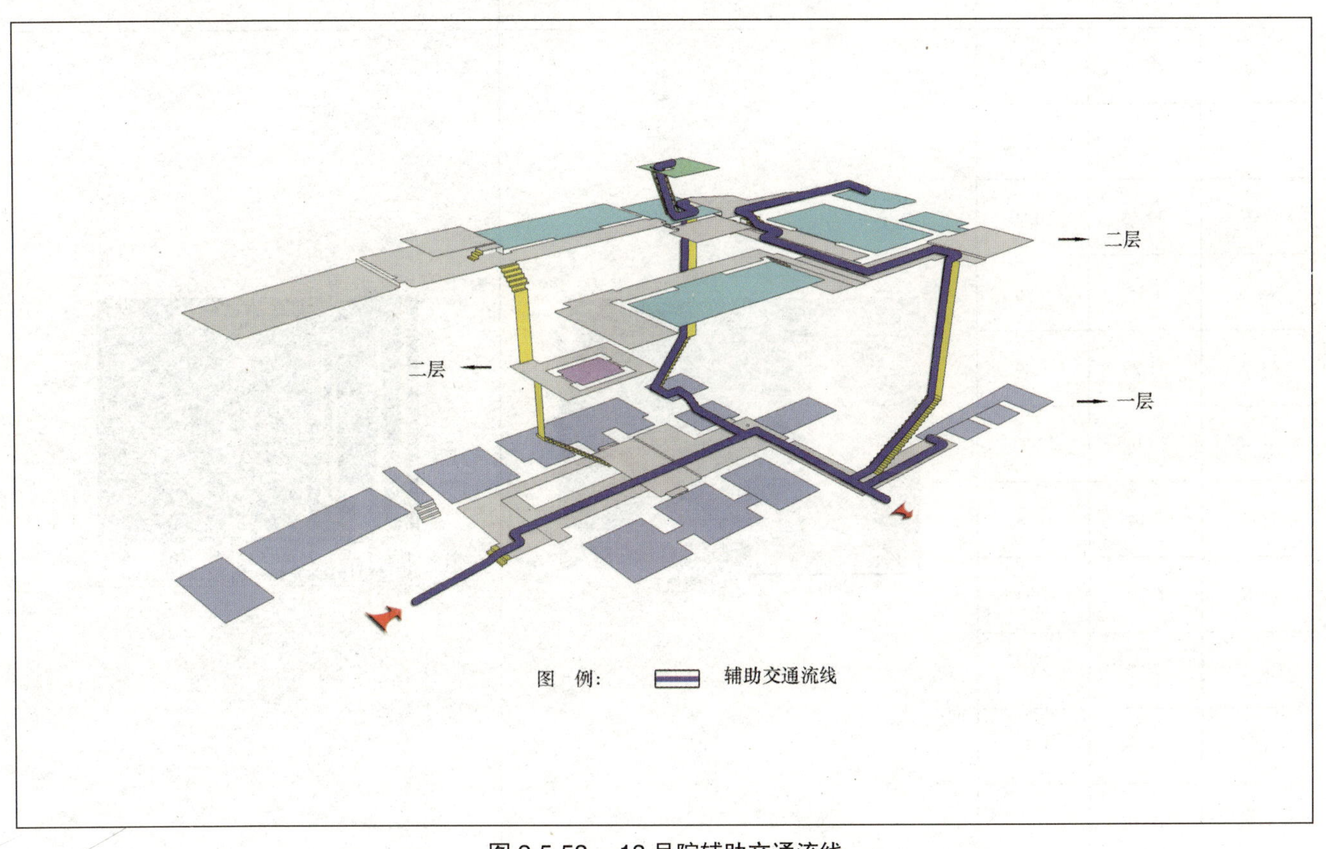

图 2-5-53　13 号院辅助交通流线

商业街西侧石碹窑洞砂浆检测结果　　表 3-2-1

标准样品：

O Si (SiO_2)、C1(KC1)、Al (Al_2O_3)、Ca (Wollastonite)、Au、K (MAD-10 Feldspar)、Na (Albite)

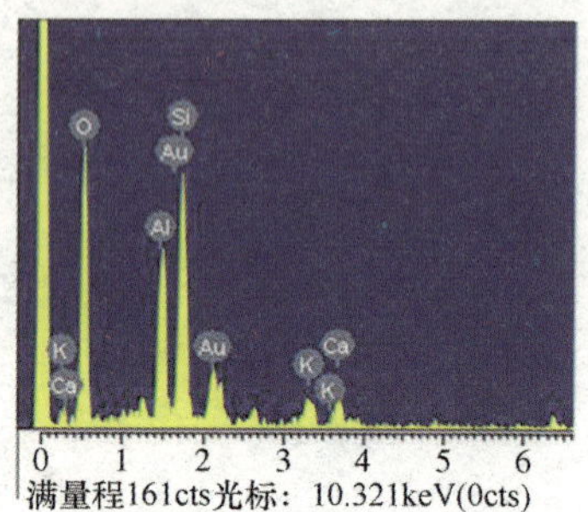

元素	重量	原子
	百分比	百分比
O K	99.38	70.50
Na K	1.35	0.76
Al K	21.27	8.89
Si K	33.02	13.31
C1 K	2.14	0.78
K K	6.70	1.94
Ca K	7.11	2.00
Au L	27.68	1.82
总量	100.00	

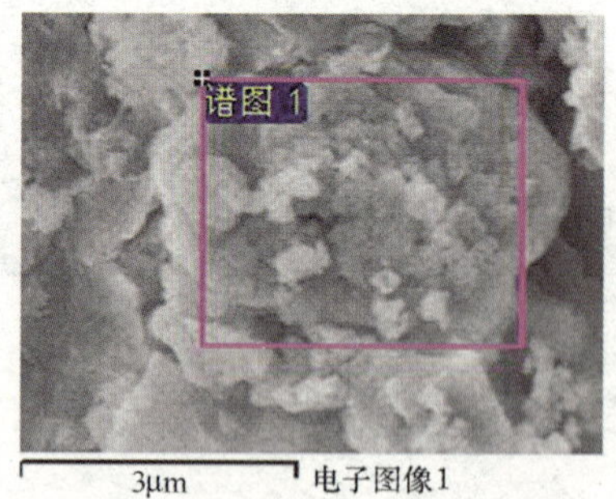

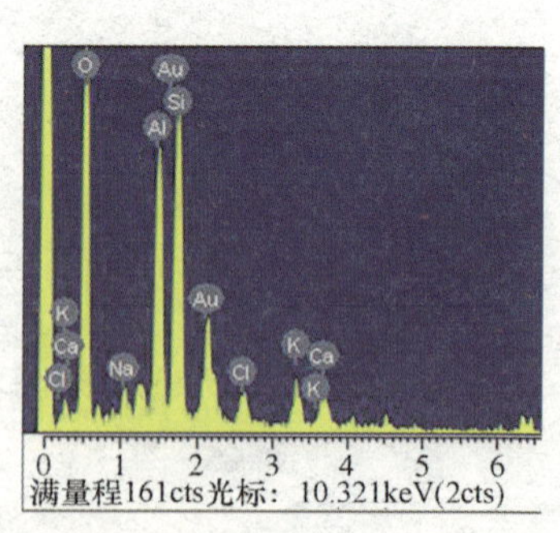

紫竹林寺下部石碹窑洞砂浆检测结果 表 3-2-2

标准样品：
C($CaCO_3$)、OSi(SiO_2)、Mg（MgO）、
C1(KC1)、Al (Al_2O_3)、
Ca (Wollastonite)、Au

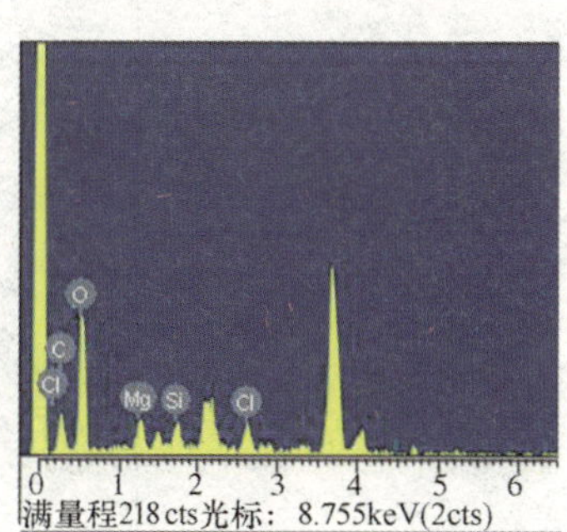

元素	重量	原子
	百分比	百分比
CK	46.78	24.62
OK	135.42	58.08
Mg K	9.53	2.54
Si K	8.44	2.09
C1 K	10.64	1.77
Ca K	42.24	8.59
A1 K	1.39	0.44
Au L	45.56	1.87
总量	300.00	

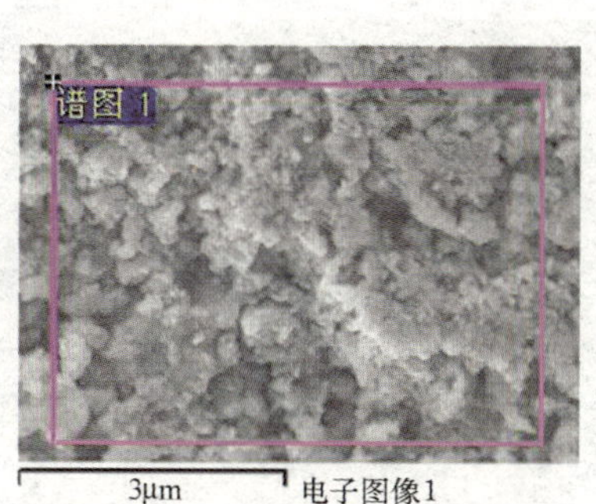

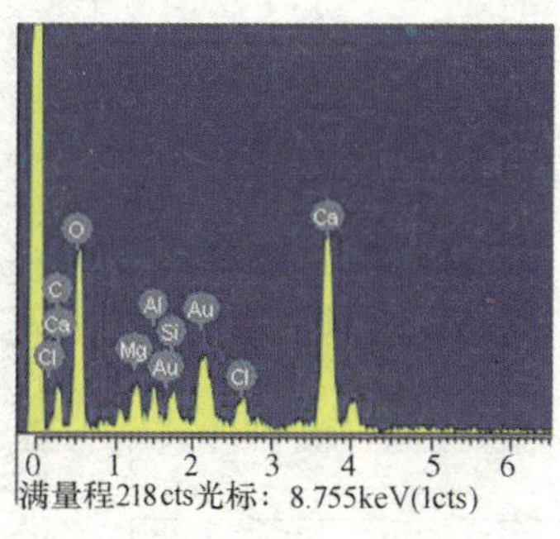

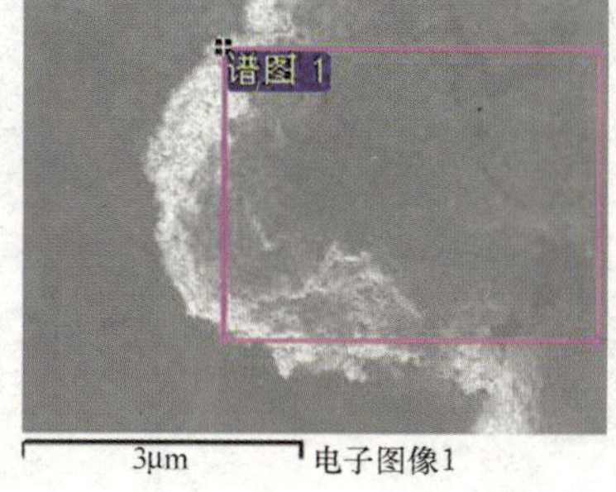

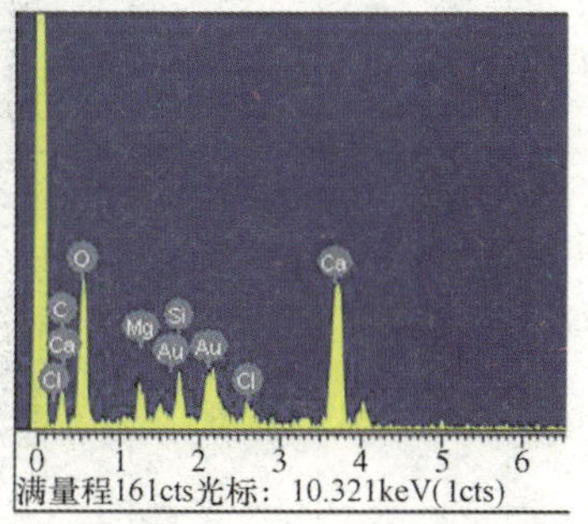

37 号大门院西侧石碹窑洞砂浆检测结果　　表 3-2-3

标准样品：
C($CaCO_3$)、OSi(SiO_2)、
Ca (Wollastonite)、
Au、
Al (Al_2O_3)、Nb

元素	重量百分比	原子百分比
C K	34.08	19.22
O K	142.91	61.07
Ca K	98.79	17.35
Au L	9.66	0.36
Al K	2.83	0.68
Si K	3.13	0.72
Nb L	8.60	0.60
总量	300.00	

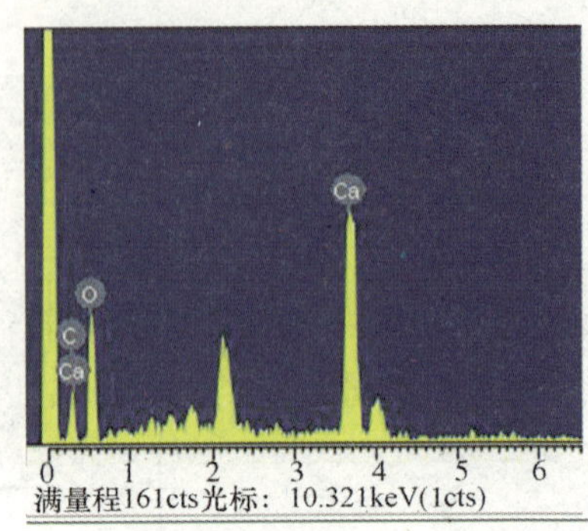

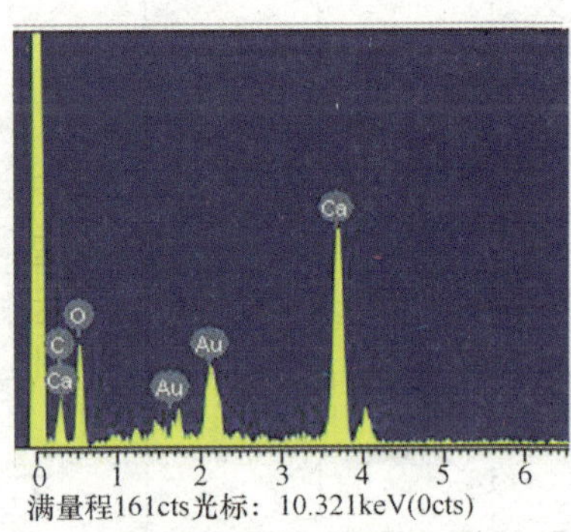

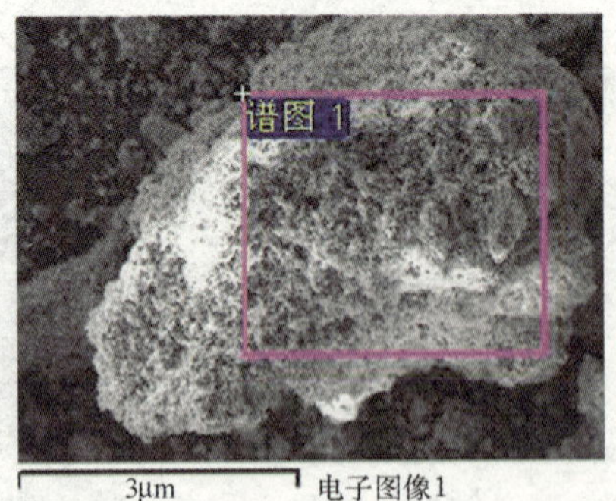

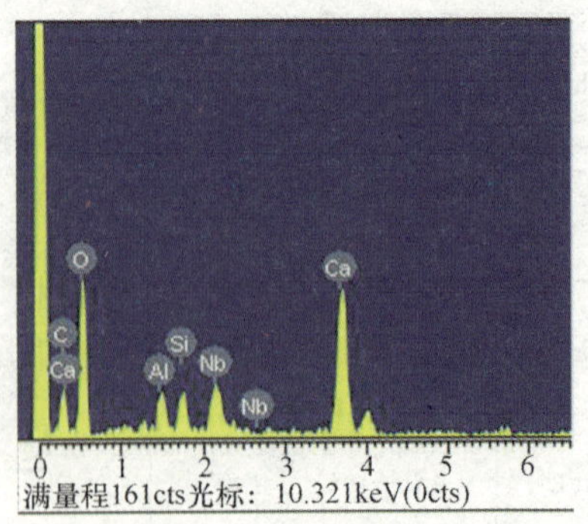

图 3-2-5　样本①显微放大图

放大65倍

放大250倍

图 3-2-6　样本②显微放大图

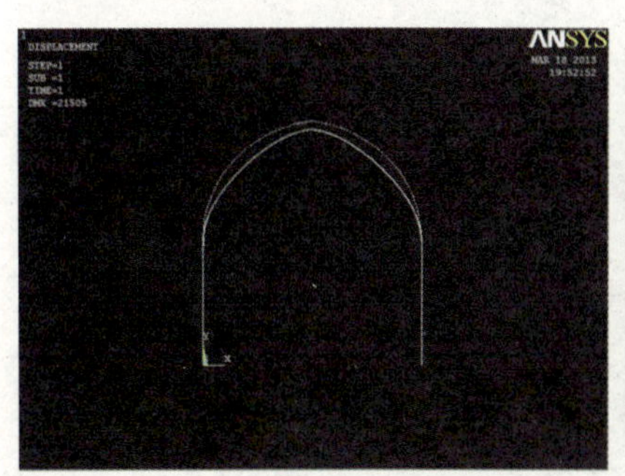

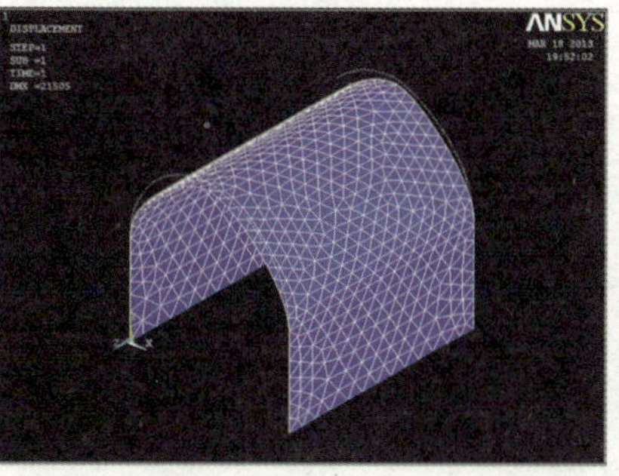

结构变形图

结构变形实例

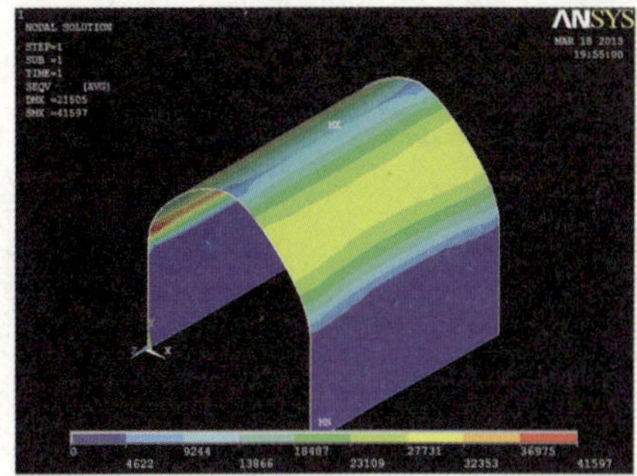

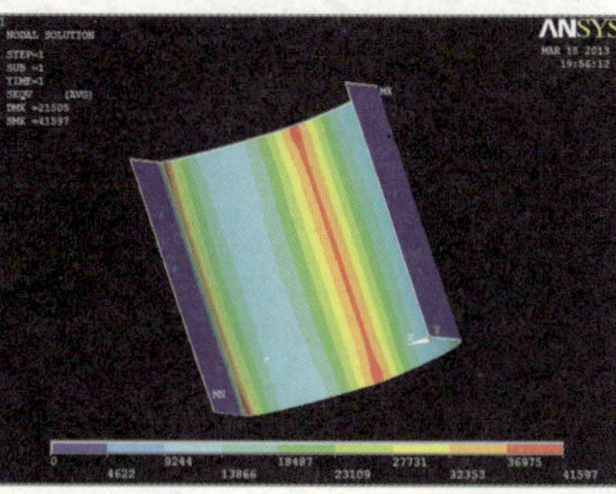

等效应力分布图

应力破坏实例

图 3-3-5 有限元结构分析图

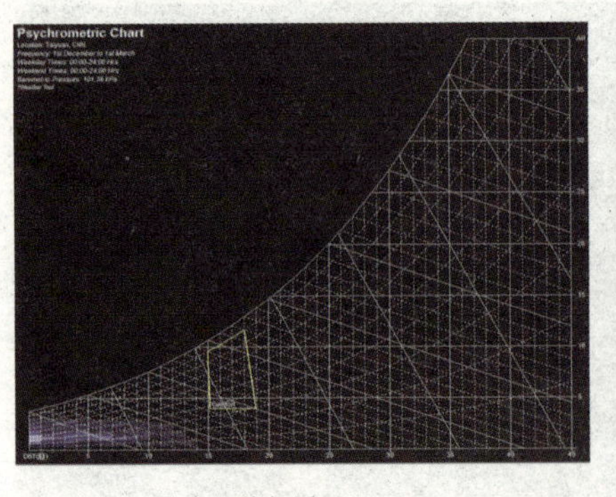

冬季热舒适区

夏季热舒适区

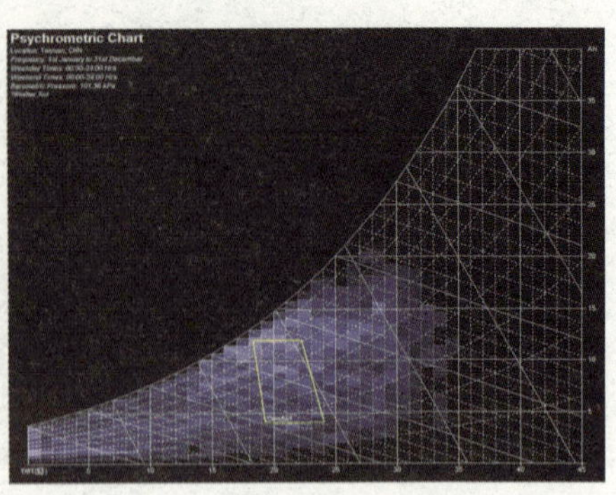

平均热舒适区

图 3-5-1　店头古村热舒适区分析

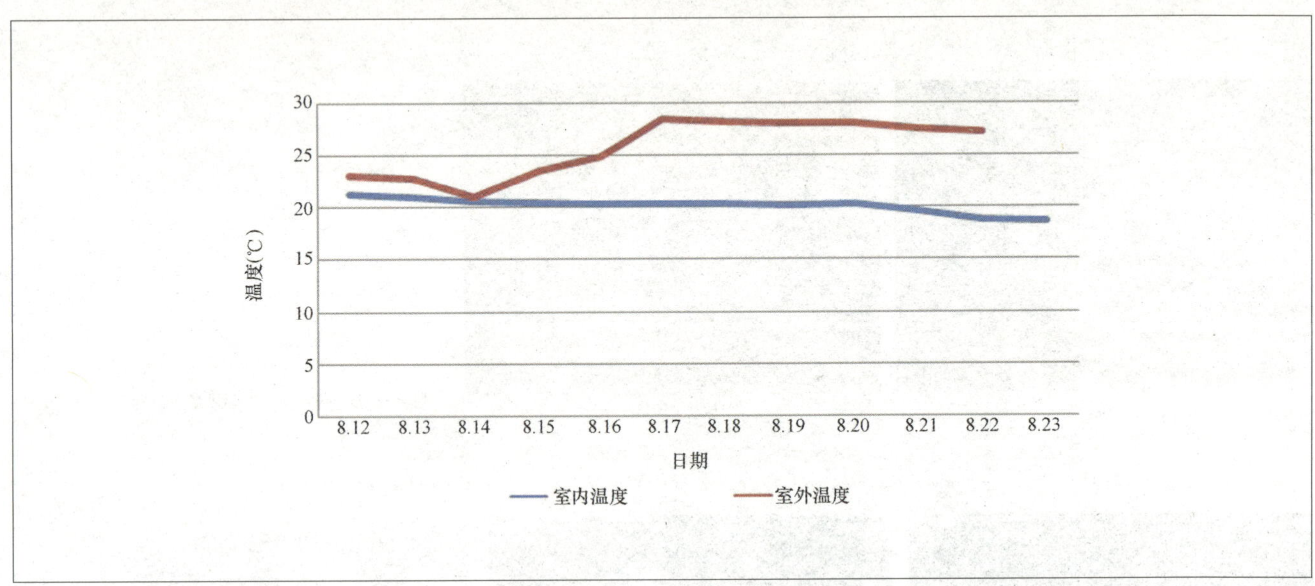

图 3-5-2　石碹窑洞室内外平均温度变化图

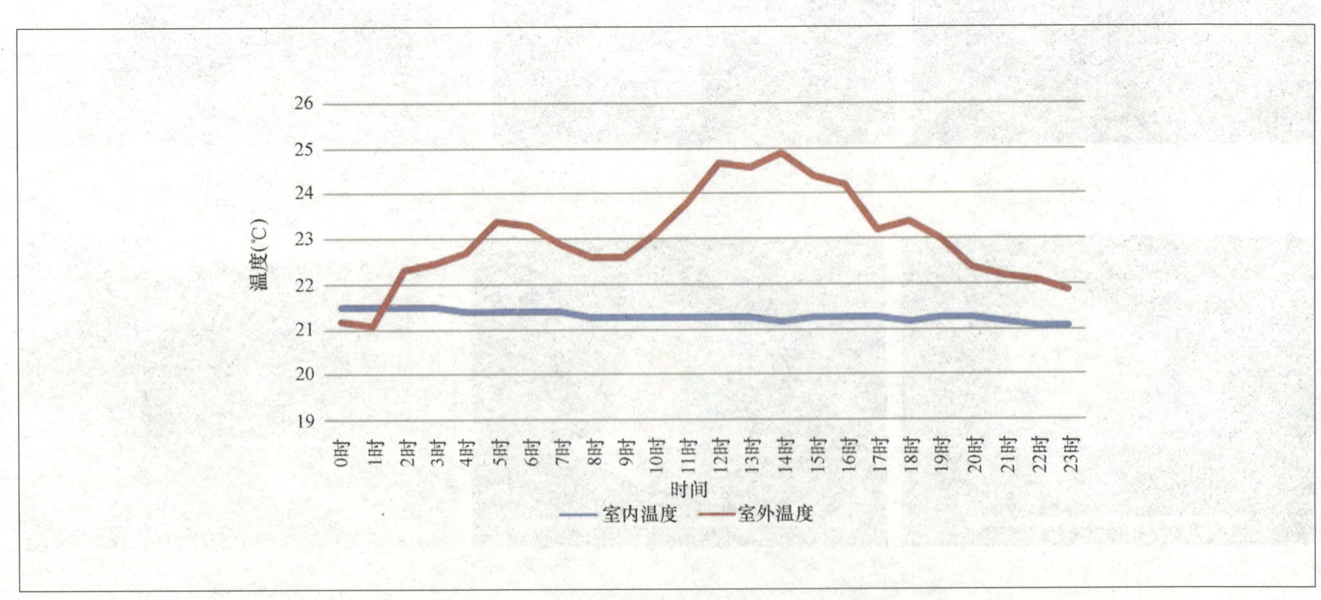

图 3-5-3　8 月 12 日石碹窑洞室内外逐时温度变化图

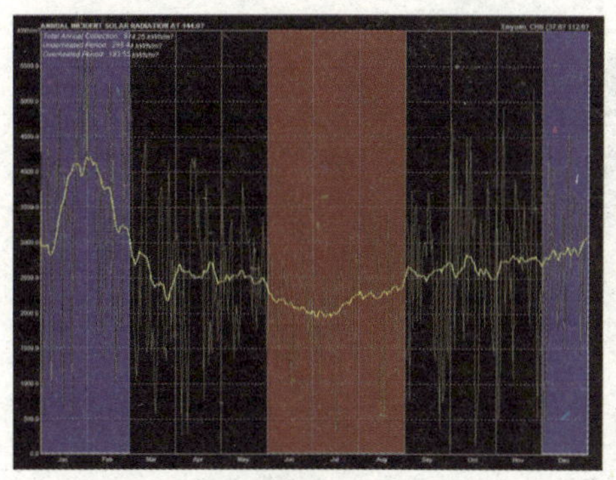

冬季太阳辐射曲线

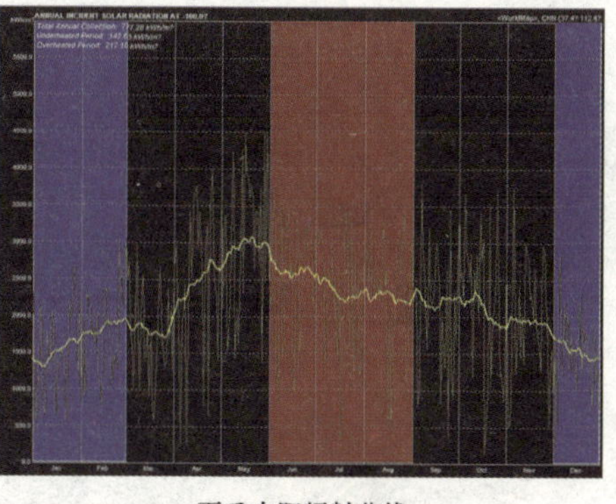

夏季太阳辐射曲线

图 3-5-10　店头村太阳辐射曲线图

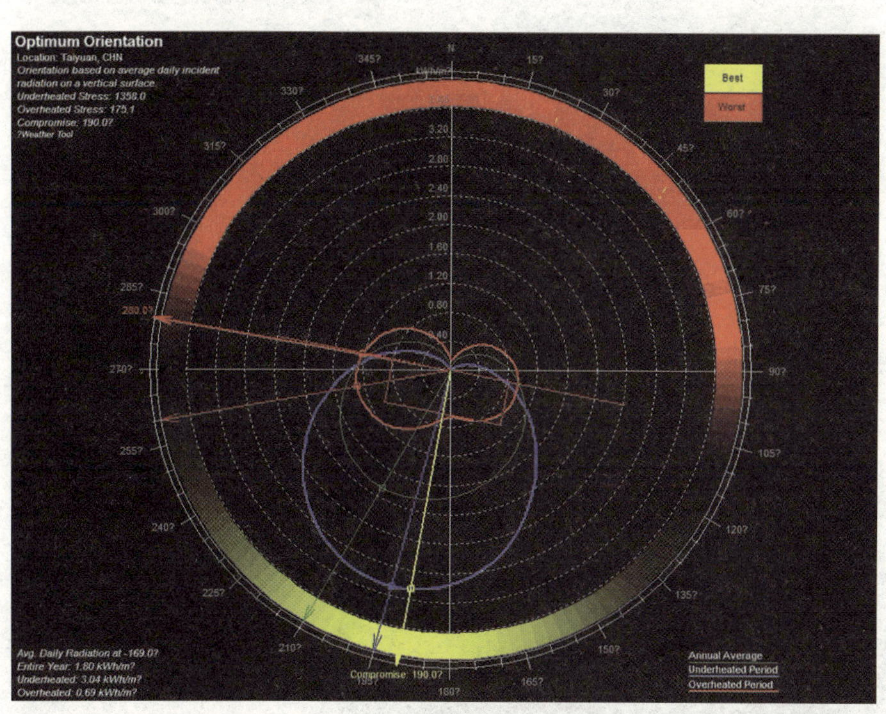

图 3-5-11　店头村最佳建筑朝向图

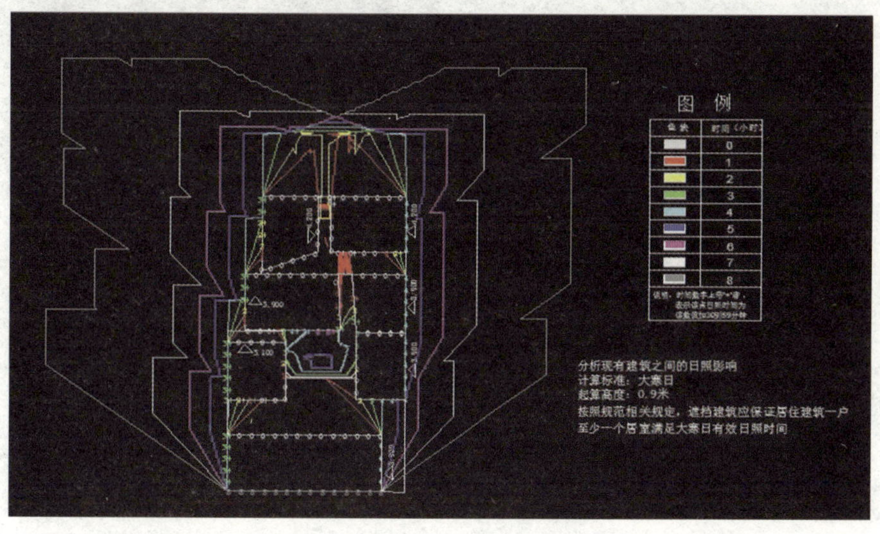

图 3-5-13　25 号院日照分析情况图

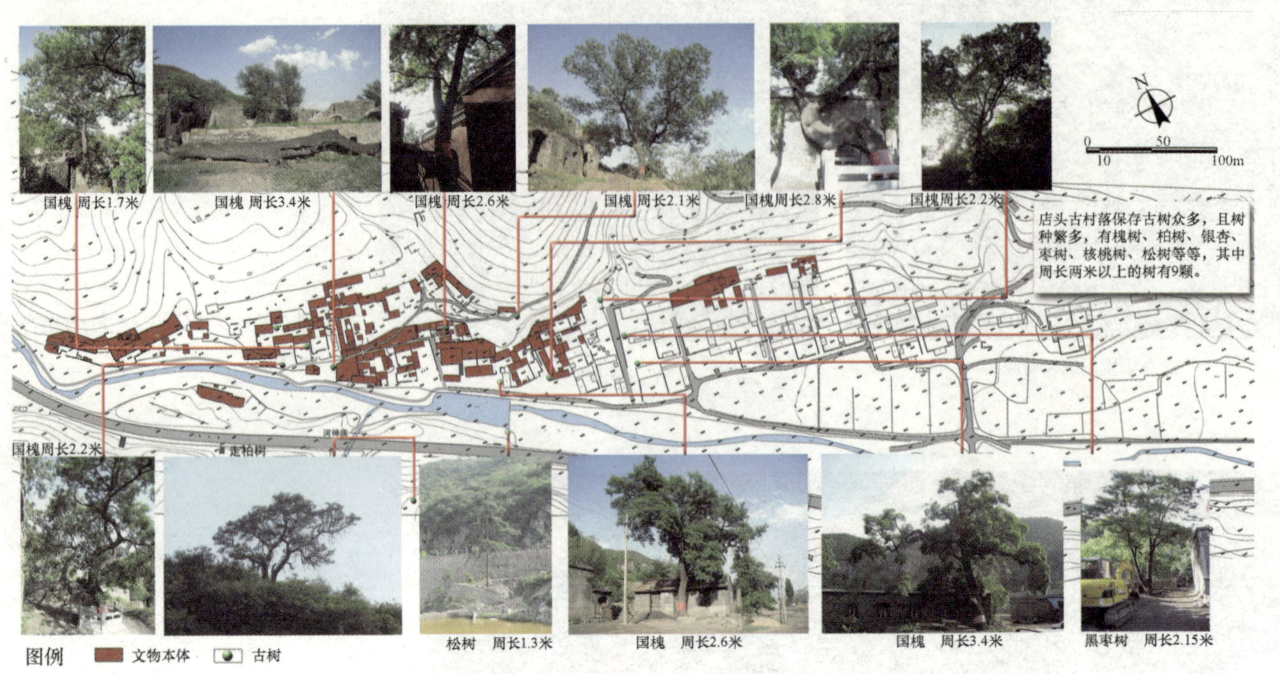

图 4-3-20 店头古村的古树名木

图 5-1-15 紫竹林寺龙洞壁画

图 5-1-17　文昌宫石碹窑洞壁画巨龙

图 5-1-18　文昌宫石碹窑洞壁画人物

图 5-1-19　真武庙壁画